周禮注疏校勘記

〔清〕阮元 總纂
臧庸 分校
唐田恬 整理

劉玉才　主編

十三經注疏校勘記

北京大學出版社
PEKING UNIVERSITY PRESS

目録

整理説明

一、周禮版本源流梳理

周禮，又名周官，是一部記載周代職官制度的書籍，内容與周代的真實情況有所出入，是儒家學者理想化的社會構思和治國方法。周禮傳爲周公所作，實際上應在戰國時期基本成型。全書分天官、地官、春官、夏官、秋官、冬官六篇。其中，冬官在漢時已佚，漢儒以考工記代之。漢代學者多治周禮之名家，至東漢鄭玄作周禮注，遂爲两漢周禮研究之集大成者。唐時賈公彦疏解鄭注，是爲今日通行之周禮注疏。

唐石經周禮是現存最早最完整的官方校訂刊佈的規範文本，也是後世周禮官刻本經文的始祖。五代後唐長興三年（九三二）至後周廣順三年（九五三）年間，國子監以唐石經爲經文底本，合以注文，刊刻九經，是爲周禮雕版印本之始。此後，周禮的刊刻在宋代得到進一步發展。除了延續刻本時代之前就已經出現的經注本、白文本、單疏本之外，又將經注與疏文合刻，形成注疏本；或將經典釋文與經注合而爲一，形成附釋音本。此外，還在經典中附入插圖，圈識句讀，加入重言重意，形成了新的版本。在刊刻方式上，除了十三經合刊外，周禮還有不少單刻本及三禮叢刻本行世。

鑒于周禮的存世版本衆多，頭緒紛

繁，兹依據經注的組合方式列舉數种重要版本及其館藏位置，以供讀者參考。

單經本：唐石經，殘石今存西安碑林，民國十五年（一九二六），皕忍堂依拓本影模刻板，成景刊唐開成石經，爲民國時期著名藏書家陶湘代奉系軍閥張宗昌所刻。宋刻遞修八經本周禮一卷，今藏國家圖書館。

經注本：宋刻周禮十二卷，蜀大字本，黄丕烈舊藏，殘卷卷九、十今藏日本靜嘉堂文庫。宋刻周禮十二卷，婺州市門巷唐宅刻本，今藏國家圖書館，有古逸叢書三編影印本。

經注附釋文本：宋刻周禮十二卷，清費念慈跋，今藏國家圖書館。宋刻纂圖互注周禮十二卷圖一卷，今藏國家圖書館。宋刻京本點校附音重言重意互注周禮十二卷，卷二、四至六今藏北京大學圖書館，卷一、三、七至十二今藏上海圖書館。

單疏本：宋刻周禮疏五十卷，舊鈔本，殘卷三十一卷，闕卷四至六、九至十一、十五至十七、四一至五十，今藏日本京都大學。

注疏本：宋刻周禮疏五十卷，兩浙東路茶鹽司刻宋元明遞修本，今藏國家圖書館。元刻明修附釋音周禮注疏四十二卷，今藏國家圖書館。明刻周禮注疏四十二卷，嘉靖年間李元陽刻十三經注疏本，今藏國家圖書館。明刻周禮注疏四十二卷，萬曆年間北京國子監刻十三經注疏本，今藏國家圖書館。明刻周禮注疏四十二卷，崇禎年間毛氏汲古閣刻十三經注疏本，今藏國家圖書館。清刻附釋音周禮注疏四十二卷，嘉慶年間阮元刻十三經注疏本，今藏國家圖書館。

二、周禮注疏校勘記的承担者及其工作情況

周禮注疏校勘記由臧庸擔任分校。臧庸，字在東，號拜經，江蘇武進（今屬常州）人。早年師從盧文弨，後入阮元幕，襄助其編修經籍纂詁、十三經注疏校勘記等大型經學文獻。臧庸治學嚴謹，著述頗豐，今有拜經日記、拜經堂文集等書存世。

周禮注疏校勘記依唐石經分爲十二卷，另有釋文校勘記上下二卷。共5821條校記，包括經書正文及注疏的校記5340條，其中卷一571條（含周禮注疏序校記25條），卷二608條，卷三473條，卷四479條，卷五541條，卷六762條，卷七316條，卷八309條，卷九272條，卷十350條，卷十一338條，卷十二321條和釋文校記481條（卷上279條，卷下202條）。

周禮注疏校勘記對周禮注疏的文字進行了十分詳細的校定工作。從内容上説，周禮注疏校勘記除了校勘周禮注疏的誤字、衍文、脱文、倒字等種種錯誤情況，還標注了各本之間存在的大量異文。對於比較確定的文字錯誤，周禮注疏校勘記有些作出判斷，並確定正字；一些僅僅標出錯誤，但是並没有確切得出校正的文字；還有一部分並没有準確結論，只是提出疑問。對於各本中的異文，校勘記已經有了比較明晰的區分古今字和正俗字的意識。在處理周禮注疏存在的大量異文和錯誤時，校勘記本着反對臆改古書的原則，一般只是謹慎地標識異文出校記，但是也有不少改動原文的情況存在。

除了對經書内容進行校勘訂正，周禮注疏校勘記還將研究視野投向了經書的外部形式。校勘記重視經書的外部形式。形式不僅是内容的體現，在一定程度上也可以反作用於書籍内容。周禮注疏校勘記有很多内容是記録諸校本在版式上的差異，並試圖揭示由於版式差異而造成的文字内容的變亂。在考察明顯的版刻形式之外，周禮注疏校勘記還對經注文字混亂互竄的情況進行考辨。由於長時間的流傳訛變和人爲的改易混淆，注疏文字搭配無序，互相竄入，給正確識讀、理解經籍文本造成了很大障礙。周禮注疏校勘記將這一情況視爲一條重要的致誤原因，通過理清經文、注疏、釋文的文字關係，對周禮注疏進行校勘。

三、周禮注疏校勘記利用的經書版本

校勘是一門綜合性的學問。廣泛而合理地運用各種善本，是校勘學的治學利器。總體説來，周禮注疏校勘記的校勘學者較爲重視版本學對校勘的作用，在校勘記中主要體現在：其一，較爲全面地運用了周禮注疏的常見版本。其二，校勘記注意考辨版本形式，記録了很多版本的細節信息。其三，注意到經、注、疏、釋文以及其他文獻使用周禮底本的區别，因而能夠正確地處理因底本差異産生的異文。

但是，比對目前國内主要的圖書館藏與重要的版本目録可以發現，阮元雖然自稱廣搜衆本，卻仍有許多重要版本没有利用或見到，這也是不能回避的事實，我們應該辯證地看待周禮注疏校勘記在版本學方面的經驗與不足。

周禮注疏校勘記的版本記載比較清晰，分别記録了引據各本和引用諸家。其中參校衆本又根據經注組合特點區分了單經本、經注本和注疏本，比較詳細地記録了各版本的分卷、字數等基本情況。此外，在校勘記的凡例、注解中，也有一些參校版本的信息。如南宋岳氏本（此本列入凡例引用的版本中）、蜀刻大字本（在「錢孫保所藏宋本周禮注」條下稱臧庸以此本校補錢本中的俗本秋官部分）等。

這裡選取引用較多的幾種版本加以介紹。

（一）單經本：唐石經

唐石經周禮十二卷。阮元對唐石經的評價並不高，其儀禮石經校勘記序稱：「唐開成石經所校未盡精審，且多朱梁補刻及明人補字之訛。」周禮注疏校勘記中也有很多糾正唐石經錯訛的内容，但是此本是十二卷周禮較早之本。最早的經書雕版——五代國子監刻九經就是以唐石經作爲經文底本的。因此，大概出於溯源復古的目的，周禮注疏校勘記依據唐石經進行分卷，並大量採用了唐石經的内容作爲校勘依據。

（二）經注本：錢孫保鈔配宋本和嘉靖年間刻印的周禮注

錢孫保所藏宋本周禮注十二卷，爲宋槧小字本，附載音義。此本雖然時間較古，然多摻配他本及補抄。春官、夏官、冬官爲余仁仲本，而天官、地官是另一宋本，秋官以俗本抄補，質量最差。臧庸又以宋蜀刻大字本秋官二卷補校。

從周禮注疏校勘記的引徵情況來看，

余本除了第九、十卷之外，在各卷均有較多引用。所缺的兩卷正是秋官上下（對應第九、十卷），而此部分校勘記中恰有大量錢鈔本和蜀刻大字本的内容，可見實際情况與周禮注疏校勘記的敘述是基本相符的。然而，錢本所包含的余本周禮注缺少天、地二官，因此周禮注疏校勘記中一至四卷有關余本的情况並非來源於錢本。考察周禮注疏校勘記使用的惠校本可以發現，惠校本正是以余仁仲本爲主要參校本，因此，周禮注疏校勘記中天官、地官引用的余本信息很可能是轉引自惠校本，而非臧庸等人親自目驗。然而，校勘記卻没有標明轉引，並將余本的信息混雜在其他經過目驗直接引用的版本之中作爲校勘的依據，從而給人造成了是校勘記直接使用余本的印象。

嘉靖本周禮注十二卷。據阮元等人的記載，此本每頁十六行，每行十七字，分卷及款式悉與唐石經同，不附音義。阮氏等認爲此本「勝於宋槧余氏、岳氏等本，當是依北宋所傳古本也」。這恐怕是一個錯誤的判斷。根據今存之嘉靖本周禮注來看，其所翻刻的應該是南宋時的版本。

（三）注疏本：「十行本」以及此後相沿而成的明閩、監、毛三本

附釋音周禮注疏四十二卷。此本即周禮注疏校勘記之底本。雖然阮元以其爲諸本最古之册，選擇此本爲底本，但是此本並非最善之本，内多明人補刻。補刻質量不高，多有閩、監、毛本所不誤，而補刻反誤者。

根據後來學者的考證可以知道，十行本有宋本與元本之别。學者張麗娟在宋

代經書注疏刊刻研究一書中稱，阮元所據的含有正德補刊葉的十行本當是元刻明修本。

雖然阮元對底本年代的判斷出現失誤，但是，明代幾個重要版本，如閩、監、毛本實據此本而成，故此本仍有一定價值。校勘記中也明文肯定了十行本的特殊價值。如：

卷六「發凡則是關異代」：閩、監、毛本「則」誤「例」，「關」誤「闢」。○按，此等冣見十行本之善。

明代的注疏本中，周禮注疏校勘記主要選取了閩、監、毛三本。閩本周禮注疏四十二卷，爲明嘉靖中李元陽用十行本重刻。監本周禮注疏四十二卷，爲萬曆中用閩本重刻。毛本周禮注疏四十二卷，爲明崇禎年間用監本重刻而成。而在三本之間，閩本質量最高，監本次之，毛本最差。閩、監二本錯字略少，而脱簡特多。至於毛本，由於輾轉翻刻，版片漫漶，難以識讀，修補時又多妄改，以致訛上加訛。

然而，閩、監、毛本並非全無可取之處。實際上，閩、監、毛本的某些内容可以對底本進行糾正。如：

卷一「與此經婦人數同」：此本「同」誤「曰」，據閩、監、毛本訂正。

卷六「故鄭後云者掌贊書數」：閩本同。監本作「故從之云者」，「贊」誤「賔」。毛本又改作「故改之云者」。○按，當作「故從之云言掌贊書數」云云，文理乃順。監本「從」字獨是，依其説而後駁之也。惟「者」字乃「言」之誤。

同時，一些周禮注疏校勘記在初校時所認爲的閩、監、毛本的錯誤，在後期覆校工作中被認爲是錯誤的判斷，或者是初校者的筆誤。覆校的標志是覆校前有個「○」。如：

卷五「賈服之等諸侯九州之伯」：閩本上「之」字剜擠作「云五」二字，監、毛本承之，誤甚。○按，閩、監、毛本是也。

尤其是根據周禮注疏校勘記的情况來看，毛本是否如清人及後來的學者所批評的那樣質量低劣，也是值得討論的。

首先，將毛本的優劣情况放入整個歷史背景下考察，毛氏刻書是講求校勘的，功力上的不足是受到當時學術發展水平的制約，不該過於苛求古人。

更重要的是，根據周禮注疏校勘記所引用的毛本情况來看，毛本的質量並非如阮元等人所説的那樣粗劣。統計周禮注疏校勘記記載的毛本錯誤，虽然確實多於閩本、監本，但是大多數錯誤並非毛本獨有的典型性錯誤，而是沿襲他本而來。不僅有閩本、監本的錯誤，甚至有早在十行本時就已出現的錯舛。

第二，多有他本錯訛而毛本不誤的情况。如：

卷二「從貝變易」：此本及閩、監本「貝」誤「具」。嘉靖本、毛本不誤。今訂正。

卷十一「及陰陽之面背是也」：余本、嘉靖本、毛本同。閩、監本「背」誤「皆」，當訂正。疏中惟毛本不誤。

第三，有一些錯誤只是語助詞的錯誤，如「曰」和「云」的區別，「也」字的存無等，並没有影響對文本内容的理解。

第四，存在校勘記對毛本前後的判斷不一致的情況。這種情況可能是後期覆校的學者使用了與初校者不同的毛本印本，如：

卷三「以土計貢稅之法」：毛本「土」誤「上」。○按，毛本不誤。新印本乃誤。

也有可能是初校者的誤記，如：

卷六「云歲日月辰星宿之位」：閩、監、毛本作「星辰」，與注乖。○按，毛本「辰星」不誤。

當然，毛氏刻書歷經數代，印本衆多，周禮注疏校勘記使用的毛本周禮不能代表所有的毛刻周禮，更不能代表毛氏所刻的全部十三經。判斷一個版本的質量優劣，尤其是一些業已形成的常識性意見，除了根據現有的文獻記載，沿襲舊説以外，我們還應該重視版本的批校題識中的信息，結合版本實際内容加以考察。

周禮注疏校勘記的另一個重要的可取之處是保留了各參校本的大量版本信息。周禮注疏校勘記已經認識到經書的外在形式如提行、大小題的排列等並不僅僅是爲了閲讀的實用和美觀，而且能夠對經書内容産生影響，因此較爲注重考辨經書的版刻形式。此外，周禮注疏校勘記還記録了大量的版本信息，如唐石經的磨改情況，各參校刻本的剜擠、剜改情況，同一系統下較晚版本對前本的繼承情況，所據宋本的補刻頁情況。這些對我們了解周禮注疏的源流承襲，鑒定版本，以及校勘文字都有重要作用。

四、周禮注疏校勘記采掇文獻的情況

周禮注疏校勘記徵引了大量文獻和時人經説，引用的書籍涵蓋經史子集四部。如此豐富的文獻徵引，使校勘記的結論更加準確可靠。但是，校勘記也存在着輕信他書而回改本經的現象。同時，由於受到地域和時間的限制，對於當時重要的清人著作未能全面參考，取其精華。因此也有很多遺憾之處。

校勘記引用文獻的來源是比較複雜的。我們在討論時需要格外注意。一方面，理清校勘記引用文獻的層次，有助於我們確定校勘記的結論與錯誤是原生性的還是再生性的。另一方面，根據引用文獻材料的特點與頻率，我們可以推斷學者們不同的學術側重。

（一）校勘記引用的前代文獻

周禮注疏校勘記引用的前代書籍涵蓋經史子集四部，在使用這些前代文獻時主要有這樣幾個特點。

第一，周禮注疏校勘記引用的文獻以小學類著作爲最多，尤其是説文解字的使用頻率，是全部前代文獻中最高的，並且涵蓋在各種校語標記之下，説明各道工序的校勘學者都對説文一書給予了充分重視。校勘記重視字書、韻書的意見，根據某字在小學文獻中的存無與音讀進行推理判斷，但同時兼顧時代特點，並非完全盲從武斷。

第二，周禮注疏校勘記在引用的同時，還對前代文獻進行了校勘和辨析，不僅標舉文獻中的錯誤，還分析致誤原因。同時，周禮注疏校勘記還注意考察其他文獻的版本。

第三，阮元對前人經説的態度是一分爲二的。一方面，阮元十分重視前人的經解著作，將許多宋元學者的著作視爲重要的參考文獻。阮元作儀禮石經校勘記時，曾徵引宋人朱熹儀禮經傳通解、李如圭儀禮集釋、張淳儀禮識誤、楊復儀禮圖、元人敖繼公儀禮集説等文獻。阮元在編修十三經注疏校勘記時，秉承昔日的治學理念，又再次將這批文獻作爲重要的參考文獻。而從周禮注疏校勘記來看，宋代學者王應麟的著作深受校勘記學人的重視。周禮注疏校勘記對王應麟的大部分著作都有徵引，而且引用次數較多，超過其他宋人文獻。另一方面，周禮注疏校勘記並非盲從宋人，對於六經正誤、儀禮經傳通解、書集傳中的錯誤，校勘記都詳加辨析。如：

卷五「吉凶賓軍嘉」：諸本同。惠校本作「軍賓」，云余本仍作「賓軍」。按，惠棟當據宋本作「軍賓」，小宗伯注「吉凶軍賓嘉亦本作賓軍嘉」。○按，依大宗伯職經文次第先「賓」後「軍」，則作「賓軍」是也。自蔡沈書注曰「五禮吉凶軍賓嘉也」，初學幼而熟誦，乃不省周禮本文矣。

卷六「作匱謚」：唐石經、諸本同。岳本「謚」改「諡」，非。按，用毛居正之謬説也。

（二）清人經説的引用情況

周禮注疏校勘記還借鑒了清代許多著名學者的校經成果及經學著述。如惠士奇惠棟父子的禮説、九經古義，戴震的考工記圖記，臧琳的經義雜記、段玉裁的周禮漢讀考以及孫志祖、盧文弨、程瑤田、沈彤、方苞等人的説法。其中尤以惠氏父子、盧文弨、段玉裁、浦鏜的學術成果引用得最爲廣泛。這裡重點分述周禮注疏校勘記對惠士奇惠棟父子、盧文弨、段玉裁等清代學者校經意見的吸收情況。

第一、惠士奇惠棟父子

惠校本是阮氏校勘記重要的參校版本。周禮注疏校勘記卷一「周禮正義序」條轉引盧文弨記述稱：「東吴惠半農名士奇，暨子定宇名棟，以宋本校正，以余氏萬卷堂本校經、注、音義，今均稱惠挍本云。」阮元對於惠士奇惠棟之學服膺已早。如惠半農先生禮説序稱：「我朝惠半農先生，家傳漢學，所著禮説十四卷，實足補賈氏之所未及。……余于丁未年（乾隆五十二年，一七八七）在京師廠肆購得一帙，反復讀之，服其精博無比。」

除了將惠校本作爲重要的參校版本，周禮注疏校勘記還引用了不少惠氏父子的著作，如禮説、九經古義等。然而，校勘記雖然重視惠校意見，卻並非全盤照收惠校本意見，對惠棟的錯誤能夠直言不諱。如：

> 卷三「諸男食者四之一」：惠挍本「諸男」上增「諸子」二字，云余本無。案，賈疏本亦無「諸子」二字，故云「直舉男地而言」。惠以意增，非。

卷四「軌廣八尺」：惠校本作「九尺」。○按，惠棟誤也。軌無容九尺者。

第二、盧文弨

清人蕭穆據方東樹所述，認爲阮元所作校勘記，實際就是以盧文弨手校十三經注疏爲藍本而成。並稱「道光四年，吾鄉方植之先生客於廣東督署，曾以阮刻十三經注疏校勘記借抱經先生原本詳校一過。上下四旁，朱墨交錯。惜彼時行笥無注疏，全部傳録句讀耳」。

汪紹楹認爲：「清阮氏重刊宋本十三經注疏，雖云肇工于嘉慶二十年乙亥（一八一五），刊成於二十一年丙子（一八一六），實乃淵源于盧抱經文弨。文弨雖未創議重刊，而風氣之開，固自伊始。」並認爲阮氏成立詁經精舍，纂輯校勘記，「得謂非文弨啟之哉」。

毫無疑問，盧文弨是清代學術史上重要的校勘學家，對清代學風有重要的引導作用。盧氏在多篇文獻中都提到了自己想要校讎群經的願望，如十三經注疏正字跋：「余有志欲校諸經，已數十年。」從留存的清人文獻來看，盧文弨確有多種經書校勘著作傳世。現在一些圖書館藏的經書文獻上，也留有盧文弨的批校痕跡。

同時，阮元對盧文弨的學術非常欽慕。盧文弨的某些學術理念確實對阮元産生了影響。嘉慶元年，阮元所作抱經堂校刻書總敘經典釋文中稱：「元恐其所校書久而就損，謹以其書之所以益人之故，詳爲敘述，俾學者知先生之書非向來叢刻者之比。且願慕先生之爲者，有以法其意而繼其事。」

深入閱讀十三經注疏校勘記不難發現，校勘記重視版本，擇善從之，同時注意區分經、注、疏、釋文的文字差異的校勘理念，用首字空格的方法區分經注疏，並將經典釋文單獨校勘的體例，以及某些具體的校勘内容上確實應受到盧文弨的影響，但是，以校勘記全爲依據盧校而作，則未免失之武斷。

首先，盧文弨並非是最初的校勘群經的宣導者。經書重刊風潮固然是在盧文弨之後大興的，但是卻並非發軔于盧文弨。在盧文弨之前，浦鏜等人已經開始了校理群經的實踐。在盧文弨之後，段玉裁、孫星衍等人倡議刊刻一種或數種經書的呼聲也並未斷絶。因此，阮元發起編纂十三經注疏校勘記的工作，不能看成完全受盧文弨一人影響。

其次，十三經注疏校勘記在方法和視野上都對盧文弨做出了新的超越。校勘記大量使用了與盧文弨的校勘方法不同的活校法、理校法。反對輕據他書改動本書，與盧氏大量使用通典、類書回校本經的原則相反。另外，十三經注疏校勘記使用了大量盧氏不常用的古音學、文字學（古今字、正俗字、經注字）等方面的知識。

因此，筆者認爲，盧文弨只是周禮注疏校勘記所參考的衆多清代學人中的重要一家，但並非唯一重要的一家。

第三、段玉裁

作爲清代著名學者，段玉裁受到阮元延請參與校勘記的編纂，實際上，在此之前，段玉裁已經開始了經書校勘活動。如段玉裁乾隆五十八年（一七九三）九月與劉端臨第六書稱：「……亦復校正儀禮，頗有創見……今年校得儀禮、周禮、公羊、穀梁二傳，亦何義門、惠松崖舊本，將來攜以呈政。」

而阮元本人對段玉裁的經學研究著作評價極高。嘉慶元年阮元爲段玉裁周禮漢讀考作序稱：「稽古之學，必確得古人之義例……金壇段若膺先生生於其間，研摩經籍，甄綜百氏……其書有功於天下後世者，可得而言也。」阮元編修十三經注疏校勘記，段玉裁對部分校勘意見的形成起到了較大的影響。劉盼遂者認爲，段玉裁就是十三經注疏校勘記的總校者，也就是「○」後按語的作者。

由周禮注疏校勘記來看，首先，校勘記參考了段玉裁在嘉慶六年以前完成的多部學術著作，尤其是利用了多篇以單篇形式流傳的文獻。其次，一些校記中出現了類似「詳見漢讀考」的字樣，可見校勘者對周禮漢讀考是十分熟悉的。再次，段玉裁的校勘理念在周禮注疏校勘記中得到了很好的體現。周禮注疏校勘記講求「經用古字，注用今字」，反對「以經改注，以注改經」，而這正是段玉裁在他的學術著作中反復强調的。

但是，我們不能因此説段玉裁就是十三經注疏校勘記的唯一總校，也不能説他是最終校語的書寫者。實際上，在周禮注疏校勘記的「○」後按語中，有對段玉裁的校勘意見，以及段氏著作如周禮漢讀考中的結論進行判定、解釋甚至是反駁的情況。如：

卷八「謂聒馬耳」：漢讀考云：

「『聒』當爲『栝』。『括』、『押』皆當從木。自陸德明時已誤爲『聒』。聒之適以驚之，云毋令，非理也。疏云『後鄭增成其義』，蓋賈本不誤。」案，此因注云「括馬耳」，遂改「括」從耳旁也。今釋文「聒馬」與「括押」異文，當亦後人誤改。○按，玉裁非也。聒之所以習之，令其不驚。凡豢禽獸自有此法。

卷十一「師都之所建」：漢讀考「師」作「帥」。○按，説文引周禮「率都建旗」，故段玉裁知此「師」必「帥」之譌也。

由上述文例不難看出，段玉裁的校勘意見也只是討論的對象而並非最終的結論。因此，筆者認爲，段玉裁的意見在很大程度上影響了周禮注疏校勘記，而且可能是部分加「○」校記的作者，但是並不是唯一的總校者。

周禮注疏校勘記中對清儒成果的引用情況，可以爲我們了解學者的治學特點提供一個新的進入角度。同時，校勘學者對待清儒研究成果的取捨，也反映了當時的學術風氣。我們今日推崇的鴻儒在當時有可能並未產生十分巨大的影響，而一些我們今日已經埋没于學術史中心圈之外的學者在當時可能具有更大的影響力。這些都有助於我們對今日已經構建好的學術史進行再考察和再檢驗。

五、結語

阮氏十三經注疏校勘記是清代學術

史上第一次較爲全面的對經書進行校勘整理的學術活動，對清代學術史乃至整個中國經學史做出了巨大貢獻。阮氏校勘記發凡起例，確立了經書校勘的典範，在其影響下，後學孫詒讓等人又進行了校勘記的再校勘。

周禮注疏校勘記是一部非常重要的周禮研究文獻，其價值遠遠超過簡單的校勘內容，而富含文字、版本、學術史等多方面的研究意義。此外，準確歸納校勘記的特點，正確認識其得失，可以爲我們構建新的善本和經書的再校勘提供參考標準。筆者在本文對其作以蜻蜓點水的研究嘗試，希望能夠抛磚引玉，引起方家同好對此書的關注，從而推動該書更深更廣的研究。

筆者負責周禮注疏校勘記的整理工作，對本書的整理主要包括：對校勘記每卷下的校記進行逐條標號，加標新式標點，比對文選樓本和江西南昌府學本的差異並撰寫校記等。具體整理方法一仍叢書凡例，茲不再一一贅述。

唐田恬

周禮注疏校勘記序

有杜子春之周禮，有二鄭之周禮，有後鄭之周禮。周禮出山巖屋壁間，劉歆始知爲周公之書而讀之，其徒杜子春乃能略識其字。建武以後，大中大夫鄭興、大司農鄭衆皆以周禮解詁著，而大司農鄭康成乃集諸儒之成，爲周禮注。蓋經文古字不可讀，故四家之學皆主於正字。其云「故書」者，謂初獻於祕府所藏之本也。其民間傳寫不同者，則爲「今書」。有云「讀如」者，比擬其音也。有云「讀爲」者，就其音以易其字也。有云「當爲」者，定其字之誤也。三例既定，而大義乃可言矣。說皆在後鄭之注。唐賈公彥等作疏，發揮殊未得其肯綮。臣元於此經舊有校本，且合經、注、疏讀之，時闚見其一二，因通挍經、注、疏之譌字，更屬武進監生臧庸蒐挍各本，併及陸氏釋文，臣復定其是非。凡言周制、言漢學者，容有藉於此。其目錄列於左方。臣阮元恭記。

引據各本目錄

單經本

唐石經周禮十二卷 每官分下篇。醫師起爲天官下，載師起爲地官下，大司樂起爲春官下，司士起爲夏官下，布憲起爲秋官下，玉人起爲冬官下。

石經考文提要周禮一卷

經注本

經典釋文周禮音義二卷

錢孫保所藏宋本周禮注十二卷 宋槧小字本附載音義。春官、夏官、冬官余仁仲本。天、地二官別一宋本。秋官以俗本抄補，非佳者。臧庸據宋刻大字本秋官二卷校補。

嘉靖本周禮注十二卷分卷及款式悉與唐石經同，每頁十六行，每行十七字。卷一末記經四千二百五十九字，注八千五百一十二字。卷二經三千六百八十八字，注一萬三百五十七字。卷三經五千五十六字，注八千四百一十四字。卷四經四千五百一十八字，注一萬二字。卷五經四千七百七十九字，注一萬二千三百三十六字。卷六經四千五百五十四字，注一萬七千九百九十一字。卷七經三千六百一十五字，注七千四百三十二字。卷八經三千五百二十八字，注七千三百八十三字。卷九經四千二百六十二字，注七千五百二十字。卷十經三千九百八十七字，注八千七百三十二字。卷十一經三千五百六十二字，注七千六十三字。卷十二經三千五百七十四字，注七千二十四字。按，此不附音義，而勝於宋槧余氏、岳氏等本，當是依北宋所傳古本也。

注疏本

惠校本周禮注疏四十二卷盧文弨曰：東吴惠士奇暨子棟以宋注疏本挍疏，以余氏萬卷堂本挍經、注、音義，書於毛氏本。何焯云：康熙丙戌，見内府宋板元修注疏本，粗挍一過。惠棟云：盧見曾嘗得宋槧余仁仲周禮經注，挍閲一過，書共十二卷。卷一之末記肆阡貳伯伍拾陸字，注捌阡伍伯肆拾叁字，音義叁阡陸拾壹字，余氏刊于萬卷堂。卷二經叁阡陸伯捌拾字，注壹萬叁伯伍拾壹字，音義叁阡貳伯叁拾貳字，仁仲比挍記。卷三記經伍阡伍拾伍字，注捌阡肆伯貳拾捌字，音義壹阡玖伯廿壹字，余仁仲刊于家塾。卷四記經肆阡柒伯貳拾柒字，注壹萬貳伯肆拾貳字，音義貳阡柒伯伍拾捌字。卷五記經肆阡柒伯柒拾陸字，注壹萬貳阡叁伯捌拾叁字，音義叁阡肆拾壹字。卷六記經肆阡伍伯伍拾伍字，注壹萬捌阡叁拾伍字，音義肆阡壹伯捌拾伍字，余氏刊于萬卷堂。卷七記經叁阡陸伯壹拾貳字，注柒阡肆伯叁拾捌字，音義貳阡貳伯捌拾陸字。卷八記經叁阡伍伯貳拾伍字，注柒阡肆伯玖拾字，音義貳阡伍伯伍拾字，余氏刊於萬卷堂。卷九、卷十、卷十一字數闕。卷十二記經叁阡伍伯柒拾字，注柒阡叁拾□字，音義□阡叁拾壹字，余仁仲刊于家塾。

附釋音周禮注疏四十二卷每頁二十行。經每行十七字，注、疏夾行，每行二十三字。因兼載釋文，故稱

「附釋音」。因每半頁十行，故今稱十行本，以別於閩、監、毛注疏本每半頁皆九行也。內補刻者極惡劣，凡閩、監、毛本所不誤者，補刻多誤。

閩本周禮注疏四十二卷

監本周禮注疏四十二卷

毛本周禮注疏四十二卷

引用諸家

周禮注疏正誤十卷嘉善浦鏜撰

禮説十四卷東吳惠士奇撰。天官二卷，地官三卷，春官四卷，夏官二卷，秋官二卷，考工記一卷。

周禮漢讀考六卷金壇段玉裁撰。每官爲一卷。

周禮注疏校勘記卷一

01—001 **周禮正義序** 惠挍本作「周禮疏序」，當從之。盧文弨曰：東吳惠半農名士奇暨子定宇名棟，以宋本挍正疏，以余氏萬卷堂本挍經、注、音義，今均稱惠挍本云。 ×

002 **唐朝散大夫** 閩本、監本同。毛本「朝散」改「散騎」。 ×

003 **臣賈公彥等奉勑撰** 姓名下俱空一格。又「勑」字提行，閩、監本同，毛本并爲一行。 ×

004 **其刻曰** 浦鏜云「曰」誤「日」。○按，緯書古奥，「其刻日」三字未得其注解，未必爲王伐切之字也。今本易緯通卦驗「曰」作「白」。

005 **昌之成** 禮記禮運正義引易緯作「昌之成運」。○按，此用「靈」、「成」、「經」爲韻語，「運」乃衍文也。

006 **拒燧皇** 浦鏜云「拒」衍。

007 **斗機云** 浦鏜云疑作「運斗樞」。

008 **則其間九皇六十四民** 案，小學紺珠氏族類作「六十四氏」。○按，「民」是也。春官都宗人注「九皇六十四民」，古本皆作「民」。俗本作「氏」者誤。都宗人疏云「按史，九皇六十四民，並是上古無名號之君」，既無名號，則古史謂之「民」宜也。

009 **爲鳥師而鳥名** 閩、監、毛本「爲」上衍「故」。 ×

010 **並爲官長** 監、毛本同。閩本改「官文」。 ×

011 以後代官況之　閩、監、毛本「況」改「况」，非，下準此。

012 使重爲句芒　毛本「芒」誤「茫」。×

013 帝少皞之號也　案，杜注無「帝」字，此衍。

014 重犂爲高辛氏火正　案，鄭語云：「夫黎爲高辛氏火正。」×

015 以餘官約之　毛本「約」誤「紀」。×

016 重黎之天地官　閩、監、毛本「黎」作「犂」。×

017 疇咨若時登庸　毛本「咨」誤「資」。×

018 序周禮廢興　所見閩本闕此篇。

019 昔仲𡰥没　監本「𡰥」作「尼」，惠校本「没」作「沒」，下同。×

020 乃知其周公致太平之迹　監本「大」改「太」。×

021 又以經書記轉相證明爲解　案，「轉」當作「傳」。

022 向輙條其篇目　惠校本「輙」作「輒」。×

023 歆於是捴羣書　監本「捴」改「總」。×

024 庶成此家世所訓也　盧文弨云：舊本此下皆圈隔，非，此段皆康成序。

025 故林孝存以爲　惠棟云漢書及鄭志皆作「臨」。案，王制正義亦作「臨」。廣韻「臨」下云「又姓」。×

026 附釋音周禮註疏卷第一　閩、監、毛本刪「附釋音」三字。此本列名銜，提行如前，又並署「國子博士兼太子中允贈齊州刺史吳縣開國男臣陸德明釋文」。閩本亦如是，後剜

改爲「漢鄭氏註，唐賈公彦疏，陸德明釋文」。毛本承之，無「陸德明釋文」五字。監本又兼列明國子監奉勅較刊奉旨重修職名。❶

027 周禮卷第一　此本删此題，閩、監、毛本同。唐石經、宋余仁仲本、明嘉靖翻刻宋本皆有之。×

028 天官冢宰第一　唐石經、余本、嘉靖本同。此本及閩、監、毛本「冢」誤「冡」，下同。

029 亦所以揔御衆官　閩本「揔」改「摠」，監、毛本改「總」，非，下準此。

030 下註對大宰　監、毛本同。閩本「註」作「注」，是也，通書準此。

031 天事又並入於春官者　惠挍本無「又」，此衍。

032 各取一邊爲義　閩、監、毛本「各」誤「名」。×

033 故云第一也鄭氏者　惠挍本「云」作「爲」。閩、監、毛本割「鄭氏者」云云一段，附「鄭氏注」之下。

034 鄭冲之孫　閩本「冲」作「沖」。案，後漢書本傳云「八世祖崇」，此誤記。

035 或言傳　惠挍本「言」作「云」。

036 周禮　鄭氏註　監本同。岳本、毛本删「周禮」二字。閩本「註」作「注」，與唐石經、宋本、余本、嘉靖本合。此從「言」，非。又宋本、余本、嘉靖本此五字列「天官冢宰第一」下。唐石經「鄭氏注」三字另行。○按，凡標題必先云「天官冢宰第一」，次云「周禮」，次云「鄭氏注」。小題在上，大題在下，古經典皆然，今本多割裂舛錯。

037 使居雒邑　釋文：「雒，水名也。本作『洛』，後漢都洛陽，改爲『雒』。」段玉裁漢讀考云：「豫州之川字作『雒』，雍州之浸字作『洛』，自魏以前劃然分別，魏文帝始亂之。其詳見尚書古文撰異。」

038 辯四方正宮廟之位 閩、監、毛本同。案,「辯」當作「辨」。下「辨方正位」疏皆作「辨」。賈疏或本作「辯」,此其改之未盡者。

039 作新大邑于東國洛 閩、監本同。毛本「于」改「於」,非,下引尚書準此。

040 周公於政不均 孫志祖云:案,大司徒、大司樂疏並引注云「周公爲其於政不均」,是也,此疑脱「爲其」二字。

041 下文大宰之職 毛本「大」改「太」,非。

042 使居雒邑治天下者 閩本同。監本「雒」改「洛」,非。毛本先作「洛」,後改「雒」。按,此引注當作「雒」,疏文蓋用「洛」字。

043 四時交者 毛本「交」誤「郊」。案,當作「四時之所交者」。

044 辨方正位 唐石經、諸本同。釋文:「辨,本亦作『辯』。」❷

045 置槷以縣視以景 余本、嘉靖本、毛本「槷」作「槷」,釋文同,惠挍本疏中亦從「埶」。此從「執」,誤。浦鏜云「視」當依本文作「眡」。案,記用古字作「眡」,注改今字作「視」,浦説非。

046 太保朝至于雒 余本「太」作「大」,下同。今尚書「雒」改「洛」,疏中同。

047 鄭康成所存註者 毛本「註」作「注」,下同。 ×

048 鄭少贛 閩、監、毛本「贛」作「贑」,非。

049 然後從傍以水望縣 閩本同。監、毛本「傍」作「旁」。 ×

050 太保朝至于洛汭卜宅 浦鏜云「汭」衍。

051 並冬官考工記匠人文 閩、監、毛本

「冬」誤「各」。×

052 家邑任稍地　毛本「稍」誤「梢」。×

053 一日人無主不散則亂　惠校本作「百人無主」。此「百」字誤分爲「一」、「日」二字。盧文弨曰書大禹謨正義亦有「百人無主，不散則亂」之語。

054 又當立臣爲輔　惠校本無「爲」。❸

055 庶民於之取中案尚書洪範云皇建其有極於下　「案尚書」十一字複上文，當衍，讀「庶民於之取中於下」句絕。

056 家宰大宰也　余本、嘉靖本、毛本同。閩本、監本此下以釋文「鄭云宰主也」二十二字誤入注中。

057 然不先均王國　惠校本「先」作「言」。此誤，當訂正。

058 恐不兼諸侯　惠校本「恐」作「悉」，此誤。

059 言百則三百六十亦一也　惠校本無「亦」。此衍，當刪。

060 治官之屬　唐石經、余本「屬」作「屬」。

061 旅下士三十有二人　唐石經「三十」作「卅」，下「二十」作「廿」，全書同。

062 不釋唯指此一經至旅下士三十有二人而已　閩本同，誤也。監、毛本「釋」改「得」，當據以訂正。惠校本作「不得惟」。

063 以詔王及家宰廢置　毛本「王」誤「玉」。×

064 贊玉几玉爵　監本「几」誤「凡」。×

065 史十有二人　毛本「十有」倒。

066 腊人食醫之等府史俱無者　浦鏜云

「腊人食醫」當是「食醫疾醫」之誤。❹

067 此民給徭役者　閩本「徭」作「傜」，載釋文「傜，音遙」。此本疏中云「衛士亦給傜役」，作「傜」字。又下宮正疏云「徒四十人給傜役」，此本、閩本同作「傜」。

068 胥讀如諝　段玉裁周禮漢讀考云：「說文『諝，知也』，凡易其本字曰『讀爲』，此『讀爲』各本作『讀如』，誤也。大行人注『胥，讀爲諝，象諝謂象之有才知者也』，可據以正此矣。」

069 如今待曹伍伯傳吏朝也　浦鏜云「侍」誤「待」。

070 腊人之類　惠校本「腊人」上有「鼈人」，此脫。

071 宮正　釋文：「此以下，鄭摠列六十職序，干注則各於其職之前列之。」臧琳經義雜記曰：「康成於每官前摠列六十職序，當是古本如此。干氏於各職前列之，蓋亦如詩三百篇序別爲卷，毛公冠於每篇之前；書百篇序，馬、鄭、王爲一卷，僞孔移於每篇首。皆變亂舊章，非其本真也。」

072 主宮中官之長　余本、嘉靖本、毛本同。閩本、監本此下「○」改「曰」，又誤以釋文「宮正此以下」二十二字爲注。

073 宮正至十人　毛本「宮正」下衍「上士」。　×

074 夏采一職記招魂　閩本同。監、毛本「魂」改「䰟」。　×

075 故宮伯所掌者亦掌之　閩本同。監、毛本「掌者」誤「長者」，惠校本作「掌者」。

076 財不久停　惠校本作「則不用久停」。孫志祖云：下職幣疏亦有「財不久停」之語，文理本明，似不必改。

077 一者他官供物　監本「一」誤「二」。　×

078 皆以緩急爲次弟　閩、監、毛本「弟」改

「第」，非。古次第字止作「弟」。

079 故此宫正之弟　惠校本「弟」作「等」，此誤。

080 裹肉曰苞苴　嘉靖本「裹」誤「在」。　×

081 轉作包者　案，「包」當作「苞」，下引詩同。

082 又云裹物曰包苴者　閩本同。監、毛本「包」作「苞」，當據以訂正，下言「包苴」同。注及釋文皆作「苞」。

083 𩺰人　釋文：𩺰，「本又作『魚』，亦作『魰』」。　×

084 祭祀供蠃蠃蚳　毛本同。閩、監本「蚳」作「蚔」，非。　×

085 腊之言夕也　疏云：「夕，或作『久』，義亦通。」惠棟九經古義云：「說文『昔，乾肉也，从殘肉，日以晞之』，昔、夕古字通。穀梁傳『日入至於星出謂之昔』，管子『旦昔從事』，楚辭章句引詩『樂酒今昔』，是皆以『昔』爲『夕』。腊之爲物，經夕乃乾，故言『夕』，或作『久』。久，猶昔也。」○按，「久」者，「夕」之誤也。

086 瘍醫　毛本倒作「醫瘍」。

087 註潰則未必有膿也　閩、監、毛本「註」作「注」，當據以訂正。此注疏本多改「註」，故「注病」字亦誤爲「註」。

088 獸牛馬之類　閩、監、毛本同。賈疏標注作「獸牛馬之屬」，余本、岳本、嘉靖本同。案，疏中引注但言「獸牛馬」，并無下二字。

089 是其牛馬亦有畜稱　浦鏜云「獸」誤「畜」。

090 以式法授酒材　閩本「法」改「灋」，非。

091 注雖不言漿　案，「雖」當衍，此本「雖」字剜改。

092 或曰奚官女　余本、嘉靖本、閩、監、毛本皆作「宧女」，爲是。玉海、漢制考作「官女」，引疏亦同，皆誤耳。疏以左傳「宧女」釋注文，「宧女」不得改爲「官」也。奄爲宧人，故女奴曰「奚宧女」。

093 註奄精至宧女　案，此「宧」亦當作「官」。

094 以其十一月一陽爻生　閩、監、毛本「爻」作「初」。

095 或曰官女者　漢制考所引同。閩本、監本、毛本「官」誤「宧」。

096 按左氏晉惠公之女名妾稱爲宧女　漢制考「按」作「案」，此非，下疏多用「案」字。惠挍本無「爲」，此衍。

097 女漿女奴曉漿者　監本「女漿」誤「女案」。 ×

098 案其職云　毛本「云」改「曰」，非。 ×

099 鑿冰沖沖　余本、嘉靖本、閩本、毛本同。監本作「冲冲」，非，疏中同。 ×

100 鄭荅志以夏十二月取冰　閩本同。監、毛本「荅」改「答」，非，下並同。

101 與此周禮十二月藏冰校一月　毛本「校」改「挍」。○按，毛晉避所諱，全書皆然。

102 女奴之曉籩者　案，注上下文多云「女奴曉某者」，無「之」字，此衍。

103 豆不盡于醢者　案，疏云「豆不盡於醢者」，此作「于」，非。

104 彼有膷臐膮胾炙膾之屬　閩、毛本同。監本「膮」誤「燒」，此本「胾」誤「餓」，今訂正。

105 女醢女奴曉醢者　監本下「醢」誤「醓」。 ×

106 則與醯人職通　案，「醢」當作「醯」。醯人云：「以五齊七菹實之。」

107 必須醯物乃成　諸本同。浦鏜云「醯」當「醢」字之誤，非也。案，醯人職注云「齊菹醬皆須醯成味」。

108 幂人　唐石經、諸本同。説文：「幎，幔也。从巾，冥聲。周禮有『幎人』。」

109 掌供供巾幂　閩、監、毛本作「掌供巾幂」，此衍。

110 設桱梧再重　閩、監、毛本「梧」作「桓」，此誤。

111 設車宮壇壝宮帷宮之等　閩、監、毛本「壝」誤「壇」。

112 幕人　唐石經、余本、嘉靖本同。釋文此作「掌幕」，後仍作「幕人」。❺

113 次自脩正之處　余本、岳本、嘉靖本同，此本疏中標注亦作「脩正」。閩、監、毛本「正」誤「止」。

114 皆是自脩止　案，「止」當作「正」，下同。

115 掌大貢九賦　浦鏜云「九貢」誤「大貢」。

116 已上皆言飲食此次言貨賄　惠校本「次」作「訖」，此誤。

117 漢時司農主治藏　惠校本「治」作「府」。案，漢制考亦引作「府藏」。此因注誤改。

118 是句考徧天下　閩、監、毛本「句」改「勾」，非。

119 司書主之　毛本「主」誤「土」。

120 各自擅其條理所職主　此本「主」誤「王」，今據閩、監、毛本訂正。

121 故與司會同在此也　此本「司」誤「同」，今據閩、監、毛本訂正。 ×

122 司裘　唐石經、余本、嘉靖本、閩本同。監、毛本「裘」作「裘」。

123 亦有此府義故在此　浦鏜云上「此」字衍。

124 閽人　釋文「閽，音昬」，與此同。唐石經作「閽」，諸本因之。此本經、注作「閽」，疏中作「閽」。

125 囿游亦如之　唐石經、余本、嘉靖本、閩、監、毛本同。釋文：「斿，本亦作『游』，音由。」○按，「斿」、「遊」皆「游」之俗字。

126 司昬晨以啓閉者　諸本「昬」作「昏」，疏中準此，下並同。

127 則此閽人每門及囿遊　閩、監、毛本「遊」改「游」。蓋釋文作「游」，賈疏作「遊」，後人據釋文以改賈疏，此其改之未盡者。

128 別官同職者唯有官連耳　閩、監、毛本「連」改「聯」，非。案，大宰官聯注鄭司農云「聯，讀爲連」，此作「官連」，從鄭讀耳。

129 則論語謂之晨人也　浦鏜云「門」誤「人」。

130 据有禁守者言之　閩、監、毛本「据」作「據」。此本「據」、「据」錯出。作「据」，俗省耳。○按，公羊注作「据」。

131 與民同之故以爲小　閩本同。監、毛本「故」改「民」，非。 ×

132 呂郤欲焚公宮　監本「郤」誤「卻」。 ×

133 不列夫人于此官者　案，「于」當作「於」，注皆用「於」字，毛本并下「夫人之於后」亦改爲「于」矣。

134 **與此經婦人數同** 此本「同」誤「曰」，據閩、監、毛本訂正。

135 **舜葬倉梧蓋三妃未之從** 閩、監、毛本「倉」作「蒼」，「三」誤「二」。×

136 **帝嚳時立四妃** 此本「時」誤「而」，據閩、監、毛本訂正。×

137 **殷人又增以三九二七□合三十九人** 此本「二七」下闕一字，閩、監、毛本改爲「二十七」。「又」字閩本同，監、毛本誤「有」。

138 **以增三十九并后合百二十一人** 閩、監、毛本「三十九」誤「二十九」。浦鏜因删改此文，云以增之合百二十一人，誤甚。案，三十九并八十一爲一百二十，合后爲百二十一人也。

139 **然則公中合有三公** 此本補刻上「公」誤「云」，下闕八字。凡補刻有闕誤而閩、監、毛本不誤者，不具著。

140 **故云坐而論禮無官職** 浦鏜云脱「婦」字。案，三夫人坐而論禮，猶三公坐而論道也。此引注作「坐而論禮」，無「婦」字。今注有「婦」，蓋衍文。

141 **故特互其文** 此本實闕，今從閩本補。監、毛本改「迴互」，非。

142 **御進也** 惠校本作「猶進后法也」。案，此釋「御」爲「進」，釋「妻」爲「后」也，當據以訂正。此本實闕，以字數計之，亦止有三字。

143 **進在王寢待息宴** 案，「侍」誤「待」。

144 **言女奴曉事謂識文者爲之也** 閩本「識文」改爲「女」。浦鏜云「曉」下脱「祝」。

145 **内治之貳** 浦鏜云上脱「掌」。

146 **典絲** 余本、閩本同。嘉靖本、監、毛本「絲」作

「絲」。案，唐石經作「絲」，此本疏中「釋曰」上脱「典絲」二字，閩、監、毛本同。

147 **典枲** 唐石經、余本「枲」作「泉」。

148 **内司服女御二人** 沈彤云：當作「四人」，考女御之凡當七十二人，而内司服之女御於王后九嬪、外内命婦之服無不掌，則二人不足也。

149 **主宮中裁縫官之長** 此本上下皆誤「宮」，監本上下皆誤「官」。

150 **以其掌后已下六服** 監本「六」誤「大」。 ×

151 **故不須言外而外自顯** 毛本「自」誤「是」。 ×

152 **謂進衣于王** 案，「于」當作「於」。

153 **染人** 葉鈔釋文、唐石經、嘉靖本皆作「染人」，説文「染」字在水部，此及閩、監、毛本作「染」，非。

154 **連類在此** 惠校本下有「也」。

155 **若然首反處下者** 閩、監本同。毛本「若」改「也」，上屬，浦鏜反據之，誤甚。

156 **故男子婦人同在此官也** 毛本同。閩本作「同在此也」。監本「官也」二字剜改，原刻當與閩本同。

157 **夏采** 釋文：「采，或作『菜』。」 ×

158 **故染鳥羽象而用之** 毛本「故」誤「過」。 ×

159 **緌謂註旄於干首** 閩、監、毛本「註」作「注」，此因「注疏」字誤改。 ×

160 **附釋音周禮註疏卷第二**

鄭氏註　賈公彥疏 此非舊式，依例止當署賈氏名銜，閩、監、毛本又上增「漢」、「唐」字，亦非。

大宰

161 典常也經也灋也　閩本同。余本、嘉靖本、監、毛本「灋」皆作「法」。案，經用古字作「灋」，注用今字作「法」。此仍作「灋」，非，疏及下悉準此。或「法」、「灋」錯見，不具著。

162 常者其上下通名　案，疏曰「云『常者上下通名』者」，又「故云『常者上下通名』也」，兩引此注，皆無「其」字。

163 自此已下至職末　毛本「自」誤「目」。

164 弟詰即禁止之義也　閩本同。監、毛本「弟」改「第」，非。

165 引證詰爲禁之義也　監本「詰」誤「詰」。

166 三曰官聮　唐石經、嘉靖本、閩本同。釋文「官聮，音連」。監、毛本「聮」作「聯」，非。説文「聮从絲」。絲，即「絲」之省，而非从「幷」。

167 則六官共舉之　余本、岳本、嘉靖本同。閩、監、毛本「官」誤「宮」。

168 聽取予以書契　嘉靖本「契」作「挈」，非。釋文出「書契」二字。

169 墨臯劓臯宮臯刖臯殺臯也　余本、嘉靖本同。閩、監、毛本「臯」誤「皐」，疏中同。

170 其四曰官刑　監本「官」誤「宮」。

171 及小宰還從治　閩、監、毛本同。案，此有誤。

172 後改爲大常博士　盧文弨云「博士」二字衍。案，漢制考引此疏無此二字。

173 施于天下　案，「于」當作「於」，下「施于官府」同。

174 周召毛聃畢原之屬　嘉靖本、閩、監本

「聃」作「呥」，毛本作「呥」，皆誤，疏中準此。案，釋文「毛聃，乃甘反，字從耳」。

175 禄若今月奉也 釋文：「奉，本或作『俸』，俗字耳。」 ×

176 禮祀昏姻喪紀 閩、監、毛本同，誤也。余本、嘉靖本「祀」作「俗」，疏中引注亦作「禮俗」，當訂正。

177 所以歐之內之於善 閩本同。監、毛本「歐」改「毆」，下並同。

178 至社稷配食者 閩本同。監、毛本「至」作「是」，誤。惠挍本亦作「至」。

179 上功有功 惠挍本作「上公」，此誤。

180 一夫之田 此本「夫」誤「大」，據閩、監、毛本訂正。 ×

181 然則王子母弟雖食采也 惠挍本作「采邑」，當據以訂正。或改作「采地」，非。

182 文之昭也 毛本「文」誤「公」。 ×

183 五廟五祀三社三稷 此本上「五」誤「王」，「社」誤「神」，今據閩、監、毛本訂正。 ×

184 則經云位據立 盧文弨云疑作「位據朝位」。

185 云貢功也九職之功者 監本「貢」誤「九」，「者」上當有「之稅」。❻

186 舜殛鯀于羽山是也 余本「鯀」作「鮌」。案，釋文葉鈔本「極，紀力反」，段玉裁尚書撰異云「古經典多作『極』」，其說甚詳。今本此注皆改「殛」，非，當據釋文訂正。

187 所以毆之內之於善 釋文：「毆，起俱反。」案，此本疏云「皆是毆羣臣入善之事」，是本作「毆」也。嘉靖本亦先作「毆」，後改「歐」。

188 謂臣有大罪身殺奪其家資　閩本同。監、毛本「罪」改古「辠」字，非。此賈疏自言，與下文引經不同，當作「罪」。惠挍本「身」作「有」。此本「資」誤「管」，今據閩、監、毛本訂正。

189 若不忍刑殺　閩本同。監、毛本「若」改「君」，非。×

190 彼欲視事起無常　惠挍本「視」作「見」。此誤。

191 鯀治水九載　毛本「九」誤「久」。×

192 輙年之則有誅責　惠挍本「輙」作「輒」。

193 統所以合牽以等物也　余本、岳本、嘉靖本同。閩、監、毛本「牽」作「率」，誤。此本上作「玄」而下從「牛」，是本作「牽」也，今訂正。

194 賢有善行也　浦鏜云注本作「賢有德行者」，從集注挍。今本「德」作「善」者，誤也，疏內同。案，疏引「六德六行」以釋此句，是賈疏本作「德行」，淺人臆改爲「善行」耳。以下句「能多才藝者」文法例之，「也」當本作「者」。

195 鄭云統所以合牽以等物也　惠挍本同。閩、監、毛本「牽」改「率」。×

196 六曰尊貴者　惠挍本同。閩、監、毛本「貴」誤「賢」。×

197 親仁善鄰　毛本「鄰」改「隣」，非。×

198 聚斂疏材　唐石經、諸本同。釋文音注：「疏，不孰，色居反，菜也，劉音蘇。」案，說文艸部無「蔬」字，𠫓部云：「疏，通也，从㐬、从疋，疋亦聲。」鄭注「疏不熟曰饉」本釋天文，今爾雅作「蔬」。

199 象曰瑳　余本、嘉靖本同。閩、監、毛本「瑳」改「磋」。案，釋文作「瑳」。

200 九穀無秫大麥而有粱苽　閩、監、毛本同。疏中「粱」作「梁」，嘉靖本作「粱」，釋文出「粱菰」，字從「木」。案，食醫「犬宜粱」字從「米」，則作「梁」訛。

201 疏不熟曰饉　釋文「熟」作「孰」。×

202 謂在山澤之民　惠校本「在」作「任」，此誤，下文「謂在藪牧之民事業」句同。

203 飭之而已　惠校本「飭」上有「而」。

204 以林爲赤粟與稷黏䵒爲異　閩本同。監、毛本「赤」誤「亦」。監本「黏」誤「黏」。×

205 環廬樹桑麻菜茹　閩、監、毛本「廬」誤「盧」。×

206 主山澤之民者　此本下衍「○」，閩、監、毛本不衍。

207 更作金銀龜貝錢布之器　閩、監、毛本「貝」誤「具」。×

208 晉衛之男女皆是　浦鏜云「惠」誤「衛」。

209 妾爲官女是也　閩、監、毛本作「宧女」，是。

210 謂若蔆芡之屬　閩、監、毛本「蔆」作「菱」，非。案，「蔆」當作「蔆」。

211 三曰郊甸之賦　閩、監、毛本同，誤也。唐石經、余本、岳本、嘉靖本皆作「邦甸之賦」，當訂正。注云「邦甸二百里」，疏云「三曰邦甸之賦」者，皆不誤。石經考文提要云：宋本九經、宋纂圖互注本、宋附釋音本皆作「邦甸」。❼

212 四曰家削之賦　唐石經以下諸本同。釋文：「家削，本亦作『稍』，又作『䣕』。」案，疏云「舉『家稍』以表公邑之民」，蓋經用古字作「家削」，注及疏用今字作「家稍」，有釋文、賈疏可證，而今本注及疏並依經作「削」矣。○按，依說文則當作「䣕」。

213 今之筭泉　余本、岳本、嘉靖本、閩本同。

監、毛本「筭」改「算」，非，下及疏悉準此。○按，古書多用「筭」，少用「算」者。

214 遂師之職亦云以徵其財征 浦鏜云經無「其」字。

215 皆末作當增賦者 此本「末」誤「未」，據閩、監、毛本訂正，疏中同。×

216 各入其所有穀物 余本、嘉靖本、閩本同。監、毛本「入」誤「八」。×

217 四曰家削之賦者謂二百里之内 監本「賦」誤「富」。案，「二百里」當作「三百里」。

218 六曰邦都之賦者其五百里 浦鏜云其下脱「國中四百里外」六字，從儀禮經傳通解續挍。○按，六字可不增。即增之，「國中」當作「邦縣」。

219 口税所得之泉也 監、毛本同。此本及閩本「口」誤「曰」，今訂正。案，注云「口率出泉」，疏亦屢云「口税出泉」。❽

220 先鄭約載師圜廛二十而一 浦鏜云「園」誤「圜」。

221 何有税乎 毛本「税」改「賦」，非。疏皆言「税」以釋「賦」。

222 山澤民人入山澤取材亦有税物 閩本同。監本「材」下剜擠「物」字，毛本遂排入。

223 四曰羞服之式 唐石經以下諸本同。釋文：「羞服，干云『羞，飲食也。服，車服也』。『服』或作『膳』。」經義雜記曰：「疏云『羞服之式者，謂王之膳羞衣服所用也』，據此則晉干注本、唐賈疏本皆作『羞服』，釋文同。或作『膳』，係妄改。」案，「大府關市之賦以待王之膳服」注云「膳服，即羞服也」，此經本作「羞服」之證。

224 七曰芻秣之式 「秣」从「末」，此本「秣」作

「秣」，從「末」，誤，今據唐石經諸本訂正。○按，秣，説文作「䬴」，从食末聲。

225 含禭贈奠賻賵之類　閩本同。監、毛本「含」誤「舍」。×

226 荒謂凶年穀不孰　閩、監、毛本「孰」改「熟」，此古字之僅存者，上「聚斂疏材」注中亦改爲「熟」矣，釋文猶作「孰」可證。

227 食用六穀　毛本「穀」誤「國」。×

228 醬用百有二十等之類　閩本同。監本依經改「等」爲「甕」，毛本承之。

229 聘禮賄用束紡　「聘」舊誤「職」，今訂正。

230 致饔餼芻禾之等也　閩、監、毛本作「芻秣」，非。

231 斿貢羽毛　余本、嘉靖本、閩、監、毛本同。漢讀考改作「羽旄」，云「今本作『毛』，誤。旄者，旄牛尾也」。

232 各以其所貴爲摯　岳本「摯」作「贄」。宋本載釋文「贄，音至，本亦作『摯』」，今本釋文以「摯」爲正字。

233 材貢櫄幹栝柏篠簜也　余本同。釋文「榦，古旦反」，與此合。嘉靖本、閩、監、毛本「榦」作「幹」，俗書也。嘉靖本「篠」作「篠」，釋文同。惠校本疏中亦作「篠」，從竹，從條。此本及閩、監、毛本作「篠」，非。

234 游讀如囿游之游斿貢燕好珠璣琅玕也　閩本同。監、毛本作「斿，讀如囿游之游，斿貢」，皆非。嘉靖本作「斿，讀如囿游之游，游貢」，當據以訂正。疏引注作「斿，讀爲囿游之游，游貢」爲最是。蓋經作「斿貢」，司農如字讀，故訓爲「羽毛」。康成則改「斿」爲「游」。漢讀考云「燕好、珠璣、琅玕，皆游觀之物」，是也。漢時斿旗之流字作「斿」，游觀字作「游」。此注改其義而兼改其字，非僅擬其音也。當從賈疏作「讀爲」，不當作「讀如」。○按，依説文旌旗之流字作「游」，从「㫃」，「汓」聲。假借爲「出游」之「游」。「出游」字或作「遊」，則俗字也。先鄭云「游貢羽旄」，「游」之本義也。後鄭云「游貢燕好珠璣琅玕」，「游」之引申假借之義也，易其字之本義，故曰「讀爲囿游之游」，其字皆从「水」。凡作「斿」，不从「水」者，亦俗字也。凡「讀如」、「讀爲」皆有仍用本字之例，殊之於其義也。

235 王祭不共　閩本同。監、毛本「共」改「供」。

236 云游貢羽毛者　閩本同，誤也，當從監、毛本作「斿貢」。○按，旌旗之流，其字本作「游」，作「斿」者，俗省。

237 以其游據人宴好不得據物上生稱　此當從「游」，閩、監、毛本「游」改「斿」，非。「物」，舊作「爲」，今據閩、監、毛本訂正。惠挍本作「鳥」，蓋亦「爲」字之譌。

238 皮即熊羆狐狸　閩、毛本同。監本「狸」作「貍」。

239 楊州所貢　閩本同。監、毛本「楊」作「揚」，下並同。

240 櫄榦栝柏篠簜也者　惠挍本、閩本同。監、毛本「篠」作「[竹滌]」，非。×

241 云服貢絺紵也者　監本「紵」誤「貢」。×

242 云斿讀爲囿游之游游貢燕好珠璣琅玕也者　此本「斿」誤「游」，今據閩、監、毛本訂正。×

243 九曰藪以富得民　釋文：「藪，干云『宜作叟』。」案，干説非。説詳鄭注。×

244 所以恊耦萬民　嘉靖本同。閩、監、毛本「協」作「恊」，閩本疏中亦作「恊」，從「心」。

245 主謂公卿大夫　宋本、余本、岳本、嘉靖本同。閩、監、毛本「卿」誤「鄉」，疏中不誤。×

246 民稅薄利之　此本「薄」誤「簿」，今據諸本訂正。×

247 疾病相扶持　嘉靖本作「疾病相扶」，無「持」字。案，疏中引注正作「疾病相扶」，今諸本有「持」字者，淺人據今本孟子所增，當刪正。

248 使其地之民守其材物以時入于王府頒其餘於萬民　諸本同。案，澤虞職云「使其地之人守其財物，以時入之于玉府，頒其餘于萬民」，此「王」爲「玉」字之誤，「於」亦當作「于」。

249 有以治政之所得民　疑作「有政治之所以得民」。

250 則山澤十等　案，「十」當作「之」。

251 鄭注下曲禮云　閩本剜擠「鄭」字。×

252 云友謂同井相合耦耡作者鄭意經意非謂同師曰友　此本「經」誤「非」，今據閩本訂正。監本以「非意」二字不可通，遂剜空二字，毛本依監本所刪排匀，字數不可考矣。

253 乃縣治象之灋于象魏　唐石經、余本、嘉靖本、閩本同。監、毛本「灋」改「法」，非。周禮凡經皆作「灋」，凡注皆作「法」。

254 挾日而斂之　唐石經、諸本同。釋文：「挾日，又作『浹』，同。干本作『帀』。」惠士奇禮說云：「左傳成九年『浹辰之間而楚克其三都』，正義曰『浹，周匝也。從甲至癸爲十日』。古『挾』、『浹』通。詩曰『使不挾四方』，毛傳『挾，達也。謂方皇周浹於天下，故曰達』。」案，「挾」，古「浹」字。周禮、毛詩用字正同。干本作「帀」，係以意改，非也。

255 振木鐸以徇之　余本、岳本、嘉靖本同。閩、監、毛本「徇」作「狥」，非。釋文作「徇」。

256 故魯灾　此本疏中引注同。諸本「灾」作「災」，閩本疏中「災」字剜改。

257 舊章不可忘　諸本同。案，左傳哀三年「忘」作「亡」。惠挍本作「亡」，云萬卷堂本仍作「忘」。○按，棟依左傳改字未妥。

258 聽朔于大廟　此本「朔」誤「朝」，據閩、監、毛本訂正。

259 正月之吉受法于司徒　浦鏜云「受」下脱「教」。

260 是司徒布教法從六鄉已下出則此大宰布法亦從六鄉已下出也　閩本同。監、毛本「鄉」作「卿」，誤。案，地官序官鄉老注云「王置六鄉」，又云「三公中參六官之事，外與六鄉之教」，是當作「六鄉」明甚。

261 雉門災及兩觀是也　案，春秋經作「雉門及兩觀災」。

262 曰舊章不可忘者　惠挍本「忘」作「亡」。×

263 季桓子曰與公立於雉門象魏之外　浦鏜云「曰」疑衍。案，「與」當作「御」。○按，「曰」當依左傳作「至」。

264 命藏大廟中象魏　惠挍本「命」上有「故」。

265 破諸家從甲至癸謂之挾日通也　案，「通」字當衍。

266 置其輔　唐石經此「輔」字原刻作「傅」，後磨改作「輔」。

267 輔爲民之平也　疏引注「民」作「人」，非。×
釋文出「爲民」二字。

268 庶人在官者　余本、岳本、嘉靖本、閩本同。×
監、毛本「者」下衍「也」。

269 上以言六典治邦國　浦鏜云「已」誤「以」。

270 所施者典則建其牧已下是也　浦鏜云「之」誤「者」。案，「已」當作「以」，此「已」與上「以」蓋互誤。

271 若殷之牧下　案，「下」字誤。

272 士稱殷與旅司　浦鏜云「司」疑「同」誤。

273 故鄭玄謂衆士也　案，「玄」當「云」之誤。

274 其伍言傳　閩本同。監、毛本「傳」作「傳」。

×

275 受上政傳於下受下政傳於上　閩、監、毛本「傳」作「傳」。按，此本作「傳」，大誤。賈疏釋經「傳」字之義也。「傳」皆音「附」。

276 不足于諸侯　案，「于」當作「於」，疏引注作「不足於諸侯」。

277 大夫則入家宗人中　此本「則入」二字實闕，閩、監、毛本作「大夫入家宗人中」。案，惠校本「大夫」下有「則」，與此本字數正合，今據補。

278 若叔孫氏之臣名𩥇戾　惠校本同，與左傳合。閩、監、毛本「𩥇」誤「駿」。

279 乃施法于官府　閩、監本同，誤也。唐石經、嘉靖本、毛本「法」作「灋」，當訂正。

×

280 並是五官之長　案，「長」當「考」字之誤。

281 以官成待萬民之治　唐石經、諸本同。案，經當本作「以成待萬民之治」，與上下文「以典」、「以則」、「以灋」、「以禮」句法正同。賈疏釋「成」爲「官成」，因誤竄入經矣。注云「成，八成」，此經作「成」不作「官成」之證。「八成」在小宰，「官成」在大宰

「八灋」。〇按，前説非也。大宰「八法」中之「官成」，鄭以小宰「官府」之「八成」釋之，是本無二事。故此注亦曰「成，八成」。此經必言「官成」者，謂以治官府之八成待萬民之治也。又欲見此「官成」，即從「八法」中別出也。聖人文字精嚴如此，安得去「官」字取整齊哉。賈疏不誤。

282 八成本以治萬民　案，疑作「八成本以經邦治」。

283 八成小宰職掌掌　案，疑作「小宰職所掌」。

284 脩掃除糞洒　閩、監、毛本同。余本、嘉靖本「掃」作「埽」。此本疏中引注亦作「埽」，當據以訂正。

285 欲見祭前誓戒　監本「誓」誤「示」。

286 前期十日　釋文：「前期，于本同，本或作『先』。」

287 既卜又戒百官以始齊　浦鏜云「遂」誤「又」。

288 謂於祭前之夕爲期　毛本「夕」誤「日」。

289 謂宗伯涖卜　惠挍本同。閩、監、毛本「涖」作「蒞」，非。

290 故箴膏肓云　閩本同。監、毛本「肓」誤「盲」。

291 眂滌濯　釋文：「眂，本又作『視』。」

292 及甑甗之屬　釋文：「甗，本又作『[鬲瓦]』，音歷。」

293 當祭日概祭器者　閩本同。監、毛本「概」改「溉」，非，下四「概」字同。少牢禮作「摡」。〇按，據此可知注中「溉」本作「摡」。説文曰「摡，滌也」，鄭君注禮多作「摡」，凡經、注从「手」之「摡」，俗本多譌从「水」。

294 案少牢饔人概鼎匕俎廩人概甑甗　閩、監、毛本「匕」誤「七」。此本下「概」誤「之」，今據閩本訂正。

295 司宮概豆籩及勺爵　浦鏜云儀禮無「及」字。

296 職外内饔之爨亨　閩本同。監、毛本「爨」誤「爂」。

297 以爲迎氣於四郊之外　此本「外」字實闕，今據閩本補。監、毛本作「等」，非。

298 案幂人云疏布幂八尊　此本「幂」誤「幕」，今據閩、監、毛本訂正。此頁係明正德間補刊，故錯誤特多。

299 故無彝尊也　閩、毛本同。監本「彝」作「彜」，非。

300 大神祇　諸本皆誤作「祗敬」字，惟余本作「祇」，今據訂正。蓋經作「示」，注作「祇」。岳本注中作「示」，此依經改注也。釋文云「神示，本又作『祇』」，當先有依注改經者。凡經用古字，注用今字，段玉裁漢讀考中舉其例。

301 云祀大祇　監本「云」誤「示」。

302 從掌百官誓戒已畢　閩本「畢」作「至」，皆非，當從監、毛本作「下」。

303 謂亦贊王牲事已上　諸本「王」誤「玉」，今據經訂正。

304 謂王朝踐饋獻酳尸時　諸本「酳」誤「酭」，今訂正。

305 王禮諸侯之酢爵　監本「王」誤「玉」。

306 立依前南面　釋文：「依，本亦作『扆』。」

307 其順服者皆來會以師　惠挍本「以」作「京」，此誤。

308 **亦璧琮加束帛以致之** 閩、監、毛本「加」誤「如」。 ×

309 **但春夏受享** 浦鏜云當作「但春夏受贄於朝，受享於廟」，脱六字。

310 **則冢宰贊王受之** 此本「王」誤「玉」，據閩、監、毛本訂正。

311 **賛贈玉含玉** 釋文：「含，本又作『琀』。」 ×

312 **象齧堅** 浦鏜云「齒」誤「齧」。案，儀禮注云「象齒堅」。○按，「齧」字不誤，今儀禮注「齒」字誤也。記云「柱右齻左齻」，齻者，齒盡處。古云牙車，今云牙牀是也。齧堅物非此處不能，故左右各實一貝，以像生時齧堅。中一「貝」，則像齧物而已，不得云「齧堅」也。今注云「象齒堅」義短。

313 **典瑞并云飯玉** 此本「飯」誤「飲」。❾

314 **在祀與戎** 毛本「與」誤「于」。 ×

315 **謂王巡守** 釋文：「守，本亦作『狩』。」 ×

316 **小事冢宰傳平** 閩、監、毛本同，誤也。余本、岳本、嘉靖本「傳」作「專」，當據以訂正。

317 **故特云冢宰也** 監本「特」誤「時」。 ×

318 **事夕則聽之** 閩、監、毛本同，誤也。余本、岳本、嘉靖本「夕」作「久」，當據以訂正。

319 **大有功不徒置** 毛本「徒」誤「徙」。 ×

320 **附釋音周禮註疏卷第二** 每卷末準此，下不具著。

附釋音周禮註疏卷第三

小宰

321 **宮皆當爲官** 嘉靖本、閩本同。監本、毛本作「當皆爲官」，誤倒。惠棟云：「以宮刑憲禁于王宮而令于百官府，且曰國有大刑，則「宮刑」當作「官刑」明矣。」案，經首云「掌建邦之宮刑以治王宮之政令」，末云「以宮刑憲禁于王宮」，「宮正」、「宮伯」等職皆言「王宮」。經無有言「王官」者，則「宮刑」之非「官刑」審矣。

322 **若今御史中丞**　惠士奇云：「劉昭注續漢志引小宰職干寶注『若御史中丞』，是干注非鄭注也。」案，此當是干用鄭注，賈疏本有之。

323 **已云四曰官刑**　閩、監、毛本誤「宮刑」。

324 **依法斷割之**　閩、監、毛本「法」改「灋」。

325 **應劭云**　惠校本同，與漢制考合。閩、監、毛本「劭」改「邵」。○按，應卲，古書多作「劭」。以説文「卲，高也」定之，名卲，故字仲遠，作「邵」則大誤。

326 **内掌蘭臺圖籍**　閩、監、毛本「掌」誤「堂」。

327 **九貢中兼之矣**　監、毛本同。此本「矣」誤「人」，閩本誤「又」，今訂正。

328 **以九式並舊有法式多少**　閩、監、毛本「法」改「灋」。

329 **各有次敘也**　閩本同。監、毛本「敘」改「序」。

330 **故周公設官分職以法之**　余本、岳本、嘉靖本同。閩、監、毛本「法」改「灋」，疏中同。

331 **謂宮正至夏采**　閩本同。監、毛本「采」誤「宷」。

332 **此並共王食是同事**　案，「同」爲「大」之誤。

333 **天官甚衆**　浦鏜云「天」當「六」字誤。

334 **周公攝政三年滅奄**　惠校本作「踐奄」，

此誤。⑩

335 然則服亦平也　此本「則」誤「賊」，今據監、毛本訂正。閩本「然則」誤「糾賊」。

336 以官府之六聯合邦治　唐石經、嘉靖本、閩本皆作「聯」。宋本作「聨」，監、毛本作「聫」，並非。○按，依説文从「耳」、从「絲」省。

337 六曰斂㢮之聯事　余本、閩、監、毛本同。唐石經、宋本、嘉靖本「㢮」作「弛」。石經考文提要云：宋本九經、宋纂圖互注本、宋附釋音本皆作「斂弛」。案釋文「斂弛」，劉本作「施」，音弛，杜作「施」，然則經文本作「斂施」，有杜子春、劉昌宗本可據。劉音「弛」，從注讀，而淺人遂據以改經耳。小司徒、遂人、遂師、遂大夫、土均「施舍」字凡五見，注皆云「施，讀爲弛」可證。漢讀考云：「蓋杜易『施』爲『弛』，而鄭發明其義。今本恐是依注改經作『弛』，復依經改注作『弛讀爲施』耳。」

338 屬其六紖　余本、閩、監、毛本同。嘉靖本「紖」作「引」。釋文：「六紖，徐音允，劉音引，本或作『引』。」案，大司徒職作「屬其六引」，鄭司農云「六引，謂引喪車索也。六鄉主六引，六遂主六紼」，蓋彼經作「引」，此注作「紖」，有劉音可據。説文：「紖，牛系也。」嘉靖本依經作「引」，與陸云或本合。⑪

339 杜子春弛讀爲施　余本、宋本、嘉靖本同。閩、監、毛本「弛」作「㢮」，非。

340 皆舍不以力役之事　宋本「舍」作「捨」。

341 六曰斂弛之聯事者　閩、監、毛本「弛」作「㢮」，非。

342 宗伯不言奉雞　閩、監、毛本「雞」改「鷄」。

343 杜子春引讀爲施者　浦鏜云「弛」誤「引」。

344 不必連　案，下當脱「斂」。

345 **簡稽士卒兵器薄書**　諸本「薄」作「簿」。

346 **簡猶閱也**　釋文出「簡閱」二字，則陸本無「猶」字。

347 **皆官師擁鐸拱稽**　浦鏜云國語「師」作「帥」，「擁」作「攤」。案，浦據俗本國語如此耳。明道本作「行頭皆官師擁鐸拱稽」，與此合。

348 **責謂貸予**　諸本同。釋文出「貸予」二字，皆誤也。疏引注云「『責謂貸子』者，謂貸而生子者，若今舉責，即地官泉府職云『凡民之貸者以國服爲之息』是也」，又釋經云「稱責，謂舉責生子」，則「予」爲「子」字之誤無疑，當訂正。

349 **傅傅著約束於文書**　此本疏中引注作「傅著約於文書」，後剜擠「束」字，蓋注本無「束」字。

350 **傅別謂爲大手書於一札中字別之**　案，「大手書」疑當作「下手書」。司市注云：「質劑，謂兩書一札而別之也。若今下手書，言保物要還矣。」疏云：「漢時下手書即今畫指券。」「大」字蓋誤。○按，「謂爲大手」句絶，即今俗語所謂「手摹」、「脚印」也。傅別是一札，而剖之分執。質劑是兩札，各執其一。不必援司市注以改此。

351 **恐有違法**　閩、監、毛本「法」改「灋」。×

352 **謂聽時以禮命之其人策書之本**　浦鏜云上「之」字疑在「其人」下。

353 **此謂於官直貸不出子者**　閩、監、毛本「子」改「予」，蓋因「取予」字致誤也。

354 **皆是利税之事也**　閩本同。監、毛本作「科税」。

355 **引之以證征是口税之法**　此本及閩、毛本皆作「日税」，今從監本訂正。

356 **凡賖者祭祀無過旬日**　監本「賖」改「賒」，俗字，下同。

357 簿書之要目曰契　案，「要」當從注作「最」。○按，「最」，古作「冣」。此以「要」釋「冣」耳。毛本作「最目曰契」，是也。

358 法守法不失也　余本、宋本、嘉靖本同。閩、監、毛本「法」改「灋」，非，下注及疏準此。

359 辨辨然不疑惑也　疏云：「辨然，於事分明，無有疑惑之事。」惠棟云：「辨然不，不讀爲否。漢官儀解『博士』云『士者辨於然否』是也。疏讀非。」案，釋文亦無音。○按，古人「不」字多讀平聲者，今人但於詩句用之。

360 廉者絜不濫濁也　惠挍本同。閩、監、毛本「絜」改「潔」。

361 令百官府共其財用治其施舍　唐石經、諸本同。毛本「官府」誤倒。案，上注「聽平治也」，釋文「治如字，下文『治其弛舍』同」，凡經云「施舍」，注皆讀「施」爲「弛」。此注不言「讀爲」，蓋經本作「弛」字。或經作「施舍」，注云「弛舍」。陸氏本注讀也。

362 書亦爲七事　漢讀考謂當作「書亦或爲七事」。

363 言以法掌祭祀已下七者　閩、監、毛本「法」改「灋」，下同。「已」字閩本同，監、毛本作「以」。

364 以其衆官共　監本「官」誤「宮」。

365 云施舍不給役　閩本同。監、毛本下增「者」。

366 贊王幣爵之事　唐石經、嘉靖本、閩、監、毛本同。宋本、余本「王」作「玉」。宋岳珂九經三傳沿革例云：「諸本『王』皆作『玉』，惟越注疏及建大字本作『王』。大宰『贊玉幣爵』上文有『贊王牲事』，則『玉幣爵』不得再言『王』。小宰職卑，不獲贊牲事，且此上文未有『王』字，故言『王幣爵』。注所謂『從大宰助王』，其義甚明。」案，疏云「大宰職祀五帝贊玉幣爵」，今此又云祭祀贊此三者，謂小宰執以授大宰，大宰執以授王，故云「又從大宰助王也」，是賈疏本作「玉」字，注云「從大宰助王」。當從疏義，岳説非。段玉裁漢讀考言之備矣。

367 而下引云祼將　浦鏜云「别」誤「引」。

368 大賓客則攝而載祼　浦鏜云：經作「果」，注「果」讀爲「祼」。案，鄭既於彼注改讀，故於此引經竟從其所讀，三禮注皆如是。

369 上公再祼而酢　監、毛本「再」誤「載」。×

370 有此灌酢之禮也　閩本同。監、毛本「此」誤「賛」。×

371 此謂諸侯賙委王家法也　閩、監、毛本「法」改「灋」。×

372 使齎歲盡文書來至　監本「齎」作「賷」，非，釋文亦誤「賷」，葉鈔本作「賷」。○按，依説文則監本不誤。

373 而觀治象之灋徇以木鐸曰不用灋者　監、毛本「灋」改「法」，「徇」作「狥」，非，疏中同。

374 使知當年治政之法也　監本「當」誤「富」。×

375 此文乃檀弓并明堂位　浦鏜改「乃」爲「及」，非。

376 若今新有法令云　宋本、余本、嘉靖本同。閩、監、毛本「法」改「灋」。×

377 各修乃職　唐石經、嘉靖本「修」作「脩」。諸本皆作「修」，非，當訂正。○按，經典多用「脩」，罕用「修」者。

378 此經於職未　浦鏜云「未」當「末」誤。×

379 宰夫之職　閩、監、毛本誤連上文不跳行。

380 王族故士虎士　「虎士」舊誤「處功」，今據經訂正。

381 宰夫主諸臣萬民之復逆　宋本「萬」作「万」。

* 在下受而受而行之　補：案，「受而」二字誤重。

382 内后六宮　惠挍本、閩本同。監、毛本「后」誤「後」。×

383 然者一日萬機　惠挍本「然」下有「王」，此脱。

384 正辟於治官　釋文：「辟，本亦作『廦』。」×

385 如今侍曹伍伯　余本、嘉靖本、閩、監、毛本同。宋本「伍」作「五」。此本疏中引注及漢制考皆作「五百」。案，疏云「漢時五人爲伍。伯，長也，是五人之長」，然則訓「伍」爲「五」，訓「伯」爲「長」，不得竟作「五」也。一作「五」非。

386 云掌官法者掌當官之法也　閩、監、毛本依經改「灋」，非。×

387 以其六卿異目　毛本「目」誤「日」。×

388 亦是六者異目　毛本「亦」誤「六」。×

389 云如今侍曹五伯傳吏朝也者　閩、監、毛本作「伍伯」，此作「五」，非。

390 故舉漢法況之也　漢制考同。閩、監、毛本「法況」作「灋況」，非。×

391 其徒止爲在朝趨走　監本「止」誤「上」。×

392 賔賜之飧牽　釋文、唐石經「飧」作「飱」，從「夕」。釋文云：「一本作『賔賜掌其飱牽』。」⑫

393 牢禮之法　宋本同。閩、監、毛本「法」改「灋」。×

394 謂成孰有齊和者　閩本同。監、毛本

「孰」改「熟」。

395 俱亡滅者多　浦鏜云「俱」當「但」字誤。

396 木不成斵　惠校本同。閩、監、毛本作「斲」，非。

397 何休云云爾者　浦鏜云當衍一「云」。

398 彼皆據喪　案，「據」下當脱「王」。

399 亦王所申服　閩本同。監、毛本「申」誤「由」。

400 歲終自周季冬　浦鏜云「是」誤「自」。案，此字當衍。

401 則令羣吏羣吏則六十官　此本補刻下「羣吏」誤「羣臣」，今據閩、監、毛本訂正。

402 以法戒勑羣吏　宋本、余本、嘉靖本同。閩、監、毛本「法」改「灋」，疏中同。

403 謂孝弟廉潔　惠校本「潔」作「絜」。

宮正

404 若今部署諸廬者　疏引注作「若今時部署諸廬者」。案，「時」字當有，注中屢言「若今時」。

405 夕擊柝而比之　唐石經「柝」作「㭊」，此本作「拆」，譌，今訂正。

406 夕莫也　釋文：「莫，本亦作『暮』。」

407 故謂禍灾　諸本「灾」作「災」。此蓋俗省，疏中「灾」、「災」錯出。此本補刻多不足據。

408 諸父守貴宮貴室　毛本「宮」誤「公」，下同。

409 則師國子而致於大子　閩、監、毛本同，誤也。宋本、余本、嘉靖本「師」作「帥」，當訂正。又此本及閩、監、毛本疏中皆作「帥」，不誤。

410 亦如比夕擊柝已上之事　惠校本

「比」作「上」，此誤。

411 謂諸侯庶子之官　毛本「謂」誤「爲」。×

412 引之言欲見國有故中　惠挍本「言」作「者」，此誤。

413 此男女自相對　閩、監、毛本「女」誤「子」。×

414 禁止不能出　閩、監、毛本同，誤也。宋本、余本、嘉靖本「能」作「得」，當訂正。

415 不得入宮司馬殿門也　諸本同。案，「殿」字疑衍。顔師古注漢書元帝紀云：「司馬門者，宮之外門也。衛尉有八屯，衛候司馬主衛士徼巡。宿衛每面各二司馬，故謂宮之外門爲司馬門。」此因賈疏云「司馬門者，漢宮殿門」，遂衍「殿」字矣。○按，疏明言云「司馬殿門」者，是有「殿」字可知。漢官儀云「公車司馬掌殿司馬門」，「司馬殿門」即「殿司馬門」也。

416 玄謂幾荷其衣服持操　宋本、余本、嘉靖本同。監、毛本「荷」作「呵」，非。閩本「呵」字剜改，蓋本作「荷」。葉鈔釋文、漢制考皆作「荷」。漢六經正誤云：「呵，亦作荷，呼何反，又音何。」漢書責問作「呵」，芙渠作「荷」。惠棟云：「漢書『守荷禮』不作『呵』，萬卷堂本是。」

417 皆得出入也　惠挍本「皆」作「乃」，此誤。

418 玄謂幾荷其衣服持操　閩、監、毛本「荷」改「呵」。此本下仍作「呵」，非。

419 殿門云幾出入不物者　浦鏜云「司」誤「殿」。

420 稍則稍稍與之　惠挍本句首有「言」。

421 則下士食九人　惠挍本作「食則下士九人」，非也。

422 與其奇衺之民　釋文：「衺，亦作『邪』。」案，經作「衺」，注作「邪」，見地官司救音義。

423 怠解慢也　宋本、余本、嘉靖本、閩本同。監、毛本「解」改「懈」，而疏中仍作「解」。

424 且寄宿衞之令　毛本「且」誤「其」。　×

425 火星以春出以秋入　宋本下「以」作「而」，誤。　×

426 爲焚萊之時　閩本同。監、毛本「焚」誤「禁」。　×

427 禁凡邦之事蹕　嘉靖本「邦」作「國」。惠校本亦作「國」，云萬卷堂本仍作「邦」。

428 宮正主爲王於宮中廟中執燭　嘉靖本「執燭」上有「則」。

429 當侵晨而行　惠校本同。閩、監、毛本「侵」誤「寢」。　×

430 何爲事而遣宮正執燭乎　盧文弨曰「何爲」疑當作「爲何」。

宮伯

431 謂王宮中諸吏之適子也　疏引注無「王」，此衍。

432 王弔勞其士庶子　浦鏜云經無「其」。　×

433 故上爲卿大夫　惠校本「上」作「士」，此誤。

434 秩祿稟也　宋本「稟」作「廩」，誤。稟，筆錦反，賜也。

附釋音周禮註疏卷第四

膳夫

435 羞用百二十品　唐石經作「羞用百有廿品」。宋本、余本、嘉靖本、毛本「百」下皆有「有」字，疏中引經同。此本及閩、監本脱。石經考文提要云：宋本九經、宋纂圖互注本、宋附釋音本、余仁仲本皆有

「有」字。

436 醯人共齏菹醯物六十罋 嘉靖本、閩本同。監、毛本「醯」誤「醢」。疏中云：「醯人共醯物六十罋。」案，醯人職作「齊菹」，醢人注云「齊，當爲齏」，故注引作「齏」。

437 稌黍稷粱麥苽 宋本同，誤也。余本、嘉靖本、閩、監、毛本「粱」作「粱」，從「米」，當訂正。此本疏中亦從「米」。

438 水漿醴䣼醫酏 釋文：「䣼，本又作『涼』。酏作『[illegible]』。」案，「醫」當作「醫」，釋文亦訛。

439 此羞庶羞口出於牲及禽獸 閩本亦實闕一字。監、毛本作「皆」，是也。

440 編萑以苴之 此本「苴」誤「塗」，據閩、監、毛本訂正。

441 塗之以墐塗 此本「墐」誤「瑾」，據閩本訂正。監、毛本誤「[illegible]」。

442 孰出之 閩本同。監、毛本「孰」改「熟」。✕

443 漬取牛羊肉 今內則無「羊」字。

444 以洒諸上而鹽之 閩、監、毛本「洒」改「灑」。

445 舉焦其脅 閩、監、毛本「焦」改「燋」，非。案，今內則作「燋」。釋文舉「焦」字，又作「燋」，陸、賈所據本正合。「焦」字下已從「火」，更加「火」旁，俗作也。○按，說文有「燋」字。

446 彼有糝與餰 浦鏜云：內則「餰」作「酏」，注云「此酏當從餰」。案，醢人注引內則已作「餰」。

447 鼎俎奇而籩豆耦者 閩、監、毛本「耦」作「偶」，依今本郊特牲改。

448 明知先朝食 惠校本「明」作「則」，此誤。

449 案聘禮致饔餼注云　浦鏜云「注」衍。

450 云牛羊豕魚腊腸胃同鼎　「云」當衍。

451 當内兼膷臐膮　此本「兼」誤「廉」，據閩、監、毛本訂正。

452 案論語微子云亞飯三飰四飯　閩、監、毛本「飰」改「飯」，今論語同。案，此引論語三「飯」字當皆作「飰」，此改之未盡者耳。

453 以樂徹于造　唐石經、諸本同。禮説云：「大祝注『故書造作竈』，然則古文『造』、『竈』通。吴越春秋『勒馬銜枚，出火于造』，吴語『造』作『竈』，所謂係馬舌、出火竈。龜策傳『灼鑽之處，亦以造名』，注『造音竈』本此。」

454 皆謂造食之處即厨是也　毛本脱「之」。閩、監本「厨」作「廚」。毛本與此同。×

455 但閣内別置新饌　毛本「別」誤「則」。×

456 案文王世子未有原　監、毛本同。浦鏜云「末」誤「未」。案，嘉靖本禮記作「未」，釋文、正義皆作「末」。

457 故加牲體至三大牢　此本「三」誤「王」，據閩、監、毛本訂正。×

458 案玉藻云朔食加日食一等　盧文弨云此約玉藻文，「云」當衍。

459 齊時不樂故不言以樂侑食也　浦鏜云，「者」誤「時」，從儀禮經傳通解續挍。毛本「侑」誤「脩」。

460 即春秋夭昏札瘥　毛本「夭」誤「天」。×

461 春秋傳曰司寇行刑者　浦鏜云「戮」誤「刑」。案，賈疏所據鄭注本蓋作「刑」，故注云「大故刑殺」也。

462 夫司寇行戮　閩、監、毛本「夫」誤「大」。×

463 主人飲食之俎皆爲胙俎　諸本同。宋本「爲」作「有」。案，上云「賓客食而王有胙俎」，又此疏云「特牲少牢，主人之俎。雖爲胙俎，直是祭祀，不兼賓客。此則祭祀、賓客俱有」，然則「爲」當作「有」矣。

464 此二者皆名胙俎　閩、監、毛本「名」誤「各」。

465 稍事爲非日中大舉時而閒食　孫志祖云「爲」當作「謂」，疏作「謂」可證。

466 膳夫主設薦脯醢　宋本脱「醢」。

467 若大夫已下燕食有脯無會　閩、監、毛本「已」作「以」。浦鏜云「膾」誤「會」。

468 使宰夫爲獻主　宋本「主」誤「王」。

庖人

469 麇鹿熊麕野豕　釋文：「麕，本又作『麇』，亦作『麏』。」

470 下文禽獻之內　閩本同。監、毛本「獻」誤「獸」。

471 破司農六畜之內　案，「畜」爲「禽」之誤。

472 味以不䙝爲尊　葉鈔釋文「䙝」作「褻」，監、毛本疏中亦作「褻」，此從「執」。

473 凡其至之義　閩、監、毛本作「凡其至膳羞」，此誤。

474 云若荆州之鮭魚青州之蟹胥者　閩本同。監、毛本「蟹」改「蠏」，非，釋文亦作「蟹」。

475 云賓客之禽獻者謂若掌客上之乘禽日九十雙　閩本同。監、毛本「獻」誤「獸」。浦鏜云：掌客上公，「公」誤「之」。

476 **解經令禽以法授之**　浦鏜云「禽」下脱「獻」。

477 **又以此付使者**　浦鏜云「此」下脱「書」。

478 **夏行腒鱐膳膏臊**　漢讀考云：「説文『鱐』作『䐹』，魚部云『鱢，魚臭也』，引周禮『膳膏鱢』。而肉部云『臊，豕膏臭也』，然則周禮作『膏臊』，臊非魚膏明矣。魚部『鱢』下當云『讀如周禮膳膏臊』。」案，周禮諸本不同，説文引經每兼存異本。蓋「膏臊」一作「膏鱢」，而其義爲魚臭，與鄭以爲豕膏，杜以爲犬膏俱互異。説文於「鱢」下引周禮，於「臊」下止存「豕膏臭」一義，則許氏所據古文本作「鱢」。禮説云：「晏子春秋曰『食魚無反惡其鱢也』，凡魚鱢從魚者皆言魚，則許氏以『膏鱢』爲魚膏矣。」案，内則釋文云「鱐，本又作『䐹』」，與説文引周禮合。

479 **鱐乾魚**　閩、監本「鱐」誤「鏽」。×

480 **犢與麛物成而充**　嘉靖本「麛」誤「麋」。×

481 **腒鱐暵熱而乾**　葉鈔釋文「熱」作「熱」。×

482 **云用禽獻謂煎之以獻**　案，「煎」下脱「和」。

483 **已下推之可知**　閩本同。監、毛本「已」改「以」。×

484 **唯王及后之膳禽不會**　唐石經、諸本同。宋本「后」下有「世子」二字，係妄增。案，注云「世子可以會之」，故經不言「世子」也。

内饔

485 **肉物胾燔之屬**　諸本同。宋本「燔」作「膰」。案，釋文「膰音燔，本亦作『燔』」，宋本與釋文合，是也。賈疏引注作「燔」。

486 **謂士虞禮云四肆去蹄**　浦鏜云「喪」誤「虞」。閩本闕下二字。

487 **實鼎曰脀**　宋本「脀」作「胥」，非。諸本皆作

「脅」，從丞，從肉。釋文：「脅，職升反。」

488 以得饋王　案，上云「俟待也」，此「得」爲「待」之誤。

489 烏皫色而沙鳴　唐石經、諸本同。釋文：「犥，本又作『皫』。」案，玉篇「皫，白色。犥，牛色不美澤，又牛黄白色」，説文「犥，牛黄白色。从牛，麃聲」，白部無「皫」字。鄭注云「失色不澤美」，則當從陸本作「犥」。石經作「皫」，非。惠校本作「犥」，據釋文也。今禮記内則作「皫」，而釋文作「麃」，云「本又作『皫』」，知「皫」爲俗字。

490 馬黑脊而般臂螻　唐石經、諸本同。釋文：「臂，徐本作『辟』。」惠校本「般」作「股」，以意改，非。九經古義云：「北山經『諸毗之水，其中多水馬，其狀如馬，文臂牛尾』，郭璞注『臂，前脚也。周禮曰馬黑脊而斑臂膢』。」案，釋文「般」音班，注云「臂毛有文」，是亦讀「般」爲「斑」也。古「般」、「斑」通，郭氏以今字讀之，故引作「斑」。

491 泠毛毛長總結也　宋本、嘉靖本同。此絲總字與皆揔字有別。閩、監、毛本「揔」、「總」二字並改作「總」矣。浦鏜云「總結也」上脱「毳」字。案，疏釋經曰「云羊泠毛而毳羶者，泠毛謂毛長也，而毳謂毛別聚結者」，則浦説是也。○按，浦説非也。賈疏添「毳」字誤耳。説文曰「毳者，獸細毛也」，泠毛謂毳之長而總結。「長而總結」自是釋「泠」，非釋「毳」也。經文此句法若云其毳也乃泠毛而毳。毳者，獸所同。泠毛而毳，則所異耳。内則注亦云「泠毛，毳毛別聚於不解者也」，可以相證。彼疏云「泠，謂毛本稀。泠毳，謂毛頭毳結」，其誤同此疏。

492 腥當爲星　漢讀考云：「許叔重説『胜』爲犬膏之臭，腥爲星見食豕，令肉中生小瘜肉，故其字從肉、星，星亦聲。則『腥』爲正字，而『胜』爲周禮『腥臊』之正字。許所據周禮與鄭所據不同。」

493 肉有如米者似星　漢讀考云：「『似星』當作『曰星』，謂肉有如米者謂之星，如飯之糵也。」案，爾雅「米者謂之糵」，郭注云「飯中有腥」，亦以「腥」爲正字。

494 言辨腥臊者　浦鏜云脱「羶香」二字。

495 以腥臊羶香表見云牛羊犬雞也　案，「云」衍。

496 云是别不可食者則此是也　閩本同。監、毛本「則」改「即」，非。浦鏜云「别」下脱「其」。

497 宜破交睫腥之腥　浦鏜云「宜」當「直」字誤。

498 牛在手曰梏　浦鏜云「木」誤「牛」。

499 凡掌共羞脩刑膴胖骨鱐　説文肉部「膴」下引周禮有「膴胖」。案，此注云「胖如膴而腥者」，許蓋讀「胖」爲「判」，以爲半體肉也。腊人「薦脯膴胖」，鄭大夫「胖」讀爲「判」，與許同。杜子春云「禮家以胖爲半體」，鄭君云「胖之言片也」，皆與「判」義相近。

外饔

500 凡賓客之飧饔饗食之事亦如之　唐石經、嘉靖本「飧」作「飱」。

501 致禮於客　疏引注作「致禮於賓客」。惠挍本據增，云余本仍無「賓」字。

502 宰夫職以釋訖　浦鏜云「以」當「已」字誤。

503 即是聘享也　閩本同。監、毛本「享」誤「亨」。 ×

504 云致禮於賓客莫盛於饔者　閩本同。監、毛本「云」誤「至」。 ×

505 繫五邑焉　毛本「邑」誤「色」。 ×

506 至五長有功者　浦鏜云「五」當「伍」誤。

507 謂其殷奠及虞祔之祭　浦鏜云「其」衍。

亨人

508 既孰乃脀于鼎　宋本、監本「脀」誤「脀」。×

509 大羹肉湆　宋本、余本、嘉靖本並同。釋文：「肉湆，去及反。」浦鏜云「湇」誤「湆」。六經正誤云：「湇，肉汁也。从泣聲也，从肉義也，非從聲音之音。」案，經典及釋文多作「湆」。自有毛居正說，俗人每改「湆」爲「湇」矣。

510 謂鑊中煑肉汁一名湆　惠校本、閩本同。監、毛本「謂」誤「調」。×

511 皆是陪鼎膷臐膮　浦鏜云「謂」誤「皆」，從儀禮通解續挍。

甸師

512 耨芸芓也　宋本「芸」作「耘」。案，釋文「芸音云，本或作『耘』」，疏云「耕種耘耨於王之藉田」，蓋釋文作「芸」，賈疏作「耘」。今本注及疏作「芸」，係依釋文改。

513 齍盛祭祀所用穀也粢稷也　案，「齍」亦當爲「粢」。肆師「表齍盛」注「粢，六穀也。在器曰盛」，是經作「齍盛」，注皆作「粢盛」。疏云「六穀曰粢，在器曰盛，以共祭祀，故云粢盛」，易「齍盛」爲「粢盛」，本注也，此及舂人注同。經作「齍」，非。漢讀考云：「小宗伯『辨六齍之名物』注曰『齍讀爲粢。六粢謂六穀，黍、稷、稻、粱、麥、苽』，全經内『齍』字當以此例之。」案，甸師注：「粢盛者，祭祀之主也。」

514 三推而一癈　案，「癈」爲「墢」字之誤。浦鏜云「墢」誤「發」，下並同，是也。閩、監、毛本並改「發」。

515 示有恭敬鬼神之法　惠校本「有」作「相」。

516 縮浚也　諸本同。釋文：「浚也，荀順反。劉思順反。」浦鏜改「浚」爲「滲」，云「滲」誤「浚」，謬甚。浦鏜之書多不可據者。

517 **不貢苞茅** 嘉靖本「苞」作「包」，此本疏引左傳亦作「包」，閩、監、毛本改「苞」。案，苞苴、苞裹字多從「艸」，而左傳及説文「茜」下引春秋傳皆作「包茅」，蓋從省。○按，版本多依舊不同，作「包」未爲非也。

518 **杜子春讀爲蕭** 漢讀考云：「『爲』當作『從』。凡二本字異而用一廢一曰『從』。」

519 **故既薦然後焫蕭** 岳本、閩本同，與禮記合。嘉靖本、監、毛本及釋文「焫」作「爇」，誤。郊特牲作「故既奠」，注云「謂薦孰時也」，此以義引之，故作「薦」。

520 **縮酒洓酒也** 葉鈔釋文、嘉靖本、閩本皆作「洓」，此本誤「沛」，今訂正。監、毛本「洓」作「沸」。

521 **注鄭司農至縮酌** 閩本同。監本剜改「大夫」二字，則本作「司農」也，毛本則竟作「大夫」矣。案，賈本注「鄭大夫」蓋作「鄭司農」。此本疏中亦俱作「鄭大夫」，惟此標起至處改之未盡。

522 **取士虞禮束茅立几東** 此本「几」誤「凡」，據閩、監、毛本訂正，下同。

523 **司馬職百里爲遠郊** 惠挍本「職」作「法」，此誤。

524 **代王受過災云** 浦鏜云「云」疑「者」字誤。

525 **令使王死** 惠挍本「令」作「今」。

526 **釋曰周姓姬** 閩本「姓」字模糊，監、毛本誤作「禮」。

527 **甸師氏在疆場** 惠挍本「場」作「埸」，此誤。

獸人

528 **罟罔也** 閩、毛本同。監本「罔」改「網」。

529 以救時之苦也　宋本無「也」，非。

530 備獸觸攫　諸本同。釋文：「觸攫，俱縛反，又作『擭』，華霸反。」案，作「擭」非也。此本補刻「攫」下衍「擾」，疏中「觸罔而攫」「攫」誤「擾」。

531 謂虞人釐所田之野　釋文：「釐所，音來，本亦作『萊』。」案，山虞職作「萊山田之野」，此作「釐所」，蓋以義引之。作「萊」者，依彼經所改。疏云「言虞人萊所田之野者，謂於教戰之所芟治草萊」，是賈本作「萊」也。

532 當以給四時社廟之祭　監本「廟」誤「稷」。

533 夏獻禽以享禴秋獻禽以祀祊　浦鏜云：大司馬職「禴」作「礿」，下「獻」作「致」。

534 小禽私之　宋本「禽」改「獸」，非。

535 若斬首折馘　宋本下有「也」。

536 及弊田者弊仆也　閩本同。監本「仆」誤「卜」，毛本作「止」。

537 證弊田爲田止之事　毛本「事」誤「一」。

538 謂祭四方之神　閩、監、毛本「謂」誤「記」。

539 以田獵得禽牲　惠校本、毛本「獵」字空闕。

540 蒐數軍實兵甲器械　閩本同。監、毛本「數」誤「藪」。浦鏜云：案杜注「閱數軍器」，此所引蓋服氏注。

541 是以僖公三十三年　閩本同。監、毛本下「三」誤「二」。

䲣人

542 梁水偃也　釋文：「水堰，徐本作『匽』。」案，説文「匸，衺徯有所俠藏也。從匸，上有一覆之」，「匽，匿也」，人部「偃」云「僵也」，是水偃字當從徐本作「匽」。

543 故云以時漁爲梁　閩、監、毛本「漁」改「魚」。

544 命漁師始魚　浦鏜云「始漁」誤「始魚」，下疏同。

545 笱者葦簿　閩、監、毛本「簿」作「薄」，下及「曲簿」同。

546 此時得取矣一也　此本「一」誤「〇」，據閩、監、毛本訂正。

547 里華諫之乃止　閩、監、毛本同。魯語作「里革」。〇按，「里革」即「史克」，「克」、「革」古音同部，「華」字非也。

548 辨魚物爲鱻薧　釋文：「薧，本又作『槁』。」×

549 漁人主收之　監本「主」誤「王」。×

550 以其膳夫即不掌祭祀之事　浦鏜云：「膳夫」下脱「共王之膳羞」五字，從儀禮通解續挍。案，此類蓋後人以意增足，非賈疏本文。

鼈人

551 謂有甲萳胡　閩、監、毛本同，誤也。宋本、余本、嘉靖本「萳」作「䓣」，當訂正。釋文：「䓣，莫干反。」禮説云：「月令『其蟲介』，高誘注『介，甲也。象冬閉固皮漫胡也』。䓣、漫音義同。」

552 以時簎魚鼈龜蜃　唐石經、諸本同。説文手部：「簎，刺也。从手、籍省聲。周禮曰『簎魚鼈』。」禮説云：「魯語『矠魚鼈以爲夏槁』作『矠』，莊子『冬則擉鼈於江』作『擉』，列子『牢籍庖廚之物』作『籍』，殷敬順釋文謂『籍，本作簎』。」案，作「簎」爲正字，作「籍」爲聲借字。説文謂「簎，從手，籍省聲」，故列子竟省「手」作「籍」也。

553 簎謂扠刺泥中搏取之　宋本、嘉靖本、閩、監、毛本「扠」作「杈」，宋本作「扠」，從手，釋文通志堂作「杈」。宋本載音義作「扠」，此本補刻「扠」誤「技」，今訂正。

554 亦謂鱴刀含漿之屬　監本「含」誤「舍」。 ×

555 皆在泥中水中　閩、監、毛本無上「中」。

556 但經惑所言貍物者　監、毛本同，誤也。閩本「惑」字實闕，或作「意」。

557 案爾雅刀魚鱴刀也　惠挍本「刀魚」作「鮤」，此誤，又分爲二字。

558 案醢人有蠯醢蠃蚳醢　浦鏜云「蠃」下脱「醢」。

559 蜯即蛤　惠挍本下有「也」，此脱。

560 此亦是國語諫宣公之言　案，國語當作「里革」。

腊人

561 凡田獸之脯腊膴胖之事　唐石經、諸本同。案，「膴胖之事」四字疑衍文。下經「薦脯膴胖」，「膴」字、「胖」字始有注。若於此先言「膴胖」，二鄭、杜氏、康成當於此下注矣。釋文出「胖」字，音於「豆脯」之下，則陸本尚未誤衍。儀禮士冠禮疏引腊人云「掌乾肉，凡田獸之脯腊」，鄭注云「大物解肆乾之」云云，無「膴胖之事」四字，此爲誤衍之明證。此疏引「趙商問腊人掌凡乾肉而有膴胖何」，亦據下文言之。

562 若今涼州烏翅矣　諸本及漢制考同。惠士奇云「烏」當作「鳥」。盧文弨案，士冠禮「加爵弁如初儀」，疏引此注作「鳥翅」，誤本耳。

563 棰之而施薑桂曰鍛脩　閩、監、毛本同，誤也。宋本、余本、嘉靖本「棰」皆作「捶」，當訂正。釋文亦作「捶」。 ×

564 脯非豆實　嘉靖本「非」誤「芋」。 ×

565 庶羞皆有大者此據肉之所擬祭者也

又引有司曰主人亦一魚加膴祭于其上此據主人擬祭者膴與大亦一也　余本、岳本、閩、監、毛本同。宋本「上」下有「者」。案，此皆因疏語誤衍也。嘉靖本「庶羞皆有大」下無「者此據肉」十二字，「加膴于其上」下無「此據主人」十三字，當據此刪正。

566 胖之言片也　玉篇肉部引作「胖之言半也」，非。下云「析肉意也」，當作「片」。論語注云「片言，半言」，引禮家説以「胖」爲半體，知康成不訓「半」也。○按，古書「片」、「半」通用，其音義皆同。⓭

567 杜子春讀胖爲版　監本「版」作「販」。

568 元解公食大夫　惠校本作「重解」，此誤。

569 據爾雅釋詁文　監本「文」誤「古」。✕

570 禮經固有此三者　此本「經」誤「堅」，據閩、監、毛本訂正。

01—571 周禮卷第一　唐石經、宋本、余本、嘉靖本同。此本及閩、監、毛本刪此題，下悉準此，不復出。⓮

校記

❶ 南昌本出文頂格。校語下有「○唐石經此題周禮卷第一，宋余仁仲本、明嘉靖翻刻宋本同，此本、閩、監、毛本並刪」。

❷ 南昌本無「釋文：辨，本亦作辯」。

❸ 南昌本「爲」下有「字」字。

❹ 南昌本無「誤」字。

❺ 南昌本無「釋文此作掌幕，後仍作幕人」。

❻ 南昌本校語「之」作「所」。

❼ 南昌本下有「○今依訂正」。

❽ 「監、毛本同。此本及閩本口誤『曰』。今訂正」。南昌本作「此本及閩本口誤曰，今據監、毛本訂正」。

❾ 南昌本校語作「飲當作飯」。

❿南昌本下有「○按，十行本是踐字，不誤。」
⓫南昌本無「合」字。
⓬南昌本下有「○案，此本注内及疏文並作殘」。
⓭「也當作片」至「皆同」，南昌本作「三十九皆同」。
⓮南昌本出文改作「附釋音周禮注疏卷第四」，校語作「唐石經周禮卷第一，宋本、余本、嘉靖本同。此本及閩、監、毛本删此題。下悉準此，不復出」。

周禮注疏校勘記卷二

附釋音周禮注疏卷第五❶

02—001 周禮卷第二　唐石經、宋本、余本、嘉靖本同。此本及閩、監、毛本刪此題，下準此，不具著。×

002 天官冢宰下　諸本同。釋文作「天官下」，云「本亦作『天官冢宰下』」。唐石經作「天官冢宰下第二」，非。

003 周禮　鄭氏注　唐石經、宋本、余本、嘉靖本同。此本刪「周禮」二字，增「賈公彥疏」四字。閩、監、毛本同，「鄭」字、「賈」字上又增「漢」、「唐」字，每卷準此。

醫師

004 若藥不瞑眩厥疾不瘳　閩、監、毛本同。岳本、嘉靖本作「藥不瞑眩厥疾無瘳」。宋本作「藥不瞑眩厥疾弗瘳」。惠棟云：余本仍有「若」字，「不瘳」作「無瘳」，音義同。案，賈疏作「藥不瞑眩厥疾不瘳」。葉鈔釋文作「無瘳」。以多者言之，「若」衍，「不」當作「無」。

005 惠乃治也　惠校本「治」作「洽」，此誤。

006 高宗語傅說之言也　惠校本、閩本同。監、毛本「語」誤「說」。×

007 疕瘍者　唐石經作「有疕瘍者」。石經考文提要云：下獸醫「凡獸之有病者」、「有瘍者」亦疊「有」字。惠棟云：宋王與之周禮訂義有「有」字，宋本注疏無。

008 云以制其食　浦鏜云下當脱「者」。

009 神農黃帝食藥七卷　浦鏜云「禁」誤「藥」。

010 **以通開結反之於此乃失其宜者** 盧文弨云：「閉」誤「開」，下脱「解」，「半」誤「此」，「及」誤「乃」。惠棟云宋本誤皆同。

011 **積氣内傷** 案，漢書「積」作「精」，此誤。

食醫

012 **堇荁枌榆娩槁** 浦鏜云：娩槁，内則作「免薧」。案，釋文「免字音問，注同，新生曰免。『薧』字又作『槀』，苦老反，乾也」，當作「娩，音問，新生曰免。槁，字又作『槀』」。據羣經音辨女部云「娩，菜之新生者也，亾運切。禮『娩橋滫瀡』，鄭康成讀」，是賈氏所見禮記釋文本作「娩槁」也，「橋」當「槁」字形近之訛。○按詩山有橋松鄭讀爲「槁松」。賈所見内則釋文作「橋」也。

013 **滑者通利往來** 監本「利」誤「和」。 ×

014 **娩新生者槁乾也齊人溲曰滫秦人滑曰瀡** 今禮記注「娩」作「免」，「槁」作「薧」，「齊」、「秦」字互易，皆非也，當據此正之。

015 **犬宜粱** 唐石經、嘉靖本、閩本同。余本、監本、毛本「粱」作「梁」，非。疏中從「米」，不誤。

016 **稌稉也** 釋文：「稉，本又作『秔』。」 ×

017 **苽彫胡也** 釋文：「彫，劉本作『凋』。」 ×

疾醫

018 **四時皆有癘疾** 唐石經、諸本同。岳本「癘」改「厲」，非。

019 **冬時有漱上氣疾** 唐石經、諸本「漱」作「嗽」。案，説文無「嗽」字，此本注及疏仍作「嗽」，釋文「嗽，本亦作『欶』字」。按，作「欶」爲是。

020 **痟酸削也** 説文：「痟，酸痟頭痛。从疒，肖聲。周禮曰『春時有痟首疾』。」案，許、鄭義同，「酸痟頭痛」當作「酸削頭痛」。

021 嗽欬也　諸本同。宋本「欬」作「咳」，載音義同。

022 六癘作見　毛本「六」誤「大」。

023 惟火沴金　盧文弨云「火」當作「木」，此是衡氣，不論生尅，不知疏家誤改，抑挍刊之失，當以本書及漢五行志正之。

024 惟土沴水　盧文弨云「土」當作「火」。

025 若據五事所置言之　浦鏜云「置」當「致」誤。

026 病由氣勝負而生　宋本「由」作「猶」。案，疏云「故言猶氣勝負而生」，皆「由」之誤。

027 攻其羸　余本「羸」作「贏」，載音義同。釋文「其羸，音盈」，此本疏云「羸而勝也」，「羸」即「贏」之誤。今本注、疏悉改作「贏」矣。

028 即是水水羸而勝也　閩、監、毛本「羸」作「贏」，惠挍本作「水贏」，此誤。

029 草謂麻黃勺藥之類是也　閩、監、毛本「勺」改「芍」。案，詩溱洧作「勺藥」。

030 蟲謂吴公羸鼈之類是也　毛本「羸」作「贏」。

031 子義本草經一卷　閩本同。監、毛本「義」改「儀」，非。

032 則炎帝者也　浦鏜云「者」當「是」之誤。

033 五藏所出氣也　諸本同。釋文：「五藏，才浪反。下文及注同。」嘉靖本作「五臟」，俗字。

034 胏氣熱　余本同，誤也。嘉靖本作「肺氣熱」，閩、監、毛本亦作「肺」，當據正。❷

035 莫若扁鵲倉公　釋文：「扁，本亦作『鶣』。」

036 心位當土　閩本同。監、毛本「土」誤「上」。案，此言心位當中央土也。

037 云五色面貌之青赤黃白黑也者　惠校本「貌」作「皃」。

038 大古有岐伯榆附　閩、監、毛本作「榆柎」。浦鏜云漢志作「俞拊」。

039 又有胃旁胱　宋本、岳本、嘉靖本同。閩、監、毛本「旁」改爲「膀」，俗字，疏中準此。

040 岐伯榆柎　釋文：「榆，本亦作『俞』。」　✕

041 大腸爲行道之府　案，素問作「傳導之府」。

042 旁胱爲津滴之府　閩本亦作「津滴」，監、毛本「滴」改「液」。

043 下氣象天故寫而不實　惠校本同。閩本上「故」實闕，監、毛本作「〇」。❸

044 此則正府也　惠校本、閩本同。監、毛本「則」作「其」，非。　✕

045 以疾醫中士二人　浦鏜云「八」誤「二」。

046 似不得壽終然少曰死　浦鏜云「少」當「故」字誤。

瘍醫

047 折瘍之祝藥　唐石經、諸本同。釋文：「折瘍，劉本作『𣂚』，同。」經義雜記云：「說文艸部『𣂚，斷也。从斤，斷艸。譚長說。斳，籀文𣂚，从艸，在仌中。仌寒，故𣂚折。篆文𣂚从手』，然則今用『折』字者，從小篆也。劉昌宗本作『𣂚』，爲古文，當從之。」禮說云：「墨子非攻中篇曰『今有醫於此，和合其祝藥之於天下之有病者而藥之，萬人食此。若醫四五人，得利焉，猶謂之非行藥也』，然則『祝藥』猶『行藥』也。俗本墨子刪『祝』字。」

048 癰而上生創者　毛本「癰」誤「癕」，下同。　✕

049 祝當爲注讀如注病之注　禮說云：「釋名『注病，一人死，一人復得，氣相灌注也』。古文假借多取音同，函人『甲屬』，匠人『水屬』，注皆云『屬讀爲注』。左傳『韎韋之跗注』，賈、服皆云『注，屬也。祝，屬通』。」

050 **刮刮去膿血** 嘉靖本同。閩、監、毛本上「刮」依經改「劀」，非。釋文「劀，音刮」，本注也。說文「劀，刮去惡創肉也。周禮曰『劀殺之齊』」，亦訓「劀」爲「刮」，與鄭義同。○按，說文「劀」、「刮」異義，鄭君謂爲一字。

051 **疾醫非主祝說之官** 閩本同。監、毛本「說」誤「設」。✕

052 **今醫方有五毒之藥** 此本補刻「方」誤「人」，今據諸本訂正。

053 **合黃堥置石膽丹砂** 釋文：「堥，本又作『鍪』。」嘉靖本「砂」作「沙」。惠士奇云內則「敦牟」注「牟，讀曰堥也」。

054 **皆用黃瓦缻爲之** 惠校本「缻」作「甂」。案，「甂」蓋「甗」之誤。○按，缻者，唐人所用俗「缶」字。缶，瓦器也，今之瓶耳。惠校多有自出己意而非是者。❹

055 **五氣當爲五穀** 禮說云：「史記『軒轅治五氣』本內經『岐伯曰，天食人以五氣，地食人以五味。五氣入鼻藏於心肺，五味入口藏於腸胃。味有所藏，以養五氣，氣和而生，津液相成，神乃自生』。」九經古義云：「內經『五穀爲養，五果爲助，五菜爲充』，故鄭據此。」

056 **此即經酸苦之等是也** 浦鏜云「此」、「即」當誤倒。

057 **平常調食** 惠校本作「服食」，此誤。

獸醫

058 **故當獸連言之也** 惠校本作「畜獸」，此誤。

059 **節趨聚之節也** 釋文：「聚，本亦作『驟』。」✕

060 故先灌而知緩之　浦鏜云「知」當「和」字誤。

061 以五穀養之養　惠挍本下「養」作「義」，非。　×

酒正

062 秫稻必齊　毛本「秫」誤「秼」，疏中同。　×

063 麴糵必時湛饎必潔　此本「糵」誤「蘖」，今據諸本訂正。余本、嘉靖本「潔」作「絜」。浦鏜云「饎」月令作「熾」。○按，漢人衹用「絜」，無用「潔」者。

064 鄭司農云授酒人以其材　余本、嘉靖本「鄭司農云」下有「授酒材」三字，宋本亦無。

065 彼注酒孰曰酋　惠挍本同。閩、監、毛本「孰」改「熟」，下「齊孰」同。　×

066 則是久熟者善　惠挍本「熟」作「孰」。

067 必須絜淨　惠挍本同。閩、監、毛本「絜」改「潔」。　×

068 成而翁翁然葱白色　宋本、嘉靖本同。閩、監、毛本「葱」改「蔥」。

069 如今下酒矣　諸本同。盧文弨云：初學記引作「若下酒」，是也，西京雜記載鄒陽酒賦亦有「程鄉若下」語，則今湖州之上若、下若也。

070 又禮器曰緹酒之用　宋本、嘉靖本「又」下空闕一字。浦鏜云禮器「緹」作「醍」。

071 泛讀如泛泛楊州之泛　閩本同。毛本「州」改「舟」，是也。監、毛本「楊」作「揚」，非也。

072 謂此齊孰時　閩、監、毛本「孰」改「熟」，下並同。

073 謂曹床下酒　閩、監本同。毛本「床」改　×

「牀」。惠挍本「曹」作「漕」。案，漢制考作「曹床」。

074 案鄭下注五伯緹衣　浦鏜云「五」誤「伍」。

075 云如今造清矣者　惠挍本、閩本同。監、毛本「矣」誤「也」。×

076 五齊亦曰酒　毛本「亦」誤「一」。×

077 物者財也　浦鏜云：「財」疑「材」誤，下「給財」同。❺

078 祭末並得飲之　毛本「末」誤「未」。×

079 故晉語云味厚寔昔毒　案，周語下作「厚味寔腊毒」，韋解「腊，讀若昔」。

080 洗湎千日　魏都賦作「流洄」，此誤。閩、監、毛本改「沈湎」，非。惠挍本亦作「沈」。○按，作「沈」是也。今文選作「流」，誤字也。「沈湎」者，貌其大醉，作「流」則無義矣。初學記引韓詩曰「齊顏色、均衆寡曰沈，閉門不出客曰湎」，今本初學記奪「客」字。李善於此注引韓詩章句曰「均衆謂之流，閉門不出容謂之湎」，譌舛不可讀，當以初學記正之。初學記少「客」字，當以毛詩音義補之。

081 醫之字從殹從酉省也　釋文：「殹，本或作『毉』。」惠挍本「酉」作「酒」。經義雜記云：「賈疏云『從殹省者去羽，從酉省者去水』，則賈疏本作『從殹從酉省也』。說文酉部云『醫，治病工也。醫之性，得酒而使，从酉，酒所以治病也。周禮有醫酒』。」

082 稻醴清⿱艹酒黍醴清⿱艹酒粱醴清⿱艹酒　漢讀考云：「今內則『⿱艹酒』作『糟』，疑是用周禮改也。司農云『糟，音聲與⿱艹酒相似』，謂之『相似』，則非一字也。⿱艹酒之本義當是艸類，從艸，酒聲，故沈重音子由反。糟、曹聲古讀如揫，同在第三部。糟是正字，⿱艹酒是假借字。」

083 漿水臆　宋本、嘉靖本「臆」作「醷」，下同。惠棟云：萬卷堂本此仍作「臆」，下作「醷」。案，葉鈔釋文云：「臆，本又作『醷』。」宋本注載音義云：「醷，本又作『臆』。」內則釋文作「醷，本又作『臆』」。漢讀考云：「醫是正字，臆是假借字。今本內則作『醷』者，俗製也。」

084 醫與臆亦相似　宋本、嘉靖本「臆」作「醷」。又宋本無「亦」字。

085 醷當此經中醫　閩本同，與宋本注正合。監、毛本「醷」改「臆」，下云「醫與醷亦相似」，又內則「醷」準此。

086 內則彼云湎此云糟　當作「內則彼云糟此云湎」。

087 大祭三貳　唐石經、諸本同。毛本「大」作「太」，非。

088 王服希冕玄冕所祭也　釋文：「希，本又作『絺』。」

089 玄酒在室醴醆在户粢醍在堂澄酒在下澄酒是三酒也　釋文：「醍，本亦作『緹』。」賈疏云：「鄭志『趙商問，禮運注澄是沈齊，今此注澄酒是三酒，何？鄭荅今解可去澄字』，若然，鄭本此注直云『酒是三酒』，無『澄』字，有者誤。」漢讀考云：「注謂澄酒之酒是三酒，以別於上文玄酒之酒。鄭荅趙商蓋忘其有『澄』字之意矣。賈云本無『澄』字，誤也。」

090 舉其正尊而言也　惠挍本「正」作「在」。

091 謂三酒之祭副益酒尊　惠挍本「酒」作「等」，此非。此本下四字實闕，閩、監、毛本臆作「事昔清尊」，今據惠挍宋本補。

092 故言皆酌　惠挍本作「皆有酌」。

093 有口齊酒不貳者　閩本同。監、毛本作「言惟齊酒不貳者」。

094 之皆有器量者　惠校本「之」作「云」，此誤，又闕「器量」二字，據閩、監、毛本補。

095 注酌至品　案，當作「注酌器至多品」。

096 三貳三益副之也皆　浦鏜云「者」誤「皆」。

097 子春後鄭亦與之同　此本「同」誤「國」，據惠校本訂正。閩、監、毛本改「辨」，非。

098 宗廟亦有次小　此本下二字實缺，今據惠校本補。閩、監、毛本改「大祭」，非。

099 謂弟子□□□　閩本同，缺下三字。監本、毛本作「事師師」，浦鏜疑作「事師長」。

100 弟子用注周旋而貳者　惠校本「用注」作「來往」，此誤。

101 不見宗廟小祭　惠校本下有「者」。

102 若然則禮器云　惠校本「則」作「按」。

103 按司服山川服毳冕五獻　惠校本「司服」下有「四望」二字。

104 故與宗廟同用握　惠校本作「角握」。

105 是云引郊特牲云　浦鏜云上「云」當作「以」。

106 與王同體屈也　宋本「體」誤「醴」。×

107 云共后之致飲于賓客之禮　毛本「于」改「於」，非。×

108 謂若致饗餼　惠校本「饗」作「饔」。

109 言禮酒不言陳　監本「禮」誤「醴」。×

110 夫妻片合　浦鏜云：「片」當作「牉」，語本喪服傳。○按，喪服傳本作「片合」，今本作「牉」，乃俗人以「片」、「半」二字合而爲之。此疏云「夫妻片合」，正可據以挍正。

111 瀌尊卑之差 閩、監、毛本同。宋本、余本、嘉靖本「瀌」作「法」，此非。

112 八十月告存 此本「存」誤「有」，今據諸本訂正，疏中同。

113 謂日日有秩 監本誤「日月」。

酒人

114 謂宮卿之官掌女宮之宿戒 宋本作「謂宮卿之宮掌女官之宿戒」，誤也。

115 云以役世婦者屬春官宮卿官也 惠挍本、閩本同。監、毛本「云」誤「因」。此本「春官」誤「春宮」，今訂正。

116 而使人各以其爵以酬幣侑幣致之 宋本、余本、嘉靖本、閩本同。監本「各」誤「名」，「侑幣」誤「作弊」，毛本亦誤。

117 云此謂給賞之稍者 浦鏜云「賔客」二字誤「賞」。

118 謂酒人以酒從使人欲往客館 浦鏜云「欲」疑「而」字誤。

119 不指斥言饔餼 毛本「斥」誤「斤」。×

漿人

120 若糗飯雜水也 嘉靖本「飯」誤「飲」。×

121 醫酏使其士奉之 浦鏜云「醫酏」下脱「糟皆」二字。

凌人

122 掌冰正歲十有二月 唐石經、諸本同。漢讀考云：「此鄭君用杜説改『政』爲『正』，下屬也。考周禮全書，凡言歲者，皆謂夏正也。言正歲者，皆謂寅月。言歲終十有二月者，皆謂丑月。此言歲十二月爲夏正已明，不必加『正』字以混全書。司農從故書『掌冰政』爲長。」

123 三倍其冰　宋本下有「也」。×

124 謂應十石加至四十石　案，注「三倍其冰」，則應十石者三倍之爲三十石，云「四十石」誤也。

125 春始治鑑　釋文：「鑑，本或作『監』。」×

126 案月令仲春云　惠挍本、閩本同。監本、毛本「春」誤「夏」。×

127 謂王后及世子　毛本「世」誤「一」。×

128 此經直云膳羞　閩本同。監、毛本「云」作「言」。

129 王禮之以飧及饔餼　閩、監本同。毛本闕「饔」。〇按，「飧」當作「飱」。

130 實冰于夷槃中　案，「于」當作「於」。監、毛本「于」誤「干」。

131 皆依尸而爲言者也　案，宋本無「者」。案，疏云「是皆依尸而爲言也」，亦無「者」，諸本蓋衍。

132 喪大記云君設大槃　浦鏜云記「槃」作「盤」。案，閩本此下三「槃」字皆先作「盤」，後改「槃」。此本下句「士併瓦盤」，「盤」字從皿，此改之未盡者，監、毛本則盡作「槃」矣。〇按，「槃」从「木」，小篆也。「盤」從「皿」，籀文也。本是一字。

133 不敢與天子同名夷盤　閩本同。監、毛本「盤」改「槃」，下「大盤」、「夷盤」同。

籩人

134 其容實皆四升　監本「實」誤「貴」。

135 鮑者於𥻆室中糗乾之　宋本、余本、嘉靖本同。閩、監、毛本「𥻆」作「楅」，非，疏中同。案，漢制考引此注作「𥻆」。葉鈔釋文及宋本注載音義云：「糄，本又作『煏』，同。」今通志堂本作「楅」，非。釋文：「糗幹，音乾，又作『乾』。『析幹』同。」案，賈疏本亦作「乾」。經「乾蓀」字作「乾」，陸本作「幹」，殆非。○按，説文作「稪」，籀作䅗。作「糄」、作「煏」皆省而譌，作「楅」則更譌矣。

136 切其腴以啗所貴　嘉靖本下有「也」。

137 服云剋形非是築剋爲之　閩本同。監、毛本「剋」改「尅」。○按，此處有譌。

138 食後酳尸爲一節　閩本同。監、毛本「尸」誤「戶」。

139 言糄室者謂糄土爲室　漢制考同。閩、監、毛本「糄」改「楅」。

140 云今河間以北炙穜麥賣之　閩、監、毛本「炙」作「煑」。案，「炙」當「灸」字之誤，賈疏所據注蓋本作「灸穜麥」也。監、毛本「穜」作「秋」，誤。

141 二是饋孰陰厭　浦鏜云「一」訛「二」。

142 蔆芡㮚脯　監、毛本同。唐石經、余本、嘉靖本、閩本「蔆」皆作「蔆」，從水。此從冫，非。釋文：「蔆，音陵。」此本注中仍作「蔆」。

143 鄭司農云蔆芡脯脩　漢讀考云：「『司農云』下脱『當言』二字。謂『蔆芡栗脯』當作『蔆芡脯脩』，栗與饋食複，故易之。」

144 謂若少牢主人酬尸　宋本「酬」作「獻」，非。

145 此當王酬尸　閩、監、毛本「王」誤「主」。

146 賔尸設於侑　此本「設」誤「故」，今據閩、監、毛本訂正。

147 今之餈餻皆解之名出於此　閩、監、毛本「餻」作「糕」。案，玉篇食部「餻，古刀切，餻糜」，此賈疏舉唐制以釋注也。段玉裁云「解」當「餅」字之誤。

附釋音周禮注疏卷第六

醢人

148 **其實韭菹醓醢** 釋文：「醓，本又作『溘』。」✕

149 **昌本麋臡** 唐石經、余本、嘉靖本、毛本同。閩、監本「麋」誤「麇」。

150 **茆菹麇臡** 嘉靖本「麇」誤「麋」。

151 **雜以粱麴及鹽** 嘉靖本「粱」作「梁」，此從「木」，譌。

152 **塗置瓶中** 閩、監、毛本同。宋本、余本、岳本、嘉靖本「瓶」作「甀」，當據以訂正。公食大夫禮疏引此亦作「甀」。

153 **麋骭髓醢** 宋本、余本、岳本、嘉靖本、閩本同。監、毛本「骭」誤「肝」，疏中不誤。釋文「骭」字有音。

154 **菁菹韭菹** 賈疏本作「菁菹韭菁」。一本「韭」字作「韮」。今本作「韭菹」者，涉上經誤也，故疏云「以菁爲韭菁，於義不可」，此賈疏作「韭菁」之證。又云「若爲『韮』字，韮則蔓菁，於義爲是，後鄭不應破之。明本作『韭』，不作『韮』也」，此一本「韮」字作「韭」字之證。○按，「韭菹」已見上，不當以「韭菹」釋「菁菹」。漢讀考據說文「菁，韭華也」，云「司農注作『韭華菹』，今奪『華』字」，是也。又考「疏云『以菁爲韭菁，於義不可，後鄭不從』，據此是先鄭作『菁菹，韭菁菹』也。『韭華』謂之『韭菁』，漢人語尚如此，後人奪下『菁』字。賈時不誤，疏內當作『又菁菹，韭菁菹者』，而轉寫亦奪『菁』字」。

155 **今河間名豚脅聲如鍛鎛** 嘉靖本、毛本同。釋文：「膊，音博，下『鎛』同。」閩、監、毛本誤作「鎛」，疏中同。

156 **故云聲如豚拍** 浦鏜云「鍛鎛」誤「豚拍」。

157 芹菹　唐石經、諸本同。釋文：「芹，説文作『菦』，云菜類蒿也。」案，説文「菦，从艸，近聲。周禮有『菦菹』」，是故書當作「菦」，今本省作「芹」。

158 箈菹　唐石經、諸本同。釋文：「箈，爾雅作『䈝』，同。」釋草「䈝，箭萌」，注引周禮曰「䈝菹鴈醢」，疏云「彼文作『箈』，鄭注『箈，箭萌』。字雖異，音義同」。漢讀考謂經及司農作「菭」，後鄭忽易爲「䈝」，注應有「菭當爲䈝」四字。○按，「箈」字最譌。

159 此箈字既下爲之　浦鏜云「既」字下當脱「竹」字。

160 以與稻米爲餰　今内則「餰」作「酏」者，誤也，當據此注訂正。彼注引周禮「酏食」云「此酏當從餰」。「此」者，此周禮也，謂周禮酏食之「酏」當從内則作「餰」也。淺人未識「此酏」指周禮，因誤改内則作「酏」矣，詳見漢讀考。

161 小切之與稻米　監、毛本「與」誤「爲」。

162 同特設之　此本、閩本「特」字「牛」旁剜改，浦鏜云「時」誤「特」。

163 謂餰與糝實爲二豆　浦鏜云「食」誤「實」。

164 麋鹿爲菹　嘉靖本「麋」作「麇」，誤。案，少儀作「麋鹿」。

165 皆䐑而不切　釋文：「皆䐑，本或作『𦢊』，下同。」浦鏜云：䐑，記作「聶」，注「聶之言䐑也」。❻

166 麋爲辟雞　閩、監、毛本同。宋本、嘉靖本「麋」作「麇」。此本疏中引注亦作「麇」，誤也。少儀作「麕」。

167 則齏菹之稱菜肉通　監、毛本「齏」作「韲」，非。　×

168 從醯醢至鴈醢　毛本「醯」誤「醢」。

169 此謂報切節皆齏類　浦鏜云「節」疑

「即」字誤。

170 并醢人所共醢五十罋　閩本同。監、毛本下「醢」誤「醓」。

醢人

171 下經云賓客之禮據饔餼　浦鏜云「上」誤「下」。

鹽人

172 對下經鬻盬是湅治者也　毛本同。閩、監本「盬」誤「鹽」，下「鬻盬」同。

173 鬻盬以待戒令　唐石經、宋本、余本、嘉靖本、毛本同。閩本、監本「盬」誤「鹽」，注中同。

174 今湅治盬以待戒令　惠挍本、閩本同。監、毛本「令」誤「命」。

175 冪人　按，當作「幂」。❼

176 三酒加玄酒　監本「三」誤「二」。

177 籩豆俎簋之屬　浦鏜云「俎」當「簠」字誤。

宮人

178 掌王之六寢之脩　釋文：「脩，劉音修，本亦作『修』。」　×

179 朝辨色始入　釋文：「辨，本又作『別』。」　×

180 蠲猶潔也　嘉靖本「潔」作「絜」，下注「潔清」同。　×

181 匽猪謂霤下之池　宋本同。閩、監、毛本「猪」作「豬」，嘉靖本「豬」字剜改。〇按，「猪」者，「豬」之俗，古書皆作「豬」。

182 皆所以除其不蠲潔　惠挍本「潔」作「絜」。

183 圭絜也　閩、監、毛本「絜」作「潔」。　×

184 **與親匽猪同** 惠挍本「親」作「規」，此誤。閩、監、毛本「猪」作「豬」。○按，「規匽豬」見左傳襄公二十五年。今左傳作「偃」，其義略同，皆謂汙下之地，鄭君實用左氏也。

185 **沐浴所以自潔清** 余本、嘉靖本「潔」作「絜」。釋文：「潔清，本亦作『清』。」

186 **勞事勞褻之事** 余本、嘉靖本「褻」作「褻」。閩、監、毛本訛作「褻」，疏中同。

掌舍

187 **故書枑爲柜** 嘉靖本「柜」作「拒」，下同。此本疏中亦作「拒」。葉鈔釋文「拒」音「矩」。

188 **柜受居溜水涑橐者也** 嘉靖本「橐」作「槖」，釋文亦作「槖」，此上從「士」，非。

189 **杜子春讀爲梐枑** 說文木部：「枑，行馬也。从木，互聲。周禮曰『設梐枑再重』。」「柜」下不引周禮，是與杜義同，不從故書作「柜」也。

190 **謂外内兩重設之** 閩本同。監、毛本「外」、「内」倒。

191 **未即有蟲可涑** 此本及閩本「蟲」字剜改，蓋本作「蠹」。釋文本作「涑橐」，賈疏本作「涑蠹」。

192 **先鄭輙依故書拒** 惠挍本「輙」作「輒」，此誤。閩、監、毛本「拒」作「柜」，下同。

193 **宜掘地爲宮** 惠挍本「地」作「塹」，此本「地」字剜改。

194 **土在坑畔而高** 毛本「坑」誤「堉」。

195 **子都與鄭考叔爭車子都扳棘以逐之** 惠挍本「鄭」作「潁」，「扳」當作「拔」。

196 **君命大夫與士肆鄭云肆習也** 毛本同。閩、監本「肆」改「肄」。案，禮記釋文：「大夫與士肄，本又作『肆』，同。」古肄習字多作「肆」，此與釋文又作本合。○按，疏文之例當用「肆」。

197 掌舍主當之　浦鏜云：「當」蓋「掌」字誤，下「當取」同。

198 皆彼他官置之　監本「他」誤「也」。×

幕人

199 主在幕若幄中坐上承塵　閩、監、毛本同，誤也。宋本、余本、嘉靖本「主」作「王」，此本及惠挍本疏中引注亦作「王」，當據以訂正。浦鏜云：「王」誤「主」，從集注挍。

200 像土辟也　閩、監、毛本「辟」作「壁」。×

201 在幄幕内之丞塵　閩、監、毛本「丞」作「承」，此本下文「張帟」疏亦作「丞塵」。

202 綃幕魯也　浦鏜云：綃，檀弓作「繆」，注「繆讀如綃」。

203 明帟非帳也　毛本「明」誤「者」。×

204 是王在幕設帟之事　惠挍本同。閩、監、毛本「王」誤「主」。

205 此增成先鄭也　浦鏜云「先鄭」下當脱「義」字，非也。

掌次

206 法大小丈尺　宋本、嘉靖本同。閩、監、毛本「法」改「灋」，疏同。

207 則張氊案　閩、監、毛本同。唐石經、宋本、余本、嘉靖本「氊」作「氈」，注及疏準此。此本注中、疏中皆作「氈」。

208 設皇邸　唐石經、諸本同，「邸」從「邑」。閩本作「邸」，非。釋文：「皇邸，一本作『皇羽邸』。」案，此因注云「皇羽覆上」，經亦誤衍「羽」字。疏云「見經皇是鳳皇之字，故知以皇羽覆邸上」，是賈疏本不衍「羽」字也。

209 牀上著氈　毛本「牀」誤「林」。

210 據漢法況之　此本及監、毛本「況」誤「混」，今據閩本訂正。

211 朝日祀五帝　嘉靖本「祀」誤「祝」。

212 既接祭退俟之處　宋本、嘉靖本同。閩、監、毛本「既」誤「謂」，疏中引注仍作「既」，不誤。

213 重帟復帟　閩、監、毛本同。宋本、余本「復」作「複」，疏中引注同。

214 明有幄幕可知　浦鏜云「帷」誤「幄」。

215 謂於幄中設承塵　毛本「於」誤「之」。

216 案外宗伯祀五帝於四郊是也　浦鏜云：「小」誤「外」，「兆」誤「祀」。案，「宗伯」以下此本、閩本闕，今據監本、毛本補，下闕者準此。

217 季夏六月　惠校本同。監本「夏」下剜擠「於」字，毛本排入。此本及閩本缺，然以字數計之，不衍也。

218 此兩次設幄者　此本缺，據閩、監、毛本補。惠校本「此」作「必」，當訂正。

219 置一小帷　此本、閩本闕，據監、毛本補。惠校本「帷」作「幄」，此非。

220 帟重帟不同　此本、閩本闕，今據監、毛本補。浦鏜云：「與重席不同」誤「帟重帟不同」，從儀禮通解續挍。

221 南方赤帝赤奮若　此本闕，據閩、監、毛本補。浦鏜云「奮若」當「熛怒」之誤。

222 不張幄者　宋本、余本、嘉靖本、閩本同。監、毛本「不」誤「下」。

223 王或迴顧占察　宋本、嘉靖本同。毛本「迴」作「回」。

224 則幄幕者　浦鏜云「張」誤「幄」。

225 即司儀所云宫方三百步曠土爲之是也　閩、監本「土」誤「士」，此本、毛本誤「上」，今訂正。浦鏜云「注」誤「所」。案，義疏家引經、注往往不加區別。

226 欲於幄中待事辨否及府　閩、監、毛本「辨」作「辨」，此本作「办」，惠挍本作「辨」，今訂正。浦鏜云「及府」當衍。

227 玄謂此掌次張之　毛本「次」誤「大」。×

228 文承上諸侯　監本「上」誤「土」。×

229 謂以繒爲帷帳　惠挍本「帷」作「幄」。×

230 案聘禮記所云次或以帷或及席　此本缺，據監、毛本補。浦鏜云：上「或」字衍，「或及席」三字非記文，疑有訛。按，上「或」字、「或及席」三字閩本實闕。

231 案尚成王周官云　閩、監、毛本「尚」下有「書」。

232 柩上承塵　嘉靖本「上」誤「小」。×

233 鄭知帟柩上丞塵　惠挍本下有「者」。

234 見上文帟皆在幄中　監、毛本「幄」誤「喔」。×

235 明是張於柩上也　毛本「於」誤「旅」。×

236 升自西階　監本「西」誤「兩」。

237 云次在洗東者大射文　此大射注。

238 故堂西比耦也　監本「比」誤「北」。

*大府

239 言掌九貢九賦之貳者　監本「掌」誤「賞」。×

240 口率出泉　此本、毛本「口」誤「曰」，今據閩、監本訂正。

241 云或言受藏　監本「受」誤「或」。×

242 占賣國之斥幣　嘉靖本「斥」作「斥」，釋文作「斥」。

243 皆就九式合而解之　毛本「解」誤「用」。×

玉府

244 亦兼掌之　毛本「兼」誤「一」。×

245 下有雙璜衡牙　岳本、嘉靖本「衡」作「衝」，此本疏中引注亦作「衝牙」，作「衡」者，涉上「葱衡」而誤。按，毛詩傳亦作「衝牙」，釋文「衝牙，昌容反，狀如牙」。

246 冠飾十二玉　毛本「玉」誤「王」。×

247 下有雙璜衡牙者　閩、監、毛本「衝」改「衡」，非，下「於末著衝牙」同。

248 使前後觸璜故言衡牙　惠校本作「衝牙」，此誤。

249 珠足以禦火則寶之　浦鏜云國語「火」下有「灾」字。按，賈疏連引服氏注云「珠，水精，足以禁火」，蓋古本無「灾」字。

250 衣裳生時服　余本、嘉靖本、閩本同。監、毛本「裳」誤「服」。×

251 角柶角匕也　宋本、嘉靖本同。此本及閩、監、毛本「匕」誤「七」，今訂正。

252 令可飯含　宋本「飯」誤「飲」，釋文作「飯唅」。×

253 玄謂復於四郊以綏　段玉裁云：綏，鄭當作「緌」。

254 但所復衣裳　閩本同。監、毛本「復」誤

「服」。

255 **以冕服復於大廟**　毛本「於」誤「以」。浦鏜云：廟，經作「祖」。

256 **凡褻器**　余本同。唐石經、嘉靖本、閩、監、毛本「褻」作「褻」，字從「埶」，非從「執」也，當據以訂正，注及疏準此。

257 **皆良貨賄所成**　宋本、余本、岳本、嘉靖本、閩本同。監、毛本「所」誤「皆」。

258 **今小卧被是也**　惠挍本「小」作「之」，此誤。

259 **敦槃類**　嘉靖本「槃」作「盤」，非，下仍作「槃」。

260 **當以槃盛血也**　閩、監、毛本「槃」作「盤」，下「珠槃」同。

261 **贊牛耳桃茢**　監、毛本「贊」作「替」。

262 **以桃茢沸之**　惠挍本「沸」作「拂」，此誤。

263 **故哀公十七年**　惠挍本作「十三年」。○按，依左傳是十七年，惠所據宋本注疏誤耳。

264 **齊侯來獻戎捷**　毛本「侯」誤「伐」。

265 **名正法上於下曰饋**　惠挍本「名」作「若」，「饋」作「賜」，當訂正。

266 **臣取於君曰取**　惠挍本下「取」作「假」，此誤。

267 **以齊大國專**　惠挍本「國專」作「於魯」，此非。

内府

268 **朝覲之頒賜**　岳本、嘉靖本「頒」作「班」，注皆用「班」字。

269 **案彼大府所云**　惠挍本作「即是大府所

云」，此本「即是」二字實闕，閩、監、毛本改作「案彼」，非。

270 即是注云　惠校本作「案彼注云」，此本「案彼」二字實闕，閩、監、毛本改作「即是」，與上文正互誤。

271 由大府而來　惠校本「由」下有「此」。

272 諸侯朝覲所獻國珍　此本疏中釋經亦作「朝覲」，下釋注仍作「朝聘」。案，宋本、余本、嘉靖本、閩、監、毛本皆作「聘」字。賈疏引覲禮以釋「朝」，引聘禮以釋「聘」，明「聘」字是也。

273 覲禮所云一馬卓上九馬隨之龜金竹箭分爲三享是也　浦鏜云：經「一」作「匹」，「龜金」以下約覲禮「四享」節注。

274 謂使公卿大夫聘問諸侯　惠校本作「公卿以下」，此本「以下」二字實闕，閩、監、毛本改作「大夫」。

275 大宰職文云　閩本同。監、毛本「文」誤「云」。

276 凡邦之小治則冢宰專平之　惠校本作「大事決於王，小事則冢宰專平之」，此本脱誤。

外府

277 布讀爲宣布之布　諸本同。漢制考作「讀如」。案，疏云「此讀如秋官布憲。彼布是宣布之布，此布亦宣布，故讀從之」，然則賈疏本亦作「讀如」也。漢時「布帛」、「宣布」蓋兩讀，此擬其音而義即隨之，同一「布」字不必改也。○按，此當作「讀爲」，凡「讀爲」下用本字者，皆同字同音而義不同也。

278 不復識本制　賈疏本作「不復識舊制」。○按，此賈改字以申其義耳。

279 至漢惟有五銖久行　宋本、嘉靖本及漢制考「惟」皆作「唯」。案，賈疏亦作「唯」。

280 貨布長二尺五寸 岳本、嘉靖本、漢制考、賈疏皆作「二寸五分」，此誤，當訂正。

281 足枝長八分 此本疏中「枝」作「支」，誤。

282 右文曰貨左曰泉 宋本、嘉靖本、漢制考同。閩、監、毛本「左」下衍「文」。案，此本「右」下「文」字剜擠，蓋上云「右文曰貨，左文曰布」，此蒙上故云「右曰貨左曰泉」，二「文」字皆衍。

283 邦者國也布如泉也 惠挍本作「邦國也布泉也」，此衍。

284 此謂如秋官布憲 惠挍本「謂」作「讀」，此誤。

285 爲秦泉重難用 監本「泉」誤「皇」。×

286 至孝文有司言楡莢三銖輕 漢制考云武帝鑄五銖，疏謂孝文作五銖，誤也。

287 形如錢 漢制考作「形如刀」，此本「刀」字實闕，閩、監、毛本改作「錢」。

288 以黃金錯其文曰一刀直直五千 惠挍本、漢制考同，「直」字不複衍。閩、監、毛本「錯」誤「鏤」，「五」誤「一」。

289 異作泉布 惠挍本「異」作「直」，當訂正。漢制考亦誤。

290 其中有大布次布 漢制考「中」作「布」。

291 元鳳年更造貨布 惠挍本、漢制考「元」作「天」，此誤。

292 莽以劉有金刃 惠挍本、漢制考「刃」作「刀」，此誤。

293 不復識舊本制者 此本「本」字剜擠，閩、監、毛本排入。惠挍本無「舊」。

294 據秦至莽已前而言也 監本「莽」誤

「芥」。

295 見行此三者　漢制考「三」誤「二」。

296 足支長八分等十一字　漢制考同。閩、監、毛本「支」改「枝」。○按，「枝」是。

297 此並鄭言目所覿見以義增之耳　浦鏜云：今漢志與鄭注同，豈賈君所見本異邪。案，唐初本漢書當如賈疏所言，今本多者蓋依鄭注增加。

298 共其財用之幣齎　閩、毛本同。釋文、監本「齎」作「齎」，唐石經作「齎」，從「齊」、從「貝」，嘉靖本省作「齎」。

299 以齊次爲聲　嘉靖本「齊」誤「齎」。

300 從貝變易　此本及閩、監本「貝」誤「具」，嘉靖本、毛本不誤，今訂正。

301 問行用常知多少而已　浦鏜云「當」誤「常」。

司會

302 言以九貢之法　閩、監、毛本「法」改「灋」。

303 言之財用謂諸侯於其民　閩、監、毛本「財用」改「灋者」，非，下文「故云致邦國之財用」承此言之。

304 春令入貢　惠挍本作「令春」，閩、監、毛本「令」誤「合」。

305 盡是田野　惠挍本同。閩、監、毛本「田」誤「四」。

306 下及羣都縣鄙羣臣之治　惠挍本同。閩、監、毛本上「羣」作「郡」。

307 漢時以簿書記事　漢制考同。閩、監、毛本「時」誤「書」。

附釋音周禮注疏卷第七

司書

308 久藏將朽蠹　余本、嘉靖本「蠹」作「蠧」，葉鈔釋文同。

309 云式據用財言之　閩、毛本同。案，「云」當作「九」，監本「云」下剜擠「九」字，非。

310 重以其職　監本「以」改「於」。

311 謂司會八法八則之貳是也　此本「法」作「灋」，據閩、監、毛本訂正。

312 本在生利也　惠校本作「中正生利也」。

313 不言丘陵墳衍原隰者　閩、監本「隰」誤「隰」。×

314 川澤無水爲枯　毛本「川」誤「山」。×

315 掌事者受灋焉　諸本同。監本「灋」誤「法」，唐石經闕。

316 法猶數也　此本、閩本「法」誤「灋」，今據嘉靖本、監、毛本訂正，疏中準此。

317 要寫一通副貳文書　惠校本「要」下有「謂」。

318 考其法於司書　此本、閩、監、毛本「法」誤「灋」，今據宋本、余本、嘉靖本訂正。

職内

319 而執其總　唐石經、宋本、嘉靖本、閩本同。監、毛本「總」改「總」。

320 總謂簿書之種別與大凡　諸本同。盧文弨云：「上『種類』釋文云『種，章勇反』，當有『下同』二字，此『種別』當音彼列反，今皆不著，則陸所見本當是『總謂簿書之大凡』，無『種別與』三字。種別之與大凡義正相反，注疏本係誤衍，觀賈氏所釋亦似無此三字。」案，賈疏釋上經、注「辨」字云「種類不同，須分別之」，又云「分別使衆類相從」，釋此經、注「總」字云「總，謂税入多少總要簿書」，是此注之言「種別」爲衍文無疑。○按，財用物既種類相從，則簿書有種別。有種別，因有大凡。「辨」謂處物，「總」謂簿書，刪去三字則失其義矣。

321 賦是揔名　閩、監、毛本「揔」作「總」。案，「總」、「揔」同字，後人分別絲總字從糸，揔凡字從手，義疏舊本揔凡字皆從手。此因唐石經作「總」，故經字皆作「糸」旁。而賈疏自釋之辭仍用手旁，以區別之。其實一字也。

322 故云受其貳令書之　浦鏜云「令」下脱「而」。

323 彼注云王有令　盧文弨云御史注「令」作「命」。

324 所以得有物出與入者　盧文弨云「入」當作「人」。

325 釋曰言會者　惠校本「言」作「及」，此誤。

326 以巳之入財之數　閩本「巳」作「己」，此誤。

327 謂轉運給他　宋本「他」誤「也」。案，疏云「更給他官」。❽

職歲

328 以待會計而攷之　唐石經、諸本同。宋本「攷」作「考」，非。案，經作「攷」用古字，注作「考」用今字。

329 云以貳官府都鄙之財　監本「貳」誤「二」。×

330 式灋多少　閩、監、毛本同，非也。宋本、嘉靖本「灋」作「法」，當訂正。×

331 及至也至歲終會計之時　惠校本無「至也」。

職幣

332 以其此官主斂餘幣　監本「斂」誤「旅」。

333 振猶抍也檢也　宋本、嘉靖本「檢」作「撿」。案，唐人書「檢」字多從手，此作木旁，蓋由近人所改。

334 以書楬之　唐石經、余本、閩、監、毛本同。釋文亦作「楬」，從木。宋本、嘉靖本、漢制考作「揭」字，從手，注中同。○按，從木者是。

司裘

335 爲此大裘　惠挍本「爲」作「惟」，此誤。

336 仲秋鳥獸毴毨　釋文：「毴音毛。毨，先典反。」九經古義云：「『毴』當爲『髦』字之誤也。鄭氏尚書云『中秋鳥獸髦毨，中冬鳥獸毴髦』，涉下而誤耳。」

337 唯君有黼裘以誓獮　浦鏜云：玉藻「獮」作「省」，注云「省，當爲獮」。

338 人功微麤　宋本「麤」作「麄」，俗字，此本疏中亦作「人功微麄」。❾

339 君子狐青裘豹褎　監本「褎」誤「袠」，下同。

340 鄭彼注引孔子素衣麛裘　此與禮記注合。閩、監、毛本「麛」作「麑」，依今論語所改。○按，説文作「麛」，俗作「麑」。

341 又方制之以爲𦤎　諸本多誤。余本、岳本「𦤎」作「𦤎」，當訂正。釋文爲「𦤎，諸允反，本亦作『準』」。惠挍本疏中亦作「𦤎」。○按，説文作「埻」，正字也。

342 著于侯中　余本「于」作「於」，當訂正。釋文標「著於」二字。❿

343 參七十干五十　宋本、余本、嘉靖本、閩本同。岳本亦作「干」。監、毛本「參」改「糝」，「干」

改「豻」。案，釋文：「參七，素感反。干五，劉音鴈，本又作『犴』。」今本作「糝」、作「豻」，非。「參七十，干五十」，大射文，注云「參讀爲糝，干讀爲豻」。

344 **射所以直己志**　宋本「巳」作「己」，諸本多誤。 ×

345 **故書諸侯則共熊侯虎侯**　宋本、余本、嘉靖本、閩本同。監、毛本「熊侯」誤「熊虎」。漢讀考云：「説文『侯天子射熊虎豹，諸侯射熊虎』。此從故書，以熊侯爲最貴，天子諸侯同之。射人『王以六耦射三侯』，鄭司農云『三侯，熊虎豹也』，與許云『天子射熊虎豹』合。然則經文本作『王大射則共熊侯虎侯豹侯』，作義疏者因司農説『虎侯王所自射，熊侯諸侯所射』，因升虎於熊上耳。司常『熊虎爲旗』，熊在虎上，射人注『熊虎豹』，余仁仲本如是，作疏者亦易爲『虎熊豹』。」

346 **既云天子將祭必先習射**　浦鏜云「即」誤「既」。

347 **天子以射擇諸侯卿大夫士**　惠校本「擇」作「選」。

348 **各自於其西郊之學**　監本「西」誤「酉」。 ×

349 **故云飾其側也**　閩、監本下衍「〇」。 ×

350 **參七十豻五十者大射所云者是也**　惠校本作「參七十干五十」，與大射合。此本因下云「糝侯者，糝雜也」，遂改「參」爲「糝」。閩、監、毛本作「糝」、作「豻」。[11]

351 **大侯者豻侯也**　閩、監、毛本作「熊侯也」，與大射注合。此作「豻侯」。[12]

352 **皆禮記射義文**　惠校本同。閩、監、毛本「文」誤「云」。 ×

353 **先鄭意以鵠字與鵠鵠字同**　閩本同，誤也。監、毛本作「鴻鵠字同」，當不誤。

354 **見鄉射五十弓** 閩本同。監本剜擠複出「鄉射」二字，毛本遂排入。

355 **大射之侯也** 毛本「大」誤「人」。 ×

356 **破司農揔方十尺曰侯之言** 監本「破」誤「侯」。 ×

357 **謂象飾而作之** 諸本皆作「象似」，疏云「象似生時而作」，此作「飾」，涉經「飾皮車」致誤。

358 **凡爲神之偶衣物必沽而小耳** 案，賈疏讀「凡爲神之偶衣」句絶，「物必沽而小耳」句絶，惠士奇云「物」當屬上句。○按，惠説是。

359 **但麄惡而小耳** 惠挍本「麄」作「麤」，下同。

掌皮

360 **式灋作物所用多少故事** 余本、嘉靖本「灋」作「法」，當訂正。[13]

361 **行道曰齎** 浦鏜云「行道」下脱「之財用」三字。

362 **先鄭意一部書** 案，「書」下當脱「内」。

内宰

363 **吏官府之形象也** 宋本「吏」誤「史」。 ×

364 **稍食吏祿稟也** 宋本、嘉靖本「稟」作「廩」，非。「祿稟」與「倉廩」絶不同。

365 **吏即閽寺弟子** 惠挍本作「子弟」，此誤倒。

366 **故内宰口更別教之也** 閩本亦實闕一字，監、毛本補作「特」。○按，此當是「復」字，扶又反。上經教皇后，此經教夫人九嬪世婦，而省文單舉九嬪。

367 **禁其奇衺** 釋文：「衺，本亦作『邪』。」 ×

368 **漢法又有官禁云** 漢制考同。閩、監、毛本「官」作「宮」。○按，當是「宮」字。

369 謂道妖衺巫蠱　漢制考「蠱」作「術」。

370 大祭祀后祼獻則贊瑤爵亦如之　唐石經「瑤爵」上更有「贊」字，今本脱。案，下云「凡賓客之祼獻瑤爵皆贊」承此經言之，則此經當「灌獻言贊瑤爵言贊」也。○按，「亦如之」者，謂「亦贊」也，正下文所謂「皆贊也」。若「瑤」上復有「贊」字，則不可通，唐石經非。

371 此大宗亞祼　宋本、嘉靖本、閩本同。監、毛本「大」作「太」，非。　×

372 謂王薦腥薦孰　宋本、余本、嘉靖本、閩本同。監、毛本「孰」改「熟」，疏「是其薦腥薦孰也」同。

373 其爵以瑤爲飾　此本「其」誤「瑤」，今據諸本訂正。

374 獻時以玉爵授后　閩本同。監、毛本「玉」誤「王」。　×

375 后夫人不與　毛本「與」誤「一」。　×

376 室中二灌訖王出迎時　浦鏜云「牲」誤「時」。

377 王以玉爵酌醴齊　監本「玉」誤「王」。　×

378 王以玉爵酌盎齊　監本「王」誤「玉」。　×

379 后亦玉爵酌盎齊　閩本同。監、毛本「玉」誤「王」。　×

380 加以辟散辟角　閩、監、毛本「辟」改「璧」，下同。　×

381 皆内宰告后　此本脱「宰」，據閩、監、毛本補。

382 贊后薦玉齍　宋本「玉」誤「王」。　×

383 亞王而禮賓　監本「王」誤「玉」。　×

384 陽侯殺穆侯而竊其夫人 浦鏜云坊記「穆」作「繆」。

385 乃賓於戶牖之間 惠校本「賓」上有「禮」，此脫。

386 畫服如上公 惠校本作「車服」，今巾車注亦作「畫」，蓋誤。

387 者同姓爲子男者 浦鏜云「若同姓」誤「者」。

388 案大行人云上公三饗 浦鏜云「掌客」誤「大行人」。監本「三」誤「二」。

389 四舉旅降脫屨升坐 浦鏜云「四」疑「至」字誤。

390 明后亦致牢禮於賓 惠校本「賓」下有「客」，此脫。

391 正其服之精麁 閩本同。監、毛本「麁」改「麤」。 ×

392 禮記玉藻曰 惠校本「曰」作「云」。

393 喪服命其命婦 惠校本「其」作「夫」，此誤。

394 彼據降服不降服爲識 閩本同。監、毛本「識」作「說」。⑭

395 出其度量淳制 唐石經、諸本同。釋文「淳」作「湻」。 ×

396 陰陽相承之義次司次之 閩、監、毛本同。宋本、余本、嘉靖本「承」作「成」，「司」作「思」，賈疏本同。浦鏜云：釋曰「彼處破思爲司字解之」，則此仍作「思」字也。

397 敘介次也 釋文「介，或作分」，非。 ×

398 故書淳爲敦杜子春讀敦爲純 漢讀考云：「此子春易『敦』爲『純』，鄭依所據本作『淳』，稱『天子巡狩禮』以爲證也。質人『淳制』，杜亦云『淳當爲純』。」禮説云：「丈尺綧制，見管子君臣篇。斗斛敦概，見荀子君道篇。杜讀爲『純』，義本淮南墬形訓『門間四里，里間九純，純丈五尺』，注云『純，量名』。」

399 **制謂匹長**　毛本「匹」誤「四」。 ×

400 **彼經無肆文**　毛本「彼」誤「破」。 ×

401 **此案左氏昭公傳**　浦鏜云「昭公」下當脱「三年」。

402 **五量籥合升斗斛**　惠校本「籥」作「龠」，此誤。

403 **案馬職云**　浦鏜云「質」誤「職」。

404 **故設文異也**　惠校本「文」下有「有」字。

405 **稍食則月請是也**　案，「月請」乃「月俸」之誤。下經「均其稍食」，疏云「所受稍食月俸之人」可證。此本「俸」字缺壞似「請」，閩、監、毛本遂誤作「請」，下節疏「受月請者」同。

406 **獻絲枲之功布帛等**　監本「布」誤「而」。 ×

407 **云比其小大與其麄良者**　閩、監、毛本「麄」作「麤」，下同。 ×

408 **會内宮之財用**　唐石經、諸本同。方苞云「内宮」當作「内官」，文誤也，周語「内官不過九御」。案，疏云「内宮是摠六宮之内，所有財用皆會計之」，然則「内宮」猶「宮内」也，與國語義別。「女史逆内宮」注云「鉤考六宮之計」，此經作「内宮」之證。方亦以爲當作「官」，非也。

409 **施猶賦也**　浦鏜云：「頒」誤「賦」，從注挍。○按，鏜誤也。古凡以物分布曰「賦」，國語「社而賦事，烝而獻功」，説文「㚇，賦事也」，吴都賦「方雙轡而賦珍羞」。注妄改而鏜從之。

410 **繫于王言之**　疏引注「于」作「於」，此非。

411 **係於王言之** 案，「係」當依注作「繫」，下云「必繫王而言者作繫」可證。

412 **而生穜稑之種** 釋文：「穜，本或作『重』。稑，本或作『穋』。」 ×

413 **以其有傳類蕃孳之祥** 閩、監、毛本同。宋本、余本、嘉靖本「蕃」作「番」。釋文：「番音煩，孳，本又作『滋』。」 ×

414 **共禘郊也** 此本「禘」作「帝」，誤，今據諸本訂正。

415 **王當以耕種于藉田** 宋本、余本、嘉靖本、閩本同。監、毛本「藉」作「籍」，誤。

416 **而獻之于王者** 閩本同。監、毛本「于」改「於」，非。 ×

417 **此已下亦是增成鄭義** 案，「鄭」上當脱「先」字。

418 **則餘三夫人** 閩本同。監、毛本「餘」改「除」，非。按，「餘」即「除」之意。 ×

419 **故云十五日而遍** 此引注「遍」當作「徧」，賈疏自釋用「遍」字。〇按，「徧」者，説文字。「遍」者，唐人俗字。

内小臣

420 **與大僕侍王同也** 閩本同。監、毛本「與」誤「爲」。 ×

421 **遺小臣往以物問遺之** 浦鏜云上「遺」當「遣」字誤。

422 **后於畿外全無言教所及** 此本「畿」誤「幾」，今據閩、監、毛本訂正。

423 **白錄所記推當御見者** 宋本、岳本、嘉靖本、漢制考同。閩、毛本「白」誤「日」，監本誤「目」。宋本「記」下空闕一字，蓋本作「白所記錄」。○按，漢官舊儀有此條，作「白錄所記」。

424 閽人　嘉靖本、閩本同。唐石經、宋本、監、毛本作「閽」，注及疏諸本皆作「閽」，釋文「閽人」葉鈔本作「閽」。

425 若今宮閽門　閩、監本同，誤也。宋本、嘉靖本、毛本作「宮闕門」，當據以訂正。

426 二曰雉門三曰庫門　宋本作「二曰庫門三曰雉門」，誤。

427 内有應路　閩本同。監、毛本「内」誤「門」。×

428 臯門有亢　浦鏜云「伉」誤「亢」。按，詩釋文「有伉，本又作『亢』」，與此正合，非誤也。

429 則苛其出入　釋文：「苛，本又作『呵』。」×

430 道路用旌節　毛本「旌」誤「故」。×

431 時漏盡○釋曰　閩本同。監本「時」上剜擠「注」字，毛本排入。×

432 則爲之闢　唐石經、諸本同。釋文：「闢，本又作『辟』，婢亦反，避也，注同。」案釋文知經本作「辟」，孟子「行辟人」可證。此注云「辟行人使無干也」，經作「闢」，蓋非。○按，經典多作「辟」，然古經用字不一例，未可謂「闢」爲非也。

433 蹕宮門廟門　唐石經、諸本同。漢讀考云：「說文走部『趩，止行也，從走，畢聲』，足部無『蹕』字。今周禮皆作『蹕』，惟大司寇釋文作『趩』。」

434 對人手爇者爲手燭　浦鏜云「執」誤「爇」，非也。

435 賓客在宮中廟　閩本同。監本「廟」下剜擠「中」字，毛本排入。×

寺人

436 謂男女没入斯宮爲嬪者也　惠挍本作「男女没入縣官爲奴者也」，此誤。

437 掌樂宮之宿戒　惠校本作「女宮」。

438 故得佐世婦治喪事　惠校本「喪」作「禮」，此誤。

439 凡内人弔臨于外　唐石經、宋本、岳本、嘉靖本、閩本同。監、毛本「于」誤「於」。

內豎

440 則立於主人之南北面　浦鏜云「南北」字誤倒。

441 喪紀在廟　監本「紀」誤「祀」。

442 以其蹕止行人　毛本同。閩本「人」字複衍，監本先衍後刊落。

443 執褻器以從遣車　余本同。唐石經、宋本、嘉靖本、閩、監、毛本「褻」作「褻」。唐石經下載「九嬪職」，連書不提行，後磨刮此句重刻，空一字，原刻「車」字尚隱然可辨，故每行皆十字，此行獨十一字。

444 天子大牢苞九箇　惠校本「箇」作「个」。

445 知其振飾類沐器者　惠校本「其」作「有」。

九嬪

446 簟巾　毛本誤作「簞」。

447 故月上屬爲天使　監本「上」誤「土」。

448 云掌婦學之灋者　閩、毛本同。監本「灋」作「法」。

449 但此經雖有四事之言　惠校本、閩本同。監、毛本「雖」誤「唯」。

450 以充四德　毛本同。閩、監本「充」誤「克」。

451 就王燕寢而御之意　監本「王」誤「瓦」。

452 明堂位盟魯得兼用四代之器　閩本同。監本剜改「盟」作「賜」，毛本從之。

453 主婦設之　監本「主」誤「王」。 ×

454 衆之次敘者乃哭　宋本、余本、岳本同。嘉靖本作「衆之次序者乃哭」，經作「敘」，注作「序」，須人易曉是也。閩、監、毛本「衆之」誤倒作「之衆」。

附釋音周禮注疏卷第八

世婦

455 故與彼異　閩本同。監、毛本「與」誤「爲」。 ×

456 涖者臨也内羞謂房中之羞　閩、監、毛本同。宋本、余本、嘉靖本無「者」字、「謂」字，是也。岳本無「謂」字，有「者」字。

457 案春官世婦官卿云　盧文弨云「宮」誤「官」。

458 謂稹餌粉餈　毛本同，誤也。閩、監本「稹」作「糗」。

459 故知此王使往可知也　浦鏜云「可知」衍。

460 此文使世婦往弔者　浦鏜云「又」誤「文」，非也。

461 掌三公六卿之弔勞　浦鏜云經作「孤卿」。

462 注云致禮同名爲弔　盧文弨云今小臣注脱「致禮」二字，當據此補之。

女御

463 則王不就后宮息　宋本、嘉靖本、閩本同。監、毛本「息」下衍「也」。 ×

464 則有妬疾自專之事　按，「疾」當「嫉」

字誤。

465 涖女宮之具　浦鏜云「涖」下脱「陳」。

466 又漢制度皆戴辟　縫人注「辟」作「璧」，此誤。

女祝

467 云禱疾病求瘳也祠報福者　惠校本同。閩、監、毛本脱「也」。×

468 杜子春讀梗爲更　禮説云：「管子四時篇『謹禱弊梗』，『弊』當作『幣』。左傳襄九年『祈以幣更』，續漢志云『周人木德，以桃爲梗，言氣相更也』，風俗通云『梗者，更也。歲終更始受介祉也』，則『梗』即『更』明甚。」

469 郤變異曰禳　嘉靖本、閩本同，惠校本疏中亦作「郤」，監本、毛本作「郄」，從邑，誤。

女史

470 故知内治之灋　按，「灋」當作「法」。

典婦功

471 及内人女功之事齎　釋文：「齎，本亦作『資』。」

472 灋其用財舊數　閩、監、毛本同。宋本、嘉靖本「灋」作「法」，當訂正。×

473 故書齎爲資杜子春讀爲資　漢讀考云：「此故書作『資』，子春易爲『齎』，而鄭君從之也。今本作『杜子春讀爲資』，誤。釋文『事齎，音資。本亦作資』。按，『亦作資』者，乃依注改經之本也。」

474 云法其用財舊數者　閩本同。監本、毛本「法」作「灋」，非。×

475 非直破貴賤　閩本同，誤也。監本、毛本「破」作「殊」，當訂正。

476 物書而楬之　唐石經、余本、閩、監、毛本同。

宋本、嘉靖本、漢制考「楬」作「揭」，從手，宋本載音義亦從手。下典絲「揭」字諸本從木。按，此字在説文木部，從手者後人寫亂之。

477 與布紵之麄細　宋本同。余本、嘉靖本、閩、監、毛本「麄」作「麤」，疏中準此。×

478 猶不充功　惠挍本、毛本同。閩、監本「充」誤「克」。×

479 布爲苦者也　閩本同。監本「苦」誤「若」，毛本誤「古」。×

480 此於典絲典枲處　毛本「此」誤「比」。×

典絲

481 自於后宮用之　閩本同。監、毛本「后」誤「後」。

482 教九御以婦職　盧文弨云當作「婦功」。按，此類皆義疏家約略引之，不必盡依本文。⑮

483 以共王及后之用　監本「王」誤「主」。×

484 言衣物釋經黼畫　惠挍本作「云衣服」。此誤。

485 謂若詩云玄衮及黻　惠挍本、閩本同。監、毛本「玄」誤「衣」。×

486 以給線縷著旴口綦握之屬　宋本、閩、監、毛本同，誤也。余本、岳本、嘉靖本「旴」作「盱」。按，釋文「盱口，香于反」，亦從目，當訂正。疏中引注惟毛本誤從「日」，此本及閩、監本皆從「目」不誤。

487 茵著褥是也　浦鏜云少儀注「褥」作「蓐」，此俗字。

488 謂若司几筵云扆前者是也　浦鏜云經「扆」作「依」。

典枲

489 **草葛䔛之屬** 此本、宋本「䔛」誤「蕢」，今據諸本訂正。釋文：「䔛，苦迴反。」

490 **授受班者** 諸本同。浦鏜云「頒」誤「班」，非也。此經作「頒」，注作「班」，通書準此。

內司服

491 **褘衣** 唐石經、諸本同。宋本、嘉靖本「褘」作「禕」。宋元人寫衣旁、示旁往往無別，誤也。說文衣部「褘，蔽厀也，从衣韋聲。周禮曰『王后之服褘衣，謂畫袍』」，與先、後鄭義合。

492 **緣衣** 唐石經、諸本同。釋文：「緣衣，或作『褖』，同，吐亂反。」漢讀考云：「案，毛詩綠衣鄭注云『綠當爲褖，故作褖，轉作綠，字之誤也』，正義云『此綠衣與內司服綠衣字同。內司服掌王后之六服，五服不言色，唯綠衣言色，明其誤也』，此注云『褘、揄、狄、展，聲相近，綠，字之誤也』，釋曰『綠與褖不得爲聲相近，但字相似，爲字之誤也』，然則賈、孔所據周禮皆作『綠衣』。自開成石經誤作『緣』，而今本承之。」

493 **揄翟畫搖者** 宋本「翟」作「狄」，非。上注「狄當爲翟」，已改「狄」爲「翟」。

494 **色如鞠塵** 疏云：「麴塵不爲『麴』字者，古通用。」

495 **三月薦鞠衣于上帝** 宋本、余本、岳本、嘉靖本同。閩、監、毛本「上」作「先」，依今禮記改。

496 **玼兮玼兮其之翟也** 釋文：「玼音此，劉倉我反，本亦作『瑳』。與下如字同倉我反。」詩君子偕老釋文「玼音此，本或作『瑳』」，此是後文「瑳兮」。然舊本皆前作「玼」，後作「瑳」。按，「玼」、「瑳」聲相近。說文「瑳，玉色鮮白」，「玼，玉色鮮也」，義亦同。然一書之中，不當「玼」、「瑳」錯出。毛詩「瑳兮」下傳、箋王肅皆無說明，與前章同作「玼」也。此注「玼」亦作「瑳」，劉昌宗音倉我反，蓋毛詩前後皆作「玼」，禮注據魯、韓詩前後皆作「瑳」。今本合并合一，以前後區別之，非也，亦詳段玉裁詩經小學。

497 又曰瑳兮瑳兮其之展也　此本無「又曰」二字，後擠入。

498 夫人服稅衣揄狄　閩、毛本同，宋本、監本「服」作「脫」，皆誤也。嘉靖本作「復」，與詩正義所引合，當據以訂正。「復」謂招魂所用也。今本雜記、喪大記皆作「稅衣」，據此注所引知本作「褖衣」。下云「字或作『稅』」，當兼雜記、喪大記言之。賈疏云「或雜記文」，蓋賈所據雜記已作「稅」矣。雜記「其餘如士」注云「其餘如士之妻，則亦用稅衣」，正義本「稅衣」作「褖衣」，與此注正合。「稅」、「脫」、「褖」皆聲相近。

499 言褖者甚衆　詩綠衣正義引作「言褖衣者甚衆」，此脫「衣」字。

500 婦人尚專一　按，「一」當作「壹」。

501 今之白縳也　釋文「白縳，劉音絹」，聲類以爲今作「絹」字，嘉靖本「縳」作「縛」。

502 褘衣者亦是翟　惠校本、閩本同。監、毛本「翟」作「翬」。

503 不畫之爲彩色　監本「之爲」誤倒。×

504 此素沙與上六服爲裏　此本「裏」誤「裹」，據閩、監、毛本訂正。

505 韋弁已下常服有三　閩、監、毛本「已」作「以」，下句同。

506 周官祭天后夫人有與者　按，「有」當作「不」。盧文弨云今白虎通無此語。

507 夫人爲天地社稷主者　監本「主」誤「王」。×

508 土生金金色白　監本「土」誤「上」，「白」誤「曰」。×

509 王玄冕故后服闕翟　惠校本下有

「也」。 ×

510 展則邦之爲媛助　按，「媛」當作「援」，監本「媛」字剜改，蓋本作「援」。

511 然後入御於君　閩、監、毛本「入」誤「人」。 ×

512 大師雞鳴于簷下　浦鏜云「雞」上脱「奏」。

513 然後后夫人鳴珮玉于房中告　浦鏜云：「后」衍字，「告」下脱「去」。〇按傳文「后夫人侍於君前」，此云「然後后夫人鳴珮玉」，非有衍字也。

514 同是私褻之處故同服　閩、監、毛本下「同」誤「司」。 ×

515 云緣字之誤也者緣與褖不得爲聲相近　盧文弨云二「緣」字皆當作「綠」。

516 則不異其色　閩本同。監、毛本「色」誤「名」。 ×

517 正取衣復不單　閩、監、毛本「復」作「複」。

518 此約司服孤絺冕　浦鏜云：經作「希」，注「希讀爲絺」。

519 鄭知此中内命婦唯有女御者　惠校本「此」作「凡」，此誤。

520 唯有鞠衣已上　惠校本「上」作「下」，此誤。

521 亦是尊尊此王之嬪婦也　宋本「尊」字不複，此衍。

522 案此上經士妻褖衣　閩本同。監、毛本「士」誤「上」。 ×

523 案特牲主婦纚笄綃衣　惠校本作「宵

衣」，與禮記合。注云「宵，綺屬也」，是讀「宵」爲「綃」，但未改字。

524 少牢主婦髲鬄衣侈袂 閩、監、毛本作「移袂」，下仍作「侈」。按，少牢饋食禮釋文「侈袂，本又作『移』」，唐石經、羣經音辨皆作「移」，此本作「侈」蓋非，下「侈」字亦當作「移」。浦鏜云：經作「被錫」，注云「被錫讀爲髲鬄」。

525 紛帨線纊 釋文：「紛，本又作『帉』。」 ×

縫人

526 鄭司農云線縷也 閩、監、毛本同。宋本、余本、岳本、嘉靖本無「也」。按，賈疏標起止云「注『女御』至『線縷』」，亦無「也」字。

527 黼翣二 釋文：「翣，本又作『箑』。」 ×

528 謂兩己相背三行 浦鏜云「爲」誤「謂」。

529 云素錦褚 惠挍本下有「者」，此脱。⑯

530 綴具絡其上 浦鏜云「貝」誤「具」。

531 以木爲匡廣二尺 浦鏜云記注「匡」作「筐」。此「二」爲「三」字之誤。

532 以青黑文則曰黻翣爲雲氣則曰畫翣 惠挍本上「爲」作「以」，下有「也」字。

533 衣翣柳之材 唐石經、諸本同。漢讀考云：「此司農易『接』爲『翜』，而引檀弓及春秋傳以證『翜』之義。司農所據記、傳字作『翜』，今本記、傳則皆作『翣』矣，喪祝注亦云『四翜牆置翜』。翜者，『翣』之假借字也。經文『翣』字當亦作『翜』，而後人改之。」

534 必先纏衣其木 宋本、嘉靖本、閩本同。監、毛本「木」作「材」。此本作「才」，爲「木」之誤，今訂正。

535 故書翣柳作接⿰木貿 嘉靖本「⿰木貿」作「⿰扌貿」，誤。 釋文：「⿰木貿音柳。」 ×

536 周人牆置翣　宋本、余本、岳本、嘉靖本同。閩、監、毛本「翣」作「翣」，依今禮記所改，非也。

537 諸節之所聚者　閩、監、毛本「節」作「飾」，此誤。

538 是濟南伏生書柳文　漢制考「柳」作「傳」，此誤。

染人

539 故書纁作𥨐鄭司農云𥨐讀當爲纁　漢讀考云：「此以『𥨐』不見於他經傳而易其字也。宛聲在十四部，熏聲在十三部，聲略相似。說文黑部有『黦』字，云『黑有文也，從黑，冤聲，讀若飴登之登』，『黦』即『𥨐』字，故書假借爲『纁』字也。」

540 石染當及盛暑熱潤　宋本「石」作「服」，誤。

541 三月而後可用　宋本、嘉靖本「後」作「后」。按，注當用「後」字。

542 羽畎夏狄　宋本、嘉靖本、毛本同。閩、監本「畎」作「畖」，依今尚書所改。釋文：「羽畎，古犬反。」按，「畎」或作「畖」，訛，惟宋本不誤。

543 引禹貢曰以下者山谷也　惠校本「以」作「已」，「山」作「畎」，此誤。

544 云夏狄是其揔者　浦鏜云「揔」下脱「名」。

545 故云是放而取名也　浦鏜云「是」下脱「以」。

追師

546 牟追夏后氏之道也　諸本同。釋文「毋追，音牟」，此作「牟」，非。按，士冠禮釋文亦作「母追，音牟」。

547 夫人副褘立于東房　嘉靖本同。諸本「于」作「於」，非。

548 若今步籮矣　閩本同。嘉靖本、監、毛本「籮」作「繇」，此本及閩、監、毛本載釋文作「籮」。按，作「籮」者誤，字書無此字。釋文「步繇，本或作『搖』」，从竹者乃俗字耳。

549 服之以桑也　詩君子偕老正義及雞鳴正義皆引作「服之以告桑也」，此脱「告」字。

550 所謂髲髢　釋文：「髢，本又作『鬄』。」×

551 亦纚笄緫而已　余本、嘉靖本同。閩、監、毛本「緫」作「總」。×

552 追琢其璋　諸本同。浦鏜云「章」誤「璋」，非。此當據魯、韓詩，玉篇辵部引詩亦作「璋」。

553 衣褖衣者服次　宋本、嘉靖本、閩本同。監、毛本「褖」誤「緣」。×

554 主婦髲鬄衣移袂　宋本、余本、嘉靖本皆作「移袂」，下同。

555 主婦纚笄宵衣是也　監本「宵」改「綃」，非。×

556 亦謂助后而服之也　惠挍本「后」上有「王」，此脱。

557 兼王爲文　毛本「王」誤「玉」。×

558 其中亦有編　惠挍本「亦」作「唯」。

559 以其纚笄燕居　閩本同。監、毛本「其」誤「明」。

560 取鞠衣以下無衡矣　浦鏜云「取」當「餘」字誤。×

561 又見桓二年哀伯云　惠挍本「哀」上有「臧」，此脱。

562 鄘風注云玼鮮明貌　今鄘風傳作「鮮盛貌」，非。邶風新臺傳云「泚，鮮明貌」，與此合。⑰

563 云外内命婦衣鞠衣襢衣服編　浦鏜云「襢衣」下脱「者」。

564 主婦纚笄宵衣　閩本同。監、毛本「宵」改「綃」。×

565 褕翟從君祭羣廟　下三「褕翟」同。閩、監、毛本「褕」改「揄」。×

566 二王之後　此本脱「王」，據閩、監、毛本補。

屨人

567 屨自明矣　宋本「自」作「目」，是。「屨目」即經之「某舄」、「某屨」也。

568 襌下曰屨　監本「襌」誤「禪」。

569 王錫韓侯　諸本同。嘉靖本「錫」作「賜」。按，王氏詩考引周禮注「王賜韓侯」，是宋本作「賜」，作「錫」者，依今詩所改。

570 玄舄爲上　毛本「上」誤「士」。×

571 王黑舄之飾　毛本「王」誤「玉」。×

572 絇謂之拘　諸本同。釋文：「之救，戚如字。劉音拘。」漢讀考云：「『絇謂之救』者，爾雅釋器文。儀禮注『絇之言拘也』，鄭自爲説，故云『之言』，此引爾雅云『謂之』。」

573 又是陽□變　此本空闕一字，閩本作「少」，監、毛本作「多」。

574 屨舄在下卑　此本「卑」誤「黑」，據閩、監、毛本訂正。

575 欲言繶絇以表見其舄　閩本同。監本「舄」下剜擠「耳」，毛本排入。

576 欲見素屨亦用葛與布故也　浦鏜云「皮」誤「布」。×

577 驗屨同裳色　惠校本「驗」作「證」。

578 故從上士玄裳無正而黑舄也　浦鏜云：「爲」誤「無」，從儀禮通解續校。

579 云今云赤繶黃繶青繶　浦鏜云「青絇」誤「青繶」。

580 黑與繶南北相對尊祭服故對方爲繢次也　惠校宋本「繶」作「纁」，此誤。監本「方」誤「万」，「繢」誤「績」，毛本同。

581 以其黑飾從繢之次　浦鏜云「舄」誤「黑」。

582 上公夫人得服褖衣者　浦鏜云「禕」誤「褖」。

583 白屨黑絇繶絇之等而知也　浦鏜云「繶純」誤「絇」。×

584 謂使抵目不妄顧視也　閩、監、毛本「抵」作「低」。×

585 不云繶純　浦鏜云「繶」上脱「絇」。

586 六鄉以出也　閩本同。監、毛本「鄉」誤「卿」。×

587 彼外内命男則此外内命夫若然此外内命夫　浦鏜云：三「内」字衍，從儀禮通解續校。

588 内命婦九嬪已下　閩本同。監、毛本「已」作「以」。

589 案司服孤希冕　閩、監、毛本「希」作「絺」。

590 受服則并得此屨　閩本同。監、毛本「屨」誤「履」。×

591 褕翟青舄　閩、監、毛本「褕」改「揄」，非。×

592 此據外内命夫　浦鏜云下脱「命婦」。

夏采

593 以乘車建綏　釋文：「綏，依字作『緌』，誤作『綏』耳。」 ×

594 皋某復三　毛本「三」誤「二」。 ×

595 故以冕服復于大祖　宋本「冕」作「卷」，非。 ×

596 故書綏爲禭杜子春云當爲綏　漢讀考云：「釋文『禭音維，徐音遂』，據徐音疑本作『䅗』，或作『旞』。説文㫃部『旞』即『旞』字。全羽爲旞。古羽旄多互言，言羽而旄見，言旄而羽見。經云『旞』猶禮記云『緌』，皆謂無旒也，杜易爲『綏』，似未解此。」⑱

597 夏后氏之緌　明堂位作「綏」，注云「綏當爲緌」。按，此仍當爲「綏」，下始云當作「緌」。

598 則旌旂有是綏者　漢讀考「是」作「徒」，云「作是誤。徒緌，去旒也」。按，下注云「亦因先王有徒緌者」，疏云「徒，空也。有虞氏空緌，未有在下旂旐」。

599 緌以旄牛尾爲之　宋本「旄」作「毛」，非。⑲

600 故書亦多作綏者　閩、監、毛本同。宋本、岳本、嘉靖本「綏」作「緌」，漢讀考云「作『緌』誤」。

601 云以乘車建緌　惠校本「緌」作「綏」，此誤。

602 祭天地於郊用玉路　浦鏜云「地」衍。

603 實小宗伯云　浦鏜云「實」當「案」字誤。

604 人死魂氣上去　監本「上」誤「士」。 ×

605 不言命婦與姪娣　惠校本同。閩、監、毛本「娣」誤「姊」。 ×

606 旌旂有是綏謂系邊著妥　惠校本

「綏」下有「者」字。「系邊」作「系傍」，此誤。下「系邊」同。

607 云綏以旄牛尾爲之　惠挍本「綏」作「緌」，此誤。

02—608 一陰方生　惠挍本、漢制考「方」作「爻」，此誤。

校記

❶ 南昌本出文提行，下有校語「唐石經周禮卷第二，宋本、余本、嘉靖本同。此本及閩、監、毛本删此題。下凖此，不具著」。

❷ 南昌本出文「胏」作「肺」。

❸ 南昌本無「〇」。

❹ 南昌本下「挍」作「棟」。

❺ 南昌本「材」下無「誤」字。

❻ 南昌本無「釋文：皆牒，本或作牑，下同」。

❼ 南昌本出文「冪」作「幂」，無校語。

❽ 南昌本「誤」作「作」。

❾ 南昌本下有「〇今並訂正」。

❿ 南昌本「作」作「當」。

⓫ 南昌本出文「參」作「糝」。

⓬ 南昌本無「此作豻侯。」

⓭ 南昌本「法」下有「下疏同」。

⓮ 南昌本下有「訂正」。

⓯ 南昌本出文「教」作「殺」。

⓰ 南昌本「惠」下有「棟」字。

⓱ 南昌本校語「鄘」作「鄭」。

⓲ 南昌本「扵」作「於」。

⓳ 南昌本無「非」字。

周禮注疏校勘記卷三

附釋音周禮注疏卷第九

03—001 地官司徒第二　唐石經作「第三」，非。

002 其實五中雖不含十二　浦鏜云下當脱「十二中」三字。

003 自此以下至槀人　閩本同，「槀」字從木。監、毛本作「稾」，從禾，誤。

004 教官揔目於下也　此本「目」誤「自」，據閩、監、毛本訂正。

005 胥十有二人爲什長　毛本「什」誤「仆」。×

006 此鄉師司徒之老　盧文弨云「老」當作「考」。○按，此據冢宰「設其考」之注而言，確不可易。

007 謂佐司徒主六鄉　此本「佐」誤「在」，據閩、監、毛本訂正。

008 胥有才知之稱　釋文「才知，音智」，惠棟云互注本作「智」，余本作「知」。

009 掌六鄉之賞地　監、毛本「掌」誤「賞」。×

010 二鄉則公一人者　惠棟云此下有脱文。

011 故於比言五家　惠挍本、閩本同。監、毛本「比」誤「此」。×

012 以其天子所父事二老者同名　惠挍本「二」作「三」，此誤。

013 坐而論道謂之王公　閩、監、毛本「王」

誤「三」。

014 周禮天子六鄉　惠校本「鄉」作「卿」，此誤。×

015 云其要爲民所以屬之鄉焉者　注「所以」作「是以」。

016 上以釋訖　浦鏜云「以」當「已」字誤。

017 聚土曰封　毛本「土」誤「十」。×

018 鼓人史二人　唐石經、諸本同。集注作「史四人」，誤。

019 何蓑何笠　釋文「蓑，素禾反」，嘉靖本「蓑」作「簑」，非。×

020 或負其餱　宋本「餱」作「糇」，載音義「糇」音「侯」，此本疏中亦作「糇」。案，釋文「其糇，音侯」。○按，此亦「餱」之俗字。

021 又云詩曰者　此本「云」誤「充」，據閩本訂正。監、毛本改「引」。

022 九十其犉　釋文「犉」作「犉」。×

023 冀州既載　閩、監、毛本同。宋本、嘉靖本「冀」作「兾」，此本疏中引注亦作「兾」。

024 是其任民而税之者也　浦鏜云「事」誤「任」。○按，此等非誤。

025 鄉官有州黨族閭比正　岳本「鄉官」下有「則」。

026 掌九賦九貢九功之貳　浦鏜云「賦」、「貢」字當依經互易。○按，注文作「賦貢」。

027 云徵野貢賦也者　案，注作「賦貢」。×

028 三百里曰稍四百曰縣　惠校本作「四百里曰縣」。

029 皆是均地之事　閩本同。監本剜改作「土地」，毛本從之。

030 楀維師氏　釋文以下諸本「維」字从糸，此淺人據毛詩所改。賈疏引注作「惟」，當訂正。

031 以其國子人多　惠校本、閩本同。監、毛本「多」作「衆」，與下句複。

032 是其教人以道者爲稱也　浦鏜云「之」誤「爲」。

033 掌教國子以道　浦鏜云「養」誤「教」。

034 自此已下　惠校本、閩本同。監、毛本「已」改「以」，非。

035 以其周公聖　案，「聖」上脱「爲」。

036 立大師大傅大保　閩、監、毛本「大」作「太」，非，下同。　×

037 媒之言謀也謀合異類　監本「言媒」誤「謀」。漢制考「異類」作「異姓」，非。

038 集名云配儷男女　惠校本作「集略云」，此誤。

039 云今齊人名麴麸曰媒　惠校本下有「者」，此脱。

040 故書廛爲壇　九經古義云：「管子五輔篇曰『辟田疇利壇宅』，荀卿子云『定廛宅』，是古『廛』字皆作『壇』也。」○按，此等鄭君謂之古文假借字。

041 胥師二十肆則一人　宋本不提行，即接廛人注下，與此本合。唐石經、嘉靖本、閩、監、毛本皆另提行，○按，不提行者誤也。

042 凡國之賣儥各帥其屬而嗣掌其月　惠校本、閩本同。毛本「儥」誤「價」。監、毛本「帥」誤「師」。　×

043 少有才智者　案，此本「少」字係剜擠，蓋本作「有才智者」。

044 **掌國貨之節以連門市** 閩、監、毛本「連」改「聯」，非。此本及監本「門」誤「關」，今據閩、毛本訂正。

045 **自在關門關閉** 閩、監、毛本作「開閉」，非。

046 **遂師下大夫四人** 余本、閩、監、毛本同，皆連上「遂人」。唐石經、宋本、岳本、嘉靖本皆另提行，下「遂大夫」、「縣正」、「鄙師」、「酇長」、「里宰」、「鄰長」各自提行準此。○按，準鄉老至閭胥之式，則遂人至鄰長亦當合爲一條。

047 **似若大司徒下** 閩本同。監、毛本「似」誤「以」。

048 **里宰每里下士一人** 諸本同。唐石經作「二人」，誤。

049 **以鄉大夫各主一鄉** 浦鏜云「以」當「似」字誤。

050 **不使鄉爲之** 浦鏜云「卿」誤「鄉」。

051 **草人○釋曰在此者** 惠校本「釋曰」下有「草人」二字，此脱。

052 **訓讀爲馴** 九經古義云：「『訓』與『馴』古今字。史記五帝本紀云『帝堯能明馴德』，徐廣曰『馴，古訓字』。殷本紀『帝舜命契曰，百姓不親，五品不馴』。後漢書作『訓』，萬石君傳『馴行孝謹』亦作『訓』，『易馴致其道』，徐音訓。」漢讀考云：「此經作『馴』，司農易爲『訓』，又引爾雅以證成之。今經作『土訓』，注作『訓，讀爲馴』，蓋其始或用注改經作『訓』，其既也復用已改之經改注。凡經典内如此者致多。」

053 **每大林麓** 釋文：「麓，本亦作『禁』。」

054 **胥十有二人** 毛本「二」誤「一」。

055 **以其林麓在平地盜竊林木多者** 毛本「平」誤「乎」。惠挍本「林」作「材」。浦鏜云「多者」二字當誤倒。

056 云山足曰麓者爾雅文　浦鏜云爾雅無文，見劉氏釋名。

057 官及胥徒多者　閩、監、毛本誤作「師徒」。

058 案周語虞大子晉云　閩本同。監、毛本「語」誤「禮」。浦鏜云「虞」疑衍。案，惠挍本無此字。

059 以其藪與澤也有水無水爲異　案，「也」當「有」字之誤。

060 周有焦護　惠挍本「護」作「穫」，與爾雅釋文正合，今本作「護」，非。

061 故轉從石邊廣　監本「石」誤「右」。　×

062 藍蒨象斗之屬　釋文：「象，本或作『橡』。」　×

063 豕首紫葥之屬　毛本「首」誤「目」。　×

064 場築地爲墠　監本「地」誤「也」。　×

065 築堅始得爲場　此本「堅」字剜擠，蓋本作「築始得爲場」。

066 藏米曰廩　賈疏本同。釋文「盛米，音成」，與賈異。監本「廩」作「稟」，非，下同。○按賈本作「藏」是。

067 如嫁女以有所生　浦鏜云「之」訛「以」，從洪範疏挍。

068 對收斂曰穡也　監本「收」誤「牧」。　×

069 巡野觀稼出斂法　監本「出」誤「也」。　×

070 女奴能舂與抌者　監本「舂」誤「春」。　×

071 故書饎作𩟄　漢讀考云：「案，說文『饎』或從巸作『𩞄』，疑今周禮『巸』下訛多火也。特牲饋食禮注曰『古文饎作糦，周禮作𩟄』。」

072 稾人　宋本、閩本同。葉鈔釋文及宋本載音義作「槁人」。唐石經、嘉靖本、監、毛本、通志堂釋文作「稾」，下從禾，下及注并疏準此。蓋經文作禾稾字爲假借，故司農讀作「枯槁」也。小行人注云「故書槁爲稾」，鄭司農云「稾當爲槁」，與此正合。唐石經序官作「稾人」者，非也。槁人職及牛人「共其槁牛」、小行人「則令槁禬之」，字皆從木者，是也。本或作「稾」，「槁」、「稾」一字。經注有從牛者，蓋非。盧文弨曰注疏本「槁」或作「犒」。此習於俗用而遂改易舊文，不知古並無犒字。觀疏以「枯槁」爲言，則唐人尚未誤也。

073 鄭使我犒勞軍師　此本「犒」誤「槁」，據閩、監、毛本訂正。

074 不得歸家亦枯槁　閩本同。監、毛本「槁」誤「稿」。

075 故名其官爲犒人　當從閩本作「槁人」。監、毛本作「稿人」，亦誤。

附釋音周禮注疏卷第十

大司徒

076 辨其山林川澤丘陵墳衍原隰之名物　唐石經諸本同。釋文：「原，本亦作『邍』。」案，周禮「原隰」字多作「邍」，此當本作古字，因注作「原」而改。

077 九州揚荆豫青兖雍幽兾并也　閩本「揚」改「楊」，諸本「兾」改「冀」。

078 水崖曰墳　宋本「崖」作「涯」。

079 下濕曰隰　嘉靖本、閩本同。監、毛本「濕」改「溼」，疏中準此。

080 形狀名號　監本「號」作「貌」。

081 九州揚荆以下　監本「荆」誤「州」。

082 案職方九州皆直川　案，「直」當爲「有」字之誤。

083 溝爲封樹 惠挍本「溝」下有「上」，此脱。

084 其社稷外皆有壝埒於四面也 閩、監、毛本「壝」誤「遺」。×

085 謂藉田之内 惠挍本同。閩、監、毛本「藉」誤「籍」，下同。×

086 輂之戰 惠挍本同。閩、監、毛本「輂」誤「輦」。×

087 經直云壝壇即堳埒 案，「壇」亦「壝」之訛。

088 君南面於北墉下 浦鏜云「鄉」誤「面」。案，「面」或「向」之訛。

089 故云各以其土地所宜木 惠挍本「土地」作「野之」，此非。

090 則無后土及田土之神 閩本同，誤也，當從監、毛本作「田正」。

091 毛云田祖先穡 監本「毛」誤「詩」。×

092 其植物宜早物 岳本同。唐石經、宋本、嘉靖本、閩、監、毛本「早」皆作「皁」，此本注及疏亦作「皁」。釋文：「早物，音皁，本或作『皁』，注同。」案，「皁」，俗「早」字。據唐石經已作「皁」，知今本作「早」者，後人依釋文改從正字也。○按，「皁」者，「草」之俗字。説文：「草者，草斗，櫟實也。」自人用「草」爲艸木字，乃别製「皁」爲草斗字。岳本作「早」，與釋文合。周禮用假借字也。

093 其動物宜鱗物 唐石經、諸本同。釋文：「鱗物，劉本作『麴』，音鱗。」○按，盧文弨曰：釋文云「劉本作鱗」，故集韻云「鱗，通作鱗」本釋文也。今本釋文作「麴」，乃譌字。

094 其民黑而津 釋文：「津，一本作『濜』。」×

095 其民晳而瘠 釋文：「晳而，音錫，白色也。」唐石經亦作「晳」，下從白。今諸本作「晳」，下從曰，訛。

096 其植物宜叢物　諸本同，釋文亦出「叢物」二字，唐石經作「藂物」。○按，「藂」者，「叢」之俗字，不見於説文。

097 以土計貢税之法　毛本「土」誤「上」。○按，毛本不誤。新印本乃誤。×

098 縟毛者也　監本「毛」誤「手」。×

099 核物李梅之屬　宋本、閩本、監本同。毛本「核」作「覈」，爲依經所改，非也。嘉靖本作「梅李之屬」。

100 瘠臞也　釋文：「臞，又作『臒』。」×

101 虎豹貔𧳋之屬　宋本、余本、岳本、嘉靖本、閩本同，葉鈔釋文亦作「𧳋」。監、毛本作「𧳫」，非，疏中準此。○按，其字正作「离」，俗作「𧳫」，誤作「𧳋」。

102 理致且白如膏　宋本「致」誤「置」。○按，「致」者，今之「緻」字。

103 此云貉狐不言貍者　毛本同，誤也。當從閩、監本作「貂狐」。

104 云介物龜鼈之屬　毛本「物」誤「然」。×

105 蓋誤云皁　監本此「皁」字作「早」，誤。×

106 王棘若檡棘者是也　閩、監、毛本「檡」誤「擇」。×

107 臞脙瘠也　閩、監、毛本「脙」誤「脉」，下同。

108 故知嬴物有虎豹也　惠挍本同。閩、監、毛本「有」誤「爲」。×

109 故引今世猶謂柞實爲皁斗爲證　毛本「謂」誤「請」。×

110 土祇原隰及平地　諸本「祇」誤「秖」，今改正。

111 則民不偷　閩、監本同，疏中改「偷」爲「愉」。毛本經作「愉」。注及疏又「偷」、「愉」錯見。案，釋文「不愉，音偷，又音揄」，唐石經、宋本、余本、岳本、嘉靖本皆作「愉」，注疏本或改作「偷」，俗字也。

112 愉謂朝不謀夕　宋本、余本、岳本、嘉靖本同。閩、毛本「愉」作「偷」。監本先作「偷」，後改「愉」。○按，此亦當是經用古字，注用今字之例。經作「愉」，从心，注作「偷」，从人，爲是。鄭箋山有樞云：「愉，讀曰偷。」

113 恤謂災危相憂　嘉靖本「災」作「灾」。×

114 是其常法　閩、監、毛本「法」改「灋」。×

115 謂鄉飲酒之禮　浦鏜云「鄉」下脱「射」。

116 故號鄉射飲酒爲陽禮也　惠挍本、閩本同。監、毛本「射」誤「社」。×

117 六曰以俗教民則民不偷者　閩、監、毛本作「教安」，此誤。

118 則民不偷愉苟且也　閩本作「則民不愉」，當據以訂正。監、毛本上下皆作「偷」，後並改爲「愉」。

119 云偷謂朝不謀夕者　閩本同。監、毛本「偷」作「愉」。×

120 將焉用樹　閩、監、毛本「焉」作「安」。

121 諺所謂老將智而耄及之者　毛本「耄」作「髦」。

122 憂之則不懈怠者　案，注作「則民不解怠」，賈本注蓋無「民」字。

123 育生也　嘉靖本「育」作「毓」，非。惠挍本亦作「毓」，云余本仍作「育」。○按，此段玉裁經用古字，注用今字之例。

124 **星土星所主土也**　諸本「主」誤「生」，今據保章氏注訂正。

125 **又周語伶周鳩云**　惠校本作「州鳩」，此誤。

126 **史莫之知**　毛本「之知」誤倒。

* **陶唐氏之火〇正**　案，「〇」誤衍。

127 **欲見財既爲九賦斂財賦**　閩本同。監、毛本「斂」誤「故」。浦鏜云「財賄」誤「財賦」。

128 **正日景**　釋文：「日景，本或作『影』。非。」×

129 **云測猶度也**　閩、監、毛本同，誤衍也。宋本、余本、岳本、嘉靖本皆無「云」字。

130 **故書求爲救**　九經古義云：「『救』當作『殺』，古文『求』字。説文引虞書云『旁殺僝功』，蔡邕石經般庚云『器非殺舊』，皆以『殺』爲『求』。」

131 **杜子春云爲求**　閩、監、毛本同。宋本、余本、岳本、嘉靖本「云」下有「當」字，此脱。

132 **立表之處大東**　閩、監、毛本同。宋本、嘉靖本無「處」字，此誤衍。

133 **案土人職云**　浦鏜云「玉」誤「土」。

134 **於潁川陽城置一表爲中表**　毛本「川」誤「州」。×

135 **據中表之南而言**　浦鏜云「南」下脱「表」。

136 **爲中表之西表而言**　惠校本「爲」作「據」，此誤。

137 **乃得朝時之景**　閩本同。監、毛本「乃」誤「仍」。×

138 月離於畢俾滂沲　閩、監、毛本「沲」作「沱」。

139 云測猶度　惠挍本下有「也」，此脱。

140 是地於日爲近南云　浦鏜云下當脱一「云」。

141 故後鄭增成先鄭之義取云　惠挍本「取」作「而」，此誤。

142 今潁川陽城地爲然　監、毛本同。嘉靖本「潁」作「頴」，岳本、閩本誤「穎」。

143 即尚書所云宅南交　閩、監、毛本「交」誤「郊」。×

144 風雨寒暑時是也　惠挍本「風雨」下有「節」，此脱。

145 南北二億三萬二千五百里　宋本作「二千」。閩、監、毛本作「三千」，誤。盧文弨曰御覽卷三十一亦作「二千五百里」。

146 天圜南北二億　浦鏜云「圜」誤「圓」。

147 積百七萬九百一十三里　毛本「一」誤「二」。×

148 又案召誥　閩、監、毛本「誥」誤「詔」。×

149 初爲基止　閩、毛本「止」作「址」，監本誤「扯」。

150 土地附庸　宋本、余本、閩、監、毛本同。岳本、嘉靖本「地」作「田」。

151 至于海邦　毛本「于」作「於」，非。×

152 然則方五百里四百里　宋本「五」誤「三」。×

153 諸男食者四之一　惠挍本「諸男」上增「諸

子」二字，云余本無。案，賈疏本亦無「諸子」二字，故云「直舉男地而言」。惠以意增，非。

154 **地方七百里者**　毛本「地」誤「他」。×

155 **則一百里封男**　毛本「一」字空闕。×

156 **其食者參之一者亦與侯同**　閩本同。監、毛本「參」改「三」。毛本「侯」改「諸」。

157 **以耕之者入諸侯者**　閩、監、毛本「以」誤「似」。×

158 **即足其國俗喪紀及畜積之用**　惠校本「國」下有「禮」，此脱。

159 **亦以一分爲餘貢入天子**　監本「天」誤「大」。×

160 **以其侯有功進受公地**　監本「公」誤「功」。×

161 **謂爲閒田者也**　監本「田」誤「曰」。×

162 **不易之地家百晦**　唐石經、諸本同。釋文作「百畝」，云「本亦作古晦字」。

163 **地美故家百晦**　監本此「晦」字作「畝」，非。×

164 **休一歲乃復種**　監本「休」誤「体」。×

* **上言王巳及諸侯邦國**　補，閩、監、毛本「王巳」作「王畿」，此誤。

165 **進受命於周退見文武之戶者**　宋本無「命」。「戶」爲「尸」之誤。

166 **先鄭伯有善於鄶公者**　閩本同。監、毛本「鄶」誤「鄫」。❶

167 **遷易東周畿內**　惠校本「易」作「居」，此誤。

168 **明非諸侯地貢**　閩、毛本同。監本「地」

誤「九」。 ×

169 則稅草木之類是也　監本「木」誤「末」。 ×

170 宅南郊　案，「郊」當作「交」。

171 七曰眚禮　唐石經、諸本同。監、毛本「眚」誤「靑」，閩本誤「青」，注及疏準此。

172 救飢之政　嘉靖本「飢」作「饑」，此非。○ 按，依説文則饑年字當从「幾」，飢餓字作「飢」。

173 求廢祀而修之　宋本、嘉靖本同。閩、監、毛本「修」作「脩」，疏中同。 ×

174 飢饉則盜賊多　宋本、嘉靖本「飢」作「饑」，當據以訂正。

175 謂吉禮之中　毛本「吉」誤「牛」。 ×

176 即此一荒也　浦鏜云「一荒」當誤倒。非。

177 則移民就穀　毛本「民」誤「風」。 ×

178 故鄭以爲眚吉禮　惠挍本同。閩、監、毛本「故」誤「後」。 ×

179 年有凶災　閩本同。監、毛本「災」作「灾」，下同。 ×

180 災成之後　惠挍本同。閩、監、毛本「成」誤「滅」。 ×

181 若令休兵鼓之爲　惠挍本「令」作「今」，此誤。 ×

182 案襄公二十四年冬大饑　毛本「饑」誤「飢」，下同。 ×

183 案大司樂大札大荒大凶荒凶則亂　惠挍本作「凶荒別者」，此作「則亂」，誤也。案，大司樂無「大荒」。

184 司農凶荒別文者　案，「農」當爲「樂」字之誤。

185 抍捄天民之窮者也　釋文：「抍捄，本亦作『拯救』。」

186 若今癃不可事不筭卒　宋本、嘉靖本、閩本同。監、毛本「筭」改「算」，疏同。葉鈔釋文「癃」作「𤸇」。

187 三壺酒一犬　毛本「犬」誤「大」。

188 十四以上不從征可知　閩、監、毛本「上」作「下」，此誤。

189 或與士大夫同食黍粱　閩、監、毛本「粱」誤「梁」。

190 若今廢疾者也　漢制考作「癈疾」。○按，漢制考是也。經典「癈」字多爲淺人改作「廢」。

191 三曰聯兄弟　唐石經、諸本同。釋文：「聯兄弟，一本作『聚兄弟』。」案，注云「聯，猶合也。兄弟昬姻嫁娶也」，鄭訓「聯」於「兄弟」上，則作「聚」者非。

192 各有攸宇　宋本「宇」作「芋」，蓋依今本毛詩改，非。

193 連猶合也　宋本、余本、閩、監本同。嘉靖本、毛本「連」作「聯」，依經改注，非也，疏中同。○按，亦段玉裁經用古字，注用今字之證。

194 兄弟皆有外邦　浦鏜云「在他」誤「有外」。○按，此惟「在」誤「有」耳。

195 是以知兄弟是婚姻也　閩、監、毛本作「昏姻」。

196 州黨及遂皆立序　監本「州黨」二字空闕。

197 鄉閭子弟皆相連合　毛本「連」改「聯」。

198 案尚書泰誓武王云　此本「武」字係剜擠。

199 司徒以布五教　閩、監、毛本同，誤也。宋本、嘉靖本作「王教」，此本疏中引注亦作「王教」，當據以訂正。

200 二曰樹蓺　宋本、余本、嘉靖本、閩本同。唐石經、監、毛本「蓺」作「藝」，注及疏準此。○按，唐人之例，「樹蓺」如此作，「道藝」、「六藝」如此作。

201 謂園圃毓草木　閩、監、毛本同。宋本作「謂園囿育草木」，嘉靖本「毓」作「育」，惠挍本亦作「囿育」，云互注本、余本作「圃毓」。○按「毓」、「育」亦經用古字，注用今字之證也。

202 藝謂種黍稷　案，此「藝」字亦當作「蓺」。

203 九曰閒民無常職轉移執事　毛本誤「職事」，據監本訂正。自「八曰斂材」起至下節疏「舉其賢者能者以飲酒之禮賓客」止，此本及閩本缺一頁，今據監、毛本補校。❷

204 云阜蕃謂藪牧養蕃鳥獸者　監本「藪」誤「數」，據毛本正。

205 恤振憂貧者　宋本「振」下有「於」，蓋因上誤衍。惠挍本亦有「於」字，云互注本、余本無。

206 此並鄉大夫職又　浦鏜云「文」誤「又」。

207 若四十而不惑也　毛本「也」誤「者」。✕

208 非直甘肴先奉　閩、監、毛本「肴」作「殽」。

209 喻父母於道　惠挍本同。閩、監、毛本「喻」作「諭」。

210 過軍表　惠挍本「軍」作「君」，此誤。✕

211 方程嬴不足　閩、監、毛本同。惠挍本

「贏」作「羸」。

212 故注保氏其釋之　浦鏜云「其」當「具」字誤。

213 亂民亂名改作　諸本同。惠校本「名」一作「民」，云互注本、余本作「名」。

214 恤謂相憂　毛本「憂」誤「愛」。×

215 禮所以節止民之侈僞　宋本、余本、嘉靖本、毛本同。閩、監本「止」作「正」，誤。

216 禮者辨尊卑　惠校本同。閩、監、毛本「辨」作「辯」，非。×

217 故云禮所以節止民之侈僞也　惠校本、毛本同。閩、監本「止」誤「正」。

218 大韶大夏　釋文作「大招」，云「本亦作『韶』」。×

219 大濩大武　釋文：「濩，本亦作『護』。」×

220 皆大司樂文　毛本誤「大司徒」。

221 不厭服於十二教　此本疏中引注「厭」作「猒」，又賈疏有「嫌猒」、「猒飫」、「陰猒」字，皆作古「猒」字，是賈氏所據鄭注作「猒」也。○按，依説文「猒飫」如此作，「厭服」如此作。鄭云「厭服」，則其字當从厂，其音當於輒切。釋文不作音，疏也。

222 與有地治者　宋本「有」誤「其」。×

223 此經士或爲土字　監、毛本「士」誤「土」，閩本「土」亦誤「士」。九經古義云：「世本作篇曰『相士作乘馬』，即『相土』也。呂覽任地云『后稷曰，子能使吾士靖而甽浴士乎』，高誘曰『士當爲土』，周牧敦亦以『士』爲『土』。」❸

224 謂五時迎氣於四郊　閩、監、毛本「五」作「四」，非。×

225 進所解牲體於神坐前　閩本同。監、毛本「坐」改「座」，俗字。

226 即體解折節爲二十一體是也　毛本「折」誤「拆」。

227 鄭直以義讀之　毛本「直」誤「值」。

228 此云殺當彼鬄也　惠校本「殺」作「肆」，此誤。閩、監、毛本作「解」，亦非。盧文弨曰通考作「肆」。

229 即言羞其肆　惠校本「言」作「云」。

230 享先王不辨祭之大小　閩、監、毛本「辨」誤「辯」。

231 挽柩鄉廣　閩、監本同，誤也，當從毛本作「鄉壙」。

232 進取一千人致之　惠校本「進」作「唯」，此誤。

233 主文以見義也　浦鏜云「互」誤「主」。

234 防姦私　宋本、嘉靖本「姦」作「奸」。○按，「奸」者，「姦」之俗字。

235 云節六節者爲掌節　惠校本「爲」作「案」，此誤。

236 舍禁弛力　毛本「舍」誤「含」。

237 若今十傷二三　監本「十」誤「實」。

238 歲終自周季冬也　浦鏜云「是」誤「自」。盧文弨曰「自」疑「目」。案，「自」當爲「者」之誤。

附釋音周禮注疏卷第十一

小司徒

239 掌建邦之教灋　唐石經、宋本、余本、岳本、嘉靖本、閩本同。監、毛本「灋」改「法」，非，下「頒比灋」、「教灋」、「用灋」、「脩灋」及鄉師職準此。

240 以辨其貴賤老幼廢疾　唐石經、宋本、岳本「廢」作「癈」，注中同。凡興廢字與癈疾字劃然有別，此作「廢」非。嘉靖本「辨」作「辯」，亦誤。唐石經、宋本皆作「辨」也，下及鄉師職等悉準此。

241 施舍者貴與老幼廢疾不科役　監本「舍」誤「合」。×

242 謂鄉中州祭社黨祭禜　監、毛本「禜」誤「宗」，閩本作「䓤」。

243 皆弛舍無賦　閩本同。監、毛本「弛」改「施」，非。賈疏依注用「弛」字。

244 頒與六鄉大夫　閩本同。監、毛本「與」作「于」，誤。×

245 車謂革車及大車　監本「及」誤「反」。×

246 以徵索於民及所施政令　監本「及」誤「反」。×

247 今時白役簿　惠挍、宋本同。閩、監、毛本「白」作「日」，是也。

248 公追戎于濟西　此本注及疏「濟」皆誤「齊」，今據諸本訂正。

249 案大宰九賦　惠挍本同。閩、監、毛本「賦」誤「職」。

250 而周遍知其人數　閩本同。監、毛本「遍」改「徧」。×

251 故鄭不從之　惠挍本「故」下有「後」。

252 貢禄不平　宋本、嘉靖本同。余本、閩、監、毛本「貢」作「穀」，蓋依今本孟子所改。

253 二萬七百三十六夫治洫　宋本、嘉靖本、毛本同。疏引注亦作「二萬」，閩、監本誤「一萬」。

254 一甸之田稅入於王　毛本「於」誤「于」。

255 地事謂農牧衡虞也　諸本同。惠校本作「虞衡」，云余本仍作「衡虞」。

256 云四井爲邑方三里　浦鏜云「二」誤「三」。

257 證甸得爲乘之義　毛本「甸」誤「旬」。 ✕

258 云三十六井三百二十四夫治洫者　毛本同。閩、監本「三百」誤「二百」。 ✕

259 據税於王者而言　惠校本作「據一丘税入於王者而言」。

260 牧則數牧以蕃鳥獸　浦鏜云「藪」誤「數」。

261 故⿱𤇾辰三等之號以表之　「⿱𤇾辰」疑「舉」之訛。

262 賦猶不止　監本「止」誤「北」。 ✕

263 謂施民者之職　浦鏜云「者之」疑「之九」誤。案，注云「職謂九職也」。

264 故其官川衡林衡山虞澤虞之官主當　浦鏜云「當」疑「掌」訛。

265 杜子春云讀爲域者　惠校本「讀」作「當」。

266 帥帥而致於大司徒　浦鏜云「帥師」誤「帥帥」。

267 故知小功役之事　浦鏜云「力役」誤「功役」，下同。

268 皆碑挽引而下棺　浦鏜云「背」誤「皆」。

269 謂國社侯勝國之社　浦鏜云「侯」下脱一「社」。

270 其外更言夷鎮蕃三服爲夷狄　浦

鏜云「言」當「有」字誤。

271 有功則賞之 惠校本作「則賞賜之」。

272 徇以木鐸 唐石經、宋本、余本、嘉靖本同。閩、監、毛本「徇」作「狥」，訛，疏及鄉師職準此。

273 正歲建寅之月懸之 閩、監、毛本「懸」改「縣」，下同。

274 云修法糾職者 閩、監、毛本「修」作「脩」，此與經中作「脩」異，下同。

鄉師

275 辨其老幼貴賤癈疾馬牛之物 唐石經、宋本同，此職疏中亦作「癈疾」。嘉靖本、閩、監、毛本作「廢」，非。

276 掌其戒令糾禁 毛本「戒」誤「刑」。

277 謂築作堤防城郭等 閩本同。監本「堤」誤「提」，毛本改「隄」。

278 士虞禮所謂葙 案，「葙」當從諸本作「苴」，此涉上文誤。

279 故書輦作連 禮説云：「古『連』、『輦』通。車從夫雙引爲輦，車從辵步挽爲連。一象形，一會意也。破『連』爲『輦』，變古從今，失之。易蹇六四『往蹇來連』，虞翻曰『連，輦也』，管子立政篇『畜連乘車』，海王篇『服連軺輦』。則古『輦』皆作『連』矣。」

280 及葬執纛 閩、監、毛本同。唐石經、宋木、嘉靖本「纛」作「纛」。釋文「執纛，桃報反」，葉鈔本作「執纛」，然則作「纛」者非，注中同。

281 四綍皆銜枚 閩、監、毛本同。余本、嘉靖本「銜」作「衘」，惠校本疏中同。

282 翿羽葆幢也 葉鈔釋文作「橦也」。○按，作「橦」是也。爾雅音義引作「纛羽葆幢也」，此可證「纛」即「翿」，古通用。

283 銜枚所以止讙嚻　閩、監、毛本「嚻」作「囂」。

284 匠師執翿羽葆幢　經義雜記曰：「『匠人』作『匠師』，訛，當改正。」案，下引雜記同，誤。

285 又千人輓柩以持六紼　毛本「千」作「二」，壞字。

286 日中而堋　閩、監、毛本同。宋本「堋」作「倗」，載音義同。嘉靖本「堋」字土旁改刻，蓋本作「倗」。釋文「而堋」，葉鈔本作「倗」。

287 故引春秋傳也　毛本「也」誤「曰」。×

288 出田灋于州里　唐石經、宋本、岳本、嘉靖本、閩本同。監、毛本「灋」改「法」。

289 凡田獵人徒等　監本「凡」誤「几」。

290 云修其卒伍者　閩、監、毛本「修」作「脩」，下同。

291 鄭大夫讀屯爲課殿　漢讀考云：「鄭大夫、杜子春皆從作『臀』之本，鄭君則曰『今書多爲屯』，從『屯』。今注作『鄭大夫讀屯』，誤。」×

292 謂前後屯兵也　毛本「謂」誤「爲」。×

293 釋曰云及期　惠挍本下有「者」，此脱。

294 玄謂前後屯兵也者　首一字當衍。

295 而賙萬民之囏阸　釋文：「囏，古『艱』字，本亦作『艱』。」案，經當作「囏」，注當作「艱」。

296 囏阸飢乏也　嘉靖本「飢」作「饑」，當據訂正。

297 若州黨賓射之器者　嘉靖本下有「也」字，此脱，當補。

298 執長弓挾乘矢　惠挍本「長」作「張」，此誤。

299 以八筭置于中士則鹿中之等是也　監、毛本「八筭」誤「人算」，「士」誤「上」。閩本「八筭」二字不誤。

300 闕於禮義　浦鏜云「儀」誤「義」，據儀禮通解續挍。

301 云察辭者　毛本「云」字實缺。　×

302 謂考鄉中禮樂兵器之等　惠挍本作「禮器」，此作「樂」，誤。

附釋音周禮注疏卷第十二

鄉大夫

303 云受法於司徒者　閩、監、毛本「法」改「灋」，下同。　×

304 若今癃不可事者　宋本、余本、嘉靖本、毛本同。閩、監本「癃」作「廢」，當由臆改。

305 案韓詩外傳　盧文弨曰「外」衍字。

306 是其晚賦稅而早免之　閩本同。監、毛本「晚」誤「賦」。　×

307 敬所舉賢者能者　嘉靖本「敬」作「賔」，非。惠挍本亦一作「賔」，云余本仍作「敬」。

308 玄謂變舉言興者　毛本「言」誤「賢」。　×

309 以禮賢者能者賔客之舉　閩本同。此本「舉」字剜擠，蓋本作「賔客之」，無「舉」字。監、毛本改作「賔客舉之」，非。

310 其身有道藝　惠挍本上有「以」字，此脫。

311 孝悌廉絜　閩本同。監、毛本「絜」改「潔」。　×

312 故書舞爲無　九經古義云：「古『無』、『武』同音，又『武』、『舞』通。禮器『詔侑武方』注云『武當爲無，聲之誤也』。論語『射不主皮』，馬融注用此文作『五曰興武』。漢武梁祠堂畫象『秦武陽』，今史記作『秦舞陽』。」

313 孔子射於矍相之圃　釋文：「矍，俱縛反。本或作『瞿』，音同。」　×

314 必知容得爲孝者　閩、監、毛本「知」誤「和」。

315 射則是男子之事　惠挍本無「則」，此衍。

316 鄉大夫士射先行鄉飲酒之禮　此「鄉大夫」當作「卿大夫」。

317 因入之而使之治民之貢賦田役之事於内也　監本「入」誤「人」。　×

318 則令六鄉之吏州長之官　惠挍本作「州長已下」，此誤。

319 各憲之於其所治之國　閩本、毛本同。宋本、岳本、嘉靖本無「之」字，「國」字下屬，與賈疏合。余本衍「之」字。唐石經「於其所」下損闕三字，以字數計之，當有「之」字。監本刊落「之」字，而誤併去「國」字。石經考文提要無「之」字，云從宋附釋音本、周禮句解。

320 知大詢詢國危　閩、監、毛本「知」誤「如」。

321 一曰詢國危已安庶民云國大詢于衆庶而致於朝　宋本作「一曰詢國危已下此亦云國大詢于衆庶而致於朝」，閩、監、毛本「已」改「以」，「於朝」改「于朝」，非。唐石經已作「於朝」。

322 大詢於衆庶　閩本同。監、毛本「於」改「于」，非。案，注中「于」亦當作「於」。　×

州長

323 州長至之瀍 閩本同。監、毛本「瀍」改「法」，是也。×

324 教謂十二教之外所施政令皆治之 閩本同。監、毛本「教謂十二」之下有「教云治正令之法者謂十二教」，共十二字，當由臆增。○按，監、毛本是，他本誤也。賈意於經「教」字一逗，然黨正云「政令教治」，則賈讀非也。

325 謂建子之月一日也 毛本「日」誤「已」。×

326 唯有歲之二時春秋耳 惠挍本作「唯謂」，此誤。

327 此知序州黨學者 浦鏜云「此知」字疑誤倒。

328 射之爲言繹也 毛本「之」誤「少」。×

329 故云於是卒者也 惠挍本、閩本同。監、毛本脱「也」。×

330 則帥而致之 唐石經、諸本同。余本「致」作「置」，誤。

黨正

331 以四孟之月朔日讀法者 宋本、嘉靖本、閩本「法」作「瀍」，非。×

332 一年七度讀法者 閩、監、毛本「七」誤「十」。

333 鄭云彌親民者 毛本「云」誤「示」。×

334 鄭知祭謂雩禜水旱之神者 惠挍本「祭」下有「禜」，此脱。

335 壹命齒于鄉里 唐石經、余本、岳本、嘉靖本同。閩、監、毛本「壹」作「一」，非。

336 至此農隙 釋文：「隙，本亦作『郤』。」×

337 見孝悌之道也　閩、監、毛本同。宋本、岳本、嘉靖本「悌」作「弟」。案，釋文及賈疏引注皆作「孝弟」，加心旁者俗字。

338 比鄉民雖爲卿大夫　余本、閩本同。宋本、嘉靖本「比」作「此」。監本作「比鄉民雖爲鄉大夫」，毛本作「此鄉民雖爲鄉大夫」。案，賈疏引注作「此鄉民雖爲卿大夫」，作「比」及「鄉大夫」者誤也。

339 民内有爲一命已上　惠挍本「一」作「壹」，此非，下並同。

340 禮年六十已上　惠挍本同。閩、監、毛本「已」作「以」，非，下文「有一命已上觀禮」同。

341 謂在堂下　惠挍本同。閩、監、毛本「謂」誤「位」。　×

342 以其一命　毛本「一」字空缺，惠挍本作「壹」。

343 年幾必小於卿大夫等　案，「幾」疑「歲」之誤。○按，「年幾」即今俗語云「年計」，唐人語已如此。

344 掌其戒禁　唐石經、諸本同。岳本、毛本「戒禁」誤倒。

345 上州之祭祀大喪義異　浦鏜云「上」疑「與」字誤。

346 州長又致與卿大夫　閩、監、毛本作「鄉大夫」，此誤，下同。

347 皆書記勸勉之　毛本「勸」誤「觀」。　×

348 以歲時涖校比　唐石經、諸本同。毛本「校」改「挍」，注及下同。五經文字手部云：「挍，經典及釋文或以爲比挍字，字書無文。」○按，以夏官校人注律之，則經當作「校」，注當作「挍」。

349 挍比族師職　毛本「族」誤「大」。　×

350 辨其貴賤老幼廢疾可任者　宋本、岳本作「癈疾」。

351 黨正往臨之　毛本「往」誤「曰」。×

352 族師　宋本周禮疏卷第十三。

353 釋曰云各掌其族之戒令政事　惠校本下有「者」，此脱。

354 各自受法于上　毛本「于」作「如」，「如」蓋「於」之訛。

355 黨正直書德行道藝具言　浦鏜云「直」疑「所」字誤。

356 則月與上政字連　毛本「字」誤「事」。

357 旦族師親民讀法宜數　惠校本「旦」作「但」，此誤。

358 則與黨正同　按，「黨正」字乃「州長」之誤。

359 玄謂校人職　毛本「謂」誤「爲」。×

360 則未知此世所云蝝螟之酺與　監本「未」誤「不」。毛本「蝝」誤「蝝」。

361 如雩禜云　釋文「禜，本亦作『禜』」，下「黨禜」同。×

362 亦爲水旱與物爲烖害　惠校本「物」上有「人」，此脱。

363 直以疑之今此爲正　閩本「正」作「酺」，餘與此同，監、毛本改作「直以此經今文爲正」。

364 云則未知此世所爲蝝螟之酺與　惠校本「爲」作「云」，此誤。

365 貴謂卿大夫賤謂占賣國之斥幣　惠校本、閩本同。監、毛本二「謂」皆誤「爲」，

「斥」誤「斤」。 ×

366 癈疾謂癈於人事疾病　閩、監、毛本「癈」皆改「廢」。○按，賈云「癈疾，謂廢於人事疾病」，是賈本作「廢」字，乃賈之誤耳。說文云：「癈，固病也。」❹

367 則可任也者　閩本同。監、毛本改作「者也」。

368 以相葬埋　唐石經、諸本同。釋文：「埋，本或作『貍』。」案，經當用「貍」字，此淺人以俗字改之。

369 門内尚否　惠挍本同。閩、監、毛本改作「尚寬」，非。

370 故鄭云亦因爲卒長也　惠挍本「云」作「言」。

閭胥

371 以勑戒之　嘉靖本、監本、毛本同。宋本「勑」作「勅」，閩本作「勅」。

372 故書既爲暨　漢讀考作「故書暨爲既」，下作「杜子春讀『既』爲『暨』。經『既比』作『暨比』。今本係以注改經，又以經改注，誤甚」。○按，注以「及」訓「暨」，則段玉裁是，「既」不訓「及」。

373 亦謂國中七尺以及六十　宋本「十」作「尺」，誤。 ×

374 兼記敬敏者也　毛本「記」誤「紀」。 ×

375 其爵以兕角爲之　宋本、嘉靖本、毛本同。閩、監本脱「以」。 ×

376 以觵罰在之上　宋本同。疑「觵」當衍，閩、監、毛本增作「觵撻罰」。

377 故從經爲正者也　宋本無「者」，此衍。

比長

378 有辠奇衺則相及　釋文：「辠，本亦作『罪』。」 ×

379 民有願猒於本居之處　閩、監、毛本

「猒」改「厭」。○按，所改非也。以字義則「猒飽」、「猒倦」是一字，惟「猒飽」斯「猒倦」也，與「厭」字義各殊。

380 此國中及郊所徙者　毛本「徙」誤「徒」。

381 郤釋經徙于國中之文也　閩本同。監、毛本「郤」誤「欲」。○按，當作「郤」，俗作「却」，經文先國中後郊，注則先郊後國中，故云「却」。

382 則呵問　葉鈔釋文作「則荷」。嘉靖本「呵」字剜改，蓋本作「荷」。

383 閔於出之　諸本同，言「所憐閔在於出獄也」。浦鏜據疏語改作「閔念」，非。

384 但獄斷獄之法　閩本同。監本剜刊上「斷」字，毛本排勻。❺

封人

385 茅取其潔　惠挍本作「絜」，下節疏「潔淨」同。

386 是封乎諸侯立社稷之法也　宋本無「乎」，此衍。

387 以共粢盛而祭社　閩、監、毛本「共」誤「其」。

388 置其絼　唐石經、諸本同。釋文：「絼，本又作『紖』」。

389 共其水槀　唐石經、宋本同。宋本載音義及葉鈔釋文皆作「槀」，下從木。岳本、嘉靖本、閩、監、毛本及通志堂釋文作「稾」，下從禾，注及疏準此。

390 飾謂刷治潔清之也　嘉靖本「潔」作「絜」。○按，此古「飾」字正解。説文云「飾，㕞也，㕞飾也」，今人多昧於此義。

391 玄謂楅設於角　閩、監本「謂」誤「爲」。

392 如椵狀也　監、毛本「椵」誤「椴」，釋文音加。×

393 凡祭至水稾　閩、監、毛本「稾」改「稾」，下並同。×

394 楅者相楅迫之義　案，「楅迫」當爲「逼迫」。

395 漢時有置于犬之上謂之楅　漢制考此句下有「音加」二小字，當亦賈疏本文。

396 故舉以之爲況衡者也　閩本剜改「以之」作「之以」，監、毛本從之，非也。案，「爲」字疑衍。

397 及使神歆享之意　閩本同。監、毛本「神」誤「人」。×

398 塗之以墐塗　閩本同。監、毛本「墐」誤「瑾」。×

399 空以汙損牲體　閩、監、毛本「汙」誤「汗」。×

400 言凡凡此下四事　閩、監、毛本脱一「凡」。×

401 賓客有殺牲之者　浦鏜云「之」當衍字。

鼓人

402 案眡瞭職發首云　宋本「首」作「言」。

403 下云以鼖鼓鼓役事是也　惠挍本作「鼛鼓」，此誤。

404 則田鼓當與軍事同　宋本同。閩本剜改「事」作「士」，監、毛本承之。

405 和比曰音　閩、監、毛本作「雜比」。

406 以雷鼓鼓神祀　唐石經、諸本同。余本上作「鼓」，下作「鼓」，非，下同。○按，宋本「鐘鼓」作

「鼓」，「鼓擊」作「鼓」，誤認説文支部「之録切」之「鼓」爲「擊鼓」，妄改經典，冣爲紕繆。

407 則禘祫鼓四時　浦鏜云：「及」誤「鼓」，據儀禮通解續挍。

408 以其天神地祇大小同鼓故也　惠挍本「天神地祇」作「天地神祇」。

409 門社軍以鼖爲正　惠挍本「門社」作「則在」，此誤。

410 是訓鼖爲大　惠挍本同。閩、監、毛本「鼖」誤「鼓」。

411 以鼛鼓鼓役事　説文鼓部「鼓」字下引周禮作「臯鼓」。

412 謂樂作擊編鍾　葉鈔釋文作「編鐘」。

413 釋曰凡作樂則先擊鍾　監本「釋」誤「鄭」。惠挍本「則」作「皆」，此誤。

414 並出彼文而知之　惠挍本及漢制考下有「也」，此脱。

415 無舌有秉　釋文：「秉，本亦作『柄』。」案，「秉」，古「柄」字。

416 帗五采繒　惠挍本「帗」下有「析」，此脱。

417 昬鼓四通爲大鼜　説文壴部云：「鼜，夜戒守鼓也，从壴，蚤聲。禮『昬鼓四通爲大鼓，夜半三通爲戒晨，旦明五通爲發明』。讀若戚。」案，此注云「鼜，夜戒守鼓也」，同許説。説文「壴」、「鼓」異部。「鼜」字從壴，蚤聲。今禮經、注、釋文皆從「鼓」作「鼜」，訛。「戒晨」今注作「晨戒」，誤倒，當從此所引。「大鼓」爲「大鼜」之誤，「發明」爲「發昫」之誤，當從禮注挍正。

418 旦明五通爲發昫　釋文：「昫，本又作『眗』，亦作『煦』。」

419 動旦行　余本、嘉靖本、閩、監、毛本同。宋本、岳本「旦」作「且」，賈疏亦作「且」字。案，上「夜鼓鼜」注云「旦明五通爲發昫」，故此以軍動爲旦行也。動即行，而云「且行」，恐誤。

420 鄭云動且行　閩、監、毛本同。惠挍本「且」作「旦」。

421 則非只兩面之鼓　惠挍本同。閩、監、毛本「只」改「止」。

422 日食天子伐鼓于社是也　毛本「日」誤「月」。

423 聲大異者　惠挍本作「聲大異言，聲大異者」，此脱。

424 月食是陽侵陰　監本「月」誤「見」。

425 舞師　閩、監、毛本「師」誤「帥」。

426 皇舞蒙羽舞書或爲翌　漢讀考作「翌舞蒙羽舞書或爲皇」。

427 不得舞宗廟之酎　毛本「舞」誤「武」。監本「宗」字空缺。閩本「酎」字實缺，是也。

428 以漢爲聲者　宋本作「聲省」，此誤。

429 皇舞象羽舞者　惠挍本「象」作「蒙」，此誤。

430 玄謂皇析五采爲之亦如帗者　閩、監、毛本「謂」誤「爲」，「皇」誤「翌」。

431 若宮中七舞之等則無舞　浦鏜云：「七祀」誤「七舞」。

附釋音周禮注疏卷第十三

牧人

432 騂牲赤色　監本作「色赤」，誤倒。

433 望祀五嶽　賈疏本「望祀」下有「四望」二字。

434 黝讀爲幽幽黑色　漢讀考作「幽，讀爲黝」。

黝，黑也」，經「黝牲」作「幽牲」，謂今本是經、注互改之故。

435 并陽祀祭天於南郊 監本「南」誤「甫」。 ✕

436 謂圓丘方澤 閩本同。監、毛本「圓」改「圜」。

437 則昊天與崐崘 閩本同。監、毛本作「崑崙」，非。 ✕

438 是祭宗廟時赤也 浦鏜云「用」誤「時」。

439 下用尨 惠挍本同。閩、監、毛本「下」誤「不」。

440 故書毀爲甈尨作尨 閩、監、毛本作「尨作庬」，亦非。宋本、余本、岳本、嘉靖本作「尨作龍」，當據以訂正。下「尨當爲尨」，據余、岳、嘉靖本亦作「龍當爲尨」。又此及閩、監本「甈」舊作「瓻」，訛，今訂正。

441 毀謂副辜侯禳 監、毛本「侯」誤「候」，疏中同，閩本此字空闕。毛本「辜」作「辠」，訛。

442 不必純注云 閩本同。監、毛本「純」下衍「黄」。

443 疈辜祭四方百物 閩本同。監、毛本「疈」改「副」。

444 則惟據純毛者 閩本同。監、毛本「惟據」作「唯柬」，非。

牛人

445 祈求福之牛也 宋本「祈」作「所」。案，上云「求牛禱於鬼神」，此復云「祈求福」，詞意煩複，宋本作「所」，是也。

446 明非禱祈非時祭者 此本此句剜擠，當有誤。

447 謂所以繹者也者 宋本無上「者」。

448 經據後而言之耳 惠挍本「之」下有「中」，蓋涉下「之中」誤衍。

449 膳所以間禮賓客 宋本、余本、嘉靖本、毛本同。此本及閩、監本「間」誤「問」，疏中同，今訂正。

450 皆共牢積禮膳之牛也 閩本同。監、毛本作「牢禮積膳」，此誤倒。

451 皆謂致與賓客者 毛本「者」誤「音」。 ×

452 是速賓之禮也 毛本「是」字誤爲「客走」二字。

453 王國五積者 浦鏜云「主」誤「王」。

454 亨大牢以飲賓 監、毛本「亨」誤「享」，下同。

455 執瓦大之幂也 毛本「大」誤「人」。 ×

456 至主人獻賓 毛本「主」誤「王」。 ×

457 軍事共其槁牛 唐石經、余本同。釋文「犒牛，苦報反，注同」，葉鈔本作「犒牛」，余本及此本載音義同，是經、注皆從木作「槁」，當據以訂正。宋本、嘉靖本、閩、監、毛本作「犒牛」，注及疏同，非也。案，賈疏云「謂將帥在軍枯槁之賜牛，謂之槁牛」，此經文從木明證，賈疏未誤也。序官槀人疏亦云：「以在朝之人不得歸家，亦枯槁以須槁勞之，故名其官爲槁人。」

458 謂將帥在軍枯槁之賜牛 閩本同。監、毛本「枯槁」誤「牯犒」，下「槁」字同。○「謂槁而槁」之一上一去，猶「勞而勞」之一平一去也。

459 秦師襲鄭 監本「秦」誤「泰」。 ×

460 亦是犒師之牛 案，此「犒」字亦當作「槁」。

461 無尸飲食飲食直奠告于神前 閩、監、毛本作「無尸飲食直奠停置于神前」，此誤複，「飲食」二字係剜擠。○按，此當複「無尸」

二字，而誤複「飲食」二字也。 ×

462 合以互與楅衡共一 浦鏜云「今」誤「合」。

充人

463 皆體牷具 毛本「牷」誤「牲」。

464 案宣三年公羊云 閩本同。監、毛本「三」誤「二」。 ×

465 三牢者各主一月 毛本「各主」誤「冬二」。 ×

466 釋曰云散祭之牲 惠校本「祭」下有「祀」，此脱。

467 展牲則告牷 毛本「牷」誤「牲」。

468 君牽牲入 此本及閩、監本「牽」誤「率」，今據宋本、余本、嘉靖本、毛本訂正。

469 助持之也 宋本「持」誤「特」。 ×

470 慱碩肥腯 宋本下有「也」字。諸本「慱」作「博」，從十，疏中同。

471 此經據正祭時 毛本「時」誤「特」。 ×

472 季梁止之曰天方授楚 毛本「梁」誤「良」，「止」誤「正」。閩、監本「方」誤「子」。

03—473 謂民力之普存 惠校本下有「也」，此脱。

校記

❶ 南昌本出文「鄶」作「鄒」，校語作「補，閩本鄒作鄶，是也。監、毛本作鄫，亦誤」。

❷ 南昌本「斂材」作「斂財」。

❸ 南昌本「周牧敦」作「周物敦」。

❹ 南昌本○後校語「癈疾」作「疾疾」。

❺ 南昌本「毛本排匀」作「毛本無上獄字」。

周禮注疏校勘記卷四

04—001 周禮卷第四　宋本周禮疏卷第十四，十行本仍卷第十三。×

地官司徒下❶

載師

002 以物地事者　毛本「地」誤「色」。×

003 使出賦貢　毛本「出」誤「其」。×

004 故因民九職以制貢　毛本「以」字誤倒「九職」上。

005 故云厥賦唯上上之等也　惠校本「云」作「名」，「名」蓋「言」之誤。

006 故鄭以地職中兼見衡虞之守也　毛本「見」誤「有」。×

007 以家邑之田任稍地　説文：「䣊，國甸，大夫稍稍所食邑。从邑，肖聲。周禮曰『任䣊地』，在天子三百里之内。」案，許君以「稍稍」訓「削」，則「稍地」字當以從邑作「䣊」爲正，「稍」其義訓也。

008 郊或爲蒿　毛本「蒿」誤「高」。×

009 稍或作削　漢讀考云：「説文邑部引周禮『任䣊地』，疑『削』即『䣊』之訛。大宰『家削之賦』音義云『本又作䣊』。」

010 禮讀爲廛　閩、監本同，誤也。宋本、余本、嘉靖本、毛本皆作「壇讀爲廛」，當訂正。

011 城中空地未有宅者　監本「地」誤「田」。×

012 若今云邑里居矣　岳本、嘉靖本作「邑居里」。案，當作「若今云邑居矣」，「里」衍文，下云

「民之邑居在都城者」可證。

013 圭田五十晦　宋本「晦」作「畝」，下「田百晦」同。案，注多用「晦」字，不當岐出。

014 二百里三百里其上大夫如州長四百里五百里其下大夫如縣正　宋本、閩、監、毛本同。嘉靖本無「上」、「下」二字。惠挍本亦無此二字，云據諸家本無此二字，宋本亦無，獨萬卷堂本有。案，賈疏引注云「二百里三百里其大夫如州長，四百里五百里其大夫如縣正」，亦無「上」、「下」二字。今本蓋據下疏云「其尊卑如州長中大夫」，「其尊卑如縣正下大夫」，遂妄增。

015 受田邑者　岳本「受」作「授」，誤。

016 取正於是耳　宋本、岳本、嘉靖本同。閩、監、毛本「耳」改「爾」，非。案，賈疏引注亦作「耳」。

017 而遂人職授民田　諸本同。賈疏引注亦作「而」。惠挍本作「如遂人」，云余本仍作「而」。

018 餘六百萬夫　宋本「萬」作「万」，下並同。

019 亦以口受田如比　宋本、余本、岳本同，與漢書合。嘉靖本、閩、監、毛本「比」作「此」，誤。釋文「如比，徐方二反」，疏云「如正夫之比類」可證。

020 如此則士工商以事入在官　諸本同。浦鏜云「此」亦當作「比」，非。賈疏亦作「如此」，文屬下。

021 十萬五千家爲六遂　閩、監本同，誤也。宋本、余本、嘉靖本、毛本皆作「七萬」，當據以訂正，疏引注亦作「七」。

022 餘地既九等之人所受以爲公邑也　浦鏜云「既」當「即」字訛。

023 故破從仕宦之仕　閩、監、毛本「宦」作「官」，誤。上云「仕宦得田」可證。

024 自百里外至五百里畿　監本「自」誤「目」。×

025 兄言弟者皆王之同母弟　浦鏜云「凡」誤「兄」。

026 而遂人職受民田　惠校本「受」作「授」，此誤。

027 聲解之也　惠校本同。「聲」字疑誤，閩、監、毛本改作「并」。

028 故云積百同　毛本「云」誤「五」。×

029 六鄉故七萬五千家　毛本「千」誤「十」。×

030 鄭意九者未畢各整萬家　閩、監本同，誤也。毛本「畢」作「必」，當據正。

031 餘壯亦如之　惠校本作「餘夫」，此誤。

032 四民陳力受職　毛本「受」誤「授」。×

033 亦以口受田如比又云　閩本同。監、毛本「比」作「此」，非。

034 則三分所去六不存一　閩、監、毛本同。浦鏜云「而」訛「不」。

035 萊易家二百畝　閩本同。監、毛本作「一易」。

036 以六家受十三夫　毛本「夫」誤「大」。×

037 鄭揔計畿内遠郊之外訖　惠校本「鄭」下有「既」。

038 六遂餘地無九等　惠校本「地」下有「既」。

039 山林雜有　惠校本作「徧有」。

040 唯其漆林之征　唐石經、諸本同。釋文：「桼林，本又作『漆』。」漢讀考云：「經當作『桼林』，注當作『故書桼林爲漆林，杜子春云當爲桼林』。」

041 任地謂任土地　閩、監本誤「任也」。×

042 當爲桼林　閩、監、毛本同。宋本、余本、岳本、嘉靖本作「漆林」。

043 周稅輕近而重遠　宋本、余本、嘉靖本同。閩、監、毛本「周」誤「國」。×

044 而畺場有瓜　釋文「畺場，音亦」，諸本「場」多誤「埸」。

045 此經言出稅多少不同之事　此本「出」誤「也」，今據惠校本訂正。閩、監、毛本改「也」爲「地」。

046 給公吏使役多　閩、監、毛本改「公家」。

047 則五畝之宅在國中　宋本作「園中」，此誤。

048 五晦之宅　閩本同。監、毛本「晦」改「畝」，閭師疏同。

049 近郊十二稅一　惠校本「二」作「而」，此誤。

050 其調均之而是　閩、監、毛本「是」作「足」，非。

051 漢無受田之法　監本「田」誤「曰」。×

052 不通相倍從而上中下也　惠校本「從」作「蓰」，此誤。疑「而」下脱「云」，「也」當衍。○按，莊述祖云無「也」，見其所集異義。

053 謂不樹桑麻也　宋本脱「麻」。

054 五畞之宅　宋本、閩本、監本、毛本同。余本、岳本、嘉靖本「畞」作「晦」，下同。×

055 以共吉凶二服及喪器也　宋本、岳本、

嘉靖本同。閩、監、毛本「共」誤「其」。×

056 罰以三家之稅粟　閩本同。監、毛本「家」作「夫」。

057 先鄭云不毛者　毛本「鄭」誤「農」。×

058 以幣錦二端　閩、監、毛本改「二兩」。

059 總謂如租稯之稯　浦鏜云「讀」誤「謂」。

060 閭師徵斂六鄉之賦貢　毛本「鄉」誤「卿」。×

061 亦可斂之　閩、監、毛本「斂」改「徵」。

閭師

062 云賦謂九賦者案下又陳貢　浦鏜云「謂九賦」下當脱「及九貢」三字。毛本「又」誤「文」，此本及閩、監本皆作「又」。

063 故八材飭治以爲器物　惠挍本「故」作「但」。

064 以山澤山貢不同　浦鏜云「山貢」當「所貢」之誤。

065 其異如何　漢制考作「何如」。

066 皆所以恥不勉　毛本「勉」誤「免」。×

縣師

067 善言近　宋本「近」下有「之」，當衍。

068 六畜馬牛羊豕犬雞　毛本同。閩、監本「雞」作「鷄」。×

069 古者亦三年一大案且戶口　毛本「者」誤「云」。惠挍本「且」作「比」，此誤。

070 是萊謂草萊之萊　惠挍本作「之地」，此誤。

071 是萊爲草萊汚穢之稱也　惠挍本作

「汚惡」。毛本「爲」作「是」，「汚穢」倒。

072 制其地域 惠校本同。閩、監、毛本「域」誤「或」。×

073 受法於司馬者 宋本、余本、嘉靖本同。閩、監、毛本「法」作「灋」，非。×

074 有戒有此數事 惠校本無「有戒」二字，此衍。閩、監、毛本改作「者謂」。○按，「者謂」是也，疏摘經文「之戒」二字而發明之。

075 王載大常已下 毛本「下」誤「干」。×

076 域即疆域大小是也 惠校本無上「域」。

077 若徵野之賦貢 惠校本「徵」作「斂」，此依經改，非。○按，毛本作「徵」。

遺人

078 艱阸猶困乏也 宋本、岳本、嘉靖本同。閩、監、毛本「艱」作「囏」，下同。按，此亦段玉裁經用古字，注用今字之證。

079 故書艱阸作墐阸 釋文作「墐，音艱，又音謹」。宋本、閩、監、毛本作「墐」，岳本、嘉靖本作「槿」，宋本載音義作「僅」，皆非。

080 寄當爲羇 毛本云「當作羇」，失其舊。

081 闕十二闕門 惠校本「十」上有「謂」，此脱。

082 便欲以待賓客也 惠校本、閩本同。監、毛本「便」改「使」，非。×

083 若穀不熟 浦鏜云「足」誤「熟」。

084 謂道路之委積 毛本「謂」誤「委」。×

085 廬若今野候徙有庌也 閩、監、毛本同，誤也。宋本、岳本、嘉靖本「徙」作「徒」，當據以訂正，漢制考亦引作「徒」，疏中同。

086 凡委至頒之　閩、監、毛本「委」下衍「積」。×

附釋音周禮注疏卷第十四

均人

087 並是力征之稅　惠校本作「力之征稅」。

088 易坤爲均　監本「坤」字空闕。

089 恤其乏困也　宋本作「困乏」。

090 凶謂年穀不孰　閩、監、毛本「孰」改「熟」。×

師氏

091 宋本周禮疏卷第十五

092 冬温夏清　監本「清」誤「清」，今據毛本正。此本及閩本皆缺一頁。

093 釋曰云德行内外之稱　監本倒作「外内」，今據毛本正。

094 考朕昭子刑　監、毛本「子」誤「予」，今訂正。

095 非自然長生之道　毛本「自」誤「是」。×

096 德有無上　閩本同。監、毛本「有」改「大」，非。×

097 同於天地　監本「天」誤「大」。×

098 故書中爲得杜子春云當爲得　九經古義云：「三蒼『中，得也』，封禪書『康后與王不相中』，周勃傳『勃子勝之尚公主，不相中』，皆訓爲『得』。呂覽『禹爲司空，以通水潦，顏色黎黑，步不相過，竅氣不通，以中帝心』，高誘曰『中，猶得』，然則『中失』猶『得失』，故鄭用杜説而不改字。」

099 謂得禮者　惠校本「謂」上有「得」，此脱。

100 即上國之子弟言游者　閩、監、毛本「游」作「遊」，下並同。此惟「國之貴遊子弟」作「遊」，蓋淺人所改。賈疏蓋本作「貴游子弟」，與唐石經不同。〇按，「游」爲正字，「遊」爲俗字。

101 使此人帥四夷之隸　惠校本、閩本同。監、毛本「帥」改「率」。

保氏

102 白矢参連剡注襄尺　釋文：「襄，音讓，本作『讓』。」禮説云：「廣韻『白矢』作『白勻』，『襄尺』作『讓尺』，『参連』作『参遠』。賈疏云『臣與君射，不與君並立，襄君一尺而退』，則『襄』讀爲『讓』。新序云『左把彈，右攝丸，定操持，審参連』。吳越春秋云『射之道，從分望敵，合以参連』。『連』誤爲『遠』，失其義矣。」

103 過君表　諸本同。浦鏜云「軍」誤「君」，疏同。

104 六書象形會意轉注　宋本、余本、岳本、嘉靖本、閩本同。監、毛本「注」改「註」，非，疏中同。釋文上「剡注」字出音云「下同」。

105 贏不足旁要　諸本同。漢制考「贏」作「嬴」。

古多用通借字。

106 今有重差夕桀句股也　諸本同。釋文：「夕桀，沈祥易反。此二字非鄭注。」經義雜記曰：「疏云『馬氏注以爲今有重差、夕桀。夕桀，亦筭術之名，與鄭異。今九章以句股替旁要』，禮記少儀正義引此注云『今有重差、句股』，『馬融、干寶等更云今有夕桀』，未知所出，據此知鄭注本云『今有重差、句股』，馬、干注云『今有重差、夕桀』。鄭有『句股』無『夕桀』，馬、干有『夕桀』無『句股』。沈重、陸德明本則與馬、干同，故皆爲『夕桀』作音。釋文云『此二字非鄭注』，是宋以來校者之辭，非陸語，蓋後人據賈疏本以挍釋文而附著之。今注疏中『句股』上有『夕桀』二字，又後人據釋文所加。困學紀聞所據本已如是。」

107 闟闟仰仰　釋文：「仰仰，本又作『卬』，五剛反。」　×

108 齊齊皇皇　釋文作「濟濟皇皇」。　×

109 擊則不得入　閩、監本同，誤也。毛本「擊」作「毄」，當據以訂正。

110 御毄者不得入　毛本同。閩、監本「毄」誤「擊」。

111 逆驅禽獸　監本「獸」誤「戰」。×

112 建類一首　此本及閩本脱「建」，據監、毛本補。

113 闕闠衡衘之類　閩本同。監、毛本「闕」改「闤」。

114 多以蒼頡爲黄帝史　閩本同。監、毛本「黄」誤「皇」。×

115 云九數者方田已下　惠校本、閩本同。監、毛本「已」改「以」。

司諫

116 辨其能而可任於國事者　此本及閩本「辨」誤「辦」，今據唐石經、諸本訂正，疏中此本及閩、監、毛本皆誤。

司救

117 衺惡謂侮慢長老　釋文出經「之衺」二大字，云「似嗟反，注作邪，同」，此經作古「衺」字，注作今「邪」字之明證。今本皆依經改作「衺」矣，下文「亦由衺惡」同。

118 孔注尚書曰　惠校本「曰」作「云」。

119 使事官之作也　閩、監本同。宋本、嘉靖本、毛本皆云「使事官作之也」，此誤倒，當據以訂正，疏中不誤。

120 但冠尊不居肉袒之體　閩本同。監、毛本「但」改「使」，非。×

121 知書其罪狀以其稱明刑　閩本同。監本「狀」下剜增「者」字，毛本遂排入。○按，有「者」字是。

122 三罰而歸於圜土　閩、監、毛本同。唐石經、宋本、余本、嘉靖本「於」作「于」，當據正。

123 晝曰任之以事而收之　宋本、余本、嘉靖本、毛本同。此本及閩、監本「晝」誤「書」，今訂正，監本疏中不誤。

124 施惠賙恤之　監本「恤」作「賉」，訛，疏中同。

調人

125 左氏文七年傳云　毛本「云」改「曰」，非。×

126 雖以會赦　浦鏜云「以」當「已」字誤。

127 比父亦辟之海外　此本「亦」字剜擠，閩、監、毛本排入。

128 可以王法縱不討乎　監本「乎」誤「平」。×

129 玄已年老昏旄　閩本同。監、毛本「旄」改「耄」。○按，「耄」是也，唐人作疏不當用古文假借字。

130 故今明之　閩本同。監、毛本「明」改「辨」。

131 餘皆放此　監本「此」誤「比」。×

132 寢苦枕干　毛本「干」誤「于」。×

133 故逆之海外　浦鏜云「逆」當「避」字誤。

134 玉節之剡圭也　按，「剡圭」字當依典瑞、玉人作「玉圭」，此非經用古字，注用今字之例，直是僞字耳，下「王以剡圭」同。

135 是違王命之大　閩本同。監、毛本「大」改「人」，非。×

136 鄭知瑞節是玉圭者　閩本同。監、毛本依注「玉」改「剡」，非。賈疏蓋本用「玉」字，下並同。○按，疏内三「剡」字皆當作「玉」，疏當引典瑞云「玉圭以易行，以除慝」，而誤云「玉圭以和難」，考典瑞但有「穀圭以和難」之文。

137 鄭又知使調人執瑞節　監本「執」誤「報」。

138 此王法知之　閩本同。監、毛本作「治之」。

139 辨本也　余本、閩本同。宋本、監、毛本、嘉靖本「辨」皆作「辯」。

140 猶令二千石以令解仇怨　閩、監本同，誤也。宋本、余本、嘉靖本、毛本作「猶今」，當訂正。

媒氏

141 天地相丞覆之數也　閩本同。諸本「丞」皆作「承」，疏中同。

142 參天兩地而奇數焉　釋文：「奇，本作倚。」案，釋曰「就奇數之中，天三度生，地二度生，象天三覆地二」，則作「倚」非也。

143 不聘之者　宋本、嘉靖本「聘」作「娉」。

144 媒氏以男女既有未成昏之藉　浦鏜云「籍」誤「藉」。

145 伯姬歸于紀　閩本同。監、毛本「于」作「於」，非。

146 然則三十之男二十之女中春之月者　浦鏜云「中春之月」四字疑衍文。

147 中男三十而娶　經義雜記曰：「『中』下脱『古』字，據大戴禮記補。」

148 經有夫婦之長殤　通典嘉禮四引作「夫姊之長殤」，此作「婦」，訛，當據正。○按，喪

服經「緦麻」章有「爲夫之姑姊妹之長殤」，引
之者謂「三十而娶」，則不當有「姊」也。

149 以感時而親迎　經義雜記作「以昏時」，
云「感」字誤。

150 秋班時位也　經義雜記作「春班爵位」，
云「舊作『秋班時位』，誤也。家語作『春頒爵
位』，東門之楊正義所引同」。

151 熠燿其羽　監本「燿」誤「熠」，下同。

152 夏小正曰二月冠子嫁女娶妻之時
經義雜記云：「『曰』字疑衍。今夏小正無『嫁
女』，『娶妻』作『娶婦』。」

153 此淫奔之詩　惠校本「詩」作「時」，此誤。

154 鄭説之五爻辰在卯　通典嘉禮四引作
「舊説六五爻辰在卯」，此誤。

155 在塗見采鼈者　閩本同。監、毛本「鼈」
改「蕨」，非。

156 舊詩云　經義雜記作「舊説云」，此誤。

157 尚及冰未定納　經義雜記作「及冰未
泮」，此脱「泮」字。

158 故管子篇時令云　經義雜記曰：「當作
『時令篇云』，今管子闕。」

159 且仲春爲有期之言秋冬春三時嫁
娶　經義雜記曰：「當作『無仲春爲期盡之
言又春秋四時嫁娶』。」毛本改作「有譏之言」，
誤甚。

160 何自違也家語冬合男女窮天數之
語　經義雜記曰：「『也』字當在『之語』下。」

161 故戒文王能使男女得及其時　經
義雜記曰：「『戒』當作『嘉』。」

162 感事而出　經義雜記作「感事而悲」，此

誤。

163 娶得用非中春之月　宋本、余本、嘉靖本、毛本同。閩、監本「中」改「仲」，非，疏中仍作「中春」。

164 此純帛及祭義蠶事以爲純服故論語云　此本「及」字剜改作「交」，閩、監、毛本承其誤，今據惠校本訂正。浦鏜云「故」當「又」之誤。

165 木八爲金九妻　閩、監、毛本「木」誤「水」。

166 依士禮用玄纁　惠挍本作「依此禮」，此作「士」，誤。

167 士司寇之屬　宋本下有「也」。　×

168 不可埽也　余本、嘉靖本同。閩、監、毛本「埽」作「掃」，非。

169 謂若詩之中冓以觸法也　監本「詩」誤「謂」。　×

170 於小棠之下　閩本同。監、毛本改「甘棠」，非。

171 赦宥者媒氏聽之　惠挍本「赦」上有「在」，此脱。

司市

172 教即此下文以次敘分地之等　監本「文」誤「又」。　×

173 不相雜亂也　毛本同。閩、監本「雜」誤「離」。　×

174 彼云次與敘下　惠挍本作「彼文」，此誤。

175 故并思次同名爲次　案，「思次」當爲「思介」。

176 明賈者在市而居賣物者也　此本「者」字實缺，據惠挍本補。閩、監、毛本作「則」，非。

177 由此二等之人　此本「之人」二字實缺，據惠挍本補。閩、監、毛本作「商賈」，非。

178 物有定賈　岳本、嘉靖本、閩本同。宋本、監、毛本「賈」作「價」，俗字。疏中監本作「賈」，毛本作「價」。

179 量以量穀粱之等　浦鏜云「粱」誤「梁」。

180 以賈民禁僞而除詐　葉鈔釋文「賈氏，劉音嫁，聶、沈音古」，注「賈氏」同。

181 刑罰憲徇扑　宋本作「憲徇朴」，監、毛本「徇」作「狥」，非。○按，「扑」是，「朴」非。攴之隸變爲「扑」，「扌」即「又」也。「扑」訓擊，因而名擊之之物曰「扑」。凡經典「扑」改「朴」者，非。

182 以泉府同貨而斂賖　唐石經、宋本、余本、嘉靖本、閩本同。監、毛本「賖」改「賒」，俗字，注及疏準此。○按，賖从貝，余聲，余上从入。

183 掌於市之罰布之等藏之　浦鏜云：「以」誤「於」，「征」誤「罰」。

184 則貰予之　毛本同。閩、監本「予」改「與」。

185 日𠩄而市　唐石經、諸本同。釋文：「𠩄，本又作『昃』。」案，此本疏中作「日昃」。

186 日𠩄昳中也　諸本同。案，大司徒注云「日昳景乃中」，此「昳」當作「昳」。賈疏云「𠩄者，傾側之義。昳者，差跌之言」，今諸本俱誤爲「差昳」矣。○按，「昳」、「昳」二字上正下俗。大司徒注作「昳」可證。

187 而先言日昃者　閩本同。監、毛本「昃」改「𠩄」。

188 百族或在城内　毛本「内」誤「由」。

189 資若冬資絺夏資緜之類　閩、監、毛本改「冬資綿夏資絺」，誤甚。

190 欲見此百姓異於秋官司寇戒於百族　惠校本「百姓」作「百族」，此誤。

191 奠讀爲定整勑會者　宋本「定」下空缺一字。此本疏中「勑」作「敉」。

192 以長丈二因剋丈尺　閩本同。監、毛本「剋」作「刻」。

193 鄭以爲平成市整敉會者　閩、監、毛本「敉」改「敕」，非。

194 期決於市也　宋本、嘉靖本同。閩、監、毛本「於」改「于」。

195 考實諸泉入　閩、監本「考」誤「者」。

196 何得各有地之敍乎　浦鏜云「有」當「於」字誤。

197 謂物行苦者　閩、監、毛本同。宋本、岳本、嘉靖本「苦」作「沽」。

198 抑其賈以卻之也　監、毛本「卻」誤「郤」。

199 釋曰云使有使皁者　閩、監、毛本脱「釋曰」。

200 如今斗檢封矣　諸本同。毛本「檢」改「撿」，非。

201 因云物貴者　浦鏜云「因云」字當誤倒。

202 布帛精麄不中數　岳本、嘉靖本「麄」作「麤」。○按，从三鹿者正字也，作「麄」者俗字也。

203 幅廣狹不中量　釋文作「廣夾」。

204 果實未孰　余本、嘉靖本同。閩、監、毛本「孰」作「熟」。

205 乘車之輪崇六尺六寸　浦鏜云「兵」訛「乘」字。按，浦鏜誤，疏固兼引考工記「兵車乘車之輪皆崇六尺六寸矣」。

206 成出革車一乘出於民間　閩、監、毛本「成」誤「或」。監本「間」誤「開」。

207 徇舉以示其地之衆也　毛本「示」誤「下」。×

208 故書附爲柎　宋本、余本、嘉靖本、毛本同。閩、監本「柎」作「祔」，宋本載音義亦作「柎」。

209 足得互見王已下過市　毛本同。閩、監本「足」作「是」，誤。

附釋音周禮注疏卷第十五

質人

210 會謂古人會聚買賣　閩本同。監、毛本作「市」，是也。

211 止爲平物而來　毛本「來」誤「成」。×

212 此知人民奴婢也者　浦鏜云「此知」二字當誤倒。案，「人民」下當脱「爲」。

213 質劑月平賈也　余本、嘉靖本、閩、監本同。毛本「也」誤「丸」，宋本、岳本無「也」。

214 淳當爲純　九經古義云：「經『淳制』管子作『綧制』。制分篇云『衡石一稱，斗斛一量，丈尺一綧制，戈兵一度』。」○按，「綧」字不見於説文，未可從也。

215 云其券之象書兩札刻其側者　毛本同。閩、監本「札」改「劄」。○按，此可證宋人用「劄」爲「札」。

216 邦國朞　唐石經諸本同。釋文：「國基如字，本或作『朞』，同。」案，儀禮士虞禮注云「古文朞皆作基」，周禮古文與儀禮正同，此當從陸本。○按，近人以朞年字别於期會，直是俗字，然自廣韻已如此分別矣。凡經典如此分別者，非也。

廛人

217 掌斂市絘布總布　唐石經、宋本、嘉靖本同。閩、監、毛本「總」改「緫」，非，注及疏同。釋文：「絘布，音次，本或作『次』。」案，經當作「絘」，注當作「次」。

218 總讀如租稯之稯　漢讀考云：「『租稯』當是『組總』之訛，見巾車職。」

219 質布者質人之所罰　余本、閩、監、毛本同。宋本、岳本、嘉靖本無「之」。案，賈疏引注亦無「之」字，有者衍文。

220 人有置物於中　閩本同。監、毛本「於」改「于」。

221 謂貨物𡨦藏於市中　釋文：「諸本作『貯』，又作『褚』。藏，劉本作『葬』。」案，「葬也」者，藏也，故以「𡨦葬」釋「藏」。○按，「𡨦」从宁，者聲，宁之或字也。宁者，辨積物也。

222 久則將瘦臞腐敗　釋文：「瘦，本又作『膄』，臞，其俱反，又作『臞』，音稍。」案，賈疏本作「瘦臞」。○按，「臞」之義在考工梓人。

223 引孟子市廛而不征者　毛本「征」誤「市」。

224 云久則將瘦臞腐敗者　閩本同。監、毛本「臞」改「臞」，非，下同。

胥師

225 憲長縣之　余本同，誤也。宋本、嘉靖本、閩、監、毛本「長」作「表」，當據正。

226 謂司當時設禁令　閩本同。監本「司」上剜擠「市」字，毛本遂排入。

227 此止當職　宋本「當」字缺。浦鏜云「止」蓋「正」之誤。

賈師

228 謂官有所斥令賣　余本、閩、監、毛本同。宋本、岳本、嘉靖本無「令」字。案，賈疏引注云「謂官有所斥賣」，則有「令」者衍文。

肆長

229 掌其戒禁　唐石經、宋本、余本、嘉靖本、毛本同。閩、監本「禁」作「令」，非。石經考文提要云：宋本九經，宋纂圖互注本，宋附釋音本，余仁仲本皆作「禁」。

泉府

230 貨之滯於民用者　漢讀考「於」作「于」。

231 物楬而書之物物爲揃　嘉靖本、閩本「楬」作「揭」，毛本「揃」作「㮁」，皆訛。

232 玄謂抵實柢字柢本也　宋本「柢」皆作「抵」，誤。監本上「柢」誤「抵」。

233 主有司是也　余本、閩、監、毛本同。宋本、嘉靖本無「也」。案，此本疏標起止云「注故書」至「司是」，則賈疏本無「也」，有者衍文。

234 注故書至司是　閩、監、毛本因注中衍「也」字，因改此作「故書至是也」。

235 云主有司是也　浦鏜云「云」上當脱「故」。

236 凡賒者　監、毛本「賒」改「賒」，注及疏同。

237 及其徵科　閩、監本同。毛本「科」改「利」，非。　×

238 凡國事之財用取具焉　唐石經、宋本、嘉靖本、毛本同。監本「國事」倒作「事國」。此本及閩本脱「事」字，今補正。

239 凡國至其餘　閩、毛本同。監本「國」改「事」。

240 興作用財物者　毛本「興」誤「與」。　×

司門

241 **鍵讀爲蹇** 漢讀考云：「經本作『蹇』，注本作『蹇，讀爲鍵』。此以注改經，復以經改注之一也。」案，此易「蹇」爲「鍵」，故下云「鍵謂牡」。賈疏云「先鄭讀爲蹇者，欲取其蹇澁之意」，然則唐初本已誤。

242 **欲取其蹇澁之意** 閩本同。監、毛本「澁」作「澀」。

243 **管籥搏鍵器是也** 毛本「搏」誤「博」。×

244 **衣服視占** 宋本、余本、嘉靖本、毛本同。閩、監本「占」改「瞻」，疏中同。按，作「瞻」非也，「視占」謂可占驗處。

245 **祭祀之牛牲繫焉** 唐石經、諸本同。釋文「繫」作「毄」，云「本又作『繫』」。案，古「繫」字多作「毄」，易繫辭本作「毄」。

246 **故左氏莊公二十五年** 閩、監、毛本作「左傳」。

司關

247 **參相聯以檢猾商** 賈疏引注作「參相連以檢猾商」，注當本用「連」，此改「聯」，非。宋本「檢」作「撿」，此本疏中「檢」、「撿」錯出。

248 **關下亦有邸客舍** 諸本同。段玉裁云當作「舍客」，謂以邸舍客也。

249 **二事雙言也** 惠挍本「二」作「一」，此誤。

250 **此關亦有邸舍** 惠挍本「關」下有「旁」，此脫。

251 **授節節者即授傳與之** 監本剜去一「節」字，此衍。

252 **凶謂凶年饑荒也** 宋本、嘉靖本「饑」作「飢」，非。

253 **猶苛察不得令姦人出入** 釋文「苛，呼多反，又音『何』」，「姦」作「姧」。嘉靖本「猶」誤

「循」。案，「苛」蓋本作「荷」，謂呵問審察也。○按，古呵問字或作「苛」，或作「荷」，此作「苛」不誤。

254 敂關猶謁關人也　宋本、嘉靖本「敂」作「叩」。案，賈疏引注作「叩關」，是注本用「叩」字，此仍依經改「敂」，非。○按，「叩」乃俗字，古衹作「敂」，不當云經「敂」注「叩」也。

255 猶聘禮關人也　惠校本「禮」下有「謁」。

256 候不出疆　閩本同。監、毛本「候」誤「侯」。　×

257 敵國賓至關關尹以告　惠校本無上「關」，此衍。

258 則此經司關爲之告一也　惠校本無「一」。

259 謂有王命　毛本「有」誤「主」。　×

掌節

260 此一經論王國之節　監本「論」誤「綸」。　×

261 守邦國者用玉節　説文卪部作「守國者用玉卪」，云「卪象相合之形」。

262 玉節之制如王爲之以命數爲小大　此本「王」誤「土」，嘉靖本誤「玉」，今據諸本訂正。通典七十五引作「以命數爲大小」。浦鏜改作「以玉爲之」，云據儀禮經傳通解挍。案，賈疏云「以邦國與王同稱玉節，亦皆以玉爲之。以其諸侯國內亦有徵守、好難、起軍旅之等，故知與王同」，然則注正作「如王」。浦鏜輕據他書竄改，誤甚。

263 可以約王之玉節　惠校本無「以」，此衍。

264 凡邦國之使節山國用虎節土國用人節澤國用龍節　説文卪部云「使山邦者用虎卪，土邦者用人卪，澤邦者用龍卪」，「國」字皆作「邦」，爲異。

265 謂以函器盛此節　宋本、嘉靖本同。閩、監、毛本「函」作「凾」，非，下同。

266 入由門者司門爲之節由關者司關爲之節　宋本「司門爲之節」下有「也入」二字，「司關爲之節」下有「也故」二字，並衍。

267 其以徵令及家徒　余本同，誤也。宋本、嘉靖本、閩、監、毛本皆作「家徙」，當訂正。案，賈疏引注作「家徙」，又引比長「若徙於他，則爲之旌節而行之」以證。

268 非門關之官不可輒授　監本「輒」訛「輙」，下同。

269 謂司市也者　毛本「司」誤「主」。

270 云道路者主治五溝五涂之官謂鄉遂大夫也謂　浦鏜云下「謂」當作「者」。

271 若宅在國城中先由則司門授之節　閩本「則」改「門」，監、毛本承之。案，「則」上當有「門」字，惠校本「門則」二字並有。

272 鐫刻篆書　閩、監、毛本「鐫」作「鎸」。

遂人

273 此野謂甸稍縣都　宋本、余本、岳本、嘉靖本同。閩、監、毛本「謂」誤「爲」，下節注「皆謂制分界也」同。

274 即造縣鄙已下是也　閩、監、毛本「縣」作「都」，非。

275 五家已下有六等　閩、監、毛本「已」改「以」。

276 田百晦也　閩、監、毛本「晦」改「畝」。

277 言比五則經中言五皆是也　浦鏜云「比伍」誤「比五」。

278 上地有萊有萊　盧文弨曰下「有萊」疑衍。

279 以下劑致甿　漢讀考云：「宋本周禮音義、詩衛風正義、白帖宋刻卷廿二、廿三引周禮『甿』皆作『氓』，知開成石經作『甿』，以氓爲亡民而改之也。」

280 以樂昏擾甿　宋本、余本、嘉靖本同。唐石經、閩、監、毛本「昏」作「昬」，注中準此。

281 以興耡利甿　說文耒部云：「耡，商人七十而耡。耡，耤稅也，从耒，助聲。周禮曰『以興耡利萌』。」案，鄭大夫注讀「耡」爲「藉」，與許君訓「耡」爲「耤」意同。❷

282 以疆子任甿　閩、監、毛本同，誤也。唐石經、宋本、余本、嘉靖本「疆」皆作「彊」，當訂正，注中同，釋文亦誤作「疆」，余本載音義作「彊」。❸

283 甿猶懵懵無知貌也　釋文：「懵懵，本又作『懞』。」宋本、嘉靖本「貌」作「皃」，此本疏中亦作「皃」。漢讀考云：「說文引周禮『以興耡利萌』。漢人謂民爲萌，注當云『變民言萌』，萌猶懵，艸木始生曰萌，故訓曰懵。若氓則毛傳、說文訓爲民也。」

284 詩云跱乃錢鎛　惠挍本同。閩、監、毛本「跱」作「庤」。

285 故云皆所饒遠　浦鏜云「所」下脫「以」。

286 十夫二鄰之田　毛本「鄰」改「隣」。此本誤「都」，今據諸本訂正。

287 所以通水於川也　毛本「於」改「于」。✕

288 澮廣二尋　余本、岳本同。賈疏引注亦作「澮廣二尋」，閩、監、毛本「澮」誤「溝」。✕

289 以南畝圖之　閩、監、毛本同。宋本作「而南畝圖之」，余本、岳本、嘉靖本「畝」皆作「晦」，此本疏中引注亦作「晦」，當訂正。

290 軌廣八尺　惠挍本作「九尺」。○按，惠棟誤也，軌無容九尺者。

291 環涂以爲諸侯經涂　惠挍本、閩本同。監、毛本「經」誤「徑」，下同。○按，毛本此二行三「經」字皆譌爲「徑」。

292 一成九百夫　惠挍本、閩本同。監、毛本「九」誤「凡」。

293 今經云以達于畿　閩本同。監、毛本「于」改「於」。

294 辨其老幼癈疾　監本「癈」誤「廢」，疏中同。

295 征役出士徒役　宋本「士」誤「土」。

296 以其文承老幼癈疾之下　監本「下」誤「不」。

297 案大司徒云令野脩道委積　毛本「野脩」誤倒。

298 及窆陳役　釋文作「及竁」，云「劉昌絹反，穿也，本作『窆』」。戚彼驗反。與注相應。案，陸從劉昌宗作「竁」，與注乖，當從戚衮本作「窆」，今本是也。

299 給墓上事及竁也　宋本「竁」誤「毳」。

300 春秋謂之堋　宋本「堋」作「倗」，載音義同。葉鈔釋文亦作「倗」。

遂師

301 施讀亦弛也　諸本同。案，「亦」下當脱「爲」，士均注云「施，讀亦爲弛也」可證。浦改作「施讀爲弛」，非。此承上遂人注「施讀爲弛」言之，故云「亦」。

302 謂周徧知其夫家六畜及田野之等任之　此本「之等」二字剜擠，閩、監、毛本遂排入。

303 皆聽其治訟也　閩、監、毛本脱「也」。

304 云地之宜晚早不同者　閩、監、毛本「晚早」誤倒。

305 此官主審其戒　閩、監、毛本「主」誤「王」。×

306 是式貢之餘財　惠校本同。閩、監、毛本「式」誤「民」。×

307 此經入玉府者　惠校本「經」作「徑」，此誤。

308 庀其委積　釋文作「庇其」，云又作「庀」。×

309 及窆抱磨　閩、監、毛本同，誤也。余本、嘉靖本「磨」作「磿」，注中同，當據正。葉鈔釋文「抱磿」，劉音歷」，通志堂本亦誤「磨」。困學紀聞云「遂師抱磿音歷，史記樂毅書『故鼎反乎磿室』，徐廣注『磿歷也』。戰國策、新序作『歷室』，蓋古字通用」。

310 帥以至墓也　宋本、余本、嘉靖本、毛本同。閩、監本「帥」誤「師」。×

311 禮記或作榑　余本、岳本、閩、監本同。釋文亦作「榑」，音市專反。宋本、嘉靖本誤作「搏」，毛本誤作「榑」。

312 謂祖廟中將行　惠校本「謂」下有「在」，此脱。

313 脱載除節　閩本同。監、毛本「節」作「飾」。○按，「飾」是。

314 或作摶　閩本同。監、毛本「摶」改「榑」，下「但爲摶者」同。案，宋本注作「搏」，當即「摶」之訛。❹

遂大夫❺

315 施讀亦爲弛　宋本「弛」作「弛」。

316 而言爲邑者　宋本「爲」作「其」，非。×

317 耒耜鎡基之屬　嘉靖本「鎡基」作「茲其」，

從金、從土蓋後人所加，此本疏中引注作「鎡其」。

318 審端徑術　諸本同。釋文亦出「徑術」二字。岳本「徑」作「經」，誤。

319 引遂人職云　惠校本「引」上有「即」，此脱。

320 敕之以職事　惠校本「敕」作「勅」，下節疏同。

321 案遂師云夫家衆寡　毛本「寡」誤「家」。×

縣正

322 趨其稼事　唐石經、諸本同。釋文作「趣其」，云「如字，本又作『趨』，音促」。×

323 云頒田里者　閩本同。監本「云」下剜擠「以」字，毛本遂排入。

324 夫一廛田百晦也　監本「晦」改「畝」。

酇長

325 亦有在其中也　惠校本「有」作「存」。×

326 受而行之也　余本、嘉靖本、閩、監本同。宋本、岳本無「也」，毛本「也」誤「者」。×

327 并稽考女功之事　惠校本「之」下有「等」。

里宰

328 趨其耕耨　毛本「耨」誤「耕」。

329 但文今不足故後鄭增其義也　閩、監、毛本「增」改「從」，「文今」疑誤。

鄰長

330 徙于他邑　嘉靖本「徙」誤「徒」。

附釋音周禮注疏卷第十六

旅師

331 案鄉大夫野自六尺　閩、監、毛本「鄉」

誤「卿」。

332 皆爲溝洫法　監本「法」作「灋」，非，下同。

333 云夫稅者百畮之稅　閩、監、毛本「畮」改「畝」。

334 而讀爲若　宋本「爲」誤「實」。

335 以質劑致民案入稅者名　毛本「以」誤「若」。宋本「名」誤「各」。

336 遷擬凶年振恤所輸入之人　閩本同。監、毛本「振」誤「賑」。浦鏜云「遷」當「還」之訛。○按，「振」正字，「賑」俗字。

337 即上文聚三等粟是也　監本「文」誤「又」。

338 於國事受園廛之田　閩、監、毛本「園」誤「圜」。

339 治謂有所求乞也　毛本「求」誤「不」。

340 自諸侯來徙家　閩本同。宋本、余本、嘉靖本、監、毛本「徙」下有「於」，賈疏引注同。

341 而又施惠散利　宋本、余本、嘉靖本同。閩、監、毛本「施惠」誤倒。

稍人

342 甸讀與惟禹陾之之陾同　宋本、嘉靖本同。閩、監、毛本「惟」改「維」。案，賈疏引注亦作「惟」。釋文作「甸，讀禹陾之陾」。❻

343 云甸讀與惟禹陾之之陾同者　閩本同。監、毛本「者」誤「音」。

344 縣師受法於司馬　宋本、余本、嘉靖本同。閩、監、毛本「法」改「灋」，下及疏並同。

345 帥之以致於司馬也　宋本「致」誤「至」。

346 同徒司馬所調之同　賈疏、余本、嘉靖本同。閩、監、毛本「同徒」誤「司徒」。此本「調」誤「謂」，閩本先誤「謂」，後剜改作「調」，今訂正。

347 使勞逸遞焉　釋文：「遞，本又作『適』。」×

348 共文此稍人受法於縣師　惠校本作「共釋」。

349 委人　「委人職」當提行，此本誤連上「稍人職」，閩、監、毛本承之。❼

350 故鄭並言之　惠校本、閩本同。監、毛本「並」改「并」，非。

351 蠡者曰薪　宋本「蠡」作「麄」，此本疏中引注同。×

352 其兵器謂守衛陳兵之器也　嘉靖本「其」誤「共」。×

353 苑囿藩羅之材　賈疏、余本、嘉靖本同。閩、監、毛本「羅」作「蘿」，宋本作「苑圃藩蘿之材」。案，釋文作「藩蘿」，云「本亦作羅」。○按，依疏則「囿」是，「圃」非。

354 更無用木材之處　閩、監、毛本「材」誤「者」。×

355 有芻薪在野外　閩、監、毛本「芻薪」誤倒。×

356 其文承野委之下　閩、監、毛本「其」誤「兵」。×

357 云野囿之財用者　閩、監、毛本「財」改「材」。

358 上經稍聚待賓客據二百里　案，「二」當作「三」。

359 若然田在澤　閩、監、毛本「在」誤「有」。×

360 土均　閩、監、毛本誤連上委人職，不提行。

361 則小行人春令入貢者是也　毛本「入」誤「人」。×

362 不貢王市取美物　毛本「貢」誤「歲」。×

363 施讀爲弛也　岳本、閩本同。宋本、余本、嘉靖本、監、毛本「施讀」下有「亦」字，當據補，賈疏有申釋「亦」字之文。

364 理於萬物　賈疏、岳本、嘉靖本皆無「於」，有者衍文。案，禮器本無「於」字。

365 皆以地之美惡輕重者　閩、監、毛本「美」改「媺」，非，下並同。

366 故此云亦　閩、監、毛本「云」誤「文」。×

草人

367 以物地占其形色　毛本「占」誤「古」。×

368 凡糞種　唐石經、諸本同。釋文「糞」作「𡒄」，云「本亦作『糞』」。❽

369 勃壤用狐　唐石經、諸本同。閩、監、毛本「勃」作「勃」，訛。

370 彊檃用蕡　唐石經、宋本、余本、嘉靖本同。閩、監、毛本「彊」作「疆」，注及疏同。案，釋文、羣經音辨皆誤作「疆」，從土。宋本載音義作「彊」，不誤。釋文：「檃，本又作『𡑞』。」

371 輕爂用犬　唐石經、諸本同。釋文「爂」作「㸑」。○按，釋文是也，與篆體合。

372 强檃强堅者　宋本同。嘉靖本作「彊檃强堅者」。

373 墳壤多坌鼠也　諸本同。漢讀考作「坌壤」，云「司農依故書作『坌』，如其字解之，故云『多坌鼠』。今各本云『墳壤』，誤。鄭君則依今書作『墳』」。

374 玄謂墳壤潤解　宋本「潤」作「閏」。

375 故以縓赤當之也　浦鏜云「赤」當「色」字誤。

376 以槩爲監　段玉裁云「監」當作「㯳」。

377 以牛骨汁漬其種也　閩本同。監、毛本「漬」誤「清」。

378 則此壤不得專據白色解之故不從壤白色也　惠校本上「白色」作「色白」，監本下「白」誤「曰」。

稻人

379 以瀦畜水　余本、閩、監、毛本同。唐石經、宋本、嘉靖本「瀦」作「豬」，此本注及疏皆作「豬」。

380 以涉揚其芟作田　唐石經、宋本、余本、嘉靖本同。閩、監、毛本「揚」改「楊」，誤，注中同。

381 畜流水之陂也　毛本「陂」誤「波」。

382 夏以水殄草而芟夷之　宋本同。唐石經、余本、嘉靖本、閩、監、毛本「夷」作「薙」。釋文作「薙」，音夷。宋本注無。案，秋官薙氏經、注皆作「夷」。漢制考引此經「芟夷」注爲「夷」，皆與宋本同。

383 芟夷薀崇之　宋本、余本、嘉靖本、監、毛本同。岳本、閩本「薀」作「藴」，非。案釋文亦作「薀」。○按，「藴」者，「薀」之俗字。

384 今時謂禾下麦爲薙下麦　宋本、嘉靖本「薙」作「夷」。○按，唐石經、宋刻本凡「麦」字皆作「麦」，下从夂，今人作「麥」从夕，始於前明，不可不正。

385 云暵者旱之熱氣　閩、監、毛本「云」誤「者」。

土訓

386 若云荆揚地宜稻　余本、嘉靖本同。閩、監、毛本「揚」改「楊」。

387 幽并地宜麻　釋文：「麻如字，一本作『縻』。李及聶氏亡皮反。劉、沈皆作麋，音紀倫反，恐非。」漢讀考云：「以李、聶反語訂之，當云『一本作縻，或省作糜』，是以誤『糜』及『麋』也。」

388 並不言宜麻者　閩本同。監、毛本「並」作「并」，非。×

389 地慝若障蠱然也　余本、岳本、嘉靖本同。宋本、閩、監、毛本「障」改「瘴」，俗字，疏中同。

390 誦訓　閩、監、毛本誤連上文，不提行。

391 釋曰云掌道方志者　閩、監本脱「釋曰」。×

392 謂告王觀博古之事也　監、毛本同，誤也。當從閩本作「博古」。❾

393 僖三十二年　閩、監、毛本「二」誤「一」。×

394 並所識久遠之事　閩本同。監、毛本「並」改「并」。

395 不辟其忌　余本、岳本、嘉靖本同。閩、監、毛本「辟」作「避」，非。釋文音經「辟忌」，云「音避，注同」，可證注本作「辟」也。

山虞

396 謂其地之民　宋本「謂」誤「爲」。

397 厲遮列守之　禮説云：「厲，古列字。厲禁，玉藻所謂山澤列而不賦也。列山氏，一作厲山氏。詩『垂帶如厲』，左傳『鞶厲游纓』，康成皆訓『厲』爲『裂』。漢郊祀歌『泄萬里』，晉灼曰『泄，古列字，讀爲厲』。」○按，説文作「迾」，迾者，遮也。「列」、「厲」皆叚借字。

398 以時入之于玉府　監本「玉」誤「王」。×

399 玄謂陽木生山南者　監、毛本「陽」誤「楊」。×

400 堅濡調　釋文：「堅濡，戚如兖反。又音柔。」

案，據戚衮音如究反，則「濡」本作「耎」。考工記「需」字如究反，陸氏皆本戚音。又音「柔」，則仍「濡」字之音。

401 凡服耜　監、毛本「耜」誤「耜」，注及疏同。

402 季猶穉也　宋本、岳本「穉」作「稺」，下同。

403 尚柔忍也　岳本、嘉靖本「忍」作「刃」。案，疏中堅刃字作「刃」，釋文「柔忍，音刃」。

404 皆有鑿孔以軡子貫之　浦鏜云：「軫」訛「軡」，從集注挍。○按，「軡」字不誤，或妄改作「軫」，知其疏於車制矣。軡，車闌也。

405 不拘日也　釋文：「拘，本亦作『佝』。」×

406 場謂壇　惠挍本同。閩、監、毛本「壇」誤「禪」。×

407 田上樹旗　閩、監、毛本同，誤也。宋本、余本、嘉靖本「上」作「止」，當訂正。⑩

408 取禽左耳以效功也　余本、嘉靖本同。宋本、閩、監、毛本「效」作「効」，此本疏中亦作「効」。×

林衡

409 掌巡林麓之禁令　唐石經、諸本同。釋文「麓」作「𣘻」。案，序官釋文云：「麓，本亦作『𣘻』。」

410 以麓上有林　閩本同。監、毛本「上」誤「土」。×

411 民不盜竊　嘉靖本同。宋本、閩、監、毛本作「竊盜」。

412 法萬民入出時日之期　宋本、余本、嘉靖本同。閩、監、毛本「法」改「灋」，疏中同。×

川衡

413 申重戒勅之也　惠挍本同。閩、監、毛本「勅」改「飭」。

414 鄭此注皆據醢人及籩人而言　閩、

監、毛本「醢」誤「鹽」。

415 蜃蠯是蛤　閩、監、毛本「蜃」改「蜄」，失其舊。

澤虞

416 其具亦出澤水　監、毛本同，誤也，當從閩本作「其貝」。

417 芹茆蔆芡之屬　余本、嘉靖本同。釋文亦作「蔆」，閩、監、毛本作「蔆」，非。

418 故得注析羽　監、毛本「注」作「註」，疏中同。

迹人

419 故知掌邦田之地政　惠校本「知」作「云」。

420 以林木爲藩羅　惠校本「林」作「材」，此誤。

421 且害心多也　宋本同。嘉靖本、閩、監、毛本「心」作「必」，蓋「心」字誤。○按，「心」字是，此聖人教天下以仁心也，疏内正作「心」。

422 且害心多釋毒矢射者也　閩、毛本同。監本「心」誤「必」。

423 卝人　余本同。釋文、唐石經、諸本作「丱人」。

424 知鹹淡也　釋文「淡」作「啖」，云「本亦作『淡』」。

角人

425 故以時事言之也　監本「言之」誤倒。

426 以其齒骨並是角類　閩本同。監、毛本「並」改「并」，下同。

427 以當地税民益國之事者　此句當有脱誤。

428 以共財用　監本「財」誤「則」。

429 骨入漆浣者　釋文亦作「漆浣」，段玉裁云「浣」乃「垸」之譌，以桼和灰丸而髤也。

羽人

430 一羽有名　宋本、岳本、嘉靖本「羽」下有「則」字，此脱。⑪

431 一羽有名蓋失之矣者　惠挍本「羽」下有「則」。

掌葛

432 蕢紵之屬　監、毛本「蕢」譌「蕒」。

433 使知斤兩長短故也　惠挍本作「便知」。

434 掌染草　唐石經、葉鈔釋文「染」作「染」。

435 茅蒐橐蘆豕首紫茢之屬　余本、嘉靖本同。閩、監、毛本「橐」作「槖」，非。嘉靖本「首」誤「目」。

436 更有藍早象斗之等　閩、監、毛本「早」改「皁」，是也。⑫

437 掌荼　釋文、唐石經、諸本同。宋本「荼」作「茶」，非，注並同。

掌蜃

438 以蜃禦濕也　釋文作「御濕」，云「本亦作『禦』」。○按，漢人多用「御」爲「禦」。

439 云互物蜯蛤之屬者　惠挍本「蜯」作「蚌」，下同，毛本下作「蚌」。

440 此後鄭互物爲蚌蛤者　閩本同。監、毛本「蚌」作「蜯」。

441 已施蜃灰於椁下　閩、監、毛本「椁」作「槨」。

442 是成公二年　儀禮通解所載同。閩、監、毛本「二年」作「之時」，非。

443 飾祭器之屬也 宋本「飾」誤「飭」。

444 釋曰言白成 閩、監、毛本「成」改「盛」。

445 云今東萊用蛤謂之叉灰云者 閩本同。監、毛本「今」誤「令」。×

囿人

446 掌囿游之獸禁 唐石經、諸本同。岳本「游」改「遊」，注同。

447 注囿遊至之獸 閩、監、毛本「遊」作「游」，此本下並作「游」。

448 並是田獵之處 閩本同。監、毛本「並」作「并」。×

449 至於狐狸鳧鶴備焉 釋文：「鶴，戶各反，又作『鸖』，古亂反。」×

場人

450 蒲桃枇杷之屬 宋本、岳本、嘉靖本同。余本、閩、監、毛本「桃」改「萄」，非。

451 故並言之也 閩本同。監、毛本「並」作「并」。×

廩人

452 謂委人之職諸委積也 監、毛本「職」誤「識」。×

453 稍食祿廩 嘉靖本「廩」作「稟」，當據正，此本疏中引注亦作「祿稟」。

454 九曰好用之式是也 毛本「九」誤「式」。×

＊ 倍下士之類是也□□法有數名 補，「是也」下此本空缺二字。毛本補「廩」字。

455 必於歲之抄者是也 浦鏜云「杪」誤「抄」。

456 殺猶減也　毛本「減」誤「滅」。×

457 大祭祀則共其接盛　釋文：「則接，依注音扱。」案，陸本則「共其」二字爲衍。

458 接讀爲一扱再祭之扱　余本、嘉靖本「一」作「壹」，非。鄭於注中皆不用古字，釋文作「一扱」可證。

459 扱以授舂人舂之　毛本「扱」誤「圾」。監本「舂」誤「春」。×

460 當頒扱與舂人　惠校本「頒」作「須」，此誤。

461 舍人　此本誤連上職，不提行。⓭

462 士用粱　岳本「粱」作「稻」，非。監本「粱」誤「梁」。

463 此喪大記文　閩、監、毛本「文」誤「云」。×

464 貝三實于笲　閩、監、毛本「貝」誤「具」，下同。

465 煮于垼外　監本「于」誤「十」。×

倉人

466 鄭注引舊記　案，「記」當「説」之誤。

467 計九穀之數足國　惠校本下有「用」，此脱。

司禄

468 闕　困學紀聞云：「孟子『諸侯惡其害己也，而皆去其籍』，趙氏注『今周禮司禄之官無其職，是諸侯皆去之，故不復存』。」

司稼

469 凶荒則損　諸本同。浦鏜云大司徒職疏兩引皆作「儉有所殺」。

470 以凶荒所優饒民可也　此本及閩本

缺一頁，今據監、毛本互挍。漢制考「可」作「法」。

471 掌均萬民之食 監、毛本誤提行。⑭

472 賙稟其艱阨 嘉靖本同。宋本、岳本「稟」作「廩」，非。

舂人

473 齍盛謂黍稷稻粱之屬 釋文音經「其齍」，音資，注同，本亦作『粢』」。案，經作「齍」，注作「粢」，此當作「粢盛」。

474 饎人 嘉靖本作「饎人」，與序官合，余本「舂人」音義引此同，小宗伯注亦作「饎人」。

475 謂致飧饔 余本、岳本、嘉靖本同。監、毛本「飧」訛「飱」，今訂正。釋文「致飧」音孫。

476 槀人 監、毛本同。釋文、唐石經、宋本、余本作「槁人」，漢制考、困學紀聞所引同。岳本改作「犒人」，非。嘉靖本作「槀人」，與序官、唐石經合，是也。禮說云：「司農讀槀爲犒，蓋本書序槀飫篇。服虔曰『以師枯槁，故饋之飲食。潤澤謂之槁，猶存謂之徂，治謂之亂，故謂之今，古語皆然也』。小行人『國有師役，則令槁禬之』，大戴禮朝事儀亦作『槁』，古文也。兩傳皆作『犒』，似後人所改，而古無之，故説文不載。」⑮

477 不還須以食供之 漢制考「還」作「復」。

478 不於饎人言其 宋本、余本、監、毛本同，誤也。岳本、嘉靖本「其」作「者」，當據以訂正。

04—479 雖其潘灡戔餘不可褻也 釋文：「潘，本或作『蕃』。戔，本亦作『殘』。」嘉靖本「褻」作「褻」。

校記

❶ 南昌本有校語「唐石經、周禮卷第四，宋本、余本、嘉靖本同。宋本周禮疏卷第十四。閩、監、毛本仍卷

十三，與此本同」。

❷ 南昌本「末部」作「水部」。

❸ 南昌本「作疆」作「作彊」。

❹ 南昌本「榑」作「博」。

❺ 南昌本「夫」作「未」。

❻ 南昌本無「釋文作甸，讀禹敶之敶」。

❼ 南昌本下有「○今訂正」。

❽ 南昌本無「釋文糞作𡊅，云本亦作糞」。

❾ 南昌本出文「占」改「古」，校語作「監、毛本古誤占，當從閩本作博古。○今訂作「古」。

❿ 南昌本出文「上」改「止」，校語作「此本止作上，閩、監、毛本同，誤也，據宋本、嘉靖本訂正」。

⓫ 南昌本下有「疏同」。

⓬ 南昌本出文「早」改「阜」，校語作「此本誤早。閩、監、毛本改阜，是也。今依訂正」。

⓭ 南昌本下有「○今訂正」。

⓮ 南昌本下有「○今訂正」。

⓯ 南昌本下有「○今訂作「稾」。

周禮注疏校勘記卷五

周禮卷第五

附釋音周禮注疏卷第十七❶

05—001 春官宗伯第三　唐石經作「第五」，非。

002 吉凶賓軍嘉　諸本同。惠挍本作「軍賓」，云余本仍作「賓軍」。按，惠棟當據宋本疏作「軍賓」，小宗伯注「吉凶軍賓嘉亦本作賓軍嘉」。○按，依大宗伯職經文次第先「賓」後「軍」，則作「賓軍」是也。自蔡沈書注曰「五禮吉凶軍賓嘉也」，初學幼而熟誦，乃不省周禮本文矣。

003 汝作秩宗　余本、閩、監、毛本同。岳本、嘉靖本「汝」作「女」。釋文出「女秩」二字，則此注本云「女秩宗」也。

004 上下之神祇　余本同。嘉靖本、閩、監、毛本「祇」誤「祗」，疏及下同。 ×

005 躋僖公　釋文：「隮，本又作『躋』。」 ×

006 禮特牲曰宗人升自西階　監本、毛本「禮」誤「郊」。毛本「階」誤「皆」。

007 云禮謂曲禮五者　惠挍本「謂」作「是」。

008 云吉凶賓軍嘉其別三十有六者　惠挍本作「吉凶軍賓嘉」。○按，此本非也。

009 鄭義上云脩五禮　毛本「義」誤「儀」。 ×

010 五玉是諸侯所執五　惠挍本作「執玉」，此誤。 ×

011 自相以下娶於齊　浦鏜云「桓」誤「相」。 ×

012 可謂別職同官者也　浦鏜云「可」疑

「所」字誤。

013 **頒于職人** 惠校本作「織人」，賈氏據鄭讀也，此依經改「職」，非。

014 **表齍盛告絜** 惠校本同。閩、監、毛本「絜」改「潔」，非，下並同。

015 **故其職云掌陳器** 浦鏜云「祼」誤「陳」。

016 **王度記謂之鬯** 閩本同。監、毛本「王」誤「玉」。×

017 **未知二者同異** 毛本「異」誤「黑」。×

018 **復云稃亦皮** 閩、監、毛本「稃」誤「秠」。

019 **彝法也** 余本、岳本、嘉靖本同。閩、監、毛本「法」改「灋」，下及疏並同。×

020 **言爲尊之法也** 嘉靖本「也」作「正」。

021 **鋪陳曰筵** 釋文作「鋪之」。按，釋曰「所云筵席惟據鋪之先後爲名」，則賈本亦作「鋪之」矣。今本作「陳」，非。

022 **天府徒二十人** 余本、嘉靖本、閩、監本同。毛本「二」誤「三」，唐石經缺。

023 **若受天之應瑞然** 毛本「若」誤「苦」。×

024 **則各以其服授尸** 閩本同。監、毛本「各」誤「名」。×

025 **祖文武既爲二祧** 惠校本作「但文武」，此作「祖」，誤。

026 **漢以奄人爲内官** 閩、監、毛本同。惠校本、漢制考作「内宦」。

027 **亦用士八人** 余本、閩、監、毛本同。嘉靖本作「亦用士人」，無「八」字，此衍文，當删正。○按，嘉靖本此條勝於各本。

028 **女奴有才知者** 余本、嘉靖本同。閩、監、毛本「知」改「智」，非，釋文「才知，音智」。

029 此亦是嫁與大夫及士可知也　閩本同。監、毛本「嫁」誤「冡」。✕

030 冡人　嘉靖本、閩、監、毛本同，誤也。唐石經、余本作「冢人」，注中同，當據正。○按，字體正作「冢」，从勹，豕聲。

031 此臣云丘　惠校本「臣」作「直」，此誤。

032 故云象冢而爲之也　惠校本、監本同。閩、毛本「也」誤「者」。✕

033 小學正學干　此本及監、毛本「干」誤「于」，今據余本、嘉靖本、閩本訂正。✕

034 亦與大胥別職而同官者也　毛本「官」誤「宮」。✕

035 眡瞭三百人府四人史八人胥十有二人徒百有二十人　余本、嘉靖本、閩、監、毛本同。唐石經此段全缺。按，釋曰「此下直云瞽矇三百人，無府史胥徒者，以其無目，不須人使，是以有眡瞭三百人而已」，然則「府四人」已下四句係後人臆增，賈疏本無也。○按，前説非也。賈所云「瞽矇三百人」者，謂上瞽四十人，中瞽百人，下瞽百有六十人也，此三百人，無府史胥徒，眡瞭三百人，有府史胥徒，故云「瞽矇三百人，無府史胥徒」。其實賈説不明經文「府四人，史八人，胥十有二人，徒百有二十人」統屬於大師、小師、瞽矇、眡瞭，非瞽矇無府史胥徒也。疏末云「太師、少師、瞽矇、眡瞭四者皆別職，又無府史，而并言之」，此「并言之」三字正謂此府史胥徒統屬於上四官，亦可證經文「府四人」四句非衍矣。由四官分職，府史胥徒統屬於四官，故經文合併爲一條，如大司樂、樂師合爲一條之例。

036 眡讀爲虎眡之眡　余本、嘉靖本、閩、監、毛本同。岳本「爲」作「如」。

037 無目眹謂之瞽　余本、岳本、閩本、毛本同。

此本「眹」誤「眣」，監本誤「朕」，今訂正。嘉靖本「眹」作「眣」。按，釋文「眹，本又作『䀕』，或作『䀹』」，玉篇謂「眣」與「瞚」同，「䀕」、「瞚」亦一字也。下同。

038 有目無眸子謂之瞍　釋文：「瞍，本又作『睃』。」 ×

039 云眡瞭目明者以其工　惠校本無「云」，「其」下有「扶」，此一衍一脱。

040 於此云有瞽矇　惠校本「云」作「文」，此誤。

041 司農參取三處　閩、監、毛本誤「二處」。 ×

042 命史官協時月者　惠校本同。閩、監、毛本「也」誤「者」。 ×

043 六者皆正定之　惠校本同。閩、監、毛本「正定」誤倒。 ×

044 韎東夷之樂讀如味飲食之味　閩、監、毛本同。嘉靖本作「味東夷之樂讀如味食飲之味」，釋文、賈疏、余本亦作「味食飲之味」，此誤倒。

045 杜子春讀韎爲菋荎著之菋　閩、監、毛本同。釋文、岳本、嘉靖本「菋」作「𠹕」。漢讀考作「讀韎如」。

046 經云舞者衆寡無數　惠校本作「此經云」。

047 引之與詩者證籥師教國子　惠校本「之」作「傳」，「籥」作「樂」。此誤。〇按，「籥」是也，「樂」非也，本職可攷。

048 鞮韃氏　唐石經、諸本同。惠士奇云玉篇「鞮」作「趧」。〇按，玉篇本説文，説文作「趧婁」。

049 韃讀如屨也　余本、嘉靖本、閩、監、毛本同，誤也。岳本作「韃」，讀爲「屨」，當據正。

050 **四夷舞者所屝也**　余本、嘉靖本、閩、監、毛本同。此本「屝」作「扉」，與漢制考所引同，誤也，今訂正。文選魏都賦注引此無「所」字。按釋文出「所屝」二字，則無「所」作「屝」者皆非。説文「屝，履也」，「所屝」猶云「所履」也。○按，無「所」字者自是古本。

051 **與中國不同也**　惠挍本、閩本、漢制考同。監、毛本「國」下衍「者」。×

052 **謂楯也**　余本、閩、監、毛本同。釋文出「謂楯」二字，嘉靖本「楯」作「盾」，惠挍本同。○按，「盾」者正字，「楯」俗字。

053 **謂若樂師云**　閩本同。監、毛本「云」上衍「所」。×

054 **有卜師及卜人皆士官**　閩、監、毛本「士」誤「土」。×

055 **其卜師則與大卜別職**　毛本誤「大十」。

056 **二者互見爲義**　惠挍本同。閩、監、毛本「爲」改「其」。×

057 **謂下與龜人華氏占人**　毛本「占」誤「古」。×

058 **占人史二人**　唐石經、諸本同。嘉靖本作「史一人」，誤。

059 **亦占筮之類**　閩本同。監、毛本「占」改「卜」。

060 **簭人**　宋本、余本、閩、監、毛本同，誤也。唐石經、嘉靖本「簭」作「簭」，下從口，當據以訂正。此從石，訛。

061 **掌十煇之法**　監本「十」誤「士」。×

062 **則師巫而舞雩**　監、毛本同，誤也。閩本「師」作「帥」，當據正。×

063 女巫無數　余本、閩、監、毛本同，皆連上文。嘉靖本及惠挍本別跳行，下大史、小史同。唐石經此序缺。○按，經文其師以下統屬於男巫，女巫則不跳行者是也，此亦太師、樂師一條之例。

064 凡以神口者　閩、監、毛本作「神士者」。惠挍本作「神仕者」，云「仍作士」，下「神仕還是男巫爲之」同。此本兩「神仕」之「仕」字皆實缺。

065 宿離不貸　釋文作「不貣」。○按，「貣」是。

066 以視天文之次序者　閩、監、毛本「視」誤「觀」。

067 及國令之貳　毛本「令」誤「今」。　×

068 九旗之別自王已下　閩、監、毛本「已」改「以」。　×

069 皆是事鬼及禮事　浦鏜云「事鬼」下疑脱「神」字。

070 家謂大夫所食采邑　余本、閩、監、毛本同。此本下三字實缺。嘉靖本「邑」作「地」。

附釋音周禮注疏卷第十八

大宗伯

071 掌建邦之天神人鬼地示之禮　釋文：「地示，音祇，本或作『祇』。」按，經作「示」，注作「祇」，通書準此。

072 以佐王建保邦國　唐石經、諸本同。釋文：「佐王，本或作『左』。」按，葉鈔本作「本或作佐」，則陸本正作「左」也。○按，依説文「左」者正字，「佐」者今俗字。

073 目吉禮於上　余本、閩、監、毛本同。嘉靖本「目」作「自」者，誤也。

074 吉禮之別十有二　毛本「二」誤「三」。○按，注詳言此者，以證其卷首注所云「其別三十有六」也。

075 **以槱燎祀司中司命** 釋文：「槱，本亦作『楢』。」按，羊人注作「楢燎」。説文木部云「槱，積火燎之也。从木，从火，酉聲。周禮『以槱燎祠司中司命』，又『禉柴祭天神』，或從示」，然則此經「槱」字當以從木、從火爲正。「楢」者，「禉」之訛體。「禉」者，「槱」之或字。

076 **云三祀皆積柴實牲至焉** 按，「至」爲「體」之訛，閩、監、毛本改作「玉」，誤也。

077 **鄭義大陽不變** 惠棟云依詩正義「大陽」當作「天陽」。

078 **是土十爲木八妻** 惠棟云：「三統厤曰『木以天三爲土十牡，金以天九爲木八牡。陽奇爲牡，陰耦爲妃』。此當云『土十爲木三妻』。八與十皆地數，不得爲耦也。」

079 **則北官好奥南官好暘** 閩、監、毛本「奥」改「燠」。浦鏜云「官」誤「臣」，非也。古云天官猶云官舍，作「臣」非。

080 **五星左旋爲緯** 浦鏜云「右」誤「左」。

081 **大微宫有五帝座星** 惠校本「座」作「坐」。

082 **其名汁光紀** 閩本同。監、毛本「汁」作「叶」。

083 **其名含樞紐** 閩、監、毛本「紐」誤「組」。×

084 **常居傍兩星巨辰子位** 惠校本同。閩、監、毛本「常」誤「帝」。浦鏜云「巨」疑「距」字誤。

085 **紫之言中** 浦鏜云：當作「紫之言此宫之言中」，脱四字。

086 **鄭注云天皇北辰耀魄寶** 此鄭注文耀鉤也，上引文耀鉤可證，因文承爾雅之下，而或云鄭有爾雅注，誤讀此疏矣。

087 又名大一常居　惠校本同。閩、監、毛本「常居」作「帝君」。

088 歐陽説曰欽若昊天　按，此下當脱「春曰昊天」四字。

089 直是人逐四時五稱之　浦鏜云「五」疑「互」字訛。

090 鄭君則以北星也　按，「北」爲「此」之誤。

091 則郊祭并祭日月可知　浦鏜云禮記疏作「郊祭天並祭日」。

092 依虞書禋于六宗禮　惠校本作「虞喜」。○按，「喜」誤。

093 詔令王肅議六宗　毛本「詔」誤「昭」。×

094 張融許從鄭君　惠校本「許」作「評」，此誤。

095 以疈辜祭四方百物　説文刀部云：「副，判也，从刀，畐聲。周禮曰『副辜祭』。又疈，籀文副。」按，鄭司農從故書作「罷」，鄭君蓋從今書作「疈」。

096 有厲山氏之子　釋文：「厲山，本或作『烈』。」×

097 故書祀作禩　釋文作「爲禩」。九經古義云：「小祝『保郊禩于社』，杜子春讀『禩』爲『祀』。説文云『祀，或从異作禩』。」

098 疈爲罷　禮説云：「西京賦『置互擺牲』，古文『擺』作『罷』。」

099 食於火土　毛本「土」誤「上」。×

100 不見四竇者　釋文：「四竇，音獨，本亦作『瀆』。」○按，「竇」者，「瀆」字之叚借也。

101 疈疈牲胷也　毛本「胷」作「胸」。

102 謂磔攘及蜡祭　余本、閩、監、毛本同。釋文、嘉靖本、惠挍本「攘」作「禳」，余本載音義作「攘」。

103 八蜡以記四方　余本、岳本、嘉靖本同。閩、監、毛本「記」作「祀」，疏云「八蜡以記四方，不作『祀』，作『祀』者誤」。

104 饗農及郵表畷　毛本「畷」誤「蝃」。

105 湯遷柱而以周棄代之　閩、監、毛本「柱」誤「社」。

106 實能金木及水　毛本「能」誤「罷」。

107 周國在雍州時無西嶽　閩本同。監、毛本「無」誤「爲」。

108 云不見四竇者四竇五嶽之匹　閩、監、毛本「竇」改「瀆」。

109 宗祝亦執勺以先之　惠挍本同。閩、監、毛本「勺」誤「爵」。

110 是其順性之含藏也　惠挍本作「順其」，此誤倒。

111 謂薦孰時也　余本、嘉靖本同。閩、監、毛本「孰」作「熟」，非。鄭注多用「孰」字，下同。

112 率五年而再殷祭　余本、閩、監、毛本同。嘉靖本無「率」字。按，釋文大書「率五」二字爲音，是陸本有「率」字。釋曰「云自爾以後五年而再殷祭者，公羊傳文」，是賈本無「率」字也。

113 豚解而腥之　閩本同。監、毛本「腥」誤「醒」。

114 以玉爵酌體齊以獻尸　浦鏜云「醴」誤「體」。

115 后亦以玉爵酌醴齊　閩本同。監、毛本「玉」誤「王」。

116 如向所説具先灌訖　惠挍本同。閩、監、毛本「如」誤「知」，「具」誤「其」。

117 次言獻是朝踐節　盧文弨云：當從通考，重一「獻」字。

118 皆有灌獻肆三事矣　惠挍本同。閩、監、毛本「矣」改「耳」。

119 僖三十三年薨　惠挍本「僖」上有「以」。此脫。❷

120 則知僖公宣公二年春有禘可知　浦鏜云「三」誤「二」。

121 云一祫一禘者　閩本同。監、毛本「云」誤「公」。×

122 禮之以玉而祼焉　監本「玉」誤「王」。×

123 則天神地祇人鬼　惠挍本作「地示」，當據正。×

124 天神言煙　閩、監、毛本「煙」改「禋」，非。此從注讀「禋之言煙」，下「煙血」同。

125 凡侯伯救患分災　閩、監、毛本「災」作「烖」，下同。×

126 䟽者含襚　余本、嘉靖本同。閩、監、毛本「襚」作「襚」，訛，䟽同。釋文：「含，本亦作『唅』。」〇按，「唅」俗字。×

127 大夫不食粱　監、毛本同，誤也。嘉靖本、閩本「粱」作「粱」，當據正，䟽中同。監、毛本䟽中作「粱」。

128 札讀爲截謂疫厲　余本、閩、監本同。毛本「厲」改「癘」。宋本、嘉靖本重「截」字，與賈䟽本同。〇按，「札」者，古文叚借字也。故注易其字作「截」。「截」者，斷也。至字林乃有「𣦼」字，从歹，乚聲。

129 皆自貶損　惠挍本同。閩、監、毛本「自」誤「爲」。×

130 人君日食黍稷稻粱　閩、監、毛本「日」誤「曰」。×

131 截謂疫厲者　閩、監、毛本「厲」改「癘」。

132 廐焚　惠挍本作「廏焚」，疏同。

133 此禍灾當水火二事爲證也　惠挍本「水火」下有「故引水火」四字，此脱。

134 以禬禮哀圍敗　唐石經、諸本同。釋曰「此經本不定，馬融以爲『國敗』，正本多爲『圍敗』」。❸

135 同盟者合會財貨　余本、岳本、嘉靖本同。閩、監、毛本「合會」作「會合」，與賈疏本同。

136 在内爲軌　惠挍本「軌」作「宄」。

137 親謂使之相親附　嘉靖本「謂」作「者」，蓋非。

138 更遞而徧　監、毛本「更」誤「臾」。×

139 欲其若不期而俱至　余本、岳本、嘉靖本同。閩、監、毛本「俱」作「偶」。按，賈疏引注亦作「俱」。

140 覲之言勤也　毛本「勤」誤「覲」。×

141 非謂時常月　按，疑當作「謂非常時月」。

142 云王將有征討之事者　閩本同。監、毛本「討」改「伐」。

143 諸侯覲于天子　閩本同。監、毛本「于」改「於」。×

144 此既諸侯使臣代己來　閩、監、毛本「己」改「以」，誤甚。×

145 同謂威其不協　余本、嘉靖本、毛本同。閩、監本「協」作「恊」。

146 朱干設錫之類　閩、監、毛本「錫」誤

「錫」。設，毛本誤「詵」。

147 是不義而勇　惠挍本下有「也」。

148 大田之禮簡衆也　唐石經、諸本同。釋文：「閲衆，音悦。」按，釋曰「簡，閲也」，此或音注「閲其車徒之數」而誤涉經文。

149 築城伊匹　閩本同。監、毛本「城」誤「地」。

150 其民庶不得合聚　閩本剜改「其」爲「則」，監、毛本承之。

151 今以兵而正之　閩、監、毛本「而」改「往」。

152 飲食亦尊卑通有　監本「卑」誤「早」。

153 以昬冠之禮　余本、嘉靖本同。唐石經、閩、監、毛本「昬」作「昏」，疏同。○按，「昏」字依説文从「氏」省爲正。其云「一曰『民』聲」者，淺人所增竄也。

154 若據位爲王已後　惠挍本「位」上有「即」，此脱。

155 明據未爲王時　毛本「未」誤「末」。

156 饗亨大牢以飲賓　毛本「亨」誤「享」。

157 鄭捴云脤膰　惠挍本、閩本同。監、毛本「云」誤「名」。

158 王使人異往以物賀慶之　「異」字誤。閩本改「夫」，監、毛本「人異」改「大夫」。

159 使之不有僭差也　惠挍本作「僭濫」。

160 列土封疆謂之諸侯　閩、監本同。毛本「土」作「士」。浦鏜云「士」誤「土」，非也。按，釋曰「云謂列國之士者，謂公侯伯爲列國」，故引孝經注「列士謂之諸侯」證之。此當從毛本作「士」，此本、閩、監本作「土」，誤也。

161 則爵弁服　諸本同。浦鏜云「則」上脱「士」字。按，釋曰「云士則爵弁服者。凡言士者，無問天子士、諸侯士，例皆爵弁以助祭也」，此賈疏本有「士」字之明證。

162 以其王吉服有九　閩、監本同。毛本「王」誤「正」。×

163 雖得言天子不得言位于王朝　閩、監、毛本作「聘天子」，此作「言」，誤。「于」當爲「於」。

164 賜之以方百里二百里之地者方三百以上爲成國　臧禮堂云：春秋襄十四年正義引此注云「賜之以方百里二百里三百里之地者，方四百里以上爲成國」，今本「二百里」下脱「三百里」三字，「四百里」作「三百里」，誤甚，當據此訂正。按，正義又云「如鄭之言成國者，唯公與侯耳。伯雖與侯同命，地方三百里未得爲成國也」，考大司徒職「公地五百里，侯地四百里，伯地三百里」，故鄭云「方四百里以上」，據公侯言之。

165 以其伯二百里　浦鏜云「三」誤「二」。

166 其尊如故　閩本剜改「如」字作「加」，監、毛本承其誤。

167 此後鄭先鄭所云　惠挍本同。閩、監、毛本改作「先鄭後鄭」。

168 加一命爲二伯也　閩、監、毛本「一」誤「二」。

169 賈服之等諸侯九州之伯　閩本上「之」字剜擠作「云五」二字，監、毛本承之，誤甚。○按，閩、監、毛本是也。

170 故云五侯九伯汝實征之也　閩本同。監、毛本「汝」誤「而」。×

* 有此王之鎮圭　補，毛本「有此」作「此有」。❹

171 蓋以四鎮之山爲瑑飾　嘉靖本「瑑」作「琢」，下同。釋文爲「瑑」，直轉反。

172 王晉大圭　閩、監、毛本「晉」改「搢」。

173 文有麄縟耳　嘉靖本、閩本同。余本、監、毛本「麄」作「麤」，疏同。按，釋文作「麤」。○按，从三鹿者正字也，「麄」者俗字也。

174 蓋皆象以人形象致飾者　浦鏜云「爲瑑」誤「象致」。

175 二玉蓋或以穀爲飾　段玉裁云「爲」下脱「瑑」字。

176 以禽作六摯　唐石經、諸本同。釋文：「六摯，本或作『贄』。」按，廣韻六至下引「以禽作六贄」，云本亦作「摯」。

* 謂臣無此義　補，監、毛本「謂」作「諸」。❺

177 雉取其守介而死　釋文：「守介，音界，或作『分』，扶問反。」按，雉，介鳥。或作「分」，非。

178 卿大夫飾摯以布不言繢　監本「繢」誤「績」。

179 文兼諸侯之臣　浦鏜云「文」當「亦」字訛，或改作「又」。

180 手執束帛而授　惠校本下有「之」，此脱。

181 故鄭舉以言之　漢制考「以」作「而」。

182 其大夫亦當隨君無背　閩、毛本同。此本及監本「背」誤「皆」，今訂正。

183 而又畫之者　閩本同。監、毛本「畫」誤「晝」。

184 爵大夫皆執鴈　惠校本「爵」下有「稱」。

* 故植璧於三王之坐秉桓圭　補，毛本「桓」作「植」。

185 謂神在崐崘者也　釋文作「混淪」，云「本又作『崑崙』」。×

186 以雷鼓雷鼗雲門之舞　監、毛本「雲」誤「雷」。×

187 靈威仰之等而說也　浦鏜云「而說」字疑衍。○按，「而說」二字直跟上文「皆據」二字，句太長，故鏜惑之耳。

188 云象萬物半死者　惠挍本作「夏物」，此誤。

189 以其神幣　惠挍本「神」上有「禮」。

190 以防其淫泆　葉鈔釋文作「淫失」，云「如字，本亦作『佚』」。×

191 所以滌蕩邪穢　釋文作「蕩滌」，今本誤倒。

192 卵生胎生　閩、監、毛本「卵」作「卵」。×

193 省牲鑊　釋文：「省，本又作『眚』，同。」×

194 溉祭器也　釋文：「溉，本或作『摡』。」×

195 鑊亨牲器也　余本、閩、監、毛本同。釋文、賈疏、嘉靖本「亨」皆作「亨」，當據正。亨，俗「亨」字。

196 羣臣禮爲小禮　漢讀攷云：「『羣臣』乃『羣神』之誤，對大神、大鬼、大祇言也。小宗伯注云『小禮，羣神之禮』亦可證。賈疏依誤立說，不可從。」

197 但宗廟雖無禮神玉　監、毛本「玉」誤「王」。×

198 前期卜日　浦鏜云「十」誤「卜」。

199 此滌濯止是蕩滌以少牢有摡祭器　閩本上句同。監、毛本「止」誤「此」。閩、監、毛本「摡」誤「概」。

200 三者執以從玉　浦鏜云「王」誤「玉」，下「授王」同。

201 案特牲少牢　閩本同。監、毛本「案」誤「郊」。×

202 二曰示號三曰鬼號　浦鏜云今經文「示」、「鬼」字互易。

203 王公之禮　浦鏜云「上」誤「王」。

204 出接賔曰擯　釋文曰：「儐，本或作『賔』，同。」×

205 爵弁經紂衣　釋文作「純衣」。

206 云相詔王禮也者　惠校本同。閩、監、毛本「云」誤「爲」。×

207 云大喪王及后世子也者　惠校本作「王后及世子」，此誤。

208 則是王后及世子矣　惠校本作「明是」，此誤。

209 麻不加於采經衍字　毛本「衍」誤「行」。×

210 以策命之　釋文作「以荚」。×

211 發爵賜服順陽義者　浦鏜云「也」誤「者」。惠校本誤「皆」。

212 當時爲祭以命之　監、毛本同，誤也。閩本「時」作「特」，當據正。

213 登受策以出　閩本同。監、毛本「登」誤「祭」。×

214 菽謂水火也　毛本「火」誤「大」。×

215 若句龍生爲后土官　毛本「官」誤「宫」。×

216 以親疎分於大都小都家邑　惠挍本、閩本同。此本「於」誤「殷」，監、毛本改「爲」，今訂正。

附釋音周禮注疏卷第十九

小宗伯

217 兆五帝於四郊　説文土部云：「垗，畔也，爲四時，界祭其中。周禮曰『垗五帝於四郊』。从土，兆聲。」按，許君蓋讀「兆」爲「垗」，説文「兆，分也」，周禮故書用假借字，故作「兆」。漢讀考云：「『於』當作『于』。」○按，許所據周禮實作「垗」，非改字，今亦未辨「兆」爲故書與今書，凡若此類，不可肊決。

218 其大帝與崐崘自相對　閩、監、毛本改「崑崙」。

219 彼據禮神五幣而言　惠挍本作「玉幣」，此誤。

220 彼雖無三王五帝之文　監、毛本同，誤也，當從閩本作「三皇」。此本此頁補刻，故亦誤「王」。❻

221 明并祭五帝三王可知　盧文弨云此「三王」二字當衍。

222 萬物燥落　閩本同。監、毛本「燥」誤「煉」，惠挍本作「譟」。

223 是五嶽四竇者　閩、監、毛本「竇」改「瀆」。

224 故略不言也　毛本脱「也」。❼

225 五禮吉凶軍賔嘉　余本、閩、監、毛本同。嘉靖本「軍賔」作「賔軍」。此本疏中標起訖云「注用等至軍嘉」，與大宗伯注合。今本非。○按，説見卷十七。

226 士二豆三俎　惠挍本、閩本同。監、毛本「三」改「四」。

227 先鄭云五禮吉凶賔軍嘉者　閩、監、毛本「賔軍」誤倒。

228 辨廟祧之昭穆　葉鈔釋文作「之卲」。

229 案尚書五服五章才　此本「五」誤「云」，據閩、監、毛本訂正。才，古「哉」字，閩、監、毛本改「哉」。

230 致於大子　毛本誤「天子」。×

231 案宮伯職云　閩本同。監、毛本「宮」誤「宗」。×

232 黍稷稻梁麥苽　監本同，誤也。余本、嘉靖本、閩、毛本「梁」作「粱」，當據正，此本疏中引注亦作「粱」。釋文出「苽也」二字，今本無「也」。×

233 唯在外野饗　閩、監、毛本「外野」誤倒。

234 卜日省牲　毛本「省」誤「雀」。×

235 掌四時祭祀之事序　惠校本作「序事」，此誤倒。

236 凡國大貞卜大遷之等　盧文弨云：通考引作「大封」，此作「遷」，誤。○按，今疏不誤，通考誤也，大卜本職可證。況下文云「不言大遷者，文略也」，注不妨略，疏何妨補其略。

237 視亨腥孰　余本、岳本、嘉靖本、閩本同。監、毛本「孰」改「熟」，疏同。

238 其大宰省牲者　盧文弨云：大宰無「省牲」之文，疑仍是大宗伯之誤。

239 以時將贊果　唐石經、岳本、嘉靖本同。余本、閩、監、毛本「果」改「祼」，非。上「以待果將」注云「果，讀爲祼」。

240 云祭祀以時奉而授王者　閩、監、毛本「云」誤「凡」。×

241 贊王幣爵之事　浦鏜云「玉」誤「王」。

242 祼謂贊王酌鬱鬯以獻尸　毛本「王」誤「玉」。

243 以人道宗廟有祼　孫志祖云據小宰注「以」當作「惟」。

244 輒言此者此已下　惠挍本同。閩、監、毛本「已」改「以」。

245 故於中言之　監本「中」誤「申」。

246 小祭祀掌事如大宗伯之禮　惠挍本於此分節，「小祭」至「之禮」一節，疏在此經下。

247 受其將幣之齎　釋文：「齎，本又作『賫』。」按，「賫」俗字。

248 謂遷主亦載於齊車以行也　惠挍本「遷」下有「廟」，此脱。

＊ 以其載社在於軍中　補：案，「在」疑是「主」字之誤。

249 祓社釁鼓　閩、監、毛本「釁」誤「爨」。

250 故鄭注社主蓋以石之　惠挍本「注」作「云」。閩、監、毛本「石」下有「爲」。按，注作「蓋用石爲之」。

251 郊有羣臣之兆　余本、岳本、閩、監、毛本同，誤也。宋本、嘉靖本「臣」作「神」，賈疏引注同，并有申釋之義，當據以訂正。❽

252 求福曰禱得求曰祠　余本、岳本、嘉靖本、閩本同。監、毛本「求」誤「來」，「祠」誤「嗣」。

253 國有大故天烖　監本「天」誤「夭」。

254 謂斂者　余本同。嘉靖本、閩、監、毛本作「親斂者」。按，賈疏亦作「親斂者」，且云「以其諸處更不見主斂事者」云云，是本作「親」字。此本及余本作「謂」，非。❾

255 鄭注執事是大祝之屬者　閩本同。

監、毛本「注」作「知」。

256 西面北上綪　惠校本、閩本同。監、毛本「綪」誤「請」。

257 鄭大夫讀竁皆爲穿　漢讀考「竁」作「毳」。按，「皆」字涉下誤衍。禮説云：「説文『竁，穿地也』。漢書『王莽掘平共王母、丁姬故冢，時有羣燕數千銜土投穿中』，師古曰『穿，謂壙』。水經注引漢書『穿中』作『竁中』，則『竁』讀爲『穿』信矣。」

258 杜子春讀竁爲毳　漢讀考作「讀毳爲竁」，謂經文亦本作「甫毳」。

259 聲如腐脆之脺　余本、閩、監、毛本同，誤也。岳本作「腐脃之脃」，嘉靖本作「腐脆之脆」，當訂正。此上作「脆」，下作「脺」，誤，疏中同。釋文：「腐脃之脃，舊作『脺』，誤。今注本或有作『膬』字者。」經義雜記曰：「注疏本作『腐脆之脺』，正從舊本作『脺』。其上一字作『脆』，乃依陸本竄改耳。古人多以聲借通用，不得以字書未收而疑爲誤也。」

260 隔戊日己日爲第二虞　監本「戊」誤「戌」。

261 以卒去無時哭哀殺　惠校本「卒」作「其」，此誤。閩、監、毛本改爲「以卒哭」，更誤。

262 蓋不一日而畢　毛本「畢」誤「卑」。

263 若今時肄司徒府也　嘉靖本「若」上有「謂」，與漢制考所引正合，此脱。

264 皆須豫習威儀乃爲之　此本「乃」誤「尸」，因形相近也，據儀禮通解續訂正。閩、監、毛本改作「而爲之」。

265 但求福曰禱禱輕　浦鏜云「禱」下脱「禮」。

266 是法如大宗伯之儀　閩本剜改「是」作

「其」，監、毛本承之。

肆師

267 珥當爲餌　禮說云：「雜記『釁廟衈於屋下』。東山經曰『祠毛用一犬祈聃』，注云『聃音餌，以血涂祭爲聃也』。公羊傳『蓋叩其鼻以聃社』，今本公羊誤作『血社』，穀梁作『衈社』。周禮皆作『珥』。古文少，假借多。」

268 門夾室皆用雞　葉鈔釋文作「俠室」，余本載音義同。

269 夾室中室　余本、岳本、嘉靖本、閩本同。監、毛本誤「夾屋」，葉鈔釋文作「俠室」。○按，漢人多假「俠」爲「夾」。

270 掌珥于社稷　毛本「于」誤「千」。　×

271 其祈字猶不從　監、毛「祈」誤「所」。　×

272 謂證衈是取血以釁之事　監本「取」誤「敢」。　×

273 此職人謂充人及監門人　余本、閩、監、毛本同，誤也。嘉靖本及惠挍本作「檝人」，賈疏引注同，當據正。

274 若爲檝爲聲　○按，「檝爲聲」上當有「从木从戢」四字。

275 故知檝人是此二官也　閩本同。監、毛本「知」誤「加」。　×

276 云祭之日表齍盛告絜者　閩本同。監、毛本「絜」改「潔」，下「絜淨」同。　×

277 謂祭日且於堂東陳祭器實之　浦鏜云「旦」誤「且」。

278 築鬱臼以掬　浦鏜云「椈」誤「掬」。

279 皆有會蓋覆之　閩、監、毛本「會」誤「盒」。

* 小行人所云者是之也　補：案，「之」

字誤也。

280 簋實實于筐匪其筐字之誤與　毛本二「筐」字改「篚」。

281 則以酬幣致之　嘉靖本「酬」作「⿱覀州」，俗體。

282 今言共設篚罋　閩本作「共設筐罋」。筐，即「篚」之訛。監、毛本「共」誤「如」，「篚」作「匪」。

283 又欲破篚從筐之事也　閩、監、毛本「篚」作「匪」，此本下亦皆作「匪」。

284 謂三夫人已下至女御也　閩、監、毛本「已」改「以」。

285 不中法　余本、嘉靖本、閩本同。監、毛本「法」改「灋」，疏及下「祭表貉」注同。

286 祝佐含斂先病　浦鏜云「服」誤「病」。

287 但服杖俱時　浦鏜云：「同」誤「俱」，從儀禮通解校。

288 鼓鍾亞　嘉靖本同。余本、閩、監、毛本「鍾」作「鐘」。按，尚書大傳「亞」作「惡」，鄭注云「惡，讀爲亞」，彼既破「惡」爲「亞」，故此直引作「亞」，下同。

289 大水在前　閩本同。監、毛本「大」誤「入」。

290 觀臺可以望氣祥　閩、監、毛本「氣」作「氛」，是。

291 以觀四時施化　毛本「施」誤「旃」。

292 類造至之事　閩本同，誤也。監、毛本改作「至如之」。

293 云大神社及方岳知者　閩本同。監本改作「也者」，毛本又誤爲「也方」。

294 知兼有方岳者　閩本同。監、毛本「岳」

改「嶽」，下同。

295 **爲師祭造軍灋者** 孫志祖云：爾雅疏引注重一「祭」字，較明。

296 **其神蓋蚩蚘** 諸本同。釋文作「蚩蚘」，賈疏作「蚩尤」。○按，「蚘」，俗字也。

297 **故於是戒不虞世** 浦鏜云「也」誤「世」。

＊ **案郊特云** 補：案，「云」上當「牲」字。

298 **社及禜酺** 釋文出「酺也」二字，今本脱「也」。

299 **治謂如今每事者更奏白王禮也** 諸本同。閩本剜改「者」作「著」，浦鏜云「著」誤「者」。○按，「者」是「著」非。

300 **鄭司農云義讀爲儀** 嘉靖本無「云」，漢制考所引同，今本衍。

301 **鬱人** 經義雜記曰：「説文鬯部『鬰，芳艸也，从臼、冂、缶、鬯、彡，其飾也。一曰鬰鬯，百艸之華，遠方鬰人所貢，芳艸合釀之，以降神。鬰，今鬰林郡也』，又林部『鬱，木叢生者，从林，鬰省聲』，是『鬰』、『鬱』不同。郊特牲釋文云『鬱，字又作鬰』，知經典本與説文合也。」

302 **掌祼器** 唐石經、諸本同。按，大宗伯、小宗伯、肆師三職皆經作「果」，注作「祼」，此亦當同。今經不作「果」者，蓋因注言「祼器」，淺人遂據注以改經矣。

303 **十葉爲貫百二十貫爲築以煑之鐎中** 諸本同。釋文作「焦中」，云「本又作『鐎』」。漢讀考云：「説文鬯部『鬰』字下曰『芳艸十葉爲貫，百廿貫築以煑之爲鬰』，許説同先鄭。此『築』上『爲』字誤衍，且周禮經文言『築鬻』多矣，安得云『百二十貫爲築』也。」

304 **故比類言之** 閩本同。監、毛本「比」誤「此」。 ×

305 **祼圭尺有二寸** 毛本「尺」誤「人」。 ×

306 設牀襢笫　余本、岳本、嘉靖本同，釋文亦作「襢」。毛本「笫」誤「第」。×

307 少牢饋食禮　余本、岳本、嘉靖本同。閩、監、毛本「少」誤「小」。×

鬯人

308 此上下雖無設巾之事　閩、監本同。毛本「上」誤「卜」。×

309 案冪人云　此本「冪」誤「幕」，據閩、監、毛本訂正。

310 壝謂委土爲墠壇　釋文作「壇墠」，此倒。

311 弫人爲瓦簋　浦鏜云「瓬」誤「弫」。

312 則水旱疫癘之不時　余本、岳本、閩本同。監、毛本誤倒，嘉靖本作「疫厲」。此作「癘」，亦非也。○按，今左傳作「厲疫」。❿

313 鼓用牲于門　余本、嘉靖本、閩本同。監、毛本「用牲」下增「于社」二字，非。考賈疏亦衹有「于門」也。

314 故書瓢作剽　嘉靖本「瓢」誤「剽」。×

315 杜子春讀齎爲粢　釋文：「齎，杜音資。」漢讀考云：「據釋文則知注本作『資』。資，盛也者。資取藉意，謂藉以盛酒也。」

316 瓢謂瓠蠡也　毛本「瓠」誤「瓢」。×

317 廟用脩　嘉靖本「脩」作「修」。

318 凡祼事用概　唐石經、諸本同。葉鈔釋文「概」作「摡」。○按，从手者非。

319 蚌曰合漿　余本、嘉靖本、閩、監、毛本同。釋文作「合將」，云「本又作『含漿』」。按，賈疏作「含漿」，惠校本同。○按，今爾雅作「含漿」。

320 脩謨概散皆器名者　毛本「皆」誤

「者」。×

321 爾時木主新入廟　惠校本同。閩、監、毛本「爾」改「是」。

322 云蜃畫爲蜃形者　閩本同。監、毛本「畫」誤「晝」，下同。×

323 云蚌曰合漿　閩本同。監、毛本「合」作「含」，此本下亦作「含」。按，賈疏云「是容酒之類」，則當本作「含」。○按，「合」、「含」一語之轉。

324 即大宗伯云　毛本「即」誤「師」。

325 明此亦給王洗浴　毛本「王」誤「主」。×

326 照臨幣邑　嘉靖本、閩、監、毛本同，誤也。余本作「弊邑」，當據正。×

327 摯天子圖　嘉靖本、閩本同。余本、岳本、監本「摯」作「摯」，毛本訛「擊」。

328 介爲執致之　余本、閩本、監本同。毛本「致」誤「政」，嘉靖本作「以介爲摯致之」。按，釋文出「爲執」二字，賈疏云「天子至尊不自執，使介爲執致之」，則余本爲是。嘉靖本衍「以」字，「執」誤「摯」，非也。

329 臨諸侯畛於鬼神　監、毛本「鬼」誤「於」。×

330 君卿羔之類　浦鏜云「若」誤「君」。

331 使介爲摯致之　閩本剜改「摯」爲「執」，監、毛本承之。

332 故云某父且字也　閩、監本「且」改「某」，毛本改「其」，誤甚。○按，「且」者，薦也。凡表德必以一字爲伯仲之薦，去「伯仲」而單舉下一字云某甫謂之「且字」，見於周禮、禮記、公羊傳注者。段玉裁類列之，作且字攷。

附釋音周禮注疏卷第二十

333 雞人　葉鈔釋文作「鷄人」。○按，从「隹」者小篆，从「鳥」者籀文。

334 夜嘑旦以嚻百官　釋文作「以嘂」。唐石經、余本「嚻」作「嘂」，字從ㄐ，此誤。

335 故挈壺氏兼告期也　惠挍本同。閩本刊落「也」，監、毛本承之。又監本「壺」誤「壼」。

336 司農云面禳　監本「禳」誤「讓」。×

司尊彝

337 酌泲之使可酌　余本同。嘉靖本、閩、監、毛本「泲」作「沛」。×

338 其朝踐用兩獻尊　釋文：「獻，本或作『戲』。」說文酉部云：「尊，酒器也。周禮『六尊首犧尊』。」鄭司農云「獻，讀爲犧」，義本說文。鄭志云「或有作『獻』字者，齊人之聲誤耳」。○按，仲師卒於章帝建初八年，說文上於安帝建光元年，仲師未嘗見說文，謂說文本仲師則可。考古必按其時代，非可妄語也。據叔重自序云，說文成於和帝永元十二年，上距仲師卒之年凡十八年。

339 朝踐謂薦血腥　余本、岳本、嘉靖本、閩本同。監、毛本「腥」誤「醒」。×

340 饋獻謂薦孰時　監、毛本「孰」改「熟」。×

341 爲雞鳳皇之形　監、毛本「皇」改「凰」，俗字。×

342 罍神之所飲也　余本、閩、監、毛本同，誤也。嘉靖本「神」作「臣」。釋曰「云罍，臣之所飲也者。經云皆有罍，諸臣之所酢，故知諸臣所飲者也」，當據以訂正。

343 彝卣罍器也　釋文：「卣，本亦作『攸』。」×

344 蜼讀爲蛇虺之虺　岳本「爲」作「曰」。毛本「蜼」誤「蛇」。

345 案内宰職云贊后薦加豆籩　浦鏜云

「内宗」誤「内宰」。

346 王酳尸因朝踐之尊醴齊　浦鏜云「用」誤「因」。

347 不合爲野享之義也　惠挍本「享」作「饗」。

348 以諸尊皆物爲飾　惠挍本「物」上有「異」，此脱。

349 爲物捷健　閩、監、毛本「捷」誤「揵」。×

350 以爲刻畫山雲之形者也　閩、監、毛本無「者」。

351 異義第六罍制　惠挍本、閩本同。監、毛本「第」改「弟」。

352 古廷説罍器　按，詩卷耳正義作「古毛詩説」，爾雅釋器正義同。此作「廷」，誤，下同。

353 金飾亡目　浦鏜云「口」誤「亡」，從儀禮通解續挍。按，詩正義作「龜目」。○按，「口」字非。

354 經文雖有詩云　閩、監、毛本「雖」改「惟」，誤。

355 則其餘諸臣直有金　詩正義「金」作「罍」。此誤。

356 齊爲齍　葉鈔釋文作「爲賫」。

357 梲栻勺而酌也　閩、監、毛本同，誤也。余本、嘉靖本作「捝拭」，當據正。釋文作「捝飾」，云「本或作『拭』」。

358 齊讀皆爲粢　漢讀考「齊」作「齍」，本故書也，此誤。

359 猶明清與醆酒于舊澤之酒也　余本、岳本、嘉靖本、閩本同。監、毛本「澤」改「醳」，非。釋文作「舊澤」。

360 獻讀爲摩莎之莎　葉鈔釋文作「摩沙」。

361 脩讀如滌濯之滌　余本、嘉靖本、閩、監、毛本同。賈疏引注作「讀爲」，漢制考同，當訂正。

362 故舉常時沛酒之法以曉人也　浦鏜云「當」誤「常」。

363 無過與盎同　惠挍本「盎」下有「齊」。

364 推次可知也　惠挍本作「推此」。

365 三酒時祭亦備　惠挍本下有「之」。

366 文二年大事於大廟　閩、監、毛本「文」誤「云」。×

367 朝夕酒存省之意也　按，「酒」蓋「湏」之誤。○按，「朝夕酒」句絕，不誤。

368 鄭知旅是大國有故之祭者　浦鏜云「大」字當在「故」下。

司几筵

369 莞藻次蒲熊　釋文：「莞藻，本又作『繅』。」按，經作「繅」，司農讀爲「藻」，鄭君則仍用「繅」字。今本作「藻」，非。

370 酢席王在廟室西面　惠挍本無「王」，此衍。

371 設莞筵紛純　唐石經「筵」作「席」，涉下文誤。

372 其繡白黑采　余本、嘉靖本、監、毛本同。閩本「采」作「文」。按，賈疏引注亦作「文」。

373 於依前爲王設席　毛本「王」誤「玉」。×

374 純讀爲均服之均　漢讀考云：「此『讀如』擬其音。今本作『讀爲』，誤。」按，賈疏亦云「均即準，音與純同」。

375 憑玉几　余本、閩、監、毛本同。嘉靖本「憑」作「馮」。按，釋文、賈疏皆作「馮」，下加「心」者俗作。○按，說文引周書「凭玉几」，「凭」者正字，

「馮」者假借字。

376 有成其文章　盧文弨云通考無「其」。

377 祀先王昨席亦如之　唐石經原刻作「胙席」，後磨改作「昨」，下「昨席」同。

378 王受酢之席　閩本同。監、毛本「酢」改「昨」，非。

379 此注亦取彼義　毛本「此」誤「比」。×

380 右彫几　唐石經、諸本同。惠校本「彫」作「雕」，云余本仍作「彫」，下注同。按，説文几部引周禮「五几」作「雕几」。⑪

381 繅柔嚅　閩、監、毛本同，誤也。余本、岳本、嘉靖本「嚅」作「礝」，當訂正。○按，「礝」本「碝」之誤借，「碝」爲今人輭弱字也，葉鈔釋文及余本載音義皆作「礝」。

382 繅柔礝不如莞清堅　閩、監、毛本「礝」改「嚅」，下「柔礝」同。

383 不亦如下文莞席加繅者　此本「不」字剜擠，閩、監、毛本排入。

384 若朝者則彫几　閩本同。監、毛本「彫」誤「彤」。×

385 先鄭據此文而云　惠校本「云」作「言」，此誤。

386 謂公食上大夫孤爲賓　惠校本、閩本同。監、毛本「爲」誤「謂」。×

387 右漆几　説文几部引周禮作「髤几」。按，桼部云「髤，桼也，从桼，髟聲」，與「桼」字義同而文異音異，漢讀考云「當是杜子春、賈侍中、衛次仲等説而許從之」。

388 案大司馬大閲禮　監本「大司馬」誤「大馬司」。×

389 即共詞也　閩、監、毛本「共」改「其」。○按，此條鄭注亦由以注改經，復以經改注而誤耳，說詳禮記挍勘記。

390 謂言祭時　浦鏜云「吉」誤「言」。

391 牖間南鄉　閩、監、毛本同。余本、岳本、嘉靖本「鄉」作「嚮」。按，釋文音上經「南鄉」云「下及注同」，則此亦當並作「鄉」字。此本及閩、監、毛本惟「南鄉」字作「鄉」，下仍作「東嚮」、「西嚮」，非。○按，「鄉」正字，「嚮」俗字。「嚮」亦見漢碑。

392 爲祊乎外　閩本同。監、毛本「乎」改「於」。

393 几長五尺高三尺　閩、監、毛本作「高二尺」。

天府

394 蕡鼓在西房　釋文「蕡」作「賁」。

395 垂之竹矢　監、毛本「矢」誤「失」。×

396 王及后喪七月而葬　閩、監、毛本「王及」誤倒。×

397 師貞丈人吉問於丈人　諸本同。按，下四字當衍。司農訓「貞爲問故」引易「師貞丈人吉」及國語「貞於陽卜」以證之。疏中亦有此四字。浦鏜云當爲衍文。○按，此四字乃大鄭說易之語，非衍文也。易之言貞者多矣，獨此以「貞丈人」連讀，訓爲「問於丈人」。大鄭恐人惑，故附見其解。如王弼及孔氏疏中所引注皆以「正」釋「貞」，況象傳曰「貞，正也」。仲師此證蓋非是。

398 謂問於龜　閩、監、毛本「謂」誤「請」。×

399 筵不以廟堂者　監本「以」作「於」。

400 能御衆衆有朝正人之德　浦鏜云衍一「衆」。按，「朝」當爲「幹」字之誤。

401 引此三文者 惠校本「三」作「二」，此誤。

402 謂王者遷都 閩本同。監、毛本「王」誤「土」。×

典瑞

403 晉讀爲搢紳之搢謂插於紳帶之間 余本、閩、監、毛本同。宋本、嘉靖本「插」下有「之」。釋文「搢紳」作「薦申」，「插」作「臿」。按，賈疏引注作「謂插之於紳帶之間」，此脱「之」字。○按，「插」者正字，「臿」者假借字。

404 鎮圭尺有二寸 嘉靖本「圭」作「王」，蓋「玉」之誤。

405 釋曰搢插也 閩、監、毛本「搢」改「晉」。按，疏依本注讀。

406 終葵首謂大圭之上 監本「終」誤「經」。×

407 云鎮圭尺有二 浦鏜云下脱「寸」。

408 有執玉之法也 監本「玉」誤「王」。×

409 瑑有圻鄂瑑起 嘉靖本作「琢有沂鄂琢起」。按，此本疏中引注亦作「沂鄂」，釋文作「圻鄂」。○按，古通用。

410 蓋四廟圭各尺二寸 浦鏜云：「廟」誤「廟」，從儀禮通考續挍。

411 角即桓矣 閩、監、毛本「桓」誤「短」。×

412 天所郊亦猶五帝 浦鏜云「云」誤「天」。

413 僢而同邸 釋文作「僢而同柢」，此誤。○按，此作「邸」爲是。上經「四圭有邸」注中不改作「柢」字，則此亦不當改。況爾雅曰「邸，本也」，今爾雅作「柢」。司農自據當時爾雅，且司農「邸」有兩説，惟作「邸」斯二説可該。倘作「柢」，則不能該後説矣。

414 彼僢謂兩足相向　閩、監、毛本「彼」誤「被」。 ×

415 卹彼玉酇　余本同。嘉靖本、閩、監、毛本「酇」作「瓚」，從「邑」蓋訛。釋文：「卹彼，又作『邲』。」○按，説文有「邲」字，在卩部，从卩。又「卹」字在血部，亦从「卩」。

416 灌先王祭也　岳本、嘉靖本同。余本、閩、監、毛本「灌」改「祼」，惠挍本作「灌先玉祭也」，按，賈疏引注亦作「灌」。○按，「祼」、「灌」古今字，注「爵行曰祼」，依疏亦可作「灌」。

417 下有槃口徑一尺　嘉靖本作「二尺」。

418 此據禮器制度文　漢制考「禮」作「漢」。

419 故四玉有異　閩本同。監、毛本「玉」誤「三」。 ×

420 以土地以求地中　嘉靖本作「所求地中」。

* 先鄭玉人職　補，毛本「玉」上有「引」字。

421 以恤凶荒　唐石經、余本、岳本、嘉靖本、閩本同。監、毛本「恤」改「卹」。○按，「卹」當从卩。

422 云若今時以銅虎符發兵者　閩本同。監、毛本「今」誤「命」。 ×

423 故玉人云以爲上下一尺　惠挍本無「云」，此衍。

424 先鄭讀駔爲駔牙之駔　漢讀考云：「當作『鉏牙之鉏』，玉人注『牙璋有鉏牙之飾』。」

425 蓋當時有駔疾之語　毛本「駔」誤「組」。 ×

426 穀圭以和難　唐石經脱「以」。

427 宣公及齊侯平莒及郯　余本、嘉靖本、閩本同。監、毛本「郯」誤「剡」。按，釋文、賈疏皆作

「郯」。

428 晉侯使瑕嘉平戎于王　釋文作「叚嘉」，云「本又作『瑕』，亦作『假』」。○按，「叚」音假，古字也。

429 故治德以結好　岳本作「以治德結好」。

430 使大夫執以命事焉者　惠挍本同。閩、監、毛本「以」改「而」。

431 時聘無常期一也　閩本同。監、毛本「一」改「故」。

432 謂一服朝之職也　浦鏜云「歲」誤「職」。

433 約君來時會殷國爲壇　閩本同。監、毛本「國」誤「以」。×

434 柱左右齻及在口中者　余本、岳本、嘉靖本、惠挍本同。監、毛本「齻」作「顛」，閩本誤「瞋」。按，釋文作「顛」，云「儀禮作『齻』」。○按，「齻」字不古，當是儀禮本作「顛」，謂齒之盡處牙車也。

435 諸侯飯用粱　閩、監、毛本「粱」誤「梁」。×

436 案既夕禮葬時棺入坎　閩、監、毛本「既」誤「記」。×

437 案士喪禮云主人飯米　毛本「士」誤「土」，「主」誤「玉」。×

438 彼注象生時齒堅　○按，「齒」當作「齧」。

439 不徒柱左右與中央耳　閩、監、毛本「徒」誤「徙」。×

440 謂王所好賜也者　監本「王」誤「至」。×

附釋音周禮注疏卷第二十一

典命

441 此乃臣之儀也　浦鏜云「乃」下疑脱

「諸」。

442 則爲二伯分陝者也　監本「陝」作「陜」。○按，从二入合説文。

443 自外雖是周之同族　閩本同。監、毛本「之」誤「公」。

444 適與成方十里等　閩本同。監、毛本「與」誤「爲」。

445 於此唯見四命大夫　毛本「此」誤「比」。

446 鄭不言三公者　閩、監、毛本「三」誤「二」。

447 自然與公侯伯子男子未誓者　監本「自」誤「目」。

448 其士一命　余本、閩、監、毛本同。唐石經、岳本、嘉靖本「一」作「壹」，下同，當據正。

449 不問壹勞　閩、監、毛本「壹」改「一」。

450 廊中無相　浦鏜云「廟」誤「廊」。

451 當執圭璋也　惠挍本同。閩、監、毛本「執」改「以」。

452 此命卿亦是夏殷法　監本「亦」字空缺。[12]

453 五等諸侯同　閩本同。監、毛本「同」誤「國」。

454 爲三命命足矣　按，下「命」字疑衍。

455 亦是勉人爲高行　毛本「爲」誤「焉」。

456 大國三軍　閩本同。監、毛本「國」誤「軍」。

457 即有貳車　閩、監、毛本「貳」改「二」，非。

司服

458 祭社稷五祀則希冕　唐石經、諸本同。釋文：「希冕，本又作『絺』。」

459 毳罽衣也　余本、嘉靖本同。釋文亦作「罽衣」。閩、監、毛本作「罽」，譌。

460 希讀爲絺或作黹字之誤也　賈疏引書注「鄭君讀『希』爲『黹』，黹，紩也」。漢讀考據此謂「當云『希讀爲黹，或作絺，字之誤也』，以作『絺』爲字誤，鄭所不從也，下文『希以』、『希刺』二『希』皆當作『黹』」。

461 今尊其祭服　閩、監、毛本「今」誤「令」。

462 天作詩是祫之祭禮　閩、監、毛本「禮」誤「祀」。

463 則裨衣自究以下　毛本「裨」誤「裸」。×

464 謂刺繒爲繡次　毛本「繒」誤「繪」。○按，「刺」當作「刺」，七迹切，凡注疏中「刺繡」字同此。

465 以有兩翼即曰鳥　閩、監、毛本「即」改「則」。

466 何得猶名袞龍乎　閩、監、毛本「名」誤「明」。×

467 裳是陰從偶數　閩、監、毛本「偶」誤「隅」。×

468 今時伍伯緹衣　余本、嘉靖本同。閩、監、毛本「伍」改「五」。按，賈疏引注作「伍伯」，云「伍，行也；伯，長也」，然則今本作「五伯」非。

469 注云厲飾　閩、監、毛本「厲」誤「勵」。×

470 則爲適孫之婦　惠挍本同。閩、監、毛本「適」改「嫡」。×

471 故書弁作絣　毛本「絣」誤「絣」。

472 鄭司農絣讀爲弁而加環經　宋本、嘉靖本疊「弁」字。

473 故云經大如緦之經也　閩、監、毛本「云」誤「以」。　×

474 云佗國之臣則皮弁者　此本「佗」誤「沱」。閩、監、毛本誤「陀」，⑬

475 爲其妻出則不弔　浦鏜云「服」誤「弔」。

476 衰在内　閩、監、毛本同，誤也。余本、嘉靖本「衰」作「哀」，當據以訂正，下「哀在外」同。⑭

477 擬於吉　毛本「吉」誤「言」。　×

478 大荒飢饉也　閩、監、毛本同。余本、嘉靖本「飢」作「饑」，賈疏引注同。此作「飢」，非。○按，作「饑」則合於說文字指。⑮

479 自公之兖冕　監本「自」誤「目」。　×

480 衣有襦裳者爲端　釋文：「襦，本亦作『繻』。」　×

481 士之衣袂　此本及監本「袂」誤「袂」，今訂正。

482 大夫已上侈之　葉抄釋文作「以上移之」。⑯

483 惟在周公又王廟中　閩、監、毛本同。此本缺一頁。浦鏜云「文」誤「又」。⑰

484 不得申上服之意也　宋本「申」作「由」。

485 今兩邊袂亦各屬一幅　監本「兩」誤「雨」。　×

486 故云屬幅廣袤等　監本「袤」誤「裘」。　×

487 則此奠衣服也者　浦鏜云「也者」蓋誤倒。按，疑作「是也」。

488 所藏於椁中者　閩本同。監、毛本「椁」作「槨」。

典祀

489 掌其政令　余本、閩本同。疏標起訖亦云「典祀」至「政令」，唐石經、嘉靖本、監、毛本作「禁令」。按，釋曰「掌其禁令者，謂遮列不得有人來入域中，故云禁令」，則賈本亦爲「禁令」。此作「政」，誤。

490 典祀至政令　閩本同。監、毛本改「禁令」，是也。

491 芟掃之徵召也　余本、嘉靖本「掃」作「埽」，此從手者俗作。

守祧

492 注守祧至諸侯　閩、監、毛本「守祧」改「廟謂」，是也。⑱

493 既拚以俟　閩、監、毛本「拚」誤「枡」。×

494 士虞記文　閩、監、毛本「記」誤「禮」。

495 則守祧黝堊之　釋文：「堊，本或作『惡』，同。」×

496 黝讀爲幽幽黑也　諸本同。漢讀考謂「當作『幽，讀爲黝。黝黑也』，以上經注『黝』字皆當作『幽』」。○按，此亦以注改經，復以經改注之一。

497 又湆滌濯　惠挍本同。閩、監、毛本「湆」改「謂」，非。

498 祝命挼祭尸取菹梗于醢　監、毛本「祝」誤「祀」。閩、監、毛本「挼」誤「授」。按，「梗」爲「揳」之誤。

499 尸受振祭嚌之　閩本「嚌」誤「躋」，毛本誤「齊」。×

500 此義與祭地埋之同　惠挍本同。閩、監、毛本「埋之」誤「之理」。×

世婦

501 比其具　釋文：「比，本亦作『庀』。」按，注云「比，次也」，又司農讀爲「庀」，庀，具也。作「庀」非。

502 具所濯摡及粢盛之爨　余本、岳本、嘉靖本同。閩、監、毛本「摡」作「溉」，非，疏同。

503 比帥詔相其事同　閩本、岳本、嘉靖本同。閩、監、毛本「比」誤「此」。○按，比、帥、詔、相，上文四事也。

504 故云亦如之耳　閩本同。監、毛本脱「耳」。　×

505 凡王后有挎事於婦人　余本同。唐石經、嘉靖本「挎」作「攓」，當據正。閩本作「拶」，監、毛本作「摻」，皆訛。

506 出子亦拜二王後於堂下　閩本同，誤也。監、毛本「出」作「世」，當據正。監本「子」誤「乎」。　×

507 得有赴王喪者　此本「王」字剜擠，閩、監、毛本遂排入。

內宗

508 佐王后薦玉豆籩　閩、監、毛本「玉」誤「王」。

509 故於此揔結之也　惠挍本同。閩、監、毛本「於」改「以」。

外宗

510 視視其實　余本、嘉靖本同。閩、監、毛本上「視」作「眂」。○按，注易經古字爲今字，則弟一字已改，淺人乃以經改注。

511 凡祭祀贊玉齍　閩、監、毛本「玉」誤「王」。

512 獻獻酒於尸　閩、監、毛本同。余本、嘉靖本「於」改「于」，非。

513 注獻獻酒於尸○釋曰　閩本同。監、毛本脱上六字。

附釋音周禮注疏卷第二十二

冢人

514 大事于大廟　閩本同。監、毛本「于」改「於」。×

515 因彼國葬而爲造塋之主　閩本「主」誤「王」。惠棟云：主，一本作「祖」。

516 若父爲天王卿昭　閩本「卿」誤「鄉」，監、毛本改「是」。

517 此文自王已下皆有　閩、監、毛本「已」改「以」。

518 天子墳高三刃　毛本「刃」改「仞」。

519 樹以藥草　惠校本作「樹以欒」。○按，「藥」、「欒」字形之誤。「草」，衍字耳。説文亦曰「大夫欒」。

520 天子十月而葬　惠校本作「七月」，此誤。

521 大夫以咸　釋文：「咸，本又作『緘』。」○按，「咸」、「緘」古今字。

522 及竁至窆器　監本「窆」誤「竁」。×

523 以案僖二十五年左傳云　閩本同。監、毛本「以案」改「案左」，「左」字複下，「以」蓋「此」之誤。○按，「以案」不誤。

524 此按檀弓公肩假云　此本「此」字剜擠，當衍。閩、監、毛本排入。

525 言言問其不如法度者　余本、嘉靖本同。閩、監、毛本「法」改「灋」。×

526 孔子謂爲芻靈者善　閩、監二本「爲」誤「其」。×

527 以其旂旗在車所建　惠挍本同。閩、監、毛本「旂」改「旌」。×

528 欲破先鄭以芻靈與象人爲一　惠挍本無「欲」。

529 唯改芻靈爲象人　閩本同。監、毛本「唯」改「惟」。×

530 即遂入壙　毛本「入」誤「人」。×

531 笙竽備而不和　浦鏜云「竽笙」字誤倒。

墓大夫

532 萬民所葬也　余本、岳本同，嘉靖本、監、毛本「也」作「地」，閩本先作「也」，後剜改「地」，此本及閩本疏中標起訖皆剜改「也」爲「地」。○按，作「地」是也。經文前曰「公墓之地」，此曰「邦墓之地」。

533 其有子孫爲卿大夫士　監本「其」誤「則」。×

534 族葬各從其親　諸本同。惠挍本「葬」下有「謂」。

535 云度數爵等之大小者　毛本同。閩、監本「爵等」誤倒。×

536 後相容　余本、岳本、嘉靖本同。閩、監、毛本「後」作「使」。按，「使」字複上，蓋涉疏文誤。疏云「使相容者」，蒙上「使各有區域」言之也。

職喪

537 謂含襚贈賵之屬　閩、監、毛本「襚」誤「襚」。×

538 又案士喪禮兼有贈賵無常　浦鏜云：「幣」誤「賵」，語見記中。⑲

539 號謂謚號　毛本「謂」誤「爲」。

540 令令其當共物者　余本、嘉靖本同。閩、監、毛本「共」改「供」，非，疏中此本亦作「供」。

05—541

職喪依式令之　惠校本作「職喪遣令之」。

校記

❶南昌本出文頂格，下有校語「唐石經周禮卷第五」。

❷南昌本「以」下有「字」字。

❸南昌本「正本」誤「正木」。

❹南昌本將此條出文標爲注文，疑當是疏文。

❺南昌本此條補於177條后，疑當在177條前。

❻南昌本出文「王」改「皇」，校語改作「監、毛本皇誤王。此本此頁補刻亦誤王，今從閩本訂正」。

❼南昌本出文「故」上有「亦順所可知」，出文下有「字，順所下有在字」。

❽南昌本出文「臣」作「神」，校語「毛本同」作「毛本神同」，「誤也」無「也」字，「嘉靖本臣作神」無「臣」字，「當據以訂正」作「今據以訂正」。

❾南昌本出文「謂」改「親」，校語作「此本及余本親作謂。嘉靖本、閩、監、毛本作親，後同」，無「此本及余本作謂，非」，有「今據訂正」。

❿南昌本校語「疫厲」作「疫癘」。

⓫南昌本「説文」誤「釋文」。

⓬南昌本出文「卿」改「卿」。

⓭南昌本校語作「閩、監、毛本佗誤陀」。

⓮南昌本下有「○今訂正」。

⓯南昌本出文「飢」改「饑」，校語改作「余本、嘉靖本同。閩、監、毛本饑作飢。賈疏引注亦作飢，非，後同」。

⓰南昌本「袳」作「移」。

⓱南昌本下有「○缺頁今補」。

⓲南昌本下有「○今依訂正」。

⓳南昌本出文「案」改「按」。

周禮注疏校勘記卷六

06—001 春官宗伯下　唐石經缺，釋文但題「宗伯下」三字。

大司樂

002 成均之法者　余本、嘉靖本同。閩、監、毛本「法」改「灋」，疏及下並同。✕

003 教胄子是也　釋文作「育子」，云「本亦作『胄』」。九經古義云：「説文引虞書曰『教育子云養子使善也』。爾雅『育』、『胄』皆訓『長』，故馬注尚書云『胄，長也，教長天下之子弟』。」按，此注當與説文同，作「教育子」，陸本是也。

004 泮宮周學也　釋文：「泮，本亦作『頖』，同。」✕

005 尚書傳詩云　浦鏜云「傳説」誤「傳詩」。

006 爾雅釋訓文也　孫志祖云監、毛「訓」誤「親」。

007 倍文曰諷　釋文亦作「倍文」，賈疏作「背文」，瞽矇疏引此注同。○按，此注用古字，疏用今字之一證。

008 答述曰語　余本、嘉靖本「答」作「荅」，此從竹，非。

009 又爲吟詠　閩、監、毛本「詠」作「咏」。

010 大磬　漢讀考云：「經典舜樂字皆作『韶』。説文革部『鞀，或作鞉，或作鼗。籒文作磬，從殸，召聲』，是則周禮爲古文假借字。」

011 堯能殫均刑法以儀民　閩、監、毛本同，誤也。余本、岳本、嘉靖本「殫」作「禪」。余本、岳本載音義同。葉鈔釋文「能禪，時戰反」，今通志堂本改作「殫」，非也。按，賈疏引注「堯能殫均刑法以儀民」，而曰「彼云義終，此云儀民」，不全引其文，言殫、禪有異，是賈疏本作「殫」也。

012 大韾舜樂也　監本「韾」誤「磬」。

013 樂之文武中　孫志祖云內則注作「樂之文武備」。

014 是敷土之事也　按，當作「傅土」。

015 彼云除其災災即邪　閩、監、毛本「災」並改「虐」。○按，「虐」是也。

016 本黃帝樂名曰咸池　毛本「曰」誤「由」。

017 章名雖堯樂　經義雜記作「大章名雖堯樂」，此因複舉「大章」，遂脱一「大」字。

018 故此大卷一爲黃帝樂也　經義雜記曰：「一，當作亦。」

019 則雲與大卷爲一　經義雜記作「則雲門」，此亦因上疊「雲門」字而誤脱。

020 案條牒論云　惠挍本、閩本同。監、毛本「條」誤「脩」。

021 祝融之樂曰屬續　毛本「續」誤「讀」。

022 以律立鍾之均　監本「立」誤「直」。

023 笙鏞以間　漢讀考作「笙庸」。按，賈疏釋此注云「庸，功也。西方物孰有成功，亦謂之頌，頌亦是頌其成也」，然則賈本、鄭注本作「庸」字。

024 鳥獸鎗鎗　余本同。嘉靖本、毛本作「牄牄」，閩、監本作「蹌蹌」。按，釋文作「牄牄」，云「本又作『蹌』」。此本疏中亦作「牄牄」。

025 始於左旋　監本「於」改「而」。

026 自此已下皆然　閩、監、毛本「已」改

「以」。

027 皆神仕職文 閩、監、毛本「仕」誤「社」。○按，此謂「凡以神士者」一章。

028 但彼明旦所祭小神用樂無文 毛本脱「用」字。浦鏜云「日」誤「旦」。

029 即二王後丹朱也 毛本「王」誤「主」。 ×

030 云鳥獸瑲瑲者 毛本同。監本改「蹌蹌」，非。下同。

031 乃分樂而序之 余本、嘉靖本、毛本同。閩、監本「序」作「祀」，誤。唐石經「乃分樂而」以下缺。石經考文提要云：宋本九經、宋纂圖互注本、宋附釋音本、余仁仲本皆作「乃分樂而序之」。

032 後云祀天者 惠本同。閩、監、毛本改「祭天」，非。❶

033 春秋左氏傳云 毛本「春秋」誤「專秖」。 ×

034 明不據偏歌詩也 宋本「歌」下有「毛」。

035 鄭云六者言其均 閩本同。監、毛本「言」誤「云」。 ×

036 鄭云先擊鍾 毛本「擊」誤「季」。 ×

037 十月建焉而辰在析木 毛本「十」誤「六」。 ×

038 乃奏大蔟 余本、嘉靖本、毛本同。閩、監本「蔟」作「簇」，非。注疏及下同。釋文作「大蔟」。唐石經缺。石經考文提要云：宋纂圖互注本、宋附釋音本、余仁仲本皆作「蔟」。

039 應鍾亥之氣也 下脱「十月建焉」四字，閩、監、毛本皆有。

040 若薦祭言之 惠挍本無「薦」。

041 用血與郊同 閩本同。監、毛本「血」下衍「祭」。

042 五嶽四鎮四竇　釋文：「竇，本亦作『瀆』，同。」×

043 以其南呂上生姑洗之九三　宋本、閩本同。監、毛本「南呂」下增「六二」兩字。

044 歌函鍾　閩、監、毛本同。岳本、嘉靖本作「函鍾」，釋文作「函」，此訛。唐石經此缺，下作「凾鍾爲宮」。

045 姜嫄無所妃　釋文：「嫄，本亦作『原』。妃，本亦作『配』。」×

046 下生夷則之九五　惠挍本作「上生」，此誤。

047 是周之子孫　毛本「周」誤「其」。×

048 凡祭以某妃配　惠挍本作「其妃」，此誤。

049 下生無射之上九　惠挍本作「上生」。

050 故書播爲藩　九經古義云：「古『藩』字亦作播。尚書大傳五行傳云『播國率相行事』，鄭注云『播，讀爲藩』。」

051 以爲六者各據爲首　惠挍本同。閩、監、毛本「爲」作「其」。

052 地祇高下之甚者　岳本「祇」皆改「示」，非。

053 故鳥不裔　釋文：「裔，本又作『獝』，亦作『𢧤』，同。」×

054 九奏而致不同者　惠挍本「致」作「至」。

055 揔釋地祇與動之神物　閩本同。毛本「動」字實缺。監、毛本「物」誤「來」。

056 非直有樂兼有德　閩本同。監、毛本

「有樂」誤「以樂」。

057 若然不言原隰而云土祇者 閩本同。監、毛本「然」下衍「彼」，「而」下衍「乃」。

058 云尚書云 閩本同。監、毛本上「云」改「又」。

059 九磬之舞 釋文：「九磬，依字九音大，諸書所引皆依字。」困學紀聞云：「山海經『夏后開得九辯、九歌以下，始歌九招於大穆之野』，史記『禹乃興九招之樂』，索隱曰『即舜樂簫韶九成』，呂氏春秋『帝嚳命咸墨作爲舞聲，歌九招、大列、六英。帝舜令質修九招、六列、六英，以明帝德』，然則九招作於帝嚳，舜修而用之。」

060 地祇則主崐崘 釋文：「崐崘，本又作『混淪』。」 ×

061 輿鬼之外 葉鈔釋文作「與鬼」，云「本亦作『輿』」。 ×

062 無射上生中呂 浦鏜云「下」誤「上」。

063 竹枝根之末生者 余本、閩、監、毛本同。宋本、岳本、嘉靖本「末」作「未」，此本疏中亦作「末」。按，根末生者，故云孫竹，作「未」誤也。詳漢讀考。

064 九磬讀當爲大韶字之誤也 惠校本無「也」，此本疏標起訖云「注此三」至「之誤」，亦無「也」字。漢讀考云：「此謂『九』爲『大』之字誤。」

065 大護已上 閩本同。監、毛本「護」作「濩」。

066 用之禮凡祭祀 浦鏜云「周」誤「用」。

067 不見有宗廟禮神之玉 監本「玉」誤「王」。 ×

068 天社神位 浦鏜云「坤」誤「神」。

069 姑洗爲徵後先生用 閩本剜倒「先生」

字，監、毛本承之。

070 大蔟爲徵先生後爲用也　閩本同。監、毛本無下「爲」。

071 以絲多後先生用也　閩、監、毛本作「生先用也」。

072 有不明知之不取者　宋本同。閩、監、毛本「明」作「敢」。

073 云五聲宫之所生　閩本同。監、毛本「云」下有「凡」。

074 大宫所生大吕爲角　宋本作「人宫」，此誤爲「大」，閩、監、毛本改作「天」。

075 枝幹也　閩、監、毛本「幹」作「榦」，下同。

076 尸出入　唐石經、余本、岳本、嘉靖本同。閩、監、毛本「尸」改「屍」，疏同。釋文作「屍出」，云「音尸，本亦作尸」。惠校本疏中亦作「尸」。○按，説文「尸，陳也。屍，終主也」，此經用「屍」爲假借。

077 升祭訖出廟門　盧文弨曰通考「升」作「及」。

078 詩與樂爲之章　閩本同。監、毛本「之」作「篇」。

079 王有入出之時　閩、監、毛本作「出入」。

080 王大食三宥　唐石經、余本、岳本、嘉靖本同。閩、監、毛本「宥」改「侑」，注中同。余本、岳本載音義作「宥」，葉鈔釋文同。石經考文提要云：宋本九經、宋纂圖互注本、宋附釋音本皆作「宥」。漢讀考云：「有司徹注曰『古文侑皆作宥』，然則以『宥』爲『侑』，古文假借字。」

081 大食朔月月半　嘉靖本作「朔日」。浦鏜云按疏下疑脱「加牲」二字。

082 皆朔月加牲體之事　浦鏜云「皆」疑「有」字誤。

083 亦有樂侑食矣　惠校本「侑」作「宥」，下同。○按，疏内自可作「侑」。

084 大傀異烖　説文：「傀，偉也，从人鬼聲。周禮曰『大傀異』。」按，古人於災異散言皆通，對文則異。此言「大傀異」，下言「大烖」，則對文也。故鄭注此云「傀，猶怪也。大怪異謂天地奇變若星辰奔霣及震裂爲害者」，注下「大烖」云「烖，謂水火也」。今本經注「大傀異」下皆有「烖」字，蓋涉下文誤衍也，當從説文所引。○按，傀異烖，烖之傀異者，非常之變也，不當據説文疑有衍字，鄭注亦曰「大傀異烖」。

085 嶽在雍州　余本、岳本、嘉靖本同。閩、監、毛本「嶽」改「嵩」，非。按，賈疏亦作「嶽」字。

086 但五州五鎮得入嶽名　監本「入」誤「人」。

×

087 籥有聲者不入用　宋本「者」作「音」。

088 則去者不入　惠校本、毛本同。閩、監本「入」改「用」。

089 據廟中其縣之樂　浦鏜云「其」疑「所」之譌。

090 去其藏之而不作　毛本「藏」誤「彼」。

×

091 隋慢不恭　余本同。嘉靖本、閩、監、毛本「隋」改「惰」。

附釋音周禮注疏卷第二十三

樂師

092 云謂以年幼少時教之舞　惠校本、閩本同。監、毛本下衍「者」。

×

093 維清奏象舞　惠校本、閩本同。監、毛本下衍「也」。

×

094 有帗舞　漢讀考云：「説文『翇，樂舞執全羽以祀社稷也。从羽，犮聲，讀若紱』，大鄭云『全羽』，正以其字從羽知之也。疑今注有脱誤，當云『故書帗作翇，皇作⿱羽王』。鄭司農云『翇，舞者全羽社稷以翇』，蓋大鄭從故書與許同，後鄭從今書作帗也。地官舞師職當亦然。」

095 鄭司農破⿱羽王爲皇也 監本「農」誤「晨」。×

096 羽舞爲析羽相對解之 惠挍本無「相」，此衍。

097 魚尾雞喙 宋本作「啄」。

098 趨以采薺 唐石經、諸本同。釋文作「采齊」，云「本又作『薺』」。

099 以鍾鼓爲節 唐石經、余本、岳本、嘉靖本同。閩、監、毛本「鍾」改「鐘」，注及疏同。

100 於大寢朝廷之儀 監本「儀」誤「義」。×

101 受享於廟則迎之 閩本同。監、毛本「廟」誤「朝」。×

102 若饗食在廟 惠挍本「饗」作「享」。×

103 則皆迎法 閩本同。監、毛本「皆」下有「有」字。

104 云趍以采薺 閩、監、毛本「趍」作「趨」，下並同。

105 既言趍以采薺 閩本同。監、毛本「薺」誤「齊」。

106 皆於庭中遙奏采薺 閩本同。監、毛本下有「矣」。

107 入亦是靜 毛本「入」誤「人」。×

108 惟貍首在樂記 余本、嘉靖本「惟」作「唯」。

109 采蘋者樂循法也 監本「蘋」誤「頻」。×

110 大夫士五節 閩本同。監、毛本「士」下衍「皆」。

111 即燕義所云是也　惠挍本、閩本同，誤也。監、毛本改作「射義」爲是。

112 云掌其敘事者　閩、監、毛本「敘」作「序」。

113 又引燕禮者　惠挍本、閩本同。監、毛本「引」作「云」，非。

114 詔來瞽皐舞　説文：「皋，气皋白之進也，从本，从白。禮『祝曰皋，登歌曰奏』，故『皋』、『奏』皆从本。周禮曰『詔來鼓皋舞』，皋，告之也。」按，鄭司農云「瞽當爲鼓，皐當爲告」，後鄭云「皐之言號，告國子當舞者舞」。先鄭以「瞽」爲「鼓」，與許同。後鄭則如字讀皐爲呼號，即告義也，不必易字，後鄭與許同。

115 呼擊鼓者　監本「擊」誤「繫」。

116 亦謂祭末至徹祭器之時　浦鏜云「未」誤「末」。❷

117 謂帥學士使之舞　閩本同。監、毛本「士」誤「上」。

118 非直序樂令鍾鼓令相　閩、監、毛本「相」誤「詔」。

119 其中詔來瞽歌徹等皆如之　宋本「瞽」作「鼓」。

120 帥射夫以弓矢舞　監本「帥」誤「師」。

121 率當爲帥　漢讀考云：「『率』與『帥』今人混用，而漢人分別。毛詩『率時農夫』，韓詩作『帥時農夫』。周禮『帥都建旗』，説文作『率都建旗』。聘禮注曰『古今帥皆作率』。凡周禮『帥』字故書當皆作『率』。」

122 雜以干戚羽毛謂之樂　浦鏜云「旄」訛「毛」。

123 軍事言凡者 孫志祖云監本「事」誤「士」。❸

124 故亦然言凡以該之 浦鏜云「然」衍字。

125 笙竽備而不和是也 惠挍本作「竽笙」，此倒。眡瞭疏引作「竽笙」。

126 眡葬獻明器之材 閩本同。監、毛本「眡葬」下有「獻器遂哭注云至將葬」十字。○按，此因兩「獻」字相重而誤脱也，以監、毛本爲是。

127 此序哭明器之樂器 毛本同。閩、監本「序」誤「事」。

大胥

128 則按此籍以召之 閩、監、毛本同。余本、岳本、嘉靖本、漢制考「按」皆作「案」。

129 先取適子高七尺已上 釋文作「以上」，此作「已」非。

130 年十二到年三十 閩、監、毛本及漢制考所引同。余本、嘉靖本「十二」作「二十」。按，賈疏云「十二者誤，當云二十至三十」，然則舊本皆作「十二」，作「二十」者，據賈疏改也。惠士奇云劉昭引此亦作「十二」，似非誤。

131 不言者以其漢法 監本「者」誤「之」。✕

132 祭未有相飲之法 漢制考「未」作「末」，此誤。

133 謂舞者皆持芬香之采 漢讀考云「采」當作「菜」。

134 士見於君以雉爲摯 余本、嘉靖本同。閩、監、毛本「摯」作「贄」，非，下句仍作「摯」。毛本「士」誤「七」。

135 鄭大夫讀比爲庀 釋文作「爲庀」。

136 謂鼓鍾笙磬柷敔之等　閩、監、毛本「柷」誤「祝」。×

137 擊鼓以召之　閩、監、毛「擊」誤「繫」。×

138 注云小祭祀　宋本無「云」。

小胥

139 觵其不敬者　釋文：「觵，本或作『觥』，同。」×

140 祭未飲酒　閩本同。監、毛本「未」改「不」。按，「未」當爲「末」。

141 士特縣　釋文「特」作「犆」，云「本亦作『特』」。唐石經缺。

142 縣於筍虡者　毛本「虡」改「簴」。按，釋文作「簴」，葉鈔本作「簴」。

143 惟器與名　余本、嘉靖本「惟」作「唯」。×

144 云樂縣謂鍾磬之屬縣於簨簴者　閩、監、毛本「簴」作「虡」。

145 樂人宿縣于阼階東　閩本同。監本「于」誤「牙」，毛本改「於」。

146 其南鍾其南鑮　閩、監、毛本「鑮」誤「鎛」。

147 國君於其臣備二面爾　閩、監、毛本「二」作「三」。

148 鄭司農云以春秋傳曰　段玉裁云當作「鄭司農説」。

149 分爲東西也　監本作「西東」。

大師

150 正月建焉而辰在娵訾　毛本「焉」誤「寅」。嘉靖本「娵」作「陬」。

151 蕤賓又下生大吕之六四大吕又上生夷則之九五夷則又下生夾鍾之六五

夾鍾又上生無射之上九　閩、監、毛本同，誤也。余本、岳本、嘉靖本「下生」皆作「上生」，「上生」皆作「下生」，當據以訂正。盧文弨曰：禮記月令正義、春秋昭二十年正義引此注皆不誤。

152 上生者三分益一　毛本「一」誤「五」。×

153 七百二十九分寸之四百五十一　余本、嘉靖本同。閩、監、毛本「九」誤「七」。×

154 木柷敔也　監、毛「柷」誤「祝」。×

155 黄鍾大蔟沽洗等　閩、監、毛本作「姑洗」，下並同。

156 以九爲法　監本「九」誤「几」。×

157 林鍾初九　閩本同，誤也。監、毛本改作「初六」，是。

158 皆三天地之法也　浦鏜云當作「皆參天兩地」。

159 異位者象母子者　今注作「子母」，蓋誤倒，當從賈所引。

160 律長九寸　監本「寸」誤「十」。×

161 其實一籥者　監本「實」誤「貴」，「一」字空缺。

162 而因爲之歌邶鄘衛　閩、監、毛本同。余本、嘉靖本、惠校本「因」作「曰」。

163 興者託事於物　監本「興」誤「與」。×

164 以六德爲之本　唐石經、嘉靖本「本」作「夲」。

165 乃後可教以樂歌　余本、嘉靖本同。閩、監本「乃」作「然」。毛本「後」誤「夜」。

166 令奏擊拊　唐石經、諸本同。浦鏜云：此及下「令」字，鄭注樂記「會守拊鼓」下引作「合」，以證「會」義。經如作「令」，則當音力呈反，如小師職注

「大師令奏」是。今釋文無音，明本不作「令」。按，孔氏正義本作「合」，故云「謂大師合奏樂之時，先擊拊而合奏之」，又云「合奏時親擊輮以奏之」。宋本禮記注疏二「合」字皆改作「令」，非。賈疏「令奏鼓輮」云「欲令奏樂器之時，亦先擊輮導之也」，當本作「合奏樂器」。

167 主歌騶虞　閩、監、毛本同，誤也。余本、嘉靖本「主」作「王」，此本疏中標注亦作「王」，當據以訂正。

168 鄭司農云以師曠曰　閩、監、毛本同，誤也。余本、岳本、嘉靖本「云」作「説」，當據正。

169 沽洗南吕以南　閩、監、毛本改「姑洗」，非。賈疏多用「沽」字。

170 作匱謚　唐石經、諸本同。岳本「謚」改「謚」，非。○按，用毛居正之謬説也。

171 誦作謚時也　惠校本無「也」。浦鏜云「謂」誤「誦」。

172 小師　毛本「小」字空缺。

173 簫管弦歌　唐石經、余本、嘉靖本、毛本同。閩、監本「弦」改「絃」，注及疏同。

174 出音曰鼓　嘉靖本「音」下有「者」。六經正誤云：「出音者曰鼓，闕『者』字。」○按，嘉靖本「者」字誤衍，有「者」字則「鼗」、「柷」、「敔」可通，而「塤簫管弦」不可通。凡出其音皆曰「鼓」，非，必有他物以出之也。毛氏居正以有「者」字與其改「鼓」爲「鼓」之説相合，乃從此誤本，而謂無「者」闕矣。

175 如今賣飴餳所吹者　閩、毛本同。余本、嘉靖本、監本「餳」作「錫」。釋文「飴餳，辭盈反。李音唐」，此本疏及載音義皆作「餳」。○按，从「昜」是也。

176 塤六孔　釋文作「六空，音孔」。×

177 管如篪六孔　余本、嘉靖本、閩、監、毛本同。

岳本「箎」作「篪」爲是，「篪」从「虒」聲。

178 玄謂管如篴而小　孫志祖云詩周頌有「瞽」。疏引鄭注「而」作「形」。

179 併兩而吹之　惠挍本無「兩」。

180 今大子樂官有焉　嘉靖本、閩、監、毛本同，誤也。余本、岳本「子」作「予」，當據正，疏中同。○按，光武樂曰「大子」，見後漢書及文選兩都賦注。

181 鳥爲火火成數七　此本剜劑一「火」字，閩、監、毛本排入。

182 升歌皆有瑟　閩、監、毛本「瑟」誤「琴」。

183 敔木虎也者　惠挍本無「也」。　×

184 敔狀如木虎　浦鏜云「伏」誤「木」。

185 亦自有拊擊之　監本「自」誤「缺」。　×

186 鄭知徹祭器歌詩者　惠挍本「詩」作「雍」，此誤。

187 鄭司農云朄小鼓名　此本及閩、監本脱「農」字，今據余本、嘉靖本、毛本補正。

188 和錞于　釋文：「錞，本或作『淳』。」　×

瞽矇

189 簫管弦歌　監本「歌」誤「細」。

190 故書奠或爲帝　岳本云「或作帝」。

191 教之世而爲之昭明德而廢幽昏焉　余本、嘉靖本、閩本同。監、毛本「世」下脱「而」。　×

192 以怵懼其動　釋文云：「怵懼，北本作『休』。」按，國語楚語作「休」，韋昭曰「休，嘉也」，北本是。賈疏引國語亦作「休」。

193 別釋名此揔云　閩本同。監、毛本「名」

誤「之」。

194 莊王使士亹傅大子箴　惠挍本、閩本同。此本「箴」字模糊，監、毛本遂誤作「臧」。

195 以休懼其動　閩、監、毛本依注改「怵懼」，非。

196 即帝王繫也　宋本作「王帝」。

眡瞭

197 視瞭播鼗　毛本「視」改「眡」，非。

198 注視瞭至南陳　閩、監、毛本「視」改「眡」。

199 大師當縣則爲之　嘉靖本、閩、監、毛本同。余本「當」作「掌」。盧文弨曰按疏是「當」字。

200 小胥正樂縣之位　此本及閩本「位」誤「碚」，監本誤「差」，今據毛本訂正。

201 杜子春云讀鼜爲憂戚之戚　余本、嘉靖本無「云」，此衍。

典同

202 故書同作銅　按，此疑當爲「故書銅作同」。司農從今書作「銅」，後鄭從故書作「同」。經文不作「六銅」者，從後鄭本也。尚書顧命篇亦今文作「銅」，古文作「同」。○按，前說非也。故書作「銅」，注甚明了，未可牽合尚書顧命今文古文而疑之，謂書、禮今文必「銅」字，書、禮古文必「同」字，失之固矣。

203 執同律以聽軍聲　漢讀考作「執銅律」。按，此據先鄭本耳。今大師職作「同」，從後鄭本也。

204 皆以銅爲　余本、嘉靖本同。閩本「爲」下剜擠「之」字，監、毛本因之。按，此本疏中標起訖云「注陽聲」至「銅爲」，亦無「之」字，亦閩本剜擠，監、毛本承其誤。

205 方有三也　閩本同。監、毛本「三」改

「四」，誤。

206 六律右旋　浦鏜云「左」誤「右」。

207 黃帝使泠綸自大夏之西　惠校本作「泠淪」，此與漢志同。閩、監、毛本改「伶倫」，非。

208 取竹之脱無溝節者也　惠校本無「取」，此衍。

209 生其竅均厚者　惠校本作「厚均」。

210 七丈爲引　浦鏜云「十」誤「七」。

211 微聲韽　唐石經、諸本同。閩、監本「韽」作「韽」，毛本作「韽」，皆訛。

212 杜子春讀硍爲鏗鎗之鏗　毛本「鏗鎗」誤「鏗鏘」。漢讀考「硍」作「硍」，云「此杜從作『硍』之本，而易爲『鏗』字，今本作『讀硍』，誤。音義『硍』、『鏗』皆苦耕反，陸時蓋未誤也」。

213 韽讀爲鵪鶉之鶉　閩、監本「鶉」皆誤「韽」。漢讀考云「爲」當作「如」。

214 鍾形下當踝　閩、監、毛本同，誤也。余本、嘉靖本「踝」作「踝」，當據正。釋文：「踝，音婢。」

215 衮然旋如裹　余本、嘉靖本、閩、監、毛本同。岳本、惠校本「裹」作「裹」。按，「衮」、「裹」一聲之轉，故讀從之，「衮」亦與「卷」通，卷旋，即裹義也，蓋作「裹」是。釋曰「言旋如裹，謂聲周旋如在裹」，是賈本作「裹」字。

216 韽讀爲飛鉆涅韽之韽　釋文作「飛鉆」，賈疏作「飛鉗」，云「言察是非語飛而鉗持之」。集韻二十四「鹽」、二十五「沾」皆云「鬼谷篇有『飛鉆涅闇』」。段玉裁云集韻所本者是也。注當作「涅闇」之「闇」。

217 甄讀爲甄燿之甄　余本、嘉靖本、閩、監本同。毛本「燿」作「燿」。按，賈疏本作「燿」，云「讀從春秋緯甄燿度」。〇按，「甄燿」即「震燿」。古人「震」多讀平聲。古本作「濯」者，亦當讀爲「燿」。

218 甄猶棹也　閩、監本同，誤也。余本、嘉靖本、毛本「棹」作「掉」，當據正，下同。釋文出「掉也」二字。○按，鳧氏云「長甬則震」，注云「鐘掉則聲不正」，亦以「掉」釋「震」，是知「甄」、「震」一字，「甄」爲「震」之假借也。「震」有平、去二音，「甄」亦可平可去，故集韻云「甄，之刃切，掉也，鐘病聲」。

219 衮然旋如裏者　惠校本「裏」作「裹」，下並同。

220 云陂讀爲險陂之陂者　毛本「者」誤「不」。

221 此險與陂相對　惠校本「陂」作「詖」。

222 皆言從横辨説之術　惠校本「辨」作「辯」。

223 令此回而微圜　閩本同。監、毛本「令」誤「今」。

224 則弁是口揔狹　毛本同。閩、監本「狹」誤「挾」。

225 故云侈弁之所容者　浦鏜云「者」當「也」字誤。

附釋音周禮注疏卷第二十四

磬師

226 凡祭祀奏縵樂　唐石經、岳本、嘉靖本同。余本、閩、監、毛本「凡」誤「及」。石經考文提要云：宋本九經、宋纂圖互注本、宋附釋音本、余仁仲本皆作「凡祭祀」。

鍾師

227 金謂鍾及鎛　閩、監本「鎛」誤「鏄」，疏同。

228 以是二者皆不編　閩、監、毛本「二」誤

「三」。

229 **納夏** 唐石經、諸本同。釋文作「夏納」，云「本或作『納夏』」。經義雜記曰：「左傳襄四年『金奏肆夏之三』，杜注『四曰納夏』。釋文作『夏納』，云『本或作納夏』，誤。又春秋正義曰『定本納夏爲夏納』，依陸氏之書，知舊本是『夏納』，今周禮作『納夏』，非也。」

230 **齊夏** 釋文「齊」本又作「齋」。按，「齋」，俗字。○按，「齋」者正字，「齊」者假借字。

231 **裓夏** 余本、嘉靖本同。釋文、唐石經作「裓夏」，字從衣。宋人書「衣」、「示」往往不加區別，閩、監、毛本因作「祴」矣，注及疏并下笙師同。○按，「祴」見説文示部「祴，宗廟奏祴樂也」，唐石經从衣，乃大誤。

232 **金奏肆夏三** 浦鏜云「夏」下脱「之」。

233 **繁遏執傹也** 余本、岳本同。嘉靖本作「傹」。閩、監、毛本「傹」改「競」，非，下同。釋文作「執傹」，云「詩作『競』」。

234 **渠思文** 余本、岳本、嘉靖本、閩本同。監、毛本「文」下增「也」。

235 **趨以采茨** 閩、監、毛本「茨」作「薺」。

236 **周南終麟止** 閩、監、毛本「止」改「趾」，非。此與詩釋文合。○按，足趾字古作「足止」，「止」乃正字。

237 **鼓讀如莊王鼓之鼓** 漢讀考云：「『莊王鼓之』見宣十二年公羊傳，當云『莊王鼓之之鼓』，今脱一『之』字。」

笙師

238 **掌教龡竽笙塤籥簫箎篴管** 余本、閩、監、毛本同。唐石經、嘉靖本「箎」作「篪」爲是。

239 **竽三十六簧** 余本、岳本、嘉靖本同。閩、監、毛本「三」誤「二」。

240 篪七空　余本「空」作「孔」，下仍作「空」。按，當並作「孔」。釋文：「七空，音孔。下同。」經、注本作「空」者，據釋文本改也。賈疏亦作「空」。

241 杜子春讀篴爲蕩滌之滌　漢讀考云「爲」當作「如」。

242 司農云七孔　上引注作「空」，引廣雅作「孔」。此亦當作「空」，涉上廣雅誤。

243 其端有兩空　閩、監、毛本「空」改「孔」，非。

244 其中有椎　閩、監、毛本「椎」誤「推」。

245 大喪臨廞樂器　閩、監、毛本「喪」誤「師」。

246 鎛師　閩、監本「鎛」誤「鎛」，注及疏同。

247 樂作擊編鍾　閩、監、毛本「作」誤「則」。

248 春秋傳所謂寘將趨者　掌固注引作「寘將趣者」，今左傳作「寘將掫」，説文同。禮説云：「左傳『扞掫』，齊世家作『爭趣』。」按，趨、趣、掫皆聲相近。❹

249 金奏之樂者即八音是也　閩、監、毛本無「者」。

250 旦明五通爲發昫　監本「昫」誤「眗」。

251 韎師　唐石經、諸本同，字從末。閩本作「韎」，誤。○按，説文从「韋」，末聲。五經文字作「韎」，音末。五經文字从末，則唐石經从未誤也。

252 以其專主夷樂　閩、監、毛本「專」誤「擊」。

旄人

253 西夷之樂曰株離　閩、監、毛本「株」改「侏」。

254 爲其聲歌是也　浦鏜云「與」誤「爲」。

籥師

255 文舞有持羽吹籥者　余本「舞」誤「武」。

籥章

256 掌土鼓豳籥　唐石經、嘉靖本同。閩、監、毛本「豳」作「豳」。

257 豳籥豳國之地竹　釋文音經「豳籥」，云「注『邠』同」。段玉裁取此爲經用古字，注用今字之一證。今本皆改爲「豳」矣。

258 伊耆氏之樂　釋文：「耆，又作『帆』、『阢』，二皆音耆。」○按，从几聲是，从九聲則非。余本載音義作「阢」，是也。

259 更不見豳籥　毛本「見」誤「覺」。×

260 並不言有祀事　閩、監、毛本「並」改「并」。

261 田祖先嗇者也　浦鏜云「也云」誤「者也」。

262 七月又有穫稻作酒躋彼公堂稱彼兕觥萬壽無疆之事　閩、監、毛本同。余本、嘉靖本「穫」作「獲」，「觥」作「觵」。按，釋文「躋堂，子兮反」，無「彼公」二字，蓋陸本作「躋堂稱觵萬壽無疆之事」。惠校本删「彼公」、「彼兕」四字。注約舉其事，非引詩全文也。

263 亦各有葦籥可知　浦鏜云「各」疑「合」字誤。

鞮鞻氏

264 南方曰任　釋文曰「任」音「壬」，葉鈔本作「音任」，則陸本注當作「南方曰壬」。

265 持弓助時養　浦鏜云：「羽」誤「弓」，從白虎通挍。○按，此等未可肊定爲誤。

266 皆於四門之外有辟是也　閩本同。

監、毛本「有」作「右」，是也。○按，「右辟」猶「右邊」也，如左傳之「西辟」。

267 陽伯之樂舞株離　閩本同。監、毛本「株」作「侏」，下並同。

268 言象萬物生株離　惠挍本「生株離」作「生離根株也」。

269 四夷之樂誰謂舞　閩本同。監、毛本删「謂」。按，「謂」疑當作「爲」。

270 以其下季春云大合祭　浦鏜云「樂」誤「祭」。

典庸器

271 又籍晉之功　浦鏜云：「藉」誤「籍」。

272 帥其屬而設筍虡　唐石經、諸本同。毛本「虡」改「簴」。此本及毛本「帥」誤「師」。

273 從者爲鐻　釋文：「爲鐻，音距。舊本作此字，今或作『虡』。」按，經作「虡」，注作「鐻」。此亦段玉裁經作古字，注作今字之證也，「鐻」在漢爲今字。

司干

274 受干與羽籥也　浦鏜云「授」誤「受」，下並同。

275 故主戈盾　閩、監、毛本「主」誤「士」。

276 鎛師云擊晉鼓　浦鏜云「主」誤「云」。

大卜

277 掌三兆之灋　唐石經、諸本同。釋文作「三𠧞」，云「亦作『兆』」。按，古文經當作「𠧞」，注從今字作「𠧞」。今本後人援注所改。○謂前説非也。經、注皆未嘗作「𠧞」。「𠧞」乃俗字，後人所造，竄入説文者。周禮有作「𠧞」者，俗本耳。

278 其象似玉瓦原之亹鏬　余本、嘉靖本同。閩本「疊」誤「亹」，監、毛本改「璺」。按，釋文作

「疊」，云「依字作『壘』」，則本不作「壘」可知。葉鈔釋文「鏄」作「呼」。

279 上古以來作其法可用者有三　賈疏引注作「上古以來其作法可用者有三」，讀亦異。

280 大卜至原兆　閩、監、毛本「大卜」下衍「掌」。×

281 此依下文華氏云　閩本「華」誤「華」，監本誤「箠」。

282 遂吹其焌契　閩本同。監、毛本「吹」改「歈」。

283 頌謂繇也　岳本「繇」改「繇」，俗字，下同。釋文亦作「繇」。

284 又重之以墨坼也　監、毛本「坼」誤「圻」。×

285 曰蝨曰尅　岳本、嘉靖本「尅」作「剋」。

286 圛氣落圛不連屬　按，「落圛」當作「驛」。

287 揲蓍變易之數　葉鈔釋文「揲」作「抴」，毛本「蓍」誤「著」，皆誤。×

288 似山出内氣變也　閩本同。余本、嘉靖本、監、毛本無「變」字。臧禮堂云：春秋襄九年正義引此注作「出内雲氣也」，今本作「氣變」，誤。按，賈疏云「雲氣出内於山，故名易爲連山」，是賈疏本本作「雲氣」，當據正。

289 連山虙戲　余本、嘉靖本、閩、監、毛本作「宓戲」。此本疏中引注亦作「宓」。釋文「宓」作「虙」，「戲，本又作『虧』。音羲。」

290 三少爲重錢　閩、監、毛本作「單錢」，當據正。此複下。

291 八爲少陰也　閩本同。監、毛本脱「爲」。×

292 天能周市於四時　閩、監、毛本「市」誤「布」。

293 掌三夢之灋　唐石經、諸本同。釋文作「三瞢」，不成字，蓋説文「㝱」字之譌耳。「㝱」者正字，「夢」者假借字也。

294 讀如諸戎掎之掎　監本上「掎」誤「荷」。漢讀考作「讀爲諸戎掎之之掎」，云「下云『掎亦得也』，可知鄭之易字矣。今本作『讀如』非」。

295 運或爲緷當爲煇　釋文出「作緷爲煇」四字，則上「爲」當是「作」。

296 夜有夢　毛本「有」誤「則」。×

297 於將卜以命龜也　釋文：「命，亦作『令』。」×

298 象謂災變雲物　嘉靖本、閩、監、毛本同。余本「災」作「灾」，釋文作「菑」。×

299 此既大事而兼言筮者　毛本「既」誤「即」。×

300 猶有西面命龜　毛本「面」誤「命」。×

301 孝子某以下與前同　浦鏜云「孫」誤「子」。❺

302 是征亦得爲巡狩之事也　閩、監、毛本「狩」作「守」。

303 則眂高作龜　釋文作「視高」，非。

304 卜用龜之腹骨　余本、嘉靖本同。閩、監、毛本「用」誤「因」。按，賈疏引注亦作「用」。

305 令可爇也　葉鈔釋文「爇」作「蓺」爲是。

306 正問於龜之事有二則有二則　監、毛本删一「有二則」。閩本上「則」作「其」。

307 有姪娣以廣愛疏　閩、監、毛本「愛」作「親」。

308 如并爲公卿通計嗣之禮　浦鏜云「計」疑「繼」字誤。

309 叔弓帥師壇鄆田是也　閩、監、毛本「壇」改「疆」，下「壇界」同。

310 知大事宗伯臨卜者　閩、監、毛本「臨」改「涖」。

311 按下葦氏云　閩、監、毛本「葦」誤「華」。

312 作謂發使豐拆　閩本同。監、毛本「豐」改「釁」，非。

313 輕於大遷大師也　閩、監、毛本同。余本、岳本、嘉靖本無「也」。

卜師

314 開開出其占書也　余本不重「開」字，此衍。○按，據疏亦重「開」字，然余本爲是。

315 今言四兆者　閩、監、毛本同。余本、嘉靖本「今」作「此」。

316 但開出占兆書爲四兆　毛本「但」誤「與」。×

317 但名此四部爲方功義弓　毛本「此」誤「之」。×

318 孰灼之明其兆　浦鏜云：「爇」誤「孰」，疏同，從集注挍。○按，浦鏜誤也。灼者，炙也。炙之不熟，其兆不明。「孰」者，今之「熟」字。「爇之」訓「燒」也，古皆言「灼龜」，未有言「爇龜」者。

319 卜人作龜卜人作龜　余本脱一「卜人作龜」。

320 以其與卜師同職　毛本「同」誤「司」。×

龜人

321 左倪靁　此本及閩、監、毛本「靁」誤「靈」，今據余本、岳本、嘉靖本訂正。

322 杜子春讀果爲贏　閩、監、毛本同，誤也。余本、岳本、嘉靖本「贏」作「羸」，當據正。釋文音經「果，魯火反，注『羸』同」。

323 但在陽方　毛本「但在」誤倒。×

324 但未有探蓍之法　浦鏜云「揲」誤「探」。

325 周以建寅上春釁　毛本「上」誤「卜」。×

326 亦或欲以歲首釁龜耳若　浦鏜云「者」誤「若」。

327 與周異矣　毛本「矣」改「也」。

328 彼注與此後注義同也　閩本同。監、毛本「與」誤「於」。×

329 六曰蓍龜　浦鏜云「筮」誤「蓍」。○按，此不誤，賈氏所據爲長。

330 常在蓍叢下也　閩、監、毛本「也」改「潛伏」二字。

331 華氏　唐石經、諸本同。葉鈔釋文作「垂氏」，云「本又作『華』」，余本載音義同。

332 燋讀爲細目燋之燋或曰如薪樵之樵　漢讀考云：「『爲』當作『如』。細目燋讀同焦，其字不當從火，轉寫誤也。『曰如』當作『讀爲』。」

333 遂歙其焌契　說文：「焌，然火也。从火，夋聲。周禮曰『遂龡其焌』。焌火在前，以焞焯龜。」按，今本「龡」作「歙」者，從炊省也。○按，說文「龡」从「龠」，炊聲。

334 以柱於樵火　浦鏜云「燋」誤「樵」。

占人

335 占人亦占筮　岳本「筮」改「簭」，非。凡經作「簭」，注作「筮」。

336 坼兆璺也　余本、嘉靖本、閩本同。監、毛本「璺」改「釁」，非。○按，「璺」、「亹」、「舋」皆俗字，「釁」是正字，凡小學必推其源流而後定其是非。

337 凡卜象吉　諸本同。浦鏜云「體」誤「象」，疏同。

338 就正墨旁有奇釁鑄者　閩本同。監、毛本「旁」改「傍」。

339 故壇所即卜云　浦鏜云「云」疑衍。

340 則繫幣　唐石經、諸本同。釋文作「則毄，音係」。○按，古文假「毄」爲「係」。凡作「繫」者，皆後人所改俗字也。

簭人

341 故知其御及車右勇力　閩本同。監、毛本「其」改「是」。

342 求觀於鄭　浦鏜云「御」誤「觀」。

343 鄭人卜宛射犬吉　閩本同。監、毛本「犬」誤「大」。

344 即事有漸也　余本、嘉靖本、閩本同。監、毛本脱「有」。　×

附釋音周禮注疏卷第二十五

345 占夢　唐石經、諸本同。釋文：「占夢，本又作『㝱』。」按，説文㝱部云「㝱，寐而有覺也。从宀、从爿，夢聲」，引周禮「以日月星辰占六㝱之吉凶」，「夢」皆作「㝱」，故陸氏本又作「夢」，此後人據今本乙改也。當云「㝱，本又作『夢』」。

346 陰建在戌　漢制考「戌」作「戊」。

347 春秋緯云王者休　按，「王」上當脱「生」。

348 以此推之　毛本「推」誤「惟」。　×

349 日始有謫　閩、監本同。余本、嘉靖本、毛本「謫」作「適」，當據以訂正。釋文、賈疏皆作「適」。

350 故于爲主人　監、毛「于」作「干」，皆「午」之譌。閩、毛本改「知」，非。

351 老童楚象　惠挍本「老童」作「童子」。

352 **二曰噩夢** 困學紀聞云：「列子『夢有六候』，與占夢同。『噩』作『蘁』。」按，説文引周禮作「㖾𥧌」，蓋許讀「噩」爲「㖾」。○按，「㖾」即今「咢」字，杜云「驚愕」是也。許所據周禮實作「㖾」，杜本蓋同。

353 **噩當爲驚愕之愕** 葉鈔釋文「愕」作「鄂」。○按，釋文是也。

354 **四曰寤夢** 釋文「寤，本又作『𡪎』」，説文作「悟𥧌」。❻

355 **覺時道之而夢** 廣韻引此「時」下有「所」。按，上「思夢」注云「覺時所思念之而夢」，則此亦當有「所」字，今本脱也。

356 **喜悦而夢** 閩、監、毛本同。余本、嘉靖本「悦」作「説」，此本疏中亦作「説」。

357 **或云其字當爲明** 閩、監本同。毛本「爲」誤「謂」。余本、岳本、嘉靖本「或」作「又」，當據正。

358 **猶釋采也** 余本、嘉靖本、閩、監本同，誤也。毛本「采」作「菜」，與下「釋菜」及「菜始生」正一例。岳本、嘉靖本上下皆作「釋采」，非。❼

359 **難謂執兵以有難郤也** 余本「郤」作「卻」爲是。❽

360 **疫厲鬼也** 閩、監、毛本同。余本、嘉靖本「厲」作「癘」爲是。❾

361 **杜子春難讀爲難問之難** 閩、監、毛本同，誤也。余本、岳本、嘉靖本上一「難」字作「儺」，當據正。

362 **其字當作難** 余本、岳本、嘉靖本、閩本同。監、毛本「難」誤「儺」。

363 **命國儺** 余本、岳本、嘉靖本同，下並同，誤也。閩、監、毛本皆作「難」，當據以訂正。

364 **故先令方相氏** 監本同，毛本「先」改

「告」，皆非。閩本作「故云」，當據正。

365 以其難去疫癘　毛本同。閩、監本「癘」作「厲」，非。

366 去九門磔禳者　浦鏜云「云」誤「去」。毛本「磔」作「礫」。

眡祲

367 煇謂日光炁也　釋文：「炁，本亦作『氣』。」按，賈疏引作「謂日光氣也」，「炁」俗字，下注皆作「氣」。

368 象者如赤烏也　嘉靖本作「赤鳥」。

369 如煇狀也　釋文：「如暈，本亦作『煇』，音同。」按，日旁氣字當作「暈」，從日。今本作「十煇」之「煇」，非。

＊ 闇日月食也　補，毛本「月」下有「食」字，此本誤脱。

370 敘者雲有次序也　閩、監、毛本同。余本、嘉靖本無「也」，此衍。○按，毛本「也」誤「敘」。

371 想者煇光也　閩、監本同。余本、嘉靖本、毛本「煇」作「輝」，此誤。

372 故闇蒙也　閩、監、毛本「蒙」誤「朦」。×

373 主安居其處　浦鏜云當作「主安其居處」。

374 占夢之官見有妖祥　閩本同。監、毛本「有」誤「其」。×

大祝

375 此六辭皆是祈禱之事　盧文弨曰通考作「六祝」。

376 按一曰已下　閩本同。監、毛本「已」改「以」，下「自此已上」同。

377 寧風旱即迎時雨　閩、監本同，誤也。當從毛本作「逆時雨」。

378 四曰禜　唐石經「禜」字缺。

379 號呼告于神以求福　閩、監、毛本同。余本、岳本、嘉靖本無「于」，此衍。賈疏引注亦作「號呼告神」。

380 則水旱癘疫之災　賈疏云「傳文『癘疫之災於是乎禜之』，此云『不時』者，鄭君讀傳有異」。孫志祖云：據疏當作「水旱癘疫之不時」，兼有𨛬人注可證，今本作「災」，是後人據左傳改。段玉裁亦云當作「不時」。

381 柰何以陰侵陽以卑侵尊　漢制考無下「以」。

382 又曰乃立引以相副　閩本同。監、毛本「立」作「竝」。

383 將用師三字　毛本「字」誤「事」。×

384 明先以爲尊命責之　浦鏜云「爲」衍字。

385 不知禬用何禮　監本「禬」誤「繪」。×

386 一曰祠　諸本同。唐石經缺。漢讀考云：「『祠』當是『詞』之誤。大行人『協辭命』注『故書協辭命作汁詞命。鄭司農云詞當爲辭。玄謂辭命，六辭之命也』。是故書『辭』作『詞』之證。」

387 禆諶草創之　余本、嘉靖本同。閩、監、毛本「禆」作「裨」，非。此本疏中引注作「卑」。葉鈔釋文及余本載音義皆作「卑」。○按，漢書古今人表作「卑」。⑩

388 胥命于蒲　毛本「于」改「於」。×

389 曾孫蒯瞶　余本、嘉靖本「瞶」作「聵」，此從目，訛。

390 誄謂積累生時德行以錫之　閩、監、毛本同。余本、嘉靖本「錫」作「賜」。按，疏中引注亦作「賜」。

391 不憖遺一老　閩、監、毛本「憖」作「憗」，皆訛。釋文、余本、嘉靖本作「憖」，當據正。

392 嬛嬛予在疚　釋文「嬛嬛，求營反。在疚，九又反」，不出「予」字。按，左傳「予」作「余」，此注「余一人」亦作「余」，陸本或無此字。

393 杜子春云　余本、岳本、嘉靖本同。閩、監、毛本「云」改「曰」，非。×

394 玄謂一曰祠者　賈疏引注作「玄謂一曰辭者」。按，鄭君從司農改「祠」爲「辭」，故下云「辭之辭也」。此仍作「祠」，非。

395 辭之辭也　賈疏引作「是此之辭也」，非是。

396 禱是之辭　余本、嘉靖本同。閩、監、毛本作「是禱之辭」。

397 故以辭苞之　閩、監、毛本「苞」作「包」，下同。

398 此命誥之議　浦鏜云：「義」誤「議」，從儀禮通解續挍。

399 齊人輸范氏粟　浦鏜云「人」誤「入」。

400 衛爲大子禱而爲此辭　浦鏜云上「爲」字衍。

401 以此出會中含有盟　監本「有」誤「其」。×

402 謂與族人飲食宴之處　浦鏜云「族」誤「飲」。

403 一室兼此數事　毛本「事」誤「字」。×

404 云是之辭者　浦鏜云「是」下脱「禱」。

405 爲犧牲皆有名號　賈疏引注「爲」作「謂」，此誤，諸本同。

406 雞曰翰音　嘉靖本「雞」作「鷄」。×

407 粢號謂黍稷皆有名號也　嘉靖本同。閩、監、毛本「粢」改「齍」，「謂」誤「爲」。余本作「粢」，岳本作「謂」，與此合。

408 黍曰香合　余本、嘉靖本同。閩、監、毛本「香」改「薌」，下句「香」字及疏同。

409 粱曰香箕　賈疏、余本、嘉靖本、閩本「箕」作「萁」。釋文作「香其」，此從竹，非。閩、毛本「粱」作「梁」。○按，「粱曰香其」，釋文是也，説詳禮記。

410 故號此二牲　監本作「三牲」。 ×

411 六曰擩祭　漢讀考「擩」字經、注皆作「㨎」，云「儀禮『㨎』字屢見，開成石經以下，特牲、少牢作『㨎』不誤，公食大夫、士虞及周禮誤作『擩』。以子春讀如芮，儀禮、周禮釋文皆曰『而泉反，一音而劣反，劉又而誰反』證之，則其字定爲耎聲。今本説文作『擩，染也』，引周禮『擩祭』，則并其原本改之以致。五經文字云『㨎，字書無此字，見禮經』，然則當張參時，説文、字林、玉篇皆已有『擩』無『㨎』矣」。

412 擩讀爲虞芮之芮　岳本、嘉靖本同。閩、監、毛本「爲」誤「謂」。漢讀考云：「此『讀爲』當作『讀如』，擬其音如芮耳。經、注『擩』字皆『㨎』字之誤。」

413 如今祭殤無所主命　漢讀考云：「『殤』當爲『禓』。説文示部『禓，道上祭也』，正司農所謂『羨之道中無所主命』也。」

414 擩祭以肝肺菹　余本「肺」作「胏」，下並同。此本亦下並作「胏」。○按，「胏」非也，「肺」訓乾肉。

415 以手從肺本　釋文出「從持肺」三字，云「劉、沈皆子容反。今本或無『持』字，『從』則如字」。按，賈疏本亦無「持」字。

416 衍字當爲延　閩本「字」誤「宇」。 ×

417 取白黑以授尸　監本「白」誤「自」。 ×

418 **主祭食** 閩、監、毛本同。余本、嘉靖本「主」作「王」，當據正。賈疏引注不誤。

419 **共綏執授** 援神契「共」作「供」。按，注引孝經説「共綏」爲「授綏」，以證「共」之訓「授」耳。疏云「共此綏祭」，非也。宋王應麟辨之，困學紀聞云：「續漢禮儀志注、孝經援神契曰『尊三老者，父象也。謁者奉几，安車輭輪，供綏執授』。宋均曰『供綏三老就車，天子親執綏授之』。永平二年養老詔有『安車輭輪，供綏執授』之語。」

420 **振祭已下** 閩、監、毛本「已」改「以」。×

* **注杜子至執授** 補，此本脱「執授」二字。

421 **司農云以初祭擩于鹽** 閩、毛本同。監本「祭」作「時」，「云」疑衍。

422 **此據挼義而言也** 閩、監本作「挼祭」，毛本作「振祭」。

423 **孝經諱文** 閩、監本同，誤也。毛本「諱」作「緯」，當據正。

424 **辨九摻** 閩、監、毛本同，誤也。余本作「挎」，亦非。釋文、唐石經、嘉靖本作「𢷎」，當據正。廣韻十六「怪」「𢷎」下引作「辯九𢷎」。

425 **一曰𥡴首** 唐石經、諸本作「稽首」，釋文作「䭫首」，云「本又作『稽』」，毛本改從釋文。

426 **以享右祭祀** 毛本「祀」誤「祝」。

427 **拜頭至地也** 監本「地」誤「也」。×

428 **𥡴顙而后拜** 閩、監、毛本同。余本、嘉靖本「后」作「後」，當據正。此蓋因疏引檀弓文竄改，而疏中反互改爲「後」。

429 **動讀爲哀慟之慟** 葉鈔釋文作「哀動」，余本載音義亦作「動」，今通志堂本作「哀慟」。

430 **書亦或爲董振董以兩手相擊也** 疏云

「書亦或爲董振之董者，讀從左氏董之以威，是董振之振」，漢讀考云「『書亦或爲董』句絕，疏誤」。

431 王動色變　余本作「變色」。

432 其稽稽留之字　浦鏜云當從儀禮經傳通解作「稽是稽留之義」。

433 以敝邑介在東表　閩本同。監、毛本「敝」誤「敵」。×

＊ 敢不稽首　補，此本脱「首」字。

434 拜中最輕　閩本同。監、毛本「中」誤「曰」。×

435 云齊衰不杖已下者　閩、監二本「已」改「以」。×

436 拜而后稽顙　閩、監、毛本「后」改「後」，下同。×

437 非謂文相返　浦鏜云：「義」誤「文」，從儀禮通解續校。

438 此雜記云　監本「此」誤「止」。×

439 不據衆子常稽顙者　閩、監、毛本「常」誤「當」。⓫

440 或云奇讀曰倚　閩、監、毛本「云」改「曰」，非。×

441 此二者后鄭皆不從之　閩、監、毛本作「後鄭」，此誤，下三「后鄭」同。

442 後鄭亦從　閩、監、毛本「後」誤「后」。×

443 按今文大誓得火烏之瑞　閩、監、毛本「烏」誤「鳥」。

444 以給烝享　監本「烝」作「蒸」，非。

445 令鐘鼓右　閩、監、毛本同。唐石經、余本、嘉靖本「鐘」作「鍾」，此後人改從正字耳。

446 相尸禮　唐石經、諸本同。葉鈔釋文作「相屍」。 ×
○按，此古本從叚借字。

447 肆𠑹所爲陳尸設𠑹也　惠挍本「爲」作「謂」。

448 付練祥　唐石經諸本同。毛本「祥」誤「詳」。

449 甸人主設復䄔　閩、監本同。毛本「䄔」誤「稊」，余本、嘉靖本作「梯」，葉鈔釋文同。

450 使以禱於藉田之神也　毛本「藉」誤「籍」。 ×

451 故後鄭不從　監本「後」誤「從」。 ×

452 祔祭於祖□　監本「祔」誤「附」。「祖」下實缺一字，閩本删去，監、毛本作「廟」。

453 代王受眚災　毛本「眚災」誤倒。

454 彼注與此意同　毛本「意」誤「異」。 ×

455 軍將出類祭上帝　毛本「軍」誤「下」。 ×

456 經直云禁督逆祀命　毛本同。閩、監本「云」誤「示」。 ×

小祝

457 禳禳卻凶咎　余本同。閩、監、毛本「卻」誤「郤」。

458 二者即是禳　浦鏜云「三」誤「二」。

459 故揔謂之禱祠之祝辞　閩本「辞」作「辭」，監、毛本誤「號」。

460 爲始祭逆尸而入　浦鏜云「爲」當「謂」字。

461 欲自此已上　浦鏜云「欲」下當脱「見」。

462 故書濔爲攝　閩、監本「濔」誤「弭」。

463 銘書死者名於旌　漢讀考「銘」作「名」，云

「此司農從今書作『名』也，今本作『銘』非是」。

464 爲銘各以其物　釋文：「爲名，音銘，下『取名』同。」按，司農從今書，士喪禮注亦云「今文『銘』皆爲『名』」。今本「爲名」及下「取名」皆改「銘」，非也，當從陸本。

465 𧹞末長終幅　余本、閩、監、毛本「𧹞」作「赬」，嘉靖本作「赬」。按，釋文作「縝」，與集韻同，賈疏作「赬」。○按，作「赬」是也。

466 粥餘飯　毛本「粥」誤「竹」。　×

467 故以其旗識之　釋文「旗識」下重「識」字，云「並傷志反，一讀下『識』如字」。漢讀考云：「子春所引檀弓與鄭君注士喪皆云『故以旗識識之』，今本周禮注少一『識』字。釋文獨爲善本。」

468 既殯置於階西上　浦鏜云「階西」字誤倒。

469 銘所以表柩　毛本同。閩、監本「柩」誤「旌」。　×

470 士喪禮曰　毛本「曰」誤「口」。　×

471 君沐粱大夫沐稷　閩、監、毛本「粱」誤「梁」，下同。毛本「稷」誤「即」。

472 置銘于熬上　閩、監本同。毛本「上」作「二」，則下屬「二事相當」爲句。

473 王七祀五者　閩、監、毛本同。徐本、余本、嘉靖本疊「祀」字，此脱。

474 據大師氏之文而言耳　浦鏜云「氏」當衍文。按，或「職」之誤。

475 則惟爲以血釁鼓　毛本「爲」誤「薦」。

476 祈號也者　盧文弨曰：通考「也」作「祝」。此誤。

477 故大師用小祝以讀祝耳　監本「小祝」誤「小祀」。

478 祀與社文孤　閩本同。監、毛本「孤」誤「此」。

479 外内小祭祀者　監本「外」誤「祭」。

480 小軍旅者王不自行　毛本「不」誤「下」。

附釋音周禮注疏卷第二十六

喪祝

481 防謂執披備傾戲　釋文：「傾戲，音虧。」按，賈疏引注作「傾虧」。

482 作六軍之執披　浦鏜云「之」下脱「士」。

483 下文及朝御匶是也　閩、毛本同。監本「匶」作「柩」。

484 謂喪祝主命役人開之也　監本「祝」誤「視」。

485 菆塗龍輴以椁　釋文作「龍楯」。

486 加斧于椁上　毛本「于」改「於」。

487 故至於祖考之廟而後行　監本「考」誤「孝」。

488 將殯於曲沃　閩、監、毛本同。余本、嘉靖本「於」作「于」。

489 以御正柩也　毛本同。閩、監本「正」誤「王」，下節疏同。

490 公子重耳入於晉　閩本同。監、毛本「於」改「于」。

491 未通其記　浦鏜云「記」當「説」字誤。

492 發凡則是關異代　閩、監、毛本「則」誤

「例」,「關」誤「闢」。○按,此等寂見十行本之善。

* 主一人既祖奠徹　補:案,「主」下「一」字誤衍。

493 後言乃載車向外於文到　閩本同。監、毛本「到」改「倒」。

494 注喪祝至更也　監本「更」誤「庚」。×

495 引柩車出　監本「柩」誤「板」。×

496 四翣之屬　釋文:「翣,本亦作『翣』。」×

497 葬日設大遣奠而出　監本「大」誤「人」。×

498 以巫祝桃茢執戈　諸本同。段玉裁云:此及下二「茢」字當本同上作「厲」,如縫人注改「翣」爲「翣」之類,釋文音上「桃厲」云「記作『茢』」,正謂與此注不同也。

499 是襄二十九年左傳文　監本「九」誤「克」。×

500 名尸爲殯耳　監本「殯」誤「殰」。×

* 掌勝至祠　補,「祠」下當有「焉」字。[12]

501 故云若亳社是矣也　閩、監、毛本「也」誤「者」。×

502 蓋揜其上而柴其下　閩、監、毛本「柴」改「棧」,非。此注作「棧」。公羊傳作「柴」,「柴」亦「棧」也。

甸祝

503 禱氣埶之十百而多獲　余本、岳本同。此本及嘉靖本「埶」訛「執」,今訂正。閩、監、毛本改爲「勢」。

504 云書亦或爲貉者　閩本同。監、毛本「貉」改「禡」。○按,「禡」是也,注故作「禡」,

疏云「毛詩、爾雅皆爲此字」可證。⑬

505 據出征之祭　閩、毛本同。監本「據」誤「禡」。×

506 若時征伐　閩、監本同，誤也。余本、嘉靖本、毛本「時」作「將」，當據正。

507 今侏大字也　禮説云：「揚雄國三老箴曰『負乘覆餗姦寇侜張』，侜張，猶張大也。大玄曰『修侏侏比于朱儒』，侏侏，長大皃。言雖長大，與侏儒等。」○按，説文無此字，當是「侜」之異體。⑭

508 直以禽祭之　此本及閩本誤「者以禽獸之」，今從監、毛本訂正。

509 云入又以奠於祖禰　監本「又」誤「反」。×

510 上經舍奠於祖廟謂出田　浦鏜云「時」誤「田」。

511 塗置瓶中　閩本同。監、毛本「瓶」誤「甄」。○按，毛直誤作「甄」，無此字，依醢人注古本則作「甀」。「甀」，説文作「𦈢」，小口罌也，俗本多改爲「瓶」字。

512 云今誅大字也者　閩、監本同，誤也，當從毛本作「侏大」。

513 是有祭事　監本「祭」誤「察」。×

詛祝

514 類造已下　閩、監、毛本「已」改「以」。×

515 加書于其上也　余本、嘉靖本、閩本同。監、毛本「于」作「於」，是也。

516 鄭司農云載辭以春秋傳曰　監、毛「載」誤「戴」。按，「云」當作「説」。⑮

517 則策載此辭謂之載　毛本「策載」誤倒。×

司巫

518 魯僖公欲焚巫尪　余本「尪」作「尫」，載音義同。

519 覬天哀而雨之　閩、監、毛本「雨」誤「與」。×

520 舞師謂野人能舞者　按，「謂」當「誨」字之誤。

521 當按視所施爲　閩、監、毛本同。余本、嘉靖本「按」作「案」。

522 葅讀爲鉏　漢讀考作「鉏讀爲葅」，云「經文作『鉏』，杜子春易爲『葅』，訓爲藉也。今本以注改經，復以經改注，不可通矣」。

523 或爲租飽　嘉靖本、監、毛本同。余本、閩本「租」作「葅」，當據正。禮説云：「飽，古文『包』字。天文訓曰『酉者，飽也。任包大也』，説文『包象裹妊，故曰任包』，然則『葅飽』者，謂以茅包墮祭而藏之也。」

524 元言之者　閩、監本同，誤也。余本、嘉靖本、毛本作「互言」，當訂正。

525 杜子至東縮　監本「縮」誤「宿」。×

526 大祝取得主　監本「主」誤「王」。×

527 饌于西坫上　閩、監、毛本「于」改「於」，非。×

528 升設於几東席上　浦鏜云「升」下脱「入」。

529 凡祭事守瘞　唐石經、諸本同。毛本「事」誤「祀」。

530 若有事然　監本「若」誤「故」。×

531 是以鄭云有祭事然　按，注作「若有事然」。

532 云祭祀畢即去之者　按，「祀」當作「禮」。

533 就巫下禓　毛本「禓」作「裼」，疏中同，釋文亦作「禓」。

534 鄭注云禓彊鬼　毛本同。閩、監本「彊」誤「疆」。×

男巫

535 以其授號文故二者之下　浦鏜云「承」誤「故」。

536 故知此六神皆授之號之　惠校本無下「之」。

537 無方無筭　唐石經、余本、嘉靖本、閩本同。監、毛本「筭」改「算」，非。注及疏及下同。○按，唐石經、宋槧多作「筭」，少作「算」者。

538 杜子春讀弭如彌兵之彌玄謂弭讀爲敉　漢讀考云：「『如』當作『爲』，『讀爲』應作『當爲』。」

539 招敉皆有祀衍之禮　毛本「敉」誤「牧」，疏中同。×

540 與侯禳意同　毛本「與」誤「爲」。×

女巫

541 凡邦至而請　閩、監、毛本「至」下多「歌哭」二字。

542 則大烖謂旱嘆者　浦鏜云「者」當「也」訛。

* 注有歌靈也　補：案，「歌」下當有「至」字。

543 謂一日之中　閩本同。監、毛本「一」誤「以」。×

大史

544 典則亦法也　余本、嘉靖本同。閩、監、毛本「法」改「灋」，非，下並同。×

545 曰官居卿以底曰　余本、嘉靖本、閩、監、毛本同，誤也。釋文作「厎曰」，音旨，當據正。此本疏中引作「底」，非。

546 故云建六典處六卿之職以解之　浦鏜云「以」當在「六卿」上。

547 凡辨灋者攷焉　諸本同。唐石經「辨」作「辯」，誤，下「辨事者攷焉」同。

548 掌盟載之法　閩本同。監、毛本「盟」誤「明」。×

549 考按讀其然不　毛本同。余本、岳本、嘉靖本「按」作「案」，可通。閩、監本「不」作「否」，非。浦鏜云「讀」疑衍字。按，浦鏜誤，蓋因疏語有「考按其然否」之文而誤會耳。辟灋者，開法讀之也。

550 正月立春節啓蟄中二月雨水節　閩本同。監、毛本「啓蟄」「雨水」互改，非。○按，古厤「啓蟄」在「雨水」前，不得以後世法改之。

551 一度更分爲三十二　監本「三」誤「二」。×

552 氣有十五日　此本及閩本誤「十三日」，今據監、毛本訂正。×

553 自餘仍有十一日　閩、監、毛本「自」誤「日」。×

554 天子頒朔于諸侯　余本、閩、監、毛本同，誤也。嘉靖本「頒」作「班」，賈疏引注同。凡經文作「頒」，注中多作「班」。○按，此亦段玉裁云經用古字，注用今字之一證。

555 而日斂之　監本作「市日」，當據正。

556 月月用羊告而受行之　閩、監、毛本誤「日月」。

557 猶天子日官失之　浦鏜云「猶」當作「由」。

558 詔王居門終月　説文王部「閏」字下云「告朔之禮，天子居宗廟，閏月居門中，从王在門中。周禮曰『閏月王居門中終月』」，引周禮多「中」字。

559 故月令孟春云青陽左个　「云」當「居」字之誤，下「孟夏」同。閩本「云」下剜擠「居」字，監、毛本遂排入。此引月令十二月原文皆有「居」無「云」。

560 仲春居青陽　閩本「居」上補刻「云」字，下「仲夏」、「仲秋」、「孟冬」、「仲冬」、「季冬」同。

561 季春云居青陽右个　此「云」字當衍，下「季夏」、「孟秋」、「季秋」同。

562 卜人占坼　監本「坼」誤「拆」。

563 讀禮書而協事　閩本同。唐石經、余本、嘉靖本、監、毛本「協」作「恊」，疏中準此。嘉靖本注中作「恊」。⑯

564 或爲汁　余本、閩本、毛本同。嘉靖本、監本「汁」作「叶」。按，釋文作「爲汁」。

565 謂校呼之　毛本「校」作「挍」，六經正誤云「校，當作挍。考挍之挍從手，欄校之校從木」。

566 所行依注謂之事　浦鏜云「依注」當「儀注」訛。

567 則大師主抱式　釋文：「抱式，劉音勑，今俗音如字。」史記龜策傳「援式而起」，徐廣曰「式，音勑」。漢讀考云：「漢書王莽傳、顏氏家訓『式』作『栻』。」按，漢制考引藝文志有「羨門式法」。困學紀聞云：「史記日者傳『旋式正棊』，唐六典『太卜令三式曰雷公、太一、六壬。其局以楓木爲天，棗心爲地』。『式』皆如字，蓋因以木爲之，故字又作『栻』。」

568 云大師瞽官之長者　閩本同。監、毛本「大師」、「瞽官」誤倒。　×

569 使大史將往賜之　毛本「史」誤「夫」。　×

小史

570 辨昭穆　唐石經、諸本同。釋文：「昭穆，或作『卲』，音韶。」按，小宗伯「辨廟祧之昭穆」，葉鈔釋文作「之卲，音常遙反」。周禮古文經當並作「卲」，因注中作「昭」，遂據以改經也。○按，此當是古文假借字。「卲」即説文卩部之「卲」字也，凡从卩字有書作㔾者。[17]

571 帝繫世本之中皆自有昭穆親疏　閩、監、毛本「中」改「上」，非。此本「皆」字剜擠，閩、監、毛本遂排入。

572 來駒失戈　浦鏜云「萊」誤「來」。

573 史以書叙昭穆之俎簋　漢讀考云：「『簋』當作『軌』。」

574 讀禮法者大史與羣執事　余本脱「讀禮」二字。

575 史此小史也　惠挍本作「此史」。

576 言讀禮法者　余本「禮」作「定」，蓋「礼」之訛。

577 故書簋或爲几鄭司農云几讀爲軌　漢讀考云：「當作『故書軌或爲九，鄭司農云九讀爲軌』。」

578 書亦或爲簋古文也　漢讀考云：「『或爲』下當有『軌』字，句絕，『簋古文也』四字句絕。謂此『軌』字乃『簋』之古文，不徑易『九』爲『簋』者。簋，秦時小篆必從周人作『軌』也。」[18]

579 欲誄於祝史　余本「誄」作「誅」，誤。　×

580 事相成也　閩、監、毛本同。余本、岳本、嘉靖本無「也」。按，賈疏標起訖云「注其讀」至「相成」，又疏中引注亦無「也」字，當刪正。

馮相氏

581 辯其敘事以會天位　唐石經、余本、嘉靖本同。閩、監、毛本「辯」作「辨」，注及下同。監、毛本此「敘」誤「序」，注同。

582 辯秩南譌　葉鈔釋文作「南僞」，余本載音義同。此本及閩、監本「僞」字皆剜改，蓋本作「僞」。

583 故以歲日跳度爲龍度天門也　浦鏜云「日」當「星」字誤。

584 日月五星俱赴於牽牛之初　閩本同。監、毛本「於」改「于」。浦鏜云「起」誤「赴」。

585 云歲日月辰星宿之位　閩、監、毛本作「星辰」，與注乖。○按，毛本「辰星」不誤。

586 注引國語者周語文　閩、監、毛本「周」誤「國」。

587 星在天元　浦鏜云「黿」誤「元」。

588 法神讀如引　浦鏜云：「注」誤「法」，因形相近也。閩、監、毛本因改「瀍」，其可笑有如此者。

589 至云所立八尺之表陰長丈三尺　浦鏜云：「注」誤「至」，「景」誤「陰」。

590 以冬至影長丈三尺反之　按，「影」當作「景」，上下皆作「景」。

591 分一寸爲十分分　按，下「分」字不當重。

592 分一寸爲十分　浦鏜云「一分」誤「一寸」。

593 故鄭并言井弦於牽牛　閩、監本同。

594 日東從青道云云　浦鏜云「月」誤「日」。毛本「井」作「升」，皆「月」字之訛。

595 出陰道則雨　惠挍本「雨」上有「陰」。

596 何得與日同乘黄道　閩、監、毛本「得」誤「謂」。

597 及問曰　浦鏜云「又」誤「及」。

保章氏

598 五星有贏縮圜角　余本「贏」作「嬴」。

599 日有薄食暈珥　釋文「暈」作「運」，云「本又作『煇』，又作『暈』，音同」。×

600 月有盈虧朓側匿之變　閩、監、毛本同。此本及閩、監本「朓」誤「眺」，從目，今訂正，監本疏中亦誤。余本、嘉靖本「盈虧」作「虧盈」，此誤倒，賈疏引注亦作「虧盈」。

＊ 嬴爲客客　補：案，「客」字誤重。

601 色赤角芒　閩、監、毛本「芒」誤「黄」。×

＊ 華岐以龍門積石　補：案，「以」下當有「西」字。

602 則大行以東至碣石王屋砥柱　閩本同，有則字，「砥」誤「眡」。監、毛本删「則」。

603 古黄帝時堪輿亡　毛本「黄」誤「皇」。×

604 時爲宋衞陳鄭栽　閩、監、毛本「爲」誤「謂」。×

605 按昭十二年　浦鏜云「三」誤「二」。

606 是歲越過　閩、毛本同。監本「越」誤「月」。×

607 其在所之國兵必昌　浦鏜云「所在」字誤倒。

608 存亡之數　監本「亡」誤「云」。×

609 **有氣者期遠而禍大** 閩本同。監、毛本「遠」誤「近」。

610 **天不足於西此** 閩、監本同，誤也。當從毛本作「西北」。⑲

611 **南風沽洗以南** 閩、監、毛本「沽」改「姑」。⑳

612 **五九四十五且變** 惠校本作「五九四十五日一變風」，此誤并「日一」爲「且」，又脱「風」。

* **至二驚蟄不見風** 毛本「二」下有「月」字。

613 **亦不如之** 惠校本作「亦可知之」。按，上云「則其餘四維之風主兩月可知」，故此云「亦可知」也。

614 **訪序事** 唐石經、諸本同。按，「序」當作「敘」。

615 **則當豫爲之備** 余本、嘉靖本同。閩、監、毛本「豫」改「預」。

616 **且謀今年天時占相所宜** 閩、監、毛本同。余本、嘉靖本「年」作「歲」，此本「年」字誤「嚴」，今訂正。㉑

内史

617 **掌王之八枋之灋** 唐石經、諸本同。釋文作「八柄」，云「本又作『枋』」。按，大宰作「八柄」。

618 **執國法及國令至政事以逆會計** 閩本同。監、毛本删作「執國至會計」。

619 **按小宰職有六序** 閩、監、毛本「序」改「敘」，下二「序」字同。

620 **糾逖王慝** 葉鈔釋文作「王匿」。○按，此恐「匿」譌「慝」是。

外史

621 固知王下畿外之命也　按，「固」蓋「因」之誤。

622 孟子又　按，「又」爲「文」之訛。

623 其文字之書名　浦鏜云「其」當「是」之訛。

624 此經宜云書名　閩、監本同，誤也，當從毛本作「直云」。㉒

御史

附釋音周禮注疏卷第二十七

625 凡數從政者　唐石經、諸本同。釋文「凡數」作「數凡」，從司農讀也。賈疏本作「凡數」。

626 故鄭後云者掌贊書數　閩本同。監本作「故從之云者」，「贊」誤「賔」，毛本又改作「故改之云者」。○按，當作「故從之云言掌贊書數」云云，文理乃順。監本「從」字獨是，依其説而後駁之也，惟「者」字乃「言」之誤。

巾車

627 以封同姓異姓之次敘　嘉靖本同。此本疏中亦云「次敘」，余本、閩、監、毛本「敘」作「序」。

628 鍚樊纓十有再就　唐石經、余本、毛本同。嘉靖本、閩、監本「鍚」誤「錫」，注及疏同。釋文：「鍚，音陽。」

629 三重三匝也　余本「匝」作「帀」。

630 今馬鞅　嘉靖本及漢制考同。閩、監、毛本「鞅」誤「鞅」。

631 正幅爲縿　葉鈔釋文作「爲幓」。

632 言諸末者　監本「諸」誤「者」。 ×

633 其畫服猶如上公　孫志祖云詩無衣正義引注「畫服」作「車服」，是。

634 此已下皆不云二曰三曰之等者

閩本同。監本「者」誤「若」。監、毛本「已」改「以」。

635 與卿同食小都五十里 監本「小」誤「大」。

636 經直云先 浦鏜云「朱」誤「先」。

637 乘此象路則建旞 監本「建」誤「見」。

638 更有玉金象爲飾 毛本「玉」誤「欲」。

639 或會事或勞師 監本下「或」誤「會」。浦鏜云「命將」誤「會事」。㉓

640 況吉之乘車有漆可知 監本「況」誤「見」。

641 故建其正色以春田 孫志祖云大司馬疏「春」下有「夏」字。

642 云蕃國謂九州之外 毛本同。閩、監本「云」誤「文」。

643 而賈氏謂前纓有結 閩本同。監、毛本「謂」誤「爲」。

644 乘墨車龍旂以朝 監本「墨」誤「黑」。

645 正禮雖不得 毛本「雖」誤「推」。

646 錫面朱總 唐石經、余本、嘉靖本同。閩、監、毛本誤作「錫面朱總」。石經考文提要云：宋本九經、宋纂圖互注本、宋附釋音本、余仁仲本皆作「錫面朱總」。

647 謂以如玉龍勒之韋 余本、閩本同。嘉靖本、監、毛本「玉」誤「王」。

648 彫者畫之 余本「彫」作「雕」。

649 安車坐乘車 毛本上「車」誤「居」。

650 鷖或作緊 毛本「緊」誤「翳」。

651 鷖讀爲鳧鷖之鷖　漢讀考上「鷖」作「緊」，云「今本誤」。

652 容謂幨車　毛本「謂」誤「爲」。✕

653 或曰幢容　余本、閩、監本同。嘉靖本、毛本及漢制考「幢」皆作「潼」。按，葉鈔釋文作「湩容」，云「本亦作『潼』」，余本載音義同，今通志堂本改作「幢容」，俗字。周禮注「幢」字皆從木作「橦」，賈疏本作「潼容」。

654 后從王賓饗諸侯所乘　監本「王」誤「玉」，下「朝見於王」同。✕

655 安車無蔽　余本、嘉靖本同。閩、監、毛本「車」誤「居」。

656 無幄而有容蓋　監本「容」誤「客」。✕

657 按曲禮上云　毛本同。閩、監本「云」誤「文」。✕

658 如以繒爲之　監本「以」誤「之」。浦鏜云「如」當「知」字誤。

659 毛氏亦云童容　閩、監、毛本改「潼容」，非。毛傳祇作「童」。

660 則重翟當王路　閩、監本同，誤也。當從毛本作「玉路」。

661 翟車貝面　閩本經注「貝」誤「具」，此本及余本注中亦誤。㉔

662 組總有握　唐石經、諸本同。釋文：「有握，干、馬皆作『幄』。」漢讀考云：「說文木部有『楃』字，云『木帳也，從木，屋聲』，『楃』字蓋出巾車職，各本從手，非。」

663 輂車組輓　唐石經、諸本同。釋文作「連車」，云「音輂，本亦作『輂』」。按，說文「連，負車也。从辵，从車」，古經當以「連」爲「輂」，後人援注改之。釋文本最古，可據。鄉師「與其輂輦」注：「故書輂作連，鄭司農云連讀爲輂。」

664 木車蒲蔽犬䄙 釋文及余本作「䄙」，唐石經、嘉靖本、閩本作「䄙」，監、毛本作「䄙」，非，下同。説文巾部：「幦，髼布也。从巾，辟聲。周禮曰『駹車犬幦』。」按，禮注云「以犬皮爲覆笭」，考「覆笭」字儀禮既夕、禮記玉藻、少儀皆作「幦」，與説文同。蓋故書作「䄙」，今書作「幦」。鄭從故書，許從今書也。許引作「駹車」者，涉下文誤。

665 蒲蔽謂贏蘭車 閩、監、毛本同。余本、嘉靖本、岳本「贏」作「羸」。按，釋文「謂羸，魯火反。劉又音果」，余本載音義同此，亦改作「羸」，誤甚。漢制考載此注亦作「羸」，從果者俗字。㉕

666 故書疏爲揟 釋文：「揟，本又作『偦』。」×

667 服讀爲箙 閩、監、毛本同。余本、岳本、嘉靖本「箙」作「菔」，下同。按，釋文「攝菔，音服」，當是此注爲「菔，音服」之誤。上「攝服」字見既夕禮，諸本並同，不作「菔」也。惠校本疏中亦作「菔」。此從竹，俗字。漢讀考云：「刀劍短兵之衣，字正當作『服』。既夕記『犬服』、『攝服』字祇作『服』，是也。鄭君何緣易爲從艸之『菔』，蓋此經作『菔』，注易爲『服』，由經注互改之倒置。」

668 先鄭云謂贏蘭車者 閩本同。監、毛本「贏」作「羸」，下同。

669 故使康王出鄉門外 閩、監、毛本「鄉」誤「卿」。

670 大夫説經帶于廟門外 浦鏜云「丈」誤「大」。

671 杜子春輙讀爲華藻之藻 漢讀考云：「疑當作『讀爲藻率之藻』，與典瑞、司几筵『繅』注同。下文『直謂華藻』也，乃竟伸其義。」

672 直謂華藻也 毛本「謂」誤「爲」。×

673 玄謂藻水草 漢讀考云：「説文『藻，水草也，从艸，从水，巢聲。或从槕作藻』，是則藻、藻一字。蓋漢人已分別『藻』爲華藻，『藻』爲水艸，故杜作『藻』，鄭君作『藻』。」

674 見爲蒼文色也　浦鏜云「艾」誤「文」。

675 駹車雚蔽　唐石經原刻「雚」，後磨改「萑」。釋文「雚」，葉鈔本作「萑」。

676 然㡚髤飾　釋文：「髤飾，香求反。」漢讀考作「桼飾」，云：「古音次，同『桼』。列女傳『漆室之女』，或作『次室』。故書作『⿰車次』，蓋本無車旁，轉寫誤加耳。杜氏易『次』爲『桼』，乃以髤、桼訓其義。鄭君釋髤曰『赤多黑少』，此釋杜語，如詩箋多釋毛語，非經文作『髤』也。淺人改經作『髤』。誤本流傳，自唐以前然矣。」

677 髤爲⿰車次　余本、岳本同。嘉靖本、閩、監、毛本「⿰車次」誤「軟」，下同。釋文「爲⿰車次，音次」，此本疏中亦誤从欠。

678 龍讀爲駹　說文巾部引周禮曰「駹車」，「龍」作「駹」，與杜讀同。

679 車邊側有漆飾也　余本、岳本「漆」作「桼」，下同，當據正，上文皆作「桼」。

680 漆則成蕃　嘉靖本、閩本同。余本、監、毛本「番」作「藩」。按，賈疏作「藩」，引下經「藩蔽」釋之，余本是也。

681 後鄭以破龍爲白黑之色故此注從子春爲駹　閩、監、毛本「爲駹」作「龍」，誤。浦鏜云「以」當「已」字譌。

682 漆車黑車也　岳本「漆」作「桼」。漢讀考云：「漢人用『桼』字，經文作『漆』者正。同載師。故書作『漆林』，杜易『桼林』也。」

683 釋曰知漆是黑者　毛本「曰」誤「以」。×

684 以其席即上文雀　閩本同。「雀」蓋「萑」之訛，監、毛本作「雚」。

685 孤乘夏篆　說文：「⿰車川，車約也。从車，川聲。周禮曰『孤乘夏軔』。」按，「軔」與「篆」聲相近，蓋賈、許所讀本如是，訓爲車約，與兩鄭義合。

686 故書夏篆爲夏縁　漢讀考云：「故書作『緑』字，故司農云『夏赤色緑緑色』。今各本作『縁』，此正同内司服注『之』誤。『三』『縁』字皆當作『緑』。」㉖

* 夏赤色也　毛本同。案，「也」當「色」譌。

687 篆讀爲圭瑑之瑑　漢讀考云：「疑當作『讀如』。」

688 不革輓而漆之　余本同。嘉靖本、閩、監、毛本「輓」誤「鞔」。○按，「鞔」是。㉗

689 恐有坼壞　監本「坼」誤「折」。 ×

690 有裧爲異耳　毛本作「有裧」，是也。閩、監本作「裧」，訛。

691 於當時録爲簿帳　監本「簿」誤「薄」。 ×

692 諸侯大牢苞七个　毛本同。閩、監本「个」作「箇」，非，下同。 ×

693 於始祖廟陳器之明旦　監本「於」誤「以」。 ×

694 按冢人云　監本「冢」誤「家」。 ×

695 今蜃車無蓋　余本、嘉靖本、毛本同。閩、監本脱「車」。 ×

696 祝取銘置于茵　閩、監、毛本「于」改「於」，非。 ×

697 所建旃是攝盛　閩、監、毛本「旃」訛「旃」，下同。 ×

698 惟據乘車道車稾車三乘　閩、監二本「三」誤「二」，下「三乘車」同。 ×

699 柩路載柩車也　余本、岳本、嘉靖本同。

閩、監、毛本依經改「匱路」，非。疏中標起訖及引注準此。○按，此亦經作古字，注作今字之一證。

700 共其弊車　葉鈔釋文作「敝車」。

701 歸其故弊車也　此本「弊」誤「幣」，今據諸本訂正。

702 玄謂俱受新耳　監本「謂」誤「讀」。×

703 聲且警衆　段玉裁云：且，當是「旦」之誤。

704 故書鈴或作軫　閩、監本同，誤也。余本、嘉靖本、毛本「軫」作「軨」，當據以訂正。釋文作「爲軨，音零，劉音領」。

典路

705 贊駕説贊僕與趣馬也　監本上「贊」誤「言」。×

706 惟出王路也　閩、監本同，誤也，當從毛本作「玉路」。

707 則出路據王所乘之　監本「據」誤「以」。

708 贅路在阼階面　釋文：「贅，又作『綴』。」×

709 與玉路之二相對　毛本「二」作「貳」，當據正。

車僕

710 五者之制及萃數　嘉靖本「萃」作「苹」，誤。×

711 其字當爲萃　諸本同。按，「其」蓋「卒」之訛。集韻十八「隊」：「倅，副也。或作『萃』，亦省作『卒』。」類篇衣部「卒，取内切，副也」，當本釋文，釋文當云「卒，七内反，副也，又作『萃』」。今本蓋出後人删改。此經五「萃」字當本作「卒」，淺人援注改之。○按，漢讀考詳之。㉘

712 率游闕四十乘　閩本「游」作「遊」，監、毛本改「斿」，非。此本下引注亦作「遊闕」。

713 故知餘諸侯兵車並以避天子不得以戎路也　閩本同。監、毛本「並以」下增「廣車爲之」四字。㉙

714 凡師共革車　監本「共」誤「其」。

715 是優尊所乘也　浦鏜云「尊」下脱「者」。按，無「者」亦通，此非引注。

716 經不云戎路而云革車　閩本同。監、毛本「戎路」下增「革路」二字，非。

司常

717 通帛爲旜　說文㫃部云：「旃，旗曲柄也，所以旃表士衆。从㫃，丹聲。周禮曰『通帛爲旃』，又『旜』、『旃』或从亶。」

718 大傳謂之徽號　余本、嘉靖本同。閩、監、毛本「謂」誤「爲」。盧文弨曰通考亦作「謂」。

719 皆明大赤也　浦鏜云「明」當「名」誤。

720 今旌旂通體　閩本同。監、毛本「旂」誤「旗」。㉚

721 故鄭引爾雅注旐以證旞旌　閩本同。監、毛本「注」改「註」，非。

722 彼施於喪葬之旂也　閩本同。監、毛本「旂」誤「期」。

723 師都建旗　唐石經、諸本同。漢讀考云：「玩注意謂鄉遂大夫帥領民聚之都。大司馬『帥都載旜，鄉家載物』，注『帥都，遂大夫。鄉家，鄉大夫也』。今本誤亦同。說文㫃部引周禮『率都建旗』，作率者，故書。作帥者，今書也。見樂師注。聘禮注曰『古文帥皆作率』。此賈疏本亦誤作『師都』，釋曰『師，衆也；都，聚也，主鄉遂民衆所聚，故謂之師都』。」

724 斿車載旌　說文作「游車載旌」。

725 象其勇捷也　毛本「捷」誤「健」。

726 游車載旌　閩本同。監、毛本「游」改

「旍」。

727 至於天子旌旍　閩本同。監、毛本「旍」誤「旗」。

728 主鄉遂民衆所聚　毛本同。閩、監本「鄉」誤「卿」。×

729 卿合建旃　閩、監、毛本作「建旐」。

730 鄉之黨亦得與州同建旃可知　浦鏜云「旟」誤「旃」。

731 并都鄙已下　閩本同。監、毛本作「鄙師」。

732 皆二物相對　監本「二」誤「三」。×

733 見人退之　閩、監、毛本「退」作「避」。

734 是以士冠記及郊特牲　閩、監、毛本「記」作「禮」，非。

735 則建旞也　毛本同。閩、監本「旞」誤「旌」。

736 但正田獵所建大麾　閩本剜改「所」作「時」，監、毛本承之。

737 所以題別衆臣　盧文弨曰：詩六月正義引此作「衆官」，「官」字是。

738 朝各就焉　賈疏引作「朝者各就焉」。盧文弨曰：詩正義亦有「者」字，此脱。

739 亡則以緇長半幅赬末　閩、監、毛本作「輻」，誤也。余本、嘉靖本「輻」作「幅」，當訂正。㉛

740 皆受含於朝　閩本同，誤也。監、毛本「含」作「舍」，當據正。

741 天子之旌高九刃　閩、監本同。毛本「刃」改「仞」，非，下同。×

742 掌舍職曰　監本「舍」誤「含」。

743 謂王行書止　閩、監本同，誤也。毛本「書」作「晝」，當據正。

744 則行厥車解說之　毛本「則」誤「時」。

745 取舊予新　監本「予」改「與」。毛本疏中亦改「予」，皆非。蓋注用「予」字，疏用「與」字。此本及閩本皆注作「予」，疏作「與」也。

都宗人

746 掌都宗祀之禮　閩、監、毛本同，誤也。唐石經、余本、岳本、嘉靖本作「祭祀」，當據以訂正。

747 九皇六十四民之祀　監本剜改「民」作「氏」，疏中同。○按，説詳卷首。

748 則帥而造祭僕　監本「帥」誤「師」。

749 則令禱祠　唐石經諸本同。釋文作「禂祠」，云「本亦作『禱』」。

家宗人

750 此鄭都家自解者　盧文弨曰「自」疑當作「揔」。

751 凡以神仕者　余本、嘉靖本、閩、監、毛本同。唐石經「仕」作「士」，然「士」字獨小，蓋本作「仕」，後磨改作「士」。序官經、注、疏作「士」，沈彤周官祿田考云「當作仕」。賈疏於他職皆引作『神仕』，釋文仍題『家宗人』，不標此五字。孫志祖云：案旄人云「凡四方之舞仕者屬焉」，則當作「仕」，序官作「士」者誤也。

752 燔燎掃地　嘉靖本「掃」作「埽」。

753 是之使制神之處位次主　余本、岳本、嘉靖本、閩本同。監、毛本改「是以」，非。

754 鄭意鬼神祇之居止　監本改「句止」，非。

755 北方黑帝汁光紀　閩本同。監、毛本「汁」誤「叶」。×

756 下謂地神　閩、監、毛本改「地祇」。

757 讀如潰癰之潰　余本、閩、監、毛本同。嘉靖本「癰」作「癕」，與疏合。此本舊誤作「讀如癰之蹪」，今補正。疏云「就足子春之義，以其癰潰，則濃血除，故讀從之」。漢讀考云：「『讀如』疑當作『讀爲』。」

758 此解夏至祭地示之意　閩本同。監、毛本作「地祇」。

759 雖無文鄭以意量之　閩本同。監、毛本「文」上增「正」。

760 鬽魅鬼物魍魎　閩本同。監、毛本删「鬽」。

761 此禬讀如潰癕之潰者　閩本同。監、毛本「癕」改「癰」。

06—762 以其癰潰則濃血除　閩本同。監、毛本「濃」改「膿」，俗字。

校記

❶ 南昌本「惠」下有「挍」字。

❷ 南昌本校語「未」、「末」互倒。

❸ 南昌本出文「凡」作「几」。

❹ 南昌本出文脱「春」字。

❺ 南昌本「誤」、「子」互倒。

❻ 南昌本「釋文」作「釋曰」，「説文」作「釋文」。

❼ 南昌本校語「釋采」作「釋菜」。

❽ 南昌本無「爲」字。

❾ 南昌本無「爲」字。

❿ 南昌本「注」作「註」。

⓫ 南昌本「誤」作「作」。

⓬ 南昌本此條位于502條後，疑當在501條前。

⓭ 南昌本下有「毛本或誤焉」。

⑭南昌本「朱儒」作「侏儒」。
⑮南昌本「毛」下有「本」字。
⑯南昌本「恊」、「協」互例。
⑰南昌本校語「當並作」作「常並作」，「卪部」作「卩部」，「巳」作「已」。
⑱南昌本「易九爲簋」作「易九爲軌」。
⑲南昌本校語作「閩、監本同。毛本西此作西北，不誤」。
⑳南昌本下有「非」字。
㉑南昌本無「嚴」字。
㉒南昌本校語作「閩、監本同。毛本宜作直，是也」。
㉓南昌本「命將」作「會將」。
㉔南昌本下有「今正」。
㉕南昌本校語「謂羸」作「謂羸」。
㉖南昌本「當作緑」作「當作緣」。
㉗南昌本下有「也」字。
㉘南昌本「倅」作「猝」。
㉙南昌本出文無「並以」，校語改作「閩本兵車下增並以二字。監、毛本兵車下增並以廣車爲之六字」。
㉚南昌本出文「旂」作「旗」。
㉛南昌本出文「緇」作「子」。

周禮注疏校勘記卷七

附釋音周禮注疏卷第二十八

07—001 夏官司馬第四　唐石經作「第七」，非。

002 令復增置三行　浦鏜云「令」誤「令」。

003 二十五人爲兩　唐石經作「廿有五人爲兩」，諸本皆脱「有」字。

004 卒一旅　閩、監、毛本同，誤也。嘉靖本作「卒一族」，當據正。

005 自鄉以下　余本、岳本、嘉靖本同。閩、監、毛本「鄉」作「卿」，誤，疏中同。

006 既儆既戒　釋文：「儆，本亦作『敬』。」按，作「敬」者當是依毛詩所改，非也。

007 此周爲六軍之見于經也　釋文「見於」，賢遍反」，下同。今諸本「于」作「於」，非。下「見於傳」同，注皆用「於」字。

008 然當公之時其實二軍　浦鏜云「公」上當脱「僖」字。

009 則中間應有合文　閩本同。「合」當爲「舍」之訛，監、毛本誤「今」。注「詩爲三軍」者，此言詩箋爲三軍耳，毛本舛誤特甚。

010 叔孫昭子曰　浦鏜云「穆」誤「昭」。

011 鄭荅林碩爲二萬之大數者　盧文弨云：詩閟宫正義「二萬」作「二軍」，是。

012 整六卿大夫及州長黨正　閩本同。監、毛本「整」作「據」。按，此「卿」當爲「鄉」，下「據在卿時」同。

＊ 掌具戒令賞罰　補，此下十行本實缺七

格。

013 以世爲霸主　宋本「世」作「其」。

014 雖有累萬之衆皆聽師　浦鏜云「聽」當「稱」字誤。

015 丈人吉无咎　閩本同。監、毛本作「無咎」，非，下同。

016 言衆舉中言之也　盧文弨云「言衆」當作「言師」。

017 言軍以軍爲名　浦鏜云上「軍」爲「多」之誤。

018 賞賚整齊之等　閩本「賚」作「齎」，毛本作「賫」，監本訛「賚」。❶

019 小子史一人　諸本同。唐石經缺。監本誤「二人」。石經考文提要云：宋本九經、宋纂圖互注本、宋附釋音本皆作「一人」。

020 主祭祀之小事　監本「主」誤「王」。

021 又祭祀割牲等之事　惠挍本「又」作「及」，此誤。

022 今燕俗名湯熱爲觀　按，此「觀」當作「爟」。

023 王公設險以守其國　玉海職官部引此作「守其固」，監本疏中此「國」字剜改。

*掌疆　補，各本皆提行分節，此本誤連上節，今訂正。

024 按其職云　監本「按」誤「後」。

025 環猶卻也　漢讀考云：「此『環』讀爲往還之還。秋官環人讀爲環繞之環。」

026 皆爲軍事按在此也　浦鏜云「按」當「故」字誤。

027 則以官爲氏　毛本「官」誤「言」。

028 能以羅罔捕鳥者　釋文作「搏鳥」，云「本又作『捕』」。○按，漢人「搏」字讀若今之「捕」。

029 掌羅烏烏　浦鏜云：烏，「鳥」之誤。

030 掌養鳥而阜藩教擾之　毛本作「阜蕃」，當據正。

031 彼稱諸子謂之庶子　惠挍本「稱」作「據」。

032 言賁見其勇　監本「賁」誤「責」。　×

＊ 鄭云世爲王節所衣服　補，毛本「服」下有「者」字。

033 故知官有世功則曰官旅　諸本同。按，此「旅」亦「族」之訛。

034 猶言放想　釋文：「放，本或作『瓬』。」　×

035 祭僕中士六人御僕下士十有二人　唐石經、諸本皆合大僕爲一節，與注合。宋本、嘉靖本「祭僕」、「御僕」皆提行分節，非。○按，此亦春官大師、樂師、瞽矇、眡瞭合爲一條之例，以府史胥徒四職所同也。此府史胥徒亦大僕、祭僕、御僕所同。

036 及庶氏之復　浦鏜云「民」誤「氏」。

037 以其事褻　余本、監、毛本同。嘉靖本、閩本「褻」作「褻」。按，葉鈔釋文作「褻」。

038 按禮記郊特牲及士冠記　惠挍本作「士冠禮」，又云宋本是「記」字。○按，今見儀禮士冠禮記中。

039 已下繕人槀人皆士官　閩本同。監、毛本「槀」作「槀」，非。　×

040 槀人胥二人　唐石經、余本、岳本、嘉靖本同。閩、監、毛本「槀」作「槀」，非，注及疏同。釋文亦作「槀」，從木。閩本「二」字壞缺，監、毛本遂誤爲「一」。

041 槀讀爲芻槀之槀箭幹謂之槀　余本、岳本、嘉靖本同。閩、監、毛本「槀」並作「稾」。案，「芻槀之槀」二「槀」字當從禾。「槀讀」及「箭幹謂之槀」二「槀」字仍從木。「讀爲」當作「讀如」，此擬其音如芻槀耳，箭幹字則作槀也。經義雜記云：「説文木部『槀，枯也』，枯即『肅慎氏貢枯矢』之『枯』，儀禮以『笴』爲矢幹字，而説文竹部無之。然則箭幹字本作『槀』矣。考工記及矢人準此。」○按，前説非也。枯槀之槀从木，讀爲芻槀之槀，則易其字矣。禾槀者，莖也，箭幹，亦莖也，故箭幹之槀即禾槀引伸之義也，作枯槀字則無義矣。槀，枯也，又木名也。經義雜記合爲一義，誤矣。易爲槀字而後曰「箭幹，謂之槀」，注例如此。倘作「謂之槀」，則不當言「讀爲」矣。凡枯稿字苦浩切，凡禾稿字古老切，經典、釋文以及各韻書皆如此。此經釋文曰「槀，古老反」，依鄭易字之音也。

042 釋曰在此者職云　閩本「者」下剜擠「按其」二字，監、毛本排入。

043 兼主弓弩矢服等　閩本剜改「服」爲「箙」，監、毛本承之。

044 右者參乘　閩、監本同，誤也。余本、嘉靖本、毛本「右」作「古」，當據以訂正。此本及毛本疏中引注亦作「古」，惠挍本同。

045 則射者左　惠挍本「者」下有「在」。

046 按巾車玉路有五　浦鏜云「王」誤「玉」。

047 是以六褻之中　浦鏜云「藝」誤「褻」。

048 又戎右大夫　浦鏜云「大夫」上脱「中」。

049 充金路爲玉　閩本同，誤也。監、毛本「金」作「玉」，「玉」作「主」，當據正。

050 以其御玉路以祀　毛本「玉」誤「王」。

051 設方明於壇上　閩本同。監、毛本「上」

誤「土」。×

052 王以與諸臣行先王之道　毛本上「王」誤「主」。×

053 按上齊右見下至齊僕　浦鏜云「見」當「已」字誤。

054 校之爲言校也　余本作「校之爲言挍也」，下「校視」亦作「挍視」。案，釋文云「校人，戶教反。字從木。若從手旁作，是比挍之字耳。今人多亂之。注『校之』、『校人』同」，然則「言校」、「校視」皆當作手旁，比挍之字矣。賈疏則讀爲「效」。○按，依釋文注作「校之爲言挍也」，文理甚明。然比挍字出於後代，說文所無。

055 蹶維趣馬　嘉靖本「維」作「惟」，當訂正。按，毛詩作「維」，三家詩作「惟」。釋文出「蹶惟」二字。賈疏引注作「惟」，是也。諸本作「維」，非。

* 在者　補，閩、監、毛本作「在此者」，此本誤脫「此」字。

056 巫言無崇　毛本作「無祟」，當據正。

057 廋之言數　監本下有「也」，疏中標注同。按，釋文「數也，色主反」，是陸本有「也」字。

058 圉師至二人　閩、監、毛本作「一人」，此誤。

059 故連類在此　閩、監、毛本下有「也」。

060 主撢序主意　余本、閩本同。嘉靖本、監、毛本下「主」作「王」，疏中準此。按，賈疏引「其職掌誦王志」云云，以釋此注，則當從嘉靖本作「王」，余本作「主」誤也。

061 按司裘云　監本「裘」誤「表」。×

062 卿不入諸侯之中　毛本「侯」誤「仁」。×

063 家司馬各使其臣以正於公司馬　沈彤周官祿田考云：「以序官家司馬『各使其臣，以正於公司馬』之文移在『都司馬』本職後，『都司馬』本職後『家司馬亦如之』之文移在序官『都司馬』後，是『家司馬亦如之』即謂每家上、中、下士，府史胥徒如都司馬之數矣。蓋此本與春官家宗人，秋官家士二目同例，而其簡與職互錯也。」

064 故依司裘 監本「裘」誤「衷」。 ×

065 若然都宗人家宗人 毛本「都」誤「王」。 ×

066 都家宗人有祖王之廟 毛本「宗」誤「辛」。 ×

067 則曰公司馬 毛本「曰」誤「公」。 ×

附釋音周禮注疏卷第二十九

大司馬

068 注儀謂至之位 毛本同。閩、監本「位」誤「謂」。 ×

069 并草萊有德行 監本「并」誤「在」。 ×

070 使稱才仕用 閩、監、毛本「仕」作「任」。此誤，下同。

071 監監一國 余本、嘉靖本、閩、監、毛本同。釋文出「監國」二字，則「一」爲衍文，當删正。

072 維猶連結也 余本、閩、監、毛本同。嘉靖本、惠挍本「連」作「聯」，非。 ×

073 職謂職稅也 宋本、余本、嘉靖本作「賦稅」，與儀禮經傳通解合，此誤。

074 次國三之 按下脱「一」字。

075 馮弱犯寡則眚之 閩、監本「眚」誤「青」。禮說云：「眚，公羊作『省』。『省』與『眚』通。」○按，字書、韻書無『青』字。

076 粗者曰侵 釋文：「粗，本亦作『麤』。」 ×

077 有鍾鼓曰伐　嘉靖本同。閩、監、毛本「鍾」改「鐘」，下及疏同。

078 彼不言粗　閩、監、毛本「粗」改「麤」，非。下同。

079 壇讀如同墠之墠　漢讀考作「讀爲」。

080 壇讀從憚之以威之憚書亦或爲墠　釋文云：「憚之以，本或無『之』字。」漢讀考作「書亦或爲憚」，云今本作「墠」誤。○按，「憚之以威」見左傳昭公十三年。

081 此則外内之惡兼有　閩、監、毛本作「内外」。

082 雖君之衆　孫志祖云左傳無「君之」二字。按，詩殷武疏亦有「君之」二字，疑今本左傳有脱文。

* 衛公出奔楚　補，毛本「衛公」作「衛侯」，疑「公」上脱「成」字。

083 放弒其君則殘之　釋文：「放弒，本又作『殺』。」✕

084 經本不云殺不云滅　閩本同。監、毛本「云」改「言」。

085 輕政法不循也　余本、嘉靖本同。閩、監、毛本「法」改「灋」，下及疏並同。✕

086 謂若齊襄公淫於外　惠挍本作「淫於妹」，此誤。

087 五千里爲界　賈疏及諸本同。段玉裁云當作「五百里」。

088 故書畿爲近　諸本同。案，「近」蓋「圻」之誤。肆師注云「故書祈爲幾，杜子春讀幾當爲祈」，小子注又云「春官肆師職祈或作畿」，是故書作「幾」、作「畿」也，此當云「故書圻爲畿」。鄭司農云「畿當爲圻」，此猶杜從今書作「祈」，不從故書作「畿」，故下引春秋傳「天子一圻」，詩殷頌「邦圻千里」，證之經文「畿」當作「圻」。淺人據故書改經，復援經改注也。詩亦古文作「邦畿千里」，今文作「邦圻千里」。○按，前説甚誤。故書作「近」，古音相似也，不當牽合他注爲肊決之語。詩古文作「畿」，今文作「圻」，尤爲肊説。❷

089 鑾者麋也　閩、監本「麋」誤「麋」。　×

090 自此已上六服　閩、監、毛本「已」作「以」，非。　×

091 蓋中國稍遠　惠校本「蓋」作「去」，此誤。

092 不通中國之言也　惠校本「言」作「名」，此誤。

093 此九職亦施與邦國　浦鏜云「與」疑「於」字誤。

094 地即據下地之下　閩本同，誤也，當從監、毛本作「下地之上」。

095 直取參之一舉整言之　閩本同，誤也，當從監、毛本作「參之二」。

096 是以書傳文　浦鏜云「文」當「云」字誤。

097 是以爾雅釋天云　毛本「天」誤「祭」。　×

098 諸侯執賁鼓　唐石經、諸本同。通典七十六「賁」作「鼖」，注中同。案，注引鼓人職「以賁鼓鼓軍事鼓人作鼖」，釋文「鼖，扶云反」，此釋文「賁鼓，扶云反」，賁鼓二字蓋鼖之誤分也，經注皆當作「鼖」。○按一經之内，用字之例不必畫一。此條改經、改釋文，非是。

099 提持鼓立馬髦上者　通典引此注無「鼓」字。

100 雖卑同其號　通典「卑」下有「亦」，此脱。

101 云鐃讀如讙嘵之嘵者　閩本同。監、毛本「讙」誤「灌」。　×

102 中軍以舉令鼓　浦鏜云「鼙」誤「舉」。監本「令」誤「今」。

103 治徒庶之政令　嘉靖本「庶」誤「度」。

104 無干車　嘉靖本「車」誤「軍」。

105 虞行守禽之厲禁也　余本同，誤也。賈疏、嘉靖本、毛本「行」作「衡」，當據正。閩本剜改作「虞行守禽之之厲禁也」，複一「之」字。監、毛本承其誤。

106 衆皆獻其所獲禽焉　毛本「焉」誤「馬」。

107 獻肩于公　監本「肩」作「豜」，據毛詩妄改。釋文云「獻肩，詩作『豜』」，知禮注無作「豜」者。

108 土方施生也　閩本「土」誤「士」，監本誤「主」。

109 春時鳥獸字乳　宋本作「孚乳」，此誤。

110 謂無干犯他事　閩本同，誤也，當從監、毛本「事」作「車」。

111 按山虞皆云　浦鏜云「虞」下當脱「林衡」二字。

112 羣吏撰車徒　唐石經、余本、嘉靖本同。閩、監、毛本「羣」改「群」，下及注疏並同。

113 以簿書校録軍實之凡要　嘉靖本「簿」作「薄」。按，釋文「簿書，步古反。後『簿書』皆放此」，蓋亦本作「薄」。

114 宋有桐門右師皆上卿　監本「右」誤「在」。嘉靖本「上卿」誤「止鄉」。

115 東鄉爲人是也　禮説云：「世本有『宋大夫東鄉爲』，無『人』字，似東鄉氏而爲名。晉國高士全隱於南鄉，因以爲氏。則南鄉甄者，亦氏南鄉，名甄也。」漢讀考云：「惠據廣韻。今左氏『宋有向爲人』，鄉、向古通，疑鄉氏有東鄉、南鄉之別。」

段玉裁又云：左傳文十七年正義云「世本宋桓公生公子鱗，鱗生東鄉矔」，是則左傳「鱗」、「矔」，世本作「東鄉矔」，左傳鱗朱、向帶、向爲人皆桓族也，然則世本之「東鄉爲人」即左傳「向爲人」無疑，鄭注出世本，廣韻引世本奪「人」字耳。

116 凡軍有三種　浦鏜云「軍」下當脱「實」。

117 右師宋師樂大心也　毛本「宋」誤「朱」。×

118 故以家號爲名也　監本「家」誤「其」。×

119 自鄉大夫已下　閩本同。監、毛本「鄉」誤「卿」。

120 謂若地官之下　監本「地」誤「他」。×

121 孟子云因内政寄軍令　當從毛本作「管子」。

122 鄉遂大夫則爲諸師也　浦鏜云「師」當「帥」字誤。

123 冬夏田主于祭宗廟者　通典「于」作「於」。

124 辨號名既訖遂入防行苗田之法　毛本「名」誤「若」，「入」誤「人」。×

125 但春時主乎乳　閩、毛本同。監本「乎」誤「字」。×

126 鄉遂載物　唐石經原刻作「遂」，後磨改爲「家」。按，賈疏是「遂」字。漢讀考云：「此當從石經作『鄉家』，假令是『鄉遂』，則注不得云『鄉大夫』也。」

127 凡旌旗有軍旅者　余本、閩、監、毛本同，誤也。嘉靖本「旅」作「衆」，通典引此注同，當據以訂正。臧禮堂云：春秋正義隱五年、桓五年、宣十二年、成十六年皆引作「軍衆」。

128 以略舉之　閩本同。監、毛本「以」作「亦」。

129 亦謂坐作進退疾徐之法　閩、監、毛本「坐」誤「造」。

130 不嫌無卿大夫　此「鄉大夫」之誤。 ×

131 二百里如州長　浦鏜云「二百里」下脱「三百里」三字。

132 遂以獮田如蒐田之灋　諸本同。唐石經無下「田」。按，「中夏」云「遂以苗田如蒐之灋」，無下「田」，則此爲衍文無疑。

133 上文教載旗旜物訖　浦鏜云：「戰頒」二字誤「載」，從儀禮通解續校。

134 云詩曰以社以方者詩大雅　浦鏜云「小雅」之訛。

135 司常左司馬時也　余本、閩、監本同。嘉靖本、毛本「左」作「佐」。○按，左者古之「佐」字，漢人衹用「左」。

136 注云謂兵車　惠校本「車」作「事」，此誤。

137 仲秋辨其物以治兵王建大常　惠校本「其」作「旗」，「建」作「載」。

138 言鄉師以下則不及鄉　毛本「鄉」誤「反」。 ×

139 與其賞罰　毛本「賞」誤「實」。 ×

140 令車得驅馳　毛本「令」誤「今」。 ×

141 四表積二百五十步　浦鏜云：「三百」誤「二百」，疏中同。

142 表兩相各有三軍之衆　浦鏜云「相」當「廂」字誤。

143 及表乃止　毛本「止」誤「正」。

144 鼓以作其士衆之氣也　通典無「也」。

145 云羣吏既聽誓命　按注無「命」字。

146 於是右爰抱而鼓之　毛本「爰」作「援」，當據正。「抱」亦當作「桴」。○按，説文「枹，擊鼓杖也」，當从木而譌作扌耳。作「桴」者乃假借字。

147 哀三年左傳鐵之戰　按，「三」當作「二」。

148 赴敵尚疾之漸也　通典無「也」。

149 自第二前至第三　通典下有「表」。

150 戒攻敵也　通典下有「也」，此脱。

151 鼓壹闋　通典「壹」作「一」，下同。按，注中不當用古字，諸本作「壹」，非，疏中皆作「一」。

152 且卻　唐石經、余本、嘉靖本、閩本同。監、毛本「卻」誤「郤」。

153 鐃所以止鼓　通典下有「也」。

154 鼓人爲止之也　通典無「也」。

155 回身向北　惠挍本「回」作「迴」。

156 易野車爲主　監本「主」誤「王」。

157 旗軍吏所載　通典下有「也」。❸

158 又秋名獮中殺者多　閩、監本同，誤也，當從毛本「又」作「及」。

159 秋蒐於紅正也　閩本同。監、毛本「於」誤「以」。

160 又云流旁握　毛本「旁」誤「毄」。

161 裘纏質以爲槸　閩、毛本「槸」誤「槸」，監本誤「摰」。

162 擊則不得入　閩、監本同，誤也。惠挍本「擊」作「毄」，當據正，毛本誤「繫」。○按，説文「毄」者，「車轄相擊也」。

163 古者戰不出頃　閩本同。監、毛本「頃」

誤「項」。×

164 枚如箸　嘉靖本「箸」誤「著」。×

165 二歲爲豝　釋文：「爲豝，本亦作『巴』。」×

166 豕生三曰豵　釋文曰：「猣，本亦作『豵』。」×

167 三歲曰豜　閩、監、毛本「豜」誤「豣」。

168 鼓皆駴　釋文：「駴，本亦作『駭』。」×

169 象攻敵剋勝而喜也　余本、嘉靖本、閩本同。監、毛本「剋」改「尅」。

170 因以祭四方神於郊　通典「四方」下有「之」。

171 以行禁令以救無辜　監本「令」誤「今」，「辜」誤「辠」，閩、毛本亦譌「辠」。

172 帥執事　毛本「帥」誤「師」。

173 軍器鼓口之屬　余本、嘉靖本、毛本及通典皆作「鼓鐸」，當據以補正。閩、監本作「鼓鐘」，非也。

174 迎主于廟　通典「于」作「於」。×

175 皆神之　通典作「皆神明之」。

176 比或作庀　葉鈔釋文「庀」作「庇」，余本載音義同。

177 玄謂致鄉師致民於司馬比校次之也　通典作「致鄉師致民於司馬也比校次之」。

178 大師職文　惠挍本同。閩、監、毛本「文」誤「云」。×

179 故秦伯之敗於殽也　此本及閩、監本「殽」譌「殺」，今據嘉靖本、毛本訂正，疏中監、毛本亦誤。

180 考謂考校其功　余本、嘉靖本同。閩、監、毛本上「考」作「攷」，非。○按，上文曰「校次之」，此曰「考校其功」，「校」字皆从木，漢人蓋無从手之「挍」。

181 **植築城槇也** 閩、監、毛本同，誤也。余本、嘉靖本「槇」作「楨」，葉鈔釋文及余本載音義同，當據正。此本疏及音義皆不誤，閩本疏中誤「植」。○按，此楨榦字。

182 **與其用人數** 監本脱「人」。

183 **楚令尹蔿艾獵城所** 浦鏜云「沂」誤「所」。

184 **按昭三十二年** 閩、監、毛本「二」誤「三」。

185 **帥師以從王** 余本、閩、監、毛本同，誤也。嘉靖本作「帥帥」，當據正。○按，「帥」逗，「帥以從王」四字一句。

186 **若大至六耦** 閩本同。監、毛本「大」下衍「射」。

187 **今王喪不得使司士** 宋本缺「得」。

188 **以其喪奠反虞卒哭喪祭之等** 宋本無下「喪」，此衍。

附釋音周禮注疏卷第三十

小司馬

189 **此下字脱滅札爛文闕** 余本、毛本同。嘉靖本「文」作「又」。按，此本疏云「以此知此下脱滅札爛又闕也」，又云「札爛又闕者，以其下經簡札爲韋編折爛闕落」，則「文」爲「又」之誤無疑，而「字」字亦當爲衍文，今閩、監、毛本疏「又」皆誤「文」矣。注中「札」字此本、閩本作「禮」，因誤爲「礼」遂改作「禮」也。

* **興購求遺書不得也** 補：案，「興」上當有「漢」字。

軍司馬

190 **闕** 余本、嘉靖本同。此及下皆鄭注也，閩、監、毛本獨此不標「注」字，且移「闕」於「○」下，誤也，下同。

司勳

191 輔成王業若周公　閩本「輔」上剜補「注」字，監、毛本從之，下「民功曰庸」疏同。

192 祭於大烝　唐石經、諸本同。此本疏中「烝」作「蒸」。

193 盤庚告其卿大夫曰　閩、監、毛本同。余本、岳本、嘉靖本「盤」作「般」，釋文亦作「般庚」，當據正。

194 爾祖其從與享之　宋本「與」作「預」，非。

195 釋曰凡凡有功　閩、監、毛本「凡」字不重，此上當「云」之誤。

196 在冬之蒸祭者　閩、監、毛本「蒸」作「烝」，下並同。

197 王食其一也　監本「王」誤「工」。　×

198 後鄭云　毛本同。閩、監本「後」誤「從」。　×

199 惟加田無國正　閩、監、毛本同。唐石經、余本、嘉靖本「惟」作「唯」。

200 少宰特牲是大夫　浦鏜云「牢」誤「宰」。

馬質

201 亢御也　釋文：「御，本亦作『禦』。」　×

202 其外否　唐石經、諸本同。案，「否」當作「不」。○按，説文云「否，不也」，此不必改字。

203 以其經云馬及行　毛本「以」誤「任」。　×

204 故彼下文即云　監本「文」誤「又」。　×

205 姜大岳之後也　惠挍本「岳」作「嶽」，下同。

量人

206 經塗九軌　惠挍本「軌」作「軓」。

207 未必身往耳　監本「往」誤「住」。×

* 市一夫之等　補：案，「市」下當有「朝」字。

208 量其市朝州涂軍社之所里　釋文：「州涂，本又作『塗』。」按，「塗」俗字。

209 師皆有道以相湊之　惠挍本同。閩、監、毛本「湊」作「凑」，非。

210 及相臻湊遠近者也　閩本同。監、毛本脱「者」。×

211 從於獻酒之肉炙也　諸本同。釋文出「肉炙」二字，惠挍本作「炙肉」。按，賈疏引鄭云亦作「炙肉」。

212 若燕行獻賔薦脯醢是也　浦鏜云「行」當「禮」字誤。

213 傳火曰燔　閩、監、毛本同，誤也。宋本「傳」作「傅」。傅，即今附近之「附」。

214 請度甫竁　惠挍本同。閩、監、毛本「甫」誤「用」。×

215 葦包二者也　按，「二」當爲「一」。×

216 正喪祭奠入壙之事也　「正」當「証」之誤。

217 冢宰佐王祭　余本「左」添「亻」，諸本從之。×

218 夏后氏以琖　釋文：「琖，劉本作『湔』。」×

219 玄謂斝讀如嘏尸之嘏　漢讀考作「讀爲」，云「今本作『如』，誤」。案，鬱人「大祭祀，與量人受舉斝之卒爵而飲之」，注「斝，受福之嘏，聲之誤也。王酳尸，尸嘏王。此其卒爵也」，此注「嘏尸」亦當作「尸嘏」。○按，此即禮經之「尸嘏主人」也。

小子

220 謂四叚解之　閩本同。宋本「叚」作

「段」，當據正，監、毛本誤「股」。

221 故正祭即體解爲二十一體　宋本無「故」，此衍。

222 祈或爲刉　余本、岳本同。閩、監、毛本「刉」作「刏」，下及疏同，余本、此本載音義皆作「刉」，今通志堂本亦省作「刏」。

223 祈或作畿　惠挍本「畿」作「幾」，非。

224 凡刉衈則奉犬牲　余本、岳本、嘉靖本同。閩、監、毛本「犬」誤「大」，疏同。惠挍本「衈」作「珥」。

225 按爾雅曰祭山曰⿸疒支懸　閩本同。監、毛本「⿸疒支懸」改「庪縣」。惠挍本「曰」作「云」。○按，「庪」、「⿸疒支」皆俗字，而「⿸疒支」从疒，尤非。

226 亦謂鼓人節　浦鏜云：「歒」誤「鼓」，從儀禮通解續挍。

羊人

227 四之日其蚤　惠挍本「蚤」作「早」。

228 法羊飧饔積膳之羊　嘉靖本「法」作「灋」，非。釋文「飧饔」作「食饔」，云「音嗣，本又作『飧饔』」。惠棟云：疏作「飧饔」，余本作「食饔」。

229 積故書爲眦　毛本「眦」誤從耳。

司爟

230 及季春出火等皆是也　監本「及」誤「反」。　✕

231 昏心星見于辰上　釋文出「見於」二字，此作「于」，非。　✕

232 九月本黄昏心星伏在戌上　此本疏中引注無「黄」字。案，上文亦無「黄」，此衍。○按，「戍」當作「戌」，下疏同。

233 夏數得天正　毛本「正」誤「止」。　✕

234 九月本昏心星伏在戌上 閩、監、毛本「昏」上有「黃」，非。

235 三月諸星復在本位 監本「三」誤「二」。 ×

掌固

236 民擅放火 閩、監本「擅」誤「檀」。 ×

237 要塞之處也 閩、監、毛本「塞」改「害」，非。

238 稍食祿稟 余本、嘉靖本、毛本同。閩、監本「稟」作「廪」，誤，疏中同。

239 用爲楨榦 惠校本同。閩、監、毛本「榦」作「幹」，非。

240 若殽臯河漢要路之所 此本「殽」誤「殺」，今據閩、毛本訂正。監本誤「漢」。

241 遠樹以爲固 「遠」蓋「遶」之訛。

242 使勞逸遞守也 閩本同。監、毛本「守」誤「寸」。 ×

司險

243 謂若十月車梁成之類 閩、監、毛本依今孟子「車」改「輿」，非。

244 其溝上亦皆有道路以相之湊 閩本同。余本無「之」，監、毛本改爲「支」。○按，無者是也。

245 備姦寇也 嘉靖本「姦」作「姧」，候人注同。案，賈疏標起訖作「奸寇」。○按，「姧」者，「姦」之俗，作「奸」者非。

候人

246 何戈與祋 嘉靖本、閩本同，釋文亦作「祋」。監、毛本作「投」，誤從衣。

247 王使候人出諸轘轅 監本「轅」誤「轘」。

環人

248 御下掚馬掉鞅而還　宋本、余本、嘉靖本同。閩、監、毛本「掚」誤「㭴」，疏同。監本又「馬」誤「焉」，「掉」誤「棹」。

249 及至晉師　宋本無「至」。

250 郤其以事謀來侵伐者　閩、監本「郤」誤「郄」。×

251 爲之威武以觀敵　六經正誤作「揚威武以觀敵」。

252 維師尚父時維鷹揚　惠校本、嘉靖本「維」作「惟」，此從糸，非。按，賈疏亦作「惟」。此本疏中「揚」作「楊」。

253 是揚威武之事　惠校本同。閩、監、毛本脱「之事」。

254 注圍邑至降鄣　監本「鄣」誤「障」。

255 挈壺氏　唐石經、余本、通典七十六、漢制考同。嘉靖本、閩、監、毛本「壺」作「壼」，非。

256 絜壺縣其上　通典「縣」作「懸」，下同。釋文：「縣，音玄。」❹

257 亦縣纆于所當舍止之處　通典「于」作「於」，下並同。

258 亦縣畚于所當稟假之處　通典「稟」作「廩」，非。釋文「稟假」有音。

259 省煩趨疾于事便也　通典作「省煩便事」，無下四字，文簡而義益明，今本蓋衍。釋文出「省煩事便」四字。

260 以序聚欜　閩、監、毛本同。唐石經、余本、嘉靖本「欜」作「㯩」。

261 以次更聚擊欜　監本「次」誤「夫」。×

262 夜則口視刻數也　此本「則」下有「口」。

閩、監、毛本補「火」字，非。余本、岳本、嘉靖本作「夜則視刻數也」，本無闕文，當據以訂正。

263 **野廬氏云**　當從毛本作「野盧」。

264 **則令守塗地之人**　監本「令」誤「今」。 ×

265 **以野廬氏無夜行者**　按，「夜行」字當誤倒。

266 **故此不從先鄭宿者自擊之**　監本「先」誤「光」。 ×

267 **士親疏大哭**　浦鏜云「代」誤「大」。

* **夏至則晝夜短**　補：案，「晝」下當有「長」字。

268 **澆沃壺中使下也**　監本「中」字缺壞。

射人

269 **大夫鴈**　唐石經「鴈」上有「執」，諸本無。

270 **小臣納卿大夫**　監本「卿」誤「鄉」。 ×

271 **士位於西方**　余本、閩本同。嘉靖本、監、毛本「位」作「立」。

272 **三公射北面者**　閩本同，誤也。當從監、毛本「射」作「特」。

273 **故屈之使北面**　監本「屈」誤「面」。 ×

274 **注位將至禮同**　監本「將」誤「符」。 ×

275 **此射人主論射事**　閩本同。監、毛本「主」改「唯」。

276 **三侯熊虎豹也**　余本同。嘉靖本、閩、監、毛本作「虎熊豹」。

277 **今儒家云四尺曰正二尺曰鵠**　諸本同。案，詩賓之初筵正義曰：「周禮鄭衆、馬融注皆云『十尺曰侯，四尺曰鵠，二尺曰正，四寸曰質』。」「今儒家」即指馬季長、鄭仲師也。「正」、

「鴇」字正互誤，當據以訂正。○按，注於鄭衆注纖悉畢載，皆系之鄭司農，何此云儒家，蓋必各成一説，不容牽合，儒家非仲師也。

278 鴇乃用皮　監本「皮」誤「庋」。

279 讀如宜豻宜獄之豻　賈疏亦作「讀如」，云「此讀與彼音同」。漢讀考作「讀爲」，云今本作「讀如」誤。

280 則以豻皮飾侯　監本「飾」誤「節」。

281 破先鄭以此五正之侯爲虎熊豹　監本「正」誤「引」。

282 二正朱緑者　監本「正」誤「王」。

283 云言節者容侯道之數者　監本脱「侯」。

284 行則止而擬度焉　釋文：「擬，本又作『儗』，同。」

285 干五十是也　監本「干」誤「于」。

286 以麋爲飾耳　監本「飾」誤「餌」。

287 卒令取矢　余本、嘉靖本、毛本同。閩、監本「卒令」誤倒。

288 王射至取矢　閩、監本「王」誤「主」。

289 服不侯西北三步　監本「北」誤「比」。

290 將祭侯之時　監本「將」誤「蔣」。

291 釋弓去扑　余本、嘉靖本、閩本同。監、毛本「扑」作「朴」。案，釋文作「去扑」，字從手。○按，「扑」即説文之「攴」字，从又，卜聲。扌即又也。以其可以扑人，因名之曰扑。凡經典「扑」字或改从木作「朴」者，皆非也。

292 數筭大史數之　監本「史」誤「叟」。

293 據乎烝嘗禮而知　宋本「嘗」下有「者」。

監本「乎」改「逸」。

294 劉羊擊豕而已　浦鏜云「封」誤「劉」。

295 有會同朝覲　監本「覲」誤「觀」。×

296 則是秋冬覲遇　監本「遇」誤「邁」。×

297 射人扶左　余本、嘉靖本、閩本同。監、毛本「射人」下衍「師」。

298 遷尸於南牖下　閩本同。監、毛本「牖」作「墉」。

服不氏

* 無服故也　補，毛本「服」上有「不」字，是也。

299 熊蹯不熟　余本、嘉靖本「熟」作「孰」。此本疏中亦皆作「孰」，此加火者俗字。

300 故引獻人與春秋爲證　浦鏜云「獸」誤「獻」。

301 抗讀爲亢其讐之亢　漢讀考作「讀如」。案，馬質注「綱讀爲『以亢其讐』之亢。亢，御也，禁也，禁去惡馬不畜也」，此注言服不氏主舉藏幣，則與禁去義亦相近。○按，前説非也。抗者，舉也，故讀如「亢其讐」而已，不得云「讀爲」也，與馬質注迥異。

302 舉皮以東　嘉靖本「東」誤「束」。

射鳥氏

303 梟鴈鴇鴞之屬　閩、監、毛本同。余本「鴇」作「鴾」，嘉靖本作「鴇」，此本作「鴟」，皆誤，今訂正。釋文作「梟鴈鴟鴞，鴞，音于苗反」，此本疏中引作「鶚」，誤也，引内則「鴟鴞胖」亦誤「鶚」。

304 以弓矢歐烏鳶　余本同。唐石經「歐」作「毆」，釋文作「敺」，嘉靖本、閩、監、毛本作「敺」。此本及閩本「烏」誤「鳥」，今訂正。○按，「敺」从攴，説文之古文「驅」也，與殳部之「毆」絕不同。唐石經此經作「毆」，乃大誤，學者宜以此爲例求之。

305 烏鳶善鈔盜便汙人　毛本「善」誤「喜」。釋文「汙」作「汚」。

306 王射則射鳥氏主取其矢　余本、嘉靖本、毛本同。閩、監本「王」誤「主」。

307 鍼箭具　釋文：「鍼，其炎反。沈云或作『鉆』。」

308 第一番雖有六耦　閩本同。監、毛本「雖」改「唯」。

羅氏

309 襦讀爲繻有衣袽之繻　葉鈔釋文作「衣絮」，云「字又作『袽』」。此本「爲」誤「謂」，今據諸本訂正。

310 蟄者畢矣　監本「蟄」誤「學」。

311 可以羅網圍取禽也　閩、監、毛本同。余本、嘉靖本「網」作「罔」，此本疏中亦作「罔」，注皆用「罔」字，此加糸旁，非。

312 於下張羅丞之　宋本、閩本同。監、毛本「丞」改「承」。

313 行謂賦賜　浦鏜云：「頒」誤「賦」，從集注挍。○按，浦鏜非也。古者分布於人曰賦，如「社而賦事」是也。

314 而大班羽物　閩、監、毛本「班」誤「斑」。

掌畜

315 謂鵞鶩之屬　余本、嘉靖本、閩本同。監、毛本「鵞」改「鵝」，非，疏同，釋文亦作「鵞」。

07—316 祭祀共夘鳥　唐石經、余本、嘉靖本同。閩、監、毛本「夘」改「卯」。釋文：「夘鳥，劉本作『夘』，音夘。」段玉裁云：疑劉本作「卝」，依説文也，古説文「夘」字作「卝」。

校記

❶南昌本下有「○案，齎、賫正俗字」。

❷南昌本「故下引」作「故下鄭」。

❸南昌本下有「字」字。

❹南昌本無「釋文：縣音玄」。

周禮注疏校勘記卷八

附釋音周禮注疏卷第三十一

夏官司馬下

司士

08—001 卿大夫士庶子之數　唐石經、諸本同。盛百二柚堂筆談云：「經文脱去一『士』字，當依正義補。」按，釋曰「云卿大夫士者」，又「云士庶子者」，又「云之數者」，是賈疏本作「卿大夫士士庶子之數」，當據以補正。○按，宫伯「掌王宫之士庶子」，注云「王宫之士，謂王宫中諸吏之嫡子也。庶子，其支庶也」，此處解同。

002 邦國已下摠結之也　惠挍本同。閩、監、毛本「已」改「以」。

003 自古以事任之者　惠挍本「以」下有「來」。

004 惟賜無常　閩、監、毛本同。唐石經、余本、嘉靖本「惟」作「唯」。

005 是宿衛者也　閩本同。監、毛本「是」上增「明」。

006 云未常仕雖同族不得在王宫者　惠挍本「常」作「嘗」，此誤。

007 皆是小臣已下者也　閩本同。監、毛本「已」改「以」。

008 但比同士士既摠屬　浦鏜云「比同」當「此司」之誤。❶

009 自餘皆臣之摠號耳　惠挍本、閩本同。監、毛本「自」作「其」。

010 此之謂長幼有序　此本及閩本標起訖云「注賜爵」至「序也」，然則賈疏本「序」下有「也」字。監、毛本疏改作「賜爵」至「有序」，據今本注無「也」字耳。

011 孰而薦之　閩本同。監、毛本「孰」改「熟」。✕

012 天子諸侯載柩三束　余本、嘉靖本、毛本同。閩、監本「載」作「戴」。

013 故云天子諸侯載柩三束　閩、監、毛本「載」改「戴」，非。

014 所以連繫棺束與柳材使相植　浦鏜云：「值」誤「植」。

015 故非喪則兵災　諸本同。按，釋曰「知非喪者，以上文已言大喪，明此是兵災，非喪也」，據疏語此注祇當云「故謂兵災」，「非喪」之言乃賈氏闡發鄭義語，不當竄入注中也。若如此注則「喪」與「兵災」二者並舉，賈疏不得捨「喪」專言「兵災」矣。

諸子

016 卒讀如物有副倅之倅　漢讀考作「讀爲」，云今本作「讀如」非。

017 戒令致於大子之事　監本「令」誤「合」。✕

018 謂朝夫子時　惠挍本作「大子」，當據正。此誤，閩、監、毛本改「天子」，非。

019 惟所用之　閩、監、毛本同。唐石經、余本、嘉靖本「惟」作「唯」。

020 正謂禮載之　余本、閩、監本同，誤也。嘉靖本、毛本「禮」作「朼」，當據正。葢「朼」誤爲「札」，遂改作「禮」，疏中標注同。大僕、御僕注作「匕載」。❷

021 鼎中匕出牲體　閩、監、毛本「匕」誤「七」，賈本注葢「朼」作「匕」。

022 皆使正舞人八八六十四人之位　監本「八八」誤「人人」。×

023 從於王　浦鏜云大司馬職疏引作「從從王」。案，此疏亦云「使國子從王也」，此作「從於王」，誤。○按，「從」字逗，「從王」爲句。

024 得行大夫禮故也　浦鏜云「故」當「衍」。

025 考較才藝長短　惠挍本「較」作「校」。

026 周禮云大學在國中　閩本同。監、毛本「云」誤「文」。×

司右

027 右軍旅據征伐　浦鏜云「右」當「凡」字誤。

028 弓矢圍　九經古義云：「『圍』當作『圉』字之誤也。古『圉』、『禦』通用，管子、墨子書皆然，今司馬法作『禦』是也。」盧文弨云：説苑貴德篇「寇暴以仁圍」，「圍」亦當作「圉」。按，賈疏本作「圍」，云「圍城時」，賈誤。

虎賁氏

029 後脛拆取胳肩斷各九个　閩本同。惠挍本「胳」作「骼」。監、毛本「肩斷」改「苞肉」。○按，「骼肩斷」是也。

030 春秋隱七年冬　余本、嘉靖本同。閩、監、毛本「隱」下增「公」，非。

旅賁氏

031 武士尚輕　閩、監本同，誤也。余本、嘉靖本、毛本「輕」作「輕」，疏同，當據正。此本疏標起訖云「注葛絰」至「尚輕」，亦不誤。

節服氏

032 維王之太常　余本、閩、監本同。唐石經、岳本、嘉靖本、毛本「太」作「大」，當據正。

033 玉路建大常　監本「玉」改「王」。

034 依禮緯含文嘉云　宋本、監本誤複「文」字，毛本移一「文」於「緯」下。

035 天子旌九刃　監、毛本「刃」改「仞」，下同。

036 節服氏皆與君同服故云亦如之　此本「故云」下剜擠「其服」二字，閩、監、毛本遂排入，今刪正。

037 此據王自然用卒者家祭上服　監本「王」誤「刪」。×

方相氏

038 以索室歐疫　釋文作「毆疫」，唐石經作「毆」，嘉靖本、閩、監、毛本作「歐」。此從欠，訛。○按，説文「毆」者，「驅」之古文。淺人於説文攴部求「毆」字不得，往往爲異説。

039 方相氏以難卻凶惡也　閩、監本同。余本、嘉靖本、毛本作「卻」。○按，「卻」是也。

040 云時儺四時者　監本同，誤也。閩、毛本「儺」作「難」，下並同，當據正。

041 以季春日歷大梁　閩、毛本同。監本「歷」誤「虛」。×

042 有大陵積尸之氣　毛本「大」誤「犬」。×

043 郊特牲云鄉人裼　閩、毛本同。監本「裼」改「儺」，非。

044 方良罔兩也　釋文：「方良，上音网，下音兩。」×

045 必破方良爲罔兩者　毛本「良」誤「相」。×

大僕

046 一日萬機　閩、監、毛本「機」改「幾」，誤甚。按，尚書本作「萬機」。

047 窮謂窮寃失職　惠校本、嘉靖本「寃」作「冤」。

048 令聞此鼓聲　宋本「聲」作「擊」，誤。×

049 玄謂窮達者　余本、閩、監、毛本同，誤也。岳本、嘉靖本作「達窮者」，當乙正。

050 則入告大僕迎此二官　閩本同。監、毛本增複「大僕」二字。

051 大僕主令此二官　監本「令」改「命」，非。×

052 則二官自白士　按，「士」爲「王」之誤。浦鏜云「士」疑「上」誤，非矣。下文亦云「自白王」。

053 事何得在大僕職乎者　閩本同。監、毛本改「者乎」，非。×

054 有在肺石達窮民　浦鏜云「石」誤「在」。

055 知有割牲者　閩本同。監、毛本「有」誤「其」。×

056 謂進牲孰體時　閩本同。監、毛本「孰」改「熟」。×

057 食時亦擊鼓救可知　惠校本「時」作「明」。盧文弨云「食」上當脱一「月」字。

058 日月之食　閩、監、毛本作「日有食之」，此誤。

059 彼四月不合擊鼓之月　浦鏜云：「六」誤「四」，或云「彼」下應有「非」。

060 穸亦如之　唐石經、諸本同，誤也。釋文及嘉靖本「穸」作「窆」，當據正。字從「乏」聲，非從「之」。

061 故書戒爲駭　漢讀考云：「大司馬『鼓皆駥駥』，即『駭』字。鄭君曰『疾雷擊鼓曰駭』。」

062 春秋傳所謂日中而堋　岳本及葉鈔釋文

「塴」作「傰」，此本疏引春秋傳亦作「日中而傰」，閩、監、毛本改作「塴」。○按，説文有「倗」、「堋」字，無「傰」、「塴」字，二字从山者，誤字也。説文「堋」下亦引左傳「朝而堋」。釋文作「倗」者，古字段借，自是鄭注古本如此。

063 窆讀如慶封汜祭之汜　諸本同，誤也。監本「汜」作「氾」，葉鈔釋文出「氾祭」二字，當據正。×

064 縣其書于宮門　嘉靖本「于」作「於」。×

065 故知惟有免鬉笄總耳　惠挍本「惟」作「唯」，毛本誤「帷」。×

066 懸于宮門　閩本同。監、毛本「懸」改「縣」。×

067 小臣受矢於公　浦鏜云「授」誤「受」。

068 大射正受弓　監本「正」誤「王」。×

069 不視朔　監本「朔」誤「朝」。

070 證不視朝亦是有故不視之意也　閩本同。監、毛本「朝」誤「朔」。

小臣

071 謂若趨以采薺　監本「薺」誤「齊」。

072 故小臣爲王沃手盥手也　浦鏜云「沃水」誤「沃手」。

073 掌士大夫之弔勞　浦鏜云：天官世婦疏引此注云「致禮同名爲弔」，此脱。

祭僕

074 始祖曰太廟　閩、監、毛本同。岳本、嘉靖本「太」作「大」，下同。

075 皆王合親　監本「王」誤「工」。×

御僕

076 府吏以下　余本同，誤也。嘉靖本、閩、監、毛本作「府史」，當據正。

077 乃匕載　余本、嘉靖本、閩、毛本同。此本及監本「匕」誤「上」，或誤「七」，今訂正，疏同。

078 故引特牲匕載　閩、毛本同。監本「匕」作「牲」，當是「朼」之誤，特牲經作「朼」也。○按，「匕」、「朼」本一字，或爲之分別者，非也。

隸僕

079 惟祧無寢　閩、監、毛本同。余本、嘉靖本「惟」作「唯」。釋文作「唯祧」。　×

080 埽席前曰拚　葉鈔釋文「拚」本又作「坋」，同。○按，「坋」爲「坌」之叚借字。説文「坌，埽除也」，俗作「拚」，非，「拚」訓撫手。

081 及處論語者　毛本「處」作「攄」，即「據」之俗寫，此誤。

082 掌蹕宫中之事　唐石經、諸本同。漢制考作「宫門」。

083 若今時儆蹕　釋文：「儆，字又作『警』。」　×

084 以其高祖已上　惠挍本「上」作「下」，此誤。

附釋音周禮注疏卷第三十二

弁師

085 延冕之覆在上　段玉裁云皇侃本作「冕延之覆在上」。

086 廣袤以冠縰　監本「縰」訛「縱」。禮説作「廣袤似冠縰」，云俗本誤「似」爲「以」，賈疏不明。○按，作「以」自不誤，謂以冠縰之廣袤爲之廣袤也。

087 以笄貫之　閩本同。監、毛本「貫」改「冠」，非。　×

088 垂於延前后　惠挍本「后」作「後」，下同，漢制考引此亦作「後」。

089 垂於延之前后　閩、監、毛本同。余本、嘉靖本「后」作「後」，當據正。

090 繩之每一帀而貫五采玉　嘉靖本「五」誤「玉」。×

091 云紘一條屬兩端於武者　監本「紘」誤「繰」。

092 至句上於右相笄上繞之　閩本同。監、毛本「句」誤「向」。×

093 則九旒已下是也　監、毛本「已」改「以」。×

094 諸侯之繅斿九就　諸本同。唐石經原刻作「諸侯之繅九就」，後刮磨重刻「繅」下增「斿」。按，賈疏引經云「諸公之繅九就」，無「斿」字，與石經原刻合。此猶上言「王繅十有二就」，「繅」下不當有「斿」也。

095 琘玉三采　釋文：「琘，本又作『珉』。」×

096 其餘謂延組　閩、監本同，誤也。余本、嘉靖本、毛本「組」作「紐」，當據正。

097 每繅九成則九旒也　漢讀考云：「案，此當云『每繅九成則九斿斿九玉也』，今本似脱誤。」

098 故書琘作璑　此本「璑」省作「玩」，閩本誤爲「玩」。漢讀考云：「說文『璑，采玉也，從周禮故書』。」❸

099 諸公云繅九就　閩、監本同。毛本「公」改「侯」，非。此依注作「公」，當作「云諸公之繅九就」。

100 會五采玉璂　釋文：「玉璂，本亦作『琪』。」×

101 檜用組　岳本「檜」作「襘」，從手，下同。

102 沛國人謂反紒爲襘　葉鈔釋文作「反紟」，云「本又作『紒』」。

103 瑧讀如薄借綦之綦　賈疏亦作「讀如」，漢讀考作「讀爲」。

104 邸下柢也　監本「柢」誤「抵」。

105 大如緦之麻絰　按，當乙作「緦麻之絰」，故疏無「麻」字。

106 凡吊事弁絰服　余本、閩本同。此俗「吊」字，嘉靖本、毛本作「弔」。×

107 凡弁絰其衰侈袂　監本「袂」誤「袂」。×

108 冕而無旒　閩、監、毛本同。余本、岳本、嘉靖本「旒」作「斿」，當據正。

109 則依命數矣　惠挍本「矣」作「耳」。

110 故辟積有就也　監本「就」誤「數」。×

司甲

111 玄冠縰布衣縰帶素韠　浦鏜云：「緇」並誤「縰」，「鞸」誤「韠」。

112 闕　此本、閩、監本並脱此注。余本、嘉靖本、毛本皆有此字，今據補。

司兵

113 干櫓之屬　監、毛本「干」誤「于」。×

114 建大車之輪以爲櫓而當一隊　毛本同。閩、監本「隊」誤「墜」。×

115 明所授兵據以大武朱干玉戚也　毛本同。閩、監本「授」誤「受」。×

116 故云淫淫爲陳　按，此當衍一「淫」。

117 後鄭皆不從者以爲廞興解之者　浦鏜云上「者」爲「皆」之訛，屬下。

118 故有出先刃入後刃之事 監本「入」誤「人」。×

119 釋曰鄭司農所云者是也 浦鏜云下當脱「者」。

司戈盾

120 分與授用 余本、閩、監、毛本同。宋本、嘉靖本「授」作「受」。

121 祭祀授旅賁殳 監本「旅」誤「旅」，毛本誤「旅」，下及注並同。

122 王族故士也 毛本「族」誤「旅」，下「旅賁」監本誤「旅」。×

123 車有五等 當從監、毛本作「六等」，閩本亦誤「五」。

124 王所乘車有車右故故建戈盾 閩、監、毛本不複「故」字。×

125 王行止住 閩本同。監、毛本「住」誤「註」。×

司弓矢

126 槩弧箕箙 毛本同。閩、監本「槩」誤「槩」。○按，「箕」从竹，非也，當作「萁」。

127 以授射甲革椹質者 監本「椹」誤「棋」。説文弓部引周禮「六弓」作「王弓、弧弓以射甲革甚質」。甚，蓋古「椹」字。

128 夾弓庾弓 唐石經、諸本同。釋文「庾弓，師儒相傳讀庾」，當本作「庚弓，師儒相傳讀庾」，故下云「本亦作『庾』」。

129 椹字或作鞎 閩、監本同。余本、嘉靖本、毛本云「或爲鞎」。宋本云「或作鞎」，誤。○按，以古文叚借論之，未見「鞎」誤也。「鞎」字不見於説文及古書，恐是「鞎」之誤字，但其誤久矣。

130 彤弓施弓之等是也 毛本作「旅弓」，

此「施」即「旅」之訛，監本改「旂」。按，古「旅」字多作「旅」、作「旅」。❹

131 云勞者勤勞王事　監本「云」誤「使」。×

132 壘謂軍辟　監本「辟」誤「辟」。×

133 御靡旌壁壘而還之類也　閩本同。監、毛本「壁」作「麾」，皆誤，當作「摩壘」。

134 恒矢痺矢　閩、監、毛本同。唐石經、余本、嘉靖本「痺」作「庳」，當據正，注同，此本疏中不誤。石經考文提要云：宋本九經、宋纂圖互注本、宋附釋音本皆作「庳矢」。

135 絜矢鍭矢　此本及余本「鍭」誤「鏃」，今據諸本訂正，下同。

136 以射敵守城車戰　嘉靖本「戰」誤「載」。×

137 前於重後微輕　程瑤田通藝録作「前於後重微輕」，謂其前於後殺鍭二矢之尤重者微輕也，轉寫訛互作「重後」。

138 庳矢象焉　此「庳」字毛本誤「痺」，閩、監本不誤，疏中閩本不誤。

139 庳矢讀爲人罷短之罷玄謂庳讀如痺病之痺　余本、嘉靖本同。監、毛本「庳」皆誤「痺」，閩本「庳矢」之「庳」不誤，疏中仍誤。漢讀考「讀如」作「讀爲」，「痺病之痺」作「痹病之痹」，下「痺」字同。○按，説文有「痹」無「痺」。

140 按上注而言王弧射大侯　毛本「按」誤「接」。×

141 云體往來之衰也者　閩本同。監本「體」誤「禮」，毛本遂删去。

142 降殺以兩　監本「殺」誤「役」。×

143 惟射爲可　閩、監、毛本同。余本、嘉靖本「惟」作「唯」。×

144 授兵至之儀　閩、監、毛本同，誤也。唐石經、余本、岳本、嘉靖本作「授兵甲之儀」，當據以訂正。石經考文提要云：宋本九經、宋纂圖互注本、宋附釋音本皆作「甲」。

145 爲其相繞相將用乃共之　閩本同，誤也。余本、嘉靖本、監、毛本作「爲其相繞亂」，當據正。

146 謂矢之有繳者　閩本同。監、毛本脱「者」。

繕人

147 抉用正王棘若檡棘　余本、岳本、嘉靖本同。閩、監、毛本「檡」誤「擇」。按，釋文出「若檡」二字。

148 此又爲者　閩本同。監、毛本「爲」誤「焉」。

149 充籠箙以盛矢　余本、閩、監、毛本同，誤也。宋本、嘉靖本作「充籠箙者以矢」。此本疏中標注同，與賈疏本正合，因疏語有「以籠是盛矢器」之言，遂誤改此注，釋文無「盛」字音也。

150 注充籠箙者以矢　閩、監、毛本改「充籠箙以盛矢」，誤甚。

151 引詩證既射弛而藏之義也　閩、監、毛本「弛」作「弛」。

稾人

152 但無文故注亦云未聞　閩本同。監、毛本增作「但無正文」。

153 書工功拙高下之等　閩、監本「功」誤「攻」。

154 皆在稾人者　毛本「稾」誤「稾」，下及疏同。

戎右

155 襄公縛秦囚使萊駒以戎斬之　閩、監、毛本同，誤也。余本、嘉靖本「戎」作「戈」，當據正。監本「縛」誤「縳」。○按，據左傳是「戈」字。

156 **并充兵中使役** 毛本作「兵革」。

157 **彼注云君在** 浦鏜云「存」誤「在」。

158 **盟則以玉敦辟盟** 唐石經、諸本同。余本「盟則」誤倒。

159 **以桃茢沸之** 閩本同，與玉府疏所引合。余本、嘉靖本、監、毛本「沸」作「拂」。○按，「沸」恐是誤字，作「拂」爲是。

160 **所以掃不祥** 嘉靖本「掃」作「埽」，疏中引注諸本同。

161 **發陽郞也** 浦鏜云「地」誤「也」。

齊右

162 **以其玉路有五其右惟有齊右道右三者** 浦鏜云「王」誤「玉」，「道右」下脱「戎右」二字。

道右

163 **王行道德之車** 按，疏云「言象據飾爲名，言道據行道爲稱」，然則此「德」字誤衍也。

164 **言道爲稱** 監、毛本「言道」下有「據行道」三字，此本、閩本脱。

大馭

165 **掌馭王路以祀** 閩、監本同，誤也。唐石經、余本、嘉靖本、毛本作「玉路」，當訂正。石經考文提要云：宋本九經、宋纂圖互注本、宋附釋音本皆作「玉路」。

166 **及犯軷** 漢讀考云：「説文『軷，出將有事於道，必先告其神。立壇四通，樹茅以依神爲軷。既祭軷，轢於牲而行爲範軷，從車，犮聲』。『範，範軷也，從車，笵省聲，讀與犯同』。按，許君所見周禮作『範』，蓋故書也。『範』爲正字，則『犯』爲假借字，與今義迥異。」

167 罰當爲軷　毛本「當」誤「賞」。

168 軷讀爲別異之別　漢讀考作「讀如」，云「此字既定作『軷』，不當又易爲『別』。故下文稱詩、禮作『軷』證之」。○按，讀如「別」者，擬「軷」之音耳，非易其字也。

169 爲軷壇厚三寸　浦鏜云：「壤」誤「壇」，「二」誤「三」。

170 踰無險難也　浦鏜云：「喻」誤「踰」。

171 無牲牢　監本「牢」誤「件」。 ×

172 祭軓乃飲　余本、嘉靖本同。唐石經缺。閩、監、毛本「軓」誤「軌」。釋文作「祭軓」，云「音犯，注『軛』同」。石經考文提要云：五經文字曰「軓，車前式也。見周禮」，宋本九經、宋附釋音本皆作「軓」。○按，「車前式」乃「車軾前」之誤。

173 故書軹爲軒　戴震云：「轂末出輪外，似笄出髮外也。軒、軹、軓、軌四字，經傳中往往訛溷。先儒以其所知改所不知，於是經書、字書不復有『軒』字矣。」漢讀考云：「軸耑之鍵曰舝，亦曰軒，謂制轂之鐵，豎貫軸頭，有似叉首之笄也。子春易爲『軹』，則與『輢內之軨』同名矣。」

174 軌爲範　嘉靖本、毛本同，誤也。余本、閩、監本「軌」作「軓」。漢讀考云當作「軓爲軛」。

175 軌當爲軛　嘉靖本、監、毛本同，誤也。余本、岳本作「軓當爲軛」，閩本作「軓當爲範」，漢讀考云當作「軛當爲軓」。

176 軛謂車前軾也　余本、監本並同，閩本「軛」作「範」，皆誤也。賈疏、嘉靖本、毛本作「軛謂車軾前」，當據正。今本作「前軾」，誤倒。漢讀考云：「『軛』當作『軹』，軛非車軾前也。詳考工記。」❺

177 右手祭兩軹　閩、毛本同。監本「手」誤「乎」。 ×

178 若祭末飲福酒　毛本「末」誤「未」。×

179 凡馭至采薺　監本「薺」誤「齊」，下同。

180 即上云行趍者　閩、監、毛本「趍」作「趨」，下同。

181 此大馭惟馭玉路　監本「玉」誤「王」。

182 亦准玉路爲法　閩本同。監、毛本「准」作「惟」，惠校本作「推」，非也。

183 注舒疾至鈴也　閩本同。監、毛本改「舒疾至爲鈴」，今本注中無「也」。

184 則皆以金爲鈴者　閩本同。監、毛本「則」改「云」。

戎僕

* 革路建大白以即戎車革路也　補，毛本重「戎」字，此誤脱。

185 及廣闕革輕之倅皆是也　閩本「革」作「苹」，當據正。

186 三分二諸侯　按「分」下當脱「有」字。

187 據陳與紂戰者而言　閩本同。監、毛本「陳」上增「在」。

齊僕

188 車逆拜辱　嘉靖本「逆」誤「送」。

道僕

189 注二亦副　閩、監、毛本「二」作「貳」，下同。

田僕

190 故戎車田車之二有別名　閩、監、毛本「二」作「貳」，馭夫疏同，此處下文閩、監本亦作「二」。

191 逆銜還之　釋文：「銜，本又作『御』。」×

192 使人叩而舉之　余本、閩本同。嘉靖本、監、毛本「叩」作「扣」，此本下亦作「扣」。案，釋文作「扣」，余本載音義同。○按，説文「扣，牽馬也」，故此注云「使人扣而舉之」，不得作「叩」。「叩」字説文所無，「敂」之俗體也。

馭夫

193 故知兼此二者也　閩本同。監、毛本「二」誤「三」。×

194 不掌戎路金路之副者　閩本同，誤也。監、毛本「戎」作「玉」，當據正。

附釋音周禮注疏卷第三十三

195 校人　唐石經、釋文、諸本同。毛本改從手。○按从手者大誤。

196 注政謂至馬政　閩、監、毛本脱「馬」。×

197 經辨六馬　宋本「辨」作「辯」。

198 以此五者種馬最在上　閩本同。監、毛本「五者」改「而言」，非。疏除駑馬計之，故五者。

199 皁一趣馬　唐石經、諸本同。葉鈔釋文作「趨馬」，余本載音義同。

200 三皁爲繫　唐石經、諸本同。釋文作「爲毄」，云「音計，本又作『繫』」。○按，古文叚借字。司門職亦云「牛牲毄焉」。周易「毄辭」古不作「繫」。

201 六繫爲廄　閩、監、毛本同，釋文亦作「廄」。此本舊訛「廏」，今訂正。唐石經、嘉靖本作「廄」，余本誤「廐」，注疏及下圉師同。

202 其數三百一十六匹　閩、監本同，誤也。余本、嘉靖本、毛本作「二百」，當據正。監、毛本疏中不誤。

203 明僕夫上士可知　毛本「士」誤「壬」。×

204 又蓋駑馬三良馬之數三个四百三十二　閩、監、毛本「个」改「箇」。浦鏜云

「蓋」當「益」字誤。

205 不審所由當能共此馬數　盧文弨云：詩定之方中正義作「何由能供此馬」，此作「所」，誤。

* 今又就校人之職相校人之職相校甚異　補，毛本無「相校人之職」五字，此本誤衍。

206 此爲民出軍賦　盧文弨云：詩正義「爲」作「謂」，此誤。

207 謂良馬二種四百三十二匹　監、毛本「二種」作「一」，此及閩本皆誤。監本「三」字缺中畫。

208 注欲其至一牡　閩本同。監、毛本脱「注」。

209 彼據馬之大者　閩本「之」誤「馬」。監、毛本有「之」，又複「馬」字。

×

210 知是始養馬者　閩本脱「是」，監、毛本又脱「者」。

211 相上作乘馬　余本、嘉靖本、毛本作「相士」，葉鈔釋文同。宋本、監本作「相土」。此作「上」，蓋「土」之訛，閩本此字實缺。○按，「士」、「土」孰是，今不能定。

212 謂若玄寘之步　閩本同。監、毛本「寘」作「眞」，未詳。

213 四鐵孔阜　浦鏜云「驖」誤從金，非也。毛詩本用假借字，孔氏正義從金旁。

214 此謂賔入境展幣時　監本「此」誤「比」。毛本「入」誤「人」。此本及閩本缺一頁，今據監、毛本互挍。

215 謂馬駃三成舒之　毛本「駃」誤「駷」。浦鏜云「成舒」當「色成」之誤。○按，駃者，「鞅」之誤，「三成舒之」不誤，以「三成」訓「三就」也。

216 證馬有飾之事也　毛本「有」誤「兩」。

217 來朝聘而享王者　余本、嘉靖本、監本同。毛本「朝」誤「明」，宋本作「特」。○按，「朝」是也。

218 及葬埋之　唐石經、諸本同。釋文：「貍之，本亦作『埋』。」按，經當作「貍」，注當作「埋」，此類皆援注所改。

219 山川地神土色黄　毛本「地」誤「也」，「土」誤「上」。

220 故用黄駒也○注四海至之禮　監本脱下六字，今據毛本補錄。

221 云有殺駒以祈沈禮與者　監本「者」誤「與」。×

222 私與主君相見謂之私覿　監本「覿」誤「覩」。×

223 若待聘則有之　浦鏜云「待」當「特」字誤。

224 此軍事言物馬　毛本「軍」誤「通」。

225 當與上文互以見義　閩、監本同。毛本「互」誤「五」。×

226 稍食曰廩　閩、監、毛本同，誤也。余本、岳本、嘉靖本「廩」作「稟」，當據正。漢讀考作「稍食祿稟」，云「曰」字譌。

227 注師圉府史以下　閩本同。監、毛本脱「以下」。

巫馬

228 賈一人　閩本同，誤也。余本、嘉靖本、監、毛本作「二人」，當據正。○按序官「賈二人」。

牧師

229 不得使人輒牧牛馬也　毛本同。閩、監本「輒」誤「輙」。

230 生新草也　閩、監、毛本同。余本、岳本、嘉靖本無「也」，此衍。

231 牧燒焚地　閩、監、毛本作「燒焚牧地」，此誤倒。

廋人

232 謂聒馬耳　漢讀考云：「『聒』當爲『桰』，『括押』皆當從木，自陸德明時已誤爲『聒』。聒之適以驚之，云毋令，非理也。疏云『後鄭增成其義』，蓋賈本不誤。」案，此因注云「括馬耳」，遂改「括」從耳旁也。今釋文「聒馬」與「括押」異文，當亦後人誤改。○按，玉裁非也。聒之所以習之，令其不驚，凡豢禽獸自有此法。

233 制其蹄齧者　閩、監本同。余本、嘉靖本、毛本「制」作「騬」，當據正。校人注「鄭司農云攻特謂騬之」。○按，古制不盡用騸馬，故惟善蹄齧者騬之耳。不盡用騸馬者，凡馬特居四之一也。

234 駣牡驪牡玄駒褭驂　余本、閩、監本作「駣牡驪牝玄」，與釋文「牡驪，茂后反。牝玄，頻忍反」正合，是也。此本作「牡玄」，嘉靖本、毛本作「牝驪」，皆誤，余本載音義亦誤作「牝驪」。嘉靖本、閩本「褭」作「裊」，葉鈔釋文同。

235 鄭司農云以月令　宋本、嘉靖本「云」作「説」，此誤。

236 其實兼有牝　閩、監、毛本作「牡」，此誤。

237 故云駣中所有牝則驪色牡則玄色　毛本同。閩、監本「牝」、「牡」字互改。按，上文引詩「騋牝三千」，蓋賈疏本鄭注作「騋牝驪牡玄」，與釋文本不同。惠士奇云：賈公彥讀爾雅不與郭景純同，然亦有理。

圉師

238 射見充椹質　唐石經、余本、嘉靖本同。閩、監、毛本「充」作「克」，疏同。

239 故字庌爲訝　漢讀考云：「『字』當作『書』。說文『庌，廡也。从广，牙聲』，引周禮夏官『庌馬』，許君從司農易字也。」

240 椹質所射者習射處　漢讀考云：「『習射處』之上脱『茨牆』二字。」

241 皆謂釋宮中　浦鏜云「澤」誤「釋」。

圉人

242 圉師使令焉　監本「焉」字空缺。

243 此遺車則天子九乘　閩本同。監、毛本「此遺車」下衍「之馬遺車」四字。

244 職方氏　困學紀聞云：「漢樊毅修西嶽廟記作『識方氏』。」

245 閩芊蠻矣　余本「芊」作「芉」，嘉靖本、閩、監、毛本作「芉」，此本作「芋」，皆誤，今訂正。釋文作「芉」，引李軌云「今周禮本或無此字，國語則有」。

246 禮之事異　浦鏜云「文」誤「之」。

247 爾雅雖有其數耳　監本同，誤也。閩、毛本「雖」作「惟」，當據正。

248 文甚明故不定　按，下云「鄭不甚明之」，則此「文」爲「不」之訛。

249 未知何者是故不定　閩本同。監、毛本改「未知何者不定故是」，非。

250 後人轉寫者誤　閩、監、毛本「轉」誤「傳」。

251 東南曰揚州　唐石經、余本、嘉靖本、毛本同。閩、監本「揚」作「楊」。按，廣韻二十一「震」、太平御覽七十二皆引作「楊州」。蓋州名字本從木，自開成石經定從手旁，後俱作「揚」。閩、監本作木旁者，又由手旁轉改，非古本如是矣。

252 具區五湖　此本、閩本「具」誤「其」，今據諸本訂正。

253 箭篠也　閩、監本同，誤也。余本、嘉靖本、毛本「篠」作「篠」，當據正，釋文亦作「篠」。○按，依説文作「筱」，从竹，攸聲。作「篠」已是俗字。

254 故書箭爲晉　漢讀考云：「大射儀『綴諸箭』注『古文箭爲晉』，與此同。」

255 杜子春曰　浦鏜云「曰」字當依葛本作「云」。

256 禹傳云一有羣鳥游田焉　浦鏜云「相」誤「禹」，「下」誤「一」。

257 吴南郡名依地里志南江自吴南　盧文弨云「自」當從漢志作「在」。案，上「南」當衍。○按，此十三字當作「吴者會稽郡屬縣名依地里志南江在吴南」，下接「震澤在西」，今本譌特甚。

258 云箭篠也箭一名篠故禹貢云篠簜　閩、毛本「蓧」字同，監本誤「篠」。閩、監、毛本「簜」誤「蕩」。

259 其澤藪曰雲曹　説文艸部「藪」字下言九州之藪作「雲夢」。

260 其浸潁湛　唐石經、余本、嘉靖本、毛本同。閩、監本「潁」誤「頴」，疏同。

261 可爲作甽畝之治　閩、監、毛本「甽」改「畎」。

262 其川熒雒　余本、岳本、閩本同，是也。嘉靖本、監、毛本「熒」作「滎」，釋文「雒」作「洛」，皆非。唐石經作「其水滎洛」，則非特「熒」字、「雒」字誤，即「川」字亦誤矣，後改「水」爲「川」。疏中「熒」字此本、閩本同，注中則諸本皆從水。○按，「熒」不得作「滎」，「雒」不得作「洛」，近錢大昕、段玉裁之説詳矣。注内「泆爲熒」、「熒在滎陽」、「熒播既都」，皆「熒」字之誤。尚書「熒」作「滎」，乃衛包所改也。

263 出東垣　漢讀考云：「地里志、郡國志皆無『東』字，史記魏世家『城王垣』，徐廣云『垣縣有王屋山』，然則『東』字賸也。説文『沇水出河東垣東』，謂垣縣之東也，今本誤作『東垣』。」

264 滎播既都　釋文、羣經音辨「滎」字皆從水。釋文：「都，本或作『豬』。」○按，余仁仲本所載音義作「熒」，今本釋文誤也，羣經音辨未能憭此。

265 其澤藪曰望諸　説文作「孟諸」。

266 道柯澤　監、毛本同，誤也。閩本「柯」作「荷」，當據正。

267 行千二百一十里　盧文弨云志作「一百」。

268 其浸盧維　閩、監、毛本同，誤也。唐石經、宋本、余本、嘉靖本「盧」作「盧」，當據正，注及疏同，釋文亦作「盧維」。石經考文提要云：宋本九經、宋纂圖互注本、宋附釋音本皆作「盧」。按，困學紀聞引職方氏作「盧維」。閻若璩失於校勘，謂周禮作「盧」。此從漢地里志，誤甚。

269 其澤藪曰弦蒲　漢讀考云：「説文宋本、李燾本、汲古閣未改本皆作『弦圃』。」

270 汭坈之即　余本、嘉靖本、閩本同。監、毛本「坈」誤「沉」，疏中不誤。按，釋文出「汭坈」二字。❻

271 杜子春讀豯爲奚　漢讀考云：「説文作『奚養』，從杜易字也。」

272 河内曰兾州　唐石經、余本、嘉靖本同。廣韻引周禮亦作「兾」，閩、監、毛本改「冀」，失其舊。

273 其澤藪曰楊紆　唐石經、諸本同。宋本爾雅疏引作「其澤藪曰陽紆」。按，此本及余本、閩本注中皆作「陽紆」。

274 章出長子　閩、監、毛本同，誤也。余本、嘉靖本「章」作「漳」，當訂正。

275 漳水横流入河　毛本「横」誤「黄」。×

276 其澤藪曰昭餘祁　唐石經、諸本同。監本「祁」誤「祁」，注同。漢讀考云：「徐鍇本説文作『昭余祁』，淮南作『燕之昭余』，無『祁』字。」

277 恒山在上曲陽　毛本「上」誤「土」。×

278 自古已來　惠校本同。閩、監、毛本「已」改「以」。×

279 周九州之界方七千里　余本、嘉靖本、閩本同。監、毛本「千」誤「十」。×

280 斥大九州　閩、監、毛本「斥」改「遷」，蓋「斥」誤爲「迁」，遂改「遷」。

281 謂若虞公虢以舊是殷之公　閩本「公」改「若」。監、毛本作「謂若虞、虢公」，删「以」字。按，當作「謂若虞公、虢公」，「以」亦「公」之誤。檢困學紀聞引此正作「謂若虞公、虢公舊是殷之公」，宜據正。

282 五百里已下　惠校本、閩本同。監、毛本「已」改「以」。×

283 並是殷周國數也　宋本同，誤也，當從閩、監、毛本「周」作「州」。

284 必知以男備其數者　宋本無「其」，此衍。

285 此即大宰云　宋本「即」作「則」，下「制其職」節疏同。

286 傳其伍　閩、監、毛本同。浦鏜云「傅」誤「傳」。

287 攷乃職事　唐石經、諸本同。岳本「攷」誤「攻」。

288 君前行　閩、監、毛本同，誤也。余本、嘉靖本「君」作「居」，當訂正。

289 如前所施以不　閩、監本同，毛本「不」

誤「下」。浦鏜云監本「下」誤「不」，非。「以」猶「與」也。「不」讀爲「否」。

土方氏

290 日行大分六寸分四　浦鏜云「小」誤「寸」。

291 外加丈一尺五寸　毛本「尺」誤「人」。 ×

292 土地猶度地　監本「猶」誤「又」。 ×

293 謂九穀值稺所宜也　閩、監本同，誤也。余本作「稙稺」。釋文、嘉靖本作「稙穉」，當據正。

294 故以此推之　閩本同。監、毛本作「解之」。

295 周帀樹藩羅　毛本同。閩、監本「藩」誤「蕃」。 ×

懷方氏

296 侯服世一見　浦鏜云「歲」誤「世」。

合方氏

297 津梁相奏　閩本同。余本、嘉靖本「奏」作「湊」，監、毛本誤「湊」。按，釋文「相奏，采豆反，或作『湊』」，此本與釋文正合，古字之僅存者。

298 若林木徙川澤　閩本同，誤也，當從監、毛本作「材木」。

299 不得有大小　監本「大」誤「人」。 ×

300 既風俗既風俗別言　監本剜刊「既風俗」三字，毛本排勻，閩本兩「既風俗」皆實缺。

形方氏

301 無有華離之地　唐石經、諸本同。釋文：「華，依注音𠇔，苦蛙反。」禮說云：「𠂌離之地，『𠂌』今作『乖』，俗誤爲『蕐』。說文『𠂌，背呂也，象脅肋形』。玉篇於𠂌部加『蕐』，訓爲『蕐，斜也，苦蝸切。蕐斜者，猶𠇔邪云爾』。」漢讀考云：「華，音同夸。廣韻、集韻作『奊』，非。」○按，今俗語分析謂之「花」，即此經「華」字也。

302 柾矢哨壺　毛本同。閩、監本脫「哨」。

川師

303 川澤之民與物　監本同，誤也。余本、嘉靖本、閩、毛本「民」作「名」，當據正。

304 出蠙珠爲與美魚　閩本同，衍。監、毛本刪「爲」。

邍師

305 平濕曰隰　浦鏜云「下」誤「平」。

都司馬

306 士適子庶子　監本「適子」「適」字實缺，「子」誤「于」。×

307 以國灋掌其政學　唐石經、諸本同。釋文作「其正」，云「音征，本亦作『政』」。×

308 都司馬所掌者　惠校本、閩本同。監、毛本「者」誤「皆」。×

08—309 叔孫氏之司馬鬷戾　余本「鬷」作「鬷」，是也，葉鈔釋文同。

校記

❶ 南昌本校語「比」作「此」。

❷ 南昌本校語「礼誤爲札」作「朼語爲朼」，學海堂本作「朼誤爲札」。

❸ 南昌本「玩」作「玩」。

❹ 南昌本末「旅」字作「施」。

❺ 南昌本首「作」字作「改」。

❻ 南昌本「泯」作「怋」。

周禮注疏校勘記卷九

附釋音周禮注疏卷第三十四

09—001 秋官司寇第五　唐石經作「第九」，是誤以卷數改篇第也。

002 禁所以防姦者也　宋刻大字本、嘉靖本、閩、監、毛本同。錢鈔宋本「姦」作「奸」，非。

003 家大夫之采主此三等采地之獄　閩本同。監、毛本「主」作「地」。按，「地主」二字當並有。

004 以朝主爲詢衆庶　監本同，誤也，當從閩、毛本作「朝士」。

005 注司民主民數　毛本同。閩、監本「主」誤「至」。×

006 殺牲歃血　諸本同。大字本「歃」作「歃」，釋文亦出「歃血」二字。

007 犬人徒十六人　閩、監、毛本同。唐石經、大字本、岳本、錢鈔本、嘉靖本皆作「徒十有六人」，當據以補正。

008 今獄城圜　大字本、岳本、錢鈔本、嘉靖本、毛本同。閩、監本「城」下衍「曰」，當刪正。

009 言凡圜土之刑人也　監本「土」誤「上」，疏中誤「士」，閩本同。

010 以仁恩求出之　毛本「求」誤「下」。×

011 主拘繫當刑殺之者　閩、監、毛本「主」誤「王」。×

*司隸　監、毛本此節有「司隸至百人○釋曰在此者案其職云掌五隸之法五隸皆是罪人故在此」疏文一

段，此本及閩本皆脱，今據補録。

012 司隷至百人〇釋曰在此者案其職云掌五隷之法五隷皆是罪人故在此　此本及閩本皆脱此節疏，今據監、毛本補録。　×

013 故注云盗賊之家爲奴者　閩本同。監、毛本下衍「也」。　×

014 禁殺戮下士二人　毛本「下士」誤倒。

015 禁暴〇釋曰　監、毛本作「禁暴至十人」，此本及閩本脱下三字。

016 蠅蟲所蜡也　漢讀考云：「説文虫部『蜡，蠅胆也。周禮蜡氏掌除骴』，肉部『胆，蠅乳肉中也』，通俗文同。此注『所蜡也』當作『所胆也』，謂蠅所聚乳也。『胆』俗作『蛆』。」

017 掩骼埋骴　釋文作「貍骴」，云「本又作『埋胔』」。

018 蜡讀如狙司之狙　岳本「狙」誤「徂」。

019 雍謂隄防止水者也　閩、監本「防」改「坊」，非。

020 萍讀爲蛢　諸本同。按，此當作「蛢讀爲萍」，因故書作蚑蟥之「蛢」，故司農讀從苹萍之「萍」。下云「或爲萍號起雨之萍」，則「萍」、「萍」字通也。此經當作「蛢氏」，後人援注改經，又易注「萍」爲「萍」，則與下「萍號」爲一字矣。因此官義取萍草之不沈溺，古經假借作「蛢」，故司農改讀爲「萍」、爲「萍」。若經本作「萍」，而易爲「蛢」，斷無此理也。

021 玄謂今天問萍號作萍爾雅曰萍萍　諸本同。段玉裁云：當作「今天問萍號作萍」，王逸注本正作「萍」，云「一作萍」。按，後鄭增成司農義而意主「萍」字，故引今天問「萍號」、爾雅「苹萍」以證之。「萍萍」當作「苹萍」，釋文云「萍，本亦作『苹』是也。「萍」、「蓱」乃一字，不得爲二名。

022 萍氏主水禁萍之草　此二「萍」字皆當作「蓱」。司農「爲蓱」、「爲萍」兩讀，鄭君則取「蓱」字，音作讀如平。

023 萍氏○釋曰按其職云　閩本同。監、毛本「釋曰」下有「在此者」三字。按，「萍氏」下當亦脱「至八人」三字。

024 亦天問之文　按，「亦」當誤衍。

025 主夜覺者　賈疏本同。漢讀考作「主覺夜者」，云「賈公彥本誤作『夜覺』」。○按，此「覺」讀如覺後、知覺、後覺之覺。

026 司烜氏　唐石經、諸本同。釋文：「司烜，音毀，注『燬』同。」漢讀考作「司燬氏」，謂「注『烜，火也。鄭司農云當爲烜』二『烜』字皆當作『燬』」。

027 故書燬爲垣　諸本同。釋文：「爲垣，劉音袁。」按，「垣」當「烜」字之誤，經注「烜」字皆從故書轉改也，蓋陸所據本已誤。

028 及以木鐸修火禁　監本「及」誤「又」。閩、監、毛本「修」作「脩」。　×

029 燬亦火之別名也　監本脱「亦」。　×

030 條狼氏下士六人胥六人徒六十人　沈彤云：「『六』並當作『八』，其職曰『王出入則八人夾道，公則六人』，此下士屬王，當八人。下士之夾道者八，則隨而滌狼之胥亦當八。胥爲什長，胥八，則徒當八十也。」○按，沈彤以此等證其祿田相符之數，不當篤信也。

031 冥讀爲冥氏春秋之冥　諸本同。漢書蕭該音義引作「讀如」，此擬其音，非改其義，釋文所云「冥如字」是也。至後鄭讀爲冥方之「冥」，劉音莫歷反，與「冪」同，始易其字義矣。此作「讀爲」誤也。疏云「後鄭亦取音同，以繩縻取禽獸，冥然使不覺」，此說非。

032 驅除毒蠱之言　葉鈔釋文作「毒蠱」，本職同。

033 翨讀爲翅翼之翅　大字本、岳本、嘉靖本同。閩、監、毛本「翅」誤「翄」，疏同。釋文云：「翨氏，音翅。」

034 云翨鳥翮也者羽本曰翮　惠挍本同。此本及閩本「者」字、「羽」字合爲「翥」，今寫正。監、毛本於「翥」上更增「者」字，誤甚。

035 故彼從之也　惠挍本「彼」作「破」，此誤。

036 必先挍剝之　宋本、岳本、嘉靖本同。大字本、錢鈔本、閩、監、毛本作「刊剝」。按，釋文本作「校剝」，賈疏本作「刊剝」。○按，疏誤。

037 柞讀爲音聲唶唶之唶　漢讀考作「讀如」，云「今本作『讀爲』誤。除木曰柞，又見毛詩，不當易爲『唶』、『笮』二字」。

038 明柞是除木　閩本同。監、毛本下有「也」字。毛本「明」誤「名」。

039 薙氏　唐石經、諸本同。釋文：「薙氏，李或作『雉』，同。」漢讀考「經注『薙』皆作『雉』」，謂「淺人加艸於雉爲『薙』，猶稻人加艸於夷爲『荑』也。此『雉』或作『夷』，爲同音同字」。

040 鄭司農云掌殺草　漢讀考云下有「夷氏」二字，云「今本脱」。❶

041 芟夷蘊崇之　嘉靖本、惠挍本「蘊」作「薀」，釋文出「薀崇」二字，此作「蘊」，非。

042 又今俗閒謂麥下爲夷下　惠挍本無「今」。按，賈疏云「先鄭引古今爲證」，當本有「今」字。

043 此皆剪草也　閩、監、毛本同，誤也。大字本、錢鈔本、嘉靖本「剪」作「翦」，當據正。

044 謂燒所芟草　大字本、錢鈔本、閩、監、毛本同。岳本、嘉靖本作「非謂燒所芟草」，多一「非」字，係誤衍。詳漢讀攷。

045 **親人善鄰**　閩本同。監、毛本「人」作「仁」。

046 **從石折聲**　漢讀攷云：「『折』當作『析』。析聲、適聲同在古音十六部，折聲在十五部，『硩』爲『擿』之古字，則知必析聲也。釋文『硩，他歷反。李又思亦反』，此從『析』；又云『徐丈列反，沈勑徹反』，此從『折』。説文曰『硩，上摘山巖空青珊瑚隋之，從石，折聲。周禮有硩蔟氏』，許以『摘』訓『硩』，取其同音，篆文必作『硩，析聲』。今本作『硩，折聲』亦謬。」

047 **赤犮氏**　閩、監本同，毛本「犮」作「叐」，嘉靖本作「友」，皆譌。唐石經、大字本、錢鈔本作「犮」，當據正，注中同。説文：「魃，旱鬼也。从鬼，犮聲。周禮有赤魃氏，除牆屋之物也。詩曰『旱魃爲虐』。」按，鄭注此云「赤犮」，猶捇拔也，主除蟲豸，與許云「除牆屋之物」義同。引周禮作「赤魃」者，當是古文假借字。許所據壁中故書作「魃」，其義則爲除牆屋物，而非旱鬼也。詩「旱魃爲虐」，其義爲旱鬼，故復引詩證之。

048 **掌除牆屋**　惠校本同。閩、監、毛本「牆」改「墻」。

049 **拔除去之也**　閩本同。監、毛本「拔」上衍「捇」。

050 **蟈讀爲蜮蜮蝦蟇也**　諸本同。按，此當作「蜮讀爲蟈。蟈，蝦蟇也」，故下引月令「螻蟈鳴」證之。古文經當本作「蜮氏」，司農讀爲「蟈」，蓋「蜮」古文，「蟈」今文，故夏小正、周官作「蜮」，月令、吕覽作「蟈」。釋文「蟈氏，古獲反，劉音或」，劉昌宗本經當作「蜮氏」。○按，此當依漢讀攷。

051 **含沙射人入皮肉中**　閩本同。監、毛本「人入」字誤倒。

052 **徧身中濩濩蜮蜮故曰灾**　浦鏜云：「『或或』誤『蜮蜮』，『爲』誤『曰』，從左傳疏挍。」

053 **書亦或爲濁**　監本「濁」誤「獨」。漢讀考作「書亦或爲涿」，云今本作「濁」誤。

054 有陶人瓬人造瓦器　閩、監、毛本「瓬」誤「⿰弓瓦」。×

055 令國中絜清　大字本、岳本、嘉靖本、閩本同。監、毛本「絜」改「潔」，非。釋文出「絜清」二字。×

056 銜枚氏　大字本、閩、監、毛本同。唐石經、錢鈔本、嘉靖本「銜」作「衘」，注同。

057 枚狀如箸橫銜之爲之繣結於項　大字本「繣」上無「之」，此衍。詩東山釋文引此注云「枚如箸橫銜之於口爲繣絜於項中」，「繣」上亦無「之」，「枚」下并無「狀」，今本皆衍。「結」作「絜」，古字也，當據以訂正。漢讀考云：「顏氏漢書注引作『繣絜於項』，云『繣者，結礙也。絜，繞也，爲結紐而繞項也』，勝於賈本賈説」。

058 今姓有伊耆氏　漢制考下有「也」。×

059 小行人下大夫四人　唐石經、大字本、岳本、嘉靖本同，皆跳行另節。下「司儀」、「行夫」同。此本及閩、監、毛本自「大行人」至「行夫」并爲一節，非，下「家士」亦如之，同。

060 合總名曰象者　閩、監本同，誤也。大字本、岳本、錢鈔本、嘉靖本、毛本「合」作「今」，當據正。

061 即詩序所云　監本「云」誤「去」。×

062 掌客徒三十人　閩本同，誤也。大字本以下皆作「二十人」，唐石經作「廿人」。

063 訝讀爲跛者訝跛者之訝　賈疏釋此注云「時晉使郤克聘齊，郤克跛，齊使跛者往御。御亦迎也，故讀從之」。按，賈氏所據公羊傳「訝」作「御」。

064 主都家之八則者也　監本「主」誤「王」。×

065 以其都司馬使王自爲之　閩本同。監、毛本「自」改「臣」。

大司寇

066 王耗荒　大字本同。按,「耗」當作「秏」。羣經音辨禾部引書「王秏荒」,鄭康成讀蓋賈氏所據。北宋本釋文作「秏荒」也,今釋文作「旄荒」,錢鈔本、岳本同。嘉靖本、閩、監、毛本改「耄荒」,非。

067 謂周穆王老　閩本同。監、毛本「老」上增「年」。

068 爲其民未習於教　釋文出「爲民」二字,則陸本無「其」。

069 使民相拱勑之法　浦鏜云「共」誤「拱」。

070 簒弒叛逆之國　釋文作「簒殺」,云「本亦作『弒』」。×

071 云亂國簒弒叛逆之國者　閩本同。監、毛本「國」下衍「也」。×

072 命將命也　葉鈔釋文作「將令」。

073 咎由九德者也　閩本同,誤也。惠挍本作「咎繇」,當據正。監、毛本作「各由」,誤甚。

074 有似罷弊之人也　閩本同。監、毛本「人」作「民」。

075 以其不故犯法　諸本同。閩本「不」改「無」,誤也。疏云「此罷民本無故心,直是過誤」。浦挍作「無故犯法」,以「不」字爲誤,大誤。○按,「故犯法」猶今言「謀殺」、「故殺」也。

076 此入五刑者爲輕　閩本同,誤也。當從監、毛本「此」作「比」。

077 是入圜土者也　閩本同。監、毛本「是」改「乃」。

078 其百个與　閩、監本「个」改「箇」,非,疏同。釋文出「百个」二字。

079 彼或據在軍矢數　監本「軍」誤「弓」。×

080 必入金者取其堅也　大字本無「也」。×

081 此則各遣持劑之書契　監本「遣」誤「過」。×

082 質人云大市以質　閩本同。監、毛本上「質」誤「貨」，「人」誤「又」，「市」誤「事」。

083 故見之耳　閩、監、毛本「耳」改「爾」。

084 未附於法　大字本、岳本、嘉靖本同。閩、監、毛本「法」改「灋」，下並同。×

085 易志冷剛悶　閩本同。監、毛本「冷」誤從水。

086 布五刑於天下　毛本「於」改「于」。×

087 故以邦成弊之　惠校本「故」作「還」，此誤。

088 又於庫門而東入廟門　閩本同。監、毛本「庫門」下衍「內」。

089 謂將祭之辰　浦鏜云「晨」誤「辰」。

090 明者絜也王人明絜　閩本同。監、毛本「絜」改「潔」，下同。浦鏜云「主」誤「王」。

091 明以先后世子爲政　閩本同。監、毛本「政」作「正」。

092 二者容有先后及后世子　毛本「先后」誤「先後」。×

093 使其屬蹕　唐石經、諸本同。釋文作「趩」，云「本亦作『蹕』」。○按，説文走部曰「趩，止行也」，从走爲正字，从足爲或體。

094 而蹕于王官　監本同，誤也。閩、毛本作「王宮」，當據正。

附釋音周禮注疏卷第三十五

小司寇

095 選於庶也　毛本「於」改「于」。✕

096 鄉大夫在公後　諸本皆誤作「卿大夫」，惟此本不誤。按，賈疏「鄉大夫」有申釋之辭。

097 知鄉大夫在公後者　惠校本、閩本同。監、毛本「鄉」誤「卿」。

098 小司寇擯以敘進而問焉　唐石經、諸本同。葉鈔釋文作「賓以」，必刃反，注同。

099 巽有可以出之者　錢鈔本、嘉靖本、閩本同。大字本、監、毛本「巽」作「冀」。

100 如今時讀鞫已　岳本「鞫」作「鞠」，俗字。

101 其婦人之爲大夫之妻者　大字本、錢鈔本、嘉靖本、閩本同。監、毛本作「大夫妻」，脱「之」。

102 而以五聲目之者　監本「目」誤「自」。✕

103 理曲則顏色愧赧小爾雅云　宋本「曲」作「虚」，無「爾」。

104 觀其眸子視　閩、監、毛本同。大字本、岳本、嘉靖本「眸」作「牟」，葉鈔釋文及錢鈔本載音義同，當據正。○按，説文無「眸」字，漢人祇用「牟」。

105 不直則眊然　釋文：「眊，本又作『旄』，同。」✕

106 杜子春讀麗爲羅　岳本「羅」改「羅」，非。○按，「羅」、「羅」古今字。説文無「羅」。

107 日月麗乎天　宋本、嘉靖本「乎」作「于」，此本疏中引易同。

108 故書附作付附猶著也　大字本、錢鈔本、岳本、嘉靖本、閩本同。監、毛本脱下「附」。

109 則民不偷　閩、監、毛本同。大字本、岳本、嘉靖本「偷」作「愉」，葉鈔釋文及岳本載音義同。

此作「偷」，俗字。○按，説文無「偷」。

110 上行下效　毛本同。閩、監本「效」作「効」。

111 故引爲證議故也　宋本同。閩、監、毛本「爲」改「以」。

112 祁奚作此辭以告晉侯　宋本「告」作「諫」。

113 謂有大勳力立功者　大字本、錢鈔本、嘉靖本、毛本同。閩、監本「力」改「勞」，非。

114 銀印黃綬　漢制考作「青綬」。

115 云虞閼父爲周陶正　惠挍本同。閩、監、毛本「云」作「有」，此誤，下「郊特牲有」同。

116 而施上服下服之刑　閩本同。監、毛本「而」作「以」，依經所改。

117 其時鑊水當以洗解牲體肉　盧文弨曰通考引此「時」作「實」。按，疏云「鄭知實鑊水爲洗解牲肉者」，據疏本作「實」字。

118 爲王道辟除姦人也　錢鈔本「姦」作「奸」，誤。

士師

119 以左右刑罰　唐石經、諸本同。毛本「罰」改「罸」，注及下並同。

120 今宮門有簿籍　閩本同，誤也。大字本、錢鈔本、嘉靖本、監、毛本皆作「符籍」，漢制考所引同，當據正。

121 謂廬宮人聽事之門　閩本同。監、毛本「宮」作「官」。

122 謂在車離耦耦載而下帷　漢制考「耦」字不重。○按，不重者非也。「在車離耦」謂獨坐一車者，「耦載而下帷」謂同坐一車而下帷，皆形迹可疑。

123 古之禁書其下惟如此　閩、監、毛本「其下」作「具不」。元本、閩、監、毛本是也。

124 無干車　監、毛本「干」誤「于」。×

125 比其類也　大字本、錢鈔本、嘉靖本、毛本同。岳本「比」作「此」，監本同。閩本先作「比」，後改「此」，疏中同。按，賈疏本作「比」，引易比九五釋之。釋文「比」字無音，蓋陸本作「此」也。漢制考作「比」。○按，疏引比九五爻辭以爲「無干車」、「無自後射」之證，於「比其類」無涉也。禁之凡必多，引此軍禮一條，而曰「此其類也」，猶上云「之屬」耳。「比」字必是譌字，疏亦未嘗作「比」也。

126 周公作以成王令　惠校本同。閩本剜改作「以爲輔相」，監、毛本從之，則「令」字屬下「以大義告天下」爲句。

127 乃有泰誓費誓召誥洛誥之等　閩本同。監、毛本「乃」改「仍」。

128 掌鄉合州黨族閭比之聯　唐石經「族」誤「旅」。監本「聯」改「聨」。

129 胥讀如宿偦之偦　毛本下「偦」誤「胥」。漢讀考作「讀爲」，云今本作「如」誤。○按，說文無「偦」，此漢字之不見於說文者。凡說文所無，不得盡謂之俗字。

130 若今白聽正法解也　大字本、錢鈔本、嘉靖本、閩、毛本同。監本及漢制考「白」作「日」，誤。

131 則士師審察　惠校本作「察審」。

132 泃讀如酌酒尊中之酌　九經古義云：「詩正義曰『泃』、『酌』古今字。周頌『酌』，左傳作『泃』，公羊僖八年傳云『蓋酌之也』，穀梁作『泃』。」

133 斟泃盜取國家密事　諸本同。閩、監本「泃」改「酌」，非，釋文亦作「斟泃」。

134 故舉爲況也　宋本「舉」下有「受」。

135 故書朋作傰　禮説云：「漢書王尊傳有『南山盜傰宗』，蘇林曰『傰，音朋』，晉灼音『倍』。說文作『倗』，讀若『陪』，管子幼官篇『散羣傰署』。」○按，「倗」者正字，「傰」者俗寫，多山。

136 朋讀如朋友之朋　大字本、錢鈔本、閩、監、毛本同，誤也。宋本、嘉靖本作「讀爲」，當據正。

137 則以荒辨之法治之　唐石經、大字本、嘉靖本作「荒辯之法」，閩、監、毛本作「荒辯之灋」，此作「法」，承石經之誤。「辯」作「辨」爲異，疏同，釋文亦作「荒辯」。

138 而士師別受其教條　閩、監、毛本同。大字本、宋本、岳本、嘉靖本「教」作「數」。按，釋文作「數條」，音所主反，則作「教」者誤也。

139 衛盜賊也　岳本、閩本同，誤也。大字本、錢鈔本、嘉靖本、監、毛本「衛」當「備」，當據以訂正。❷

140 舒民心也　釋文作「紓」，云「本亦作『舒』」。✕

141 故書別爲辨　閩本同，誤也。諸本「辨」皆作「辯」，當據正。

142 辨讀爲風別之別　閩、監、毛本同，誤也。大字本、錢鈔本、嘉靖本及漢制考「辨」皆作「辯」，當據以訂正。

143 訟則案券以正之　此本「訟」誤「故」，今據諸本訂正。毛本「案券」誤倒。❸

144 據殷亡則云亡國　此本「國」字剜擠，閩、監、毛本排勾。

145 廢國之社必屋之　閩、監、毛本「廢」改「喪」。

146 王燕出入謂宮苑皆是　閩本同。監、毛本「王」改「言」。

147 凡刉珥　唐石經、諸本同。岳本「刉」作「刏」，注同。

148 將戰魏絳曰　惠校本「絳」作「舒」，此誤。○按，檢左傳乃魏舒語。

149 皆憲禁之也　惠校本「憲」作「縣」。

鄉士

150 辯其獄訟　嘉靖本、閩、監、毛本及漢制考同。唐石經、大字本、錢鈔本「辯」作「辨」，注中同，當據以訂正，此本疏中引經亦作「辨」。嘉靖本注中作「辨」，即「辨」字之訛。按，注云「辨異謂殊其文書」是當作辨别字也。

151 恊日刑殺　錢鈔本及漢制考同。唐石經、大字本、嘉靖本、閩、監、毛本「恊」作「協」，注及疏同。按，釋文作「汁日」，云「音協，本亦作『協』。下同」。○按，「汁」、「協」古今字。

152 漢時受二千石祿稟　閩、監、毛本「稟」改「廩」。

153 狀案既成　閩本同。監、毛本「狀」改「獄」，非。

154 若今時三公出城郡督郵盜賊道也　漢讀考云：「廣韻引釋名曰『督郵，主諸縣罰負、郵殿，糾攝之』。此『盜賊』似衍字。郡督郵爲三公導，若鄉士爲三公導也。」按，賈疏本有「盜賊」二字，并曲爲之説。

155 謂公卿大夫之喪死於此者　閩、監、毛本「卿」誤「鄉」。監、毛本「於」改「于」。

156 故郡内督察郵行者　漢制考「郡内」作「内郡」。此本「者」誤「於」，今據閩、監、毛本及漢制考訂正。

遂士

157 而糾其戒令　唐石經、諸本同。岳本「而」字誤在「令」下，毛本「令」誤「命」。

158 聽其至三日　閩本同。監、毛本「日」誤「百」。

縣士

159 四百里以外　毛本「四」誤「曰」。×

160 言野縣都據本爲稱　毛本「都」、「稱」二字互誤。×

161 則三處揔名野　毛本「三」字缺壞。×

162 二百里中地雖有稍名　閩、監、毛本作「三百里」。此誤。

163 亦謂縣士也　監本注脱「也」，疏標起訖「刑殺」至「士也」改作「刑殺」至「縣士」，誤甚。

方士

164 方士自掌三等采地之獄　閩、毛本同。監本誤作「親自掌之若方士掌三等」。

165 故云邦國據畿内　閩本同。監、毛本有「據畿外都鄙」五字，此脱。

166 郊野據百里　閩本同。監、毛本「野」作「外」，非。

訝士

167 又下文諭罪刑于邦國　閩、毛本同。監本「文」誤「云」。×

168 正爲息民爲惡　閩本同。監、毛本「正」誤「止」。×

169 故云刑期無所刑　按，「所」當衍。

170 往而成之　監本「往」誤「拄」。×

朝士

171 寘于叢棘　釋文作「示于」，云「本或作『寘』」。×

172 據王詢三刺而言　閩本同。監、毛本「王」作「三」。○按，「三」是也。「三詢」見小司寇。

173 故言遂以苞之　閩、監、毛本「苞」改「包」。

174 其制與天子應門同　閩本同。監、毛本「制」下衍「則」。

175 此爲一明　此本「一」字缺壞。浦鏜云「一」疑「大」訛。

176 天子外朝一者　監本「一」誤「大」。

177 閔二年季友將生卜人云　監本「閔」誤「閔」。毛本「卜」誤「十」。

178 而以鞭乎趨且辟　釋文：「呼趨，本又作『趣』，同。」

179 云帥其屬者　閩本同。監、毛本「者」作「當」。

180 委于朝　嘉靖本「于」誤「於」。

181 待來識之者　監本「待」誤「侍」。

182 持詣鄉亭縣廷　大字本「持」作「特」，誤。漢制考亦引作「持」。

183 皆別人所生　監、毛本同。惠校本「別」作「刑」，此誤。閩本「生」誤「主」。此本缺一頁，今據閩本補校。

184 邦國朞　諸本同。唐石經缺。釋文出「國期」，音居其反。○按，「期」者正字，「朞」者俗字。

185 亦如其國服與　岳本、閩本有「其」字，大字本、錢鈔本、嘉靖本、監、毛本並無。按，賈疏引注亦無「其」字，有者衍文。

186 此是私民謂出責之法　盧文弨云「謂」疑衍。

187 有券書者　按，「券」字从刀，各本譌从力，則

是「倦」字也。❹

188 亦如其國服與　按,「其」字依岳本補。✕

189 雖有騰躍其贏　此本注缺。疏中引「贏」作「嬴」。

190 今以國法　浦鏜云「令」誤「今」。

191 爲之息利　閩本同。監、毛本改「利息」。

192 一躍而出　宋本「一」作「乘」,此誤。

193 謂當圖謀緩刑　岳本「緩」誤「援」。✕

194 謂年穀不孰　閩本同。監、毛本「孰」改「熟」。✕

司民

* 文昌爲司命次司禄　補,毛本「司命」下有「次司中」三字,與疏合。❺

195 黜陟主民之吏　大字本、岳本、嘉靖本、閩本同。監、毛本「主」誤「王」,疏中不誤。

196 所以贊助王之治也　閩本同。監、毛本「治」下衍「民」。✕

197 文昌第一曰上將　毛本「上」誤「王」。○按,大宗伯疏亦作「上」可證。

附釋音周禮注疏卷第三十六

司刑

198 以墨窒之　釋文:「窒,本又作『涅』。」✕

199 若今官男女也　諸本「官」作「宦」,此誤,疏中同。

200 其刑臏　監本「其」誤「莫」。✕

* 謂易君命　補,毛本「謂」作「觸」,當據正。

201 革輿服制度　監本「輿」誤「與」。✕

202 御軌以刑　毛本「刑」誤「行」。✕

203 云降畔寇賊刧掠奪攘撟虔者 惠校本「掠」作「略」，此誤。

204 小曰提縈 閩本同。監、毛本「提」改「緹」。

205 惟赦墨劓與刖三者 漢制考「惟」作「唯」。

206 其宮刑至唐乃赦也 閩本同，誤也。漢制考及監、毛本「唐」作「隋」，當據正。書呂刑正義云：「隋開皇之初，始除男子宮刑，婦人猶閉於宮。」

207 案文十八年史克云 閩本同。監、毛本下衍「先君」二字。又監本「文」誤「士」。

208 世末政衰 監本「末」誤「木」。 ×

209 詔刑罰者 漢制考「者」誤「法」。 ×

司刺

* 恐○不獲實 毛本「恐」下無圈，此誤。

210 若舉刃欲斫伐 大字本、岳本、嘉靖本、閩本同。監、毛本「斫」誤「砍」。○按，今俗有此字，讀如坎卦之「坎」，而韻書無之。

211 若聞帷簿忘有在焉 漢制考作「忘有在焉者」，諸本俱脱「者」，當補。

212 興喻之義耳 漢制考叠「之」字。

213 再赦曰老旄 唐石經、諸本同。葉鈔釋文作「老秏」，云「本又作『旄』，同」，今通志堂本改「老耄」，非。鄭注大司寇引書「王秏荒」。

司約

214 治摯之約次之 唐石經、諸本同。嘉靖本「摯」作「摰」。

215 䕫子不祀祝融 釋文、宋本、錢鈔本、嘉靖本皆作「夔子」，此訛。

216 常平諸侯直命祀社　宋本、閩本同。監、毛本「平」誤「年」。

217 工商雞　閩、監、毛本「雞」作「鷄」。×

218 或有彫器簠簋之屬　漢制考「彫」作「雕」。

219 豈此舊典之遺言　漢制考下有「與」，諸本皆脱，當補。

220 雞鳥彛黄虎蜼之等　惠挍本同。閩、監、毛本「雞」改「鷄」。×

221 故知使神監焉　惠挍本「使」作「欲」，此誤。

222 謂殺雞取血釁其戶　宋本、嘉靖本同。閩、監、毛本「雞」作「鷄」，疏及司盟注同。惠挍本疏中亦作「雞」。

223 云則珥而辟藏者　閩、監、毛本「珥」改「衈」。

224 割雞當門　惠挍本「雞」下有「門」，此脱。

225 凡邦之盟約大史司會及六官　惠挍本「之」下有「大」，「大史」下有「内史」二字，此脱。

司盟

226 而聘告公曰　閩本同。監、毛本「聘」誤「騁」。

227 及其禮儀　唐石經、諸本同。釋文作「禮義」，云「音儀」。今本竟改作「儀」，非。○按，漢字多用「義」爲「儀」，見先鄭注。

228 有疑不協也　大字本、嘉靖本、毛本同。錢鈔本、閩、監本「協」作「恊」。

229 臣道莫遺焉　監本「貴」誤「遺」。×

230 以詛射潁考叔者　大字本、岳本、嘉靖本同。閩、監、毛本「潁」作「潁」，非。

231 紞廢公鉏　惠挍本無「紞」。

232 撿其自相違約　按，「檢」字當从木作「檢」，「檢」猶防也、制也。

233 撿後相違約勘之　閩、監本「撿」作「檢」。

234 使其邑閭出牲而來盟已　大字本作「使邑閭出牲來盟已」，「已」爲「巳」之誤。今本「其」、「而」二字蓋衍。宋本、閩本「已」作「既」，誤也。○按，「而來盟」句絶，「已」字連下讀，猶已而也。

235 則遺其地之民　閩、毛本「遺」作「遣」，此及監本皆誤。

職金

236 又職金主之者　毛本「又」誤「文」。×

237 所送者謂若荆楊貢金三品　閩本「所送」剜改「入征」，監、毛本從之。

238 青乏之山　惠挍本作「青丘」。

239 睺基之山　惠挍本同。閩、監、毛本「睺」誤「喉」。

240 無齊之理　閩本同。監、毛本「齊」改「濟」，非。×

241 作槍雷椎椁之屬　大字本「槍」作「搶」，非。嘉靖本「椁」作「椁」。釋文作「椎椁」，云「宅耕反，本又作『枰』」。漢讀考「椁」作「椁」，云「説文作『朾』，撞也，從木，丁聲。通俗文『撞出曰朾』，釋玄應曰『敞、敦、椁、朾四形，同丈衡切』。今釋文作『椁』，訛」。

司厲

242 盜賊贓　閩、監、毛本同。嘉靖本「贓」作「賍」，監本疏中亦作「賍」，較之「贓」字稍正。按，朝士注云「若今時加貴取息坐臧」，「贓」即俗

「臧」字也。

243 男子入于罪隸女子入于舂槀　唐石經、諸本同。毛本「槀」誤「稾」，疏中引經同。漢書刑法志作「女子入舂槁」，槀、槁一字也。説文女部云：「奴，奴婢，皆古之辠人也。周禮曰『其奴男子入于辠隸，女子入于舂槀』，从女，从又。」按，「罪」當從許引作古「辠」字。

244 予則奴戮汝　嘉靖本「汝」作「女」。釋文：「戮女，音汝。」

245 從坐而没入縣官者　此本、監本「官」誤「宫」，今據諸本訂正。

246 襄公二十三年云　閩、監、毛本「三」誤「二」。　×

犬人

247 陰祀用黝牲之類也　毛本「黝」誤「默」。　×

248 凡幾珥沈辜　宋本「辜」誤「𦍒」。監本誤「𦍒」，疏及下掌戮同。

249 幾讀爲庪　大字本、岳本、閩本同。嘉靖本「庪」作「庋」，宋本作「庋」，監、毛本訛「疲」，下同。釋文作「爲庋」。

250 祭山曰庪縣　宋本作「祭山曰庋」，無「縣」字。釋文：「庋縣，音玄。」○按，毛本作「祭山川瘞縣」，誤甚。

251 珥當爲衈　賈疏作「讀爲」。

252 先鄭讀幾爲庪　宋本「庪」作「庋」。

司圜

253 弗使冠飾者著墨幪　閩、監、毛本同，誤也。釋文、大字本、岳本、嘉靖本作「黑幪」，當據以訂正，蓋賈疏引孝經緯作「墨幪」。○按，依説文當作「幏」，加艹者非也。

254 上罪墨象赭衣　浦鏜云："墨象"疑"墨幪"誤，下同。

255 畫象刑者則尚書象刑　按，上"刑"字當衍。

256 已麗於法者　毛本"已"誤"民"，疏中不誤。×

掌囚

257 上罪梏拲而桎　説文手部云："拲，兩手同械也，从手，从共，共亦聲。周禮『上辠梏拲而桎』，或从木作栱。"按，"罪"字當從説文作"辠"。

258 宜以先言梏　浦鏜云"宜"當"直"之誤。

259 云以適市就衆也者　毛本"云"誤"元"。×

掌戮

260 大刑有五　浦鏜云"夫"誤"大"。

261 衛侯燬滅邢　監本"邢"誤"刑"。○按，依説文當作"邢"。

262 按離卦九四　監本"離"誤"雜"。×

263 髠者使守積　唐石經、葉鈔釋文、大字本作"髡者"，"髡"字下從兀，諸本作"髠"，訛。漢書刑法志作"完者使守積"，師古注用司農義。按，"髡"、"完"聲相近，鄭司農改字本班志。

264 髠當爲完　錢鈔本、閩本同。大字本、嘉靖本、監、毛本云"當作完"。

265 宮之爲翦其類　毛本"剪"誤"翦"。×

司隷

266 隷人湼廁　大字本同。釋文作"涅廁"。閩、監、毛本作"湼厠"，非，疏同。×

267 厲遮例也　釋文："例也，本又作『列』，同，音烈。"按，釋文"例"、"列"字當互倒，鄭注當本作

「遮列」。○按，不然。「遮例」即「遮迾」也，説文曰「迾，遮也」。

罪隸

268 **其守王宮與其厲禁者如蠻隸之事** 唐石經、諸本同。浦鏜引王明齋曰：十四字宜屬閩隸，以文義詳之，不應末言「蠻隸」而曰「如蠻隸之事」。按，司隸職云「掌帥四翟之隸，使之皆服其邦之服，執其邦之兵，守王宮與野舍之厲禁」，則守王宮與其厲禁者，明屬四翟之隸之職，與罪隸無涉。今三翟隸有文，獨閩隸缺，明是彼之脱簡誤衍於此。蓋賈疏本已如是，鄭注時則未誤也。○按，鄭注時本不如是。

閩隸

269 **謂若畜鳥氏掌畜禽鳥** 閩本同。監、毛本「禽」改「猛」，非。按，畜鳥氏謂掌畜也。

夷隸

270 **介葛盧聞牛鳴** 岳本「盧」作「廬」，非。

271 **若周末失道** 浦鏜云「末」誤「末」。

貉隸

09—272 **互見之耳** 閩、監、毛本「耳」改「也」。

校記

❶ 南昌本末有「云」字。
❷ 南昌本「衛當備」作「衛作備」。
❸ 南昌本校語「案券」作「券案」。
❹ 南昌本此條位于185「亦如其國服與」條前。
❺ 南昌本將此條出文標爲疏文，當爲注文。

周禮注疏校勘記卷十

秋官司寇下

布憲

10—001 布憲於司寇布刑　錢鈔本「於」作「于」，非。

＊ 此與大司寇　補，此本「寇」下空闕一字。

002 晦漫禮儀也　閩、監、毛本「漫」作「慢」。

禁殺戮

003 玄謂攘猶卻也　嘉靖本同。閩、監、毛本「卻」誤「郤」，大字本作「却」，俗字，下同。

004 踠跌折支之等　惠挍本同。閩、監、毛本「支」誤「技」。

005 然今言見血　閩、監、毛本「然」改「若」。

禁暴氏

006 民之好爲侵陵稱詐謾誕　釋文：「謾，本或作『慢』。」

野廬氏

007 亦刑所禁也　大字本無「也」。

008 比猶校也　大字本、岳本、嘉靖本同。錢鈔本「校」作「挍」，是也，當據以訂正。閩、監、毛本「校」改「較」。○按，漢人作比校字，从木。❶

009 故云廬之屬以苞之　閩、監、毛本「苞」改「包」。

010 聚櫜之　唐石經缺。葉鈔釋文、嘉靖本「櫜」作「橐」。

011 有相翔者誅之　嘉靖本、閩、監、毛本同。唐石經、大字本、岳本「者」下有「則」，當據以補正。石經考文提要引周禮訂義有「則」字。

012 釋曰守塗地之人 閩本同。監、毛本「塗」改「涂」。

013 凡道路之舟車轚互者 説文車部云：「轚，車轄相擊也，从車，从毄，毄亦聲。周禮曰『舟輿擊互者』。」按，周禮「舟車」，許引作「舟輿」，爲異。「擊」當從周禮作「轚」，許正引此經以證「轚」字也。鄭注當本作「舟車擊互」，猶許君云「車轄相擊也」，故賈疏釋注云「車互相擊」。○按，鄭引經文不當改字。

014 車有轘轅坻閣 釋文作「環轅」，云「本亦作『轘』，同」。按，「轘」當依陸本作「環」，因注云「車有環轅」，故改從車旁也。段玉裁云：坻字，徐之爾反，則字作「坁」。

015 更互相擊 閩、監、毛本「擊」改「轚」，非。×

016 東至於厎柱 閩、監、毛本「厎」誤「底」，下同。

017 是厎柱爲水之溢道者也 閩、監、毛本「溢」作「隘」。

018 皆爲防姧也 大字本、宋本同。閩、監、毛本「姧」改「奸」，嘉靖本作「姦」。按，廣韻「姦，俗作『姧』」。

019 射邪趍疾 閩、監本同。大字本、錢鈔本、嘉靖本、毛本「趍」作「趨」，當據正。趍，俗「趨」字，毛本疏中亦作「趍」。

020 比校治道者名 大字本、岳本、嘉靖本、閩、監本同。錢鈔本、毛本「校」作「挍」，漢制考作「較」。

021 若今次金敘大功 諸本同。賈疏本「大」作「丈」，云「官名次金敘，主以丈尺賦功，今俗本多誤爲次敘大功」。○按，疏云「漢時有官名次金敘」，「敘」字恐衍，蓋賈本作「次金丈功」，俗本云「次敘大功」，今本轉寫互誤，各衍一字耳。賈云有官名次金，亦未可信。此注宜定爲「若今次敘丈功」。「金」與「敘」形之誤，「大」與「丈」亦形之誤。

022 **使有功效**　閩、監、毛本「效」改「効」。

023 **若今絕蒙布巾**　閩、監、毛本同。大字本、宋本、岳本、嘉靖本「布」作「大」，漢制考所引同，當據正。

024 **邦之大師**　唐石經作「邦之有大師」，今諸本脱「有」字。○按，「有」字不必補。

025 **謂不夙則莫者也**　錢鈔本「莫」作「暮」，非。釋文：「則莫，音暮。」×

026 **非此常人也**　大字本、閩、監本同，誤也。錢鈔本、嘉靖本、毛本「此」作「比」，當據以訂正。

027 **備姦人內賊及反閒**　閩、監、毛本同。大字本、嘉靖本「姦」作「奸」，「奸」者，俗「姦」字。

蜡氏

028 **曲禮四足死者曰漬**　大字本「曲禮」下有「曰」，此脱。釋文「漬」作「殰」，云「又作『漬』」。

029 **脊讀爲漬**　大字本、岳本、嘉靖本同。閩、監、毛本「漬」作「殰」。

030 **月令曰掩骼埋胔**　浦鏜云「胔」下脱一「胔」字。漢讀考云：「『月令』上當有『玄謂』二字。司農從故書作『脊』而易爲『漬』，鄭君從今書作『骴』而釋其義。『胔』同『骴』，説文曰『骴，或從肉』，是也。」按，此引月令當本作「掩骼埋骴」，禮記音義云「胔，亦作『骴』」，此疏引彼注云「肉腐曰骴」可證。此作「胔」，是淺人據今本月令所改，當訂正，下同。

031 **蠲讀如吉圭惟饎之圭圭絜也**　大字本「如」作「若」。監、毛本「絜」改「潔」，非，疏同。漢讀考作「讀爲」。

032 **人所薉惡也**　釋文：「薉，今本多作『穢』。」按，鄭用「薉」字。考工記注云「粵地塗泥多草薉」，又函人注「無薉也」，皆可證。○按，説文有「薉」無「穢」，一正一俗也。漢人用「薉」。

033 大揔言也　監本「言」誤「官」。×

034 今時揭橥是也　閩、監本同，誤也。「揭」字當從諸本作木旁，唐石經作「楬」，下準此。監本「橥」誤「櫫」。

035 有郡界之吏　閩、監、毛本同，誤也。大字本、宋本、嘉靖本「郡」作「部」，漢制考所引同，當據以訂正。

036 云有地之官　監本「有」誤「者」。×

037 若比長閭胥黨宰之輩　惠挍本作「里宰」。此誤。

雍氏

038 阱穿地爲漸　嘉靖本同。大字本「漸」作「壍」，閩、監、毛本作「塹」。按，釋文「爲塹，本又作『壍』」，「漸」葢「塹」之譌。

039 書粊誓曰　大字本、岳本、嘉靖本、閩本同。監、毛本「粊」誤「柴」，疏同。按，釋文「粊誓，音祕」。○按，自唐以前皆作「粊誓」，至衛包乃妄改爲「費誓」。

040 伯禽以出師征徐戎　釋文：「徐戎，劉本作『𨙻』，音徐。」按，今文尚書葢作「𨙻戎」，鄭注本之。○按，「𨙻」字見説文。

041 爲其就禽獸魚蟞自然之居　嘉靖本同。閩、監、毛本「蟞」改「鱉」。

042 謂毒魚及水蟲之屬　岳本脱「及」。

043 文云沈者謂毒魚及水蟲之屬者　惠挍本「文」作「又」，此誤。

萍氏

044 及入水捕魚鱉不時　嘉靖本「鱉」作「蟞」，宋本作「鼈」，此本、閩本疏中同。監本「及」誤「反」。

045 苛察沽買過多　大字本「買」作「寊」。按，釋文「沽買，一本作『賣』」，「寊」蓋「賣」之訛。○按，今俗語亦呼買物件爲置，古語之遺者也。

046 無彝酒　閩、監、毛本同。大字本、嘉靖本「彝」作「夷」，當據正，此本疏中亦云「夷，常也」。○按，韓非引書亦作「夷」。

047 有政之大目有事之小目　閩、監、毛本「目」皆作「臣」。毛本「有事」誤「在事」。

048 沈溺也　大字本、錢鈔本、岳本、嘉靖本、閩本同。監、毛本「溺」誤「弱」。

司寤氏

049 若今甲乙至戊　嘉靖本「戊」作「戊」，後又於「戊」中補一點。九經三傳沿革例云：「各本作『甲乙至戊』，獨蜀本作『戊』。」漢制考作「戊」，云「疏以『戊』爲『戊』誤。『甲乙至戊』謂夜有五更」，又引衛宏漢舊儀云「五夜，甲夜、乙夜、丙夜、丁夜、戊夜」。

050 然則夜是明之首　惠挍本「夜」作「晨」，此誤。

司烜氏

051 以鑒取明水於月　說文金部云：「鑑，大盆也。一曰鑑諸可以取明水於月，从金，監聲。」按，依許書「鑒」當作「鑑」。天官凌人「春始治鑒」，今作「鑑」。○按，說文篆體，今本不必皆古本也，不當云許必作「鑑」。

052 月之水　毛本「水」誤「火」。　×

053 欲得陰陽之潔氣也　大字本、岳本、嘉靖本「潔」作「絜」，此非。

054 明齍謂以明水脩滌粢盛黍稷　閩、監、毛本同。大字本、岳本、嘉靖本「脩」作「滫」。按，賈疏本作「滫」，云「滫謂滫瀡，滌謂蕩滌」。釋文無音，蓋陸本作「脩」，取修絜義，亦通。「明齍」當作「明粢」。釋文於經云「明齍，音資，注作『粢』，同」。〇按，「脩」、「滫」皆非也，乃「溲」字之誤耳。說文作「浚，沃汏也」。

055 此鑒形制　監本「形」誤「刑」。　×

056 十人執燭抱燋　浦鏜云「主」誤「十」。

057 或以百般一處設之　閩本同。監、毛本「般」改「根」。

058 火辰星在卯南見　閩、監本同，當從毛本作「大辰」。

059 玄謂屋讀如其刑剭之剭　監本「謂」誤「爲」。漢讀考作「讀爲」。禮說云：「班固述哀紀曰『底剭鼎臣』，服虔曰『周禮有屋誅』。」

060 而以適甸師氏者也　監本「適」誤「過」。　×

061 若今揭頭　監、毛本同。嘉靖本、閩本及漢制考「揭」皆作「楬」。

062 鼐三足　浦鏜云「鼎」誤「鼐」。

063 加木焉　監本「木」誤「本」。

附釋音周禮注疏卷第三十七

條狼氏

064 若今卒辟車之爲也　大字本「今」下有「時」。

065 卜之曰　毛本「卜」誤「十」。　×

＊ 師樂也　毛本作「師樂師也」，此本誤。

066 僕右四乘校軍旅時　浦鏜云「據」誤「校」。

067 梱外之事　監本「梱」誤「捆」。　×

068 此受命乎君而伐齊　閩、監、毛本「乎」改「于」，非。　×

脩閭氏

069 則命各遣守閭閭巷門　惠挍本作「閭

里」，此誤。

070 **不幾詞也**　閩、監本同，誤也，當從毛本作「幾訶」。

冥氏

071 **天尊於地神**　按，「天」下當脱「神」。

庶氏

072 **掌除毒蠱**　諸本同。唐石經缺。葉鈔釋文作「毒蟲，音古」。按，下「穴氏掌攻蟄獸」，「翨氏掌攻猛鳥」，則此經作「庶氏掌攻毒蟲」也，故注云「毒蟲，蟲物而能病害人者」。下引漢律作「蠱」以説其義，因并改經注「蟲」字皆作「蠱」矣。○按，此「蟲」字乃「蠱」之誤，不當緣誤立説。

073 **嘉草攻之**　諸本同。唐石經缺。釋文作「嘉艸」，云「音草木，亦作『草』」，據此知經中「草木」皆本作「艸」也。

074 **毒蠱蟲物而病害人者**　錢鈔本、嘉靖本、毛本同。閩、監本「蟲」作「毒」，誤。大字本作「蟲物而能病害人者也」，今本蓋脱二字。

075 **讀如潰癤之潰**　閩、監、毛本作「潰癰之潰」，嘉靖本「癰」作「癕」。此作「癤」，訛。此頁係補刻，故多舛誤，不足據。

076 **凡敺蠱**　閩、監、毛本同。唐石經「敺」作「毆」，惠挍本作「敺」，嘉靖本作「歐」，訛。○按，敺者古文「驅」，見説文馬部，毆、歐皆非其義也。於攴部求「敺」不得，乃以殳部之「毆」字當之，自唐石經已誤矣。

翨氏

077 **以鳩鴿置於羅網之下**　閩、監、毛本「下」作「中」。

柞氏

078 **令刊陽木而火之**　唐石經、諸本同。嘉靖本「而」誤「以」。

079 **正欲種田生穀**　惠挍本「正」作「止」。

080 **分穀之時** 閩本同。監、毛本「分」作「生」。

081 **至秋以水漬之** 監本「漬」誤「潰」。✕

薙氏

082 **夏日至而夷之** 漢讀考作「雉之」，注同，云「司農從『夷』，鄭君從『雉』。月令『燒雉行水』注引『夏日至而雉之』爲證，其明驗也。禮記正義引皇氏曰『夷，音雉』，是皇侃時字雖誤，而音不誤，勝於陸德明矣」。

083 **故書萌作甍** 閩、監本同，誤也。大字本、錢鈔本、嘉靖本、毛本「甍」作「薨」，釋文「薨，音萌」，當據以訂正，下同。

084 **謂耕反其萌牙** 大字本、嘉靖本、閩、監、毛本同。錢鈔本「牙」作「芽」，閩、監、毛本疏中同。此本疏並作「牙」，惠挍本同。

085 **以鉤鎌迫地芟之也** 嘉靖本「鎌」作「鐮」，此從「兼」，誤。釋文：「鉤鐮。音廉。」

086 **以耜測凍土剗之** 大字本、岳本、嘉靖本同。錢鈔本、閩、監、毛本「測」誤「側」，疏中同，當據正。監本「土」誤「上」。○按，以「畟畟良耜」傳箋證之，作「測」爲是，疏作「側」，非也。

硩蔟氏

087 **正月爲泰** 惠挍本作「陬」，此誤。

088 **十二月爲除** 閩、監、毛本「除」作「涂」。

翦氏

089 **掌除蠹物** 釋文、唐石經、宋本、嘉靖本「蠹」皆作「蠧」。此上從士，訛。

090 **蟲魚亦是也** 大字本、嘉靖本同。此本疏中引注亦作「虫魚」。宋本、閩、監、毛本作「蠹魚」，誤。

091 **故書蠹爲櫜** 釋文：「爲櫜，劉古毛反，本或作『橐』，他各反。」○按，作「櫜」者是，音形俱相近也。

092 翦氏至除蠹物　浦鏜云「主」誤「至」。

093 赤犮氏　此本「犮」誤「文」。

094 除蟲豸藏迯其中者　閩、監、毛本同。「迯」，俗字。大字本、錢鈔本、嘉靖本「迯」作「逃」，當據正。

095 䗪肌蛷之屬　釋文：「肌求，本或作『蛷』，音求。」

蟈氏

096 被之水上　大字本「之」作「水」。按，疑作「被水上」，大字本、今本各衍一字。

壺涿氏

097 讀炮爲苞有苦葉之苞　漢讀考云此「炮」當作「泡」。

098 玄謂燔之炮之炮　按，「炮之」下當更有「之」字，毛氏居正、岳氏珂所據本並然。

099 以象牙從棹貫之　此本下四字實缺，今據閩、監、毛本補，「棹」當「橫」字之誤。

庭氏

100 與救月之矢射之　閩、監、毛本同，誤也。唐石經、大字本、錢鈔本、岳本、嘉靖本「矢」下有「射」，當據以補正。石經考文提要云：宋本九經、宋纂圖互注本、宋附釋音本、余仁仲本皆作「夜射之」。

101 上文注鴞鷖已解之　閩本同。監、毛本「鷖」改「鵬」。

102 月之食惟在於望　閩本同。監、毛本「月」誤「日」。

103 譆譆出出　釋文作「譆譆詘詘」，云「劉音出，本亦作『出』」。

104 救日用枉矢　大字本「用」作「以」，當據正。

105 與救日枉矢射之　閩本「與」誤「爲」。×

106 見宋大廟有聲非鳥獸之聲　此本下複衍「者見宋大廟有聲非鳥獸之聲」十二字，閩、監、毛本不衍。

銜枚氏

107 察嚻讓者　大字本、錢鈔本、嘉靖本、毛本作「嚻讙」，釋文「讙者，呼九反」，此本「讙」誤「讓」，閩，監本改「攘」，則其誤不可考矣。

108 禁𠯗呼歎嗚於國中者　唐石經、錢鈔本、毛本同。大字本、岳本「𠯗」作「嘂」，從丩，與説文合，是也。嘉靖本「歎」作「嘆」。閩、監本「嗚」誤「鳴」，注及疏同。

伊耆氏

109 咸讀爲函　九經古義云：「古『咸』、『函』通。毛詩巧言曰『僭始既涵』，韓詩作『既減』。司馬相如封禪文『上咸五』，徐廣曰『咸，一作函』。漢書天文志『閵可椷』，蘇林曰『椷，音函』。」

110 既事乃授之　監本「既」誤「能」。×

111 今時亦命之爲王杖　監本「王」誤「主」。盧文弨曰續漢禮儀志作「玉杖」。按，「玉」字恐訛。漢制考亦作「王杖」，名之曰王者，榮所賜也。○按，「玉」字是也。禮儀志「養老」條中「三老冠進賢，扶玉杖」即此也，作「王杖」不辭。杖飾以鳩，鳩以玉爲之，故曰「玉杖」。説文曰「觜杖，耑角也」，是凡杖以角飾之，王之齒杖以玉飾之。

大行人

112 士雖不得特聘　惠挍本同。閩、監、毛本「特」誤「時」。×

113 此大賓大客尊卑異　惠挍本、閩本同。監、毛本「此」改「若」。

114 男服云歲一見　浦鏜云「三」誤「云」。

115 親以禮見之　大字本「親」上有「王」。按，上注云「此六事者以王見諸侯爲文」，又「此二事者亦以王見諸侯之臣使來者爲文」，故此云「王親以禮見之」。此「王」字當有。賈疏引注亦無之。

116 此聘事爲有事若王無事則不來也　惠挍本作「來爲有事」，此誤。又此本本作「若無事」，「王」字係剜擠。閩、監、毛本排匀，則衍文不可考矣。

117 諭諸侯之志者　錢鈔本「諭」誤「論」。×

118 交或往或來者也　賈疏本及諸本同。嘉靖本作「或來或往」，誤倒。文先言「往者見往來循環之不已」，故不先言來，後言往。

119 亦得歸昨於王　閩、監、毛本「昨」作「胙」，下同。

120 以禬禮哀國敗　浦鏜云「圍」誤「國」。孫志祖云：馬融本作「國敗」，賈疏據馬本引之。

121 彼宗伯凶禮有三　浦鏜云「五」誤「三」。

122 立當前疾　唐石經、諸本同。說文：「軓，車軾前也，从車，凡聲。周禮曰『立當前軓』。」漢讀考云：「前軓者，前乎軓也，亦以在軹衡之中爲節，蓋故書作『侯』。杜、衛、賈容有不得其說，易爲『軓』者，而許從之。」禮說云：「侯伯『立當前侯』，俗本誤爲『前疾』。論語鄉黨邢昺疏引周禮作『前侯』，云『侯伯立當前侯胡下』。詩蓼蕭孔疏引大行人亦作『前侯』。蓋說文『疾』作『㾞』，古文『矦』作『医』，相似易亂，故訛。」○按，此二疏「矦」字，近日刻本乃改爲「疾」，自謂依周禮也，凡古書之不容輕改如此。

123 以五采韋衣板　釋文作「衣版」，惠挍本、宋本疏亦作「版」。

124 常旌旍也　閩、監、毛本同，誤也。大字本、岳本、嘉靖本「旍」作「旗」，賈疏引注同，當據正。

125 以罽飾之　釋文及諸本皆作「罽」。大字本作「𦋺」，誤。×

126 輔己行禮者也　按，各本「己」誤「巳」。

127 車軹軹也　漢讀考云：「當云『車軹轊也』，乃合大馭注。軹，謂兩轊也。少儀注『軌與軹於事同謂轊頭也』，皆以此『軹』別於考工記『參分較圍去一以爲軹圍』之『軹』。大行人之『軹』，故書當亦作『軒』。」

128 謂饋之芻米也　釋文作「餽之」，云「本又作『饋』。」

129 謂駟馬車轅前胡下垂拄地者　錢鈔本、閩、監本同。大字本、嘉靖本、毛本「拄」作「柱」，釋文出「柱地」二字，當據以訂正，疏同。○按，「柱」正「拄」俗。

130 朝士儀曰奉國地所出重物而獻之明臣職也　宋本無「重」。孫志祖云：此二語見大戴禮朝事篇，「士」疑當作「事」。盧文弨曰「士」亦與「事」通。

131 凡祭祀賓客之祼事　大字本脱「祀」。

132 不酢主也　閩、監、毛本同，誤也。大字本、岳本、嘉靖本「主」作「王」，當據正。

133 袞龍已下　惠挍本同。閩本剜改「已」作「以」，監、毛本承之。

134 舍於館乘墨車龍旂以朝　監本「舍」誤「含」，「車」誤「事」。

135 亦應偏駕不來　惠挍本「不」作「而」，此誤。

136 嗇夫爲末擯　監本「末」誤「未」。

137 賓以玉爵酢王　閩、監、毛本「玉」誤「王」。

138 亨大牢以飲賓　閩、監、毛本「亨」誤「烹」，下同。

139 若然天子於諸侯之禮　毛本同。閩、監本「若」誤「者」。×

140 似繅藉之上　閩、監、毛本「似」作「以」，此誤。×

141 朝屬路門外　惠挍本「屬」作「在」。

142 正與后皆同拜送爵者　浦鏜云「王」誤「正」。

143 云九舉舉牲體九飯也者　惠挍本「牲」作「幹」。

144 更自以其贄見　釋文作「其摯」，云「本又作『贄』」。×

145 執束帛而已　賈疏本作「皮帛」。

* 豹表之爲飾　補，毛本「豹」下有「皮」字，疏亦作「豹皮」，此誤。

146 每一國畢　監本脱「一」。×

147 賓主之間　嘉靖本「主」誤「王」。×

148 其他眡小國之君　惠挍本此下有「小國之君」四字。

149 故云自以其贄見執皮帛而已　閩、監、毛本依注改「束帛」，非。賈疏本鄭注是作「皮帛」，故上云「若行正聘，則執瑑圭璋八寸以行聘，何得執皮帛也」，此又引宗伯「孤執皮帛」以證之。

150 約同天子禮　監本「同」誤「司」。×

151 趨四時而來　錢鈔本「趨」作「趍」。

152 材物八材也　毛本誤「八林」。×

153 鄭計七千里者　毛本「千」誤「十」。×

154 父死子立　大字本上有「以」，賈疏本「以」下皆無。按，有者是。

155 各以其所貴寶爲贄　閩、監、毛本同。大字本、錢鈔本、嘉靖本「贄」作「摯」，與經同。按，賈疏引注字亦從手。

156 穆王初伐犬戎　監本「犬」誤「大」。✕

157 三歲徧覜　唐石經、諸本同。閩、監本「覜」誤「頫」。

158 七歲屬象胥　釋文、唐石經、錢鈔本「屬」作「屬」。○按，唐人作此字少一筆，見五經文字。

159 恊辭命　閩、監本同。唐石經、大字本、嘉靖本、毛本「恊」作「協」，注同。按，從十者義長。

160 故書恊辭命作叶詞命　諸本同。漢讀考「叶」改「汁」。按，釋文亦作「叶」，又春官大史注云「故書協作叶」，與此注相應。盧文弨曰大戴禮作「叶辭令」。

161 叶當爲汁　諸本同。按，「汁」當「協」之誤。大史注「杜子春云『叶，協也』」，司農改『叶』爲『協』，猶杜氏訓『叶』爲『協』也」，釋文「叶，音協」，正本此。

162 書或爲叶辭命　諸本同。按，「叶」當作「汁」。大史注云「書亦或爲『汁』」，是也。

163 嗜慾不同　嘉靖本作「耆欲」，下「通其慾」仍下加心。釋文作「耆慾」，云「音慾，本多作『欲』」。

164 是因通言語之官爲象胥云　大字本「因」下有「名」。按，疑當作「是因通名言語之官爲象云」。「通」字、「胥」字皆衍文。

165 諝謂象之有才知者也　大字本無「知」。按，釋文「知」字無音，蓋此注本無「知」字。因疏云「欲取諝爲有才智之意」，後人因於注中增「知」也。○按，大字本非是。說文曰「諝，知也」，天官注曰「胥，讀爲諝，謂其有才知爲什長」。

166 書名書之字也　諸本同。或據誤本賈疏改「之」爲「文」，非。

167 則八則也　監本「八」誤「人」，疏中誤「入」。×

168 云書名書之字也　惠校本、毛本同。閩、監本「之」誤「文」。×

169 皆謂齎其法式者　毛本同。閩、監本「齎」作「齊」。

170 各遂春夏秋冬如平時　浦鏜云「遂」疑「逐」字誤。❷

171 賓而見之　釋文：「賓而，劉云應言『擯』，小行人職同。」

172 孟子曰諸侯有王　六經正誤云：「孟子無此，小行人注引春秋傳『諸侯有王，王有巡守』是也，傳寫誤作孟子。」按，此見左氏傳莊二十三年。

173 以此禮賓敬而見之也　惠校本「禮」下有「等」。

174 則相諸侯之禮　閩、監本同，誤也。唐石經、大字本、錢鈔本、嘉靖本、毛本「則」下有「詔」，此脱，當補正。石經考文提要云：按，鄭注「詔相左右教告之也」，宋本九經、宋纂圖互注本、宋附釋音本、余仁仲本皆作「則詔相諸侯之禮」。

175 諸侯謂天子斬其有哭位　閩、監、毛本「謂」作「爲」。此本「子斬其」三字剜擠，文當有誤。

176 孟僖子如齊殷聘是也　閩、監、毛本同。大字本、嘉靖本作「禮也」，與左氏昭九年傳文同，當據以訂正。

177 至今積二十一年聘齊　浦鏜云「一」衍字。

小行人❸

178 云禮籍名位尊卑之書者　惠校本下有缺文七字。

179 眡館至館也　按，「眡」當作「視」。

* 聘問二者是諸使臣行聘　毛本作「諸侯使臣」，此誤。

180 以其尊著　宋本同。閩、監、毛本「著」誤「者」。　×

181 如玉爲之　浦鏜云「王」誤「玉」。

182 云其以徵令及家徒　閩、監、毛本「其以」誤倒。　×

183 文帝六年九月　浦鏜云「二」誤「六」。

184 王用瑱圭　釋文：「瑱，劉吐電反。案，『王執鎮圭』，『瑱』宜作『鎮』音。」按，天府「凡國之玉鎮」注「故書『鎮』作『瑱』。鄭司農云瑱讀爲鎮」，此作「瑱」者，從故書也。

185 子用穀璧　大字本「穀」作「糓」，俗字。唐石經、嘉靖本作「穀辟」，下同。

186 明侯伯子男皆如瑞　浦鏜云：「瑞」下脱「可知」二字，從儀禮經傳通解挍。○按，此不必增，通解以意增耳。

187 匹馬卓上　毛本「卓」誤「阜」。

188 明享君用璧琮八寸　閩、監、毛本「琮」誤「亦」。　×

189 則侯伯子男各降一等可知　惠挍本「則」作「明」，此誤。

190 則聘享皆降一等同　惠挍本「等」作「寸」。○按，作「寸」是也。

191 則令槁禬之　釋文、唐石經皆作「槁禬」，諸本同。

192 故書賻作傳稿爲稾　閩、監本同。大字本、錢鈔本、嘉靖本「傳」作「傅」，「稿」作「槁」，此作「傳」、作「稿」誤。宋本、毛本「稾」作「槀」，下同。釋文：「槁檜，苦報反。作稾，古老反。」宋本、錢鈔本載音義「稾」皆作「稾」，與地官序官石經正合。蓋故書作「稾」字從禾，鄭司農讀爲「槁」，字從木。此注「犒」字皆當作「槁」，方經注相應，有唐石經先後可據。○按，釋文「槁檜，苦報反。作稾，古老反」，本自明白之甚。禾稾字切古老，與枯槁字切苦浩，槁勞字切苦報迴不同也。學者不知音紐分別，乃如治絲而棼矣。此經故書作禾稾字，鄭本作槁檜，从木，槁即稾也。

193 **稾當爲槁謂稿師也**　岳本、閩、監本「稿」作「槁」。大字本、錢鈔本、毛本「槁」、「稿」皆從牛作「犒」，與地官序官注同。嘉靖本作「稾當爲犒謂犒師也」，兩「犒」字牛旁皆剜改，葢本作「槁」也。○按，槁本上聲，槁勞則讀去聲，猶勞本平聲，勞來則讀去聲。淺人乃別製「犒」字，鄭注無此從牛之「犒」。

194 **其吉禮牢禮賓禮並不言者**　浦鏜云「軍」誤「牢」。

195 **宗伯荒札荒禮中者**　閩、監、毛本「札」誤「禮」。×

196 **凡此物者每國辨異之**　閩、監本同，誤也。×唐石經、大字本、錢鈔本、嘉靖本、毛本「物」上有「五」，此脱，當據以補正。盧文弨曰大戴禮記作「凡此五物者」。嘉靖本「辨」誤「辦」。○按，「辨」、「辦」本無二字，但有從刀之字。

附釋音周禮注疏卷第三十八

司儀

197 **爲壇于國外以命事**　監本「于」誤「子」。×

198 **所謂爲壇壝宮也**　大字本無「爲」，此衍。

199 **冬禮月四瀆於北郊**　大字本「月」下有「與」，諸本皆脱。監本「冬」誤「東」。

200 **三成爲昆侖丘**　諸本同。釋文亦作「昆侖」，大字本作「崑崙」。

201 教諸侯已下尊敬在上者也　閩、監、毛本「已」改「以」。監本「上」誤「土」。

202 乃詔王升壇　監本「王」誤「玉」。

203 公善言義　閩、監本同，誤也。大字本、錢鈔本、嘉靖本、毛本「善」作「言」，當據以訂正。

204 謂妻之也　閩、監本「謂」誤「故」。

205 加方明于其上　閩本同。監、毛本「于」作「於」，非。監本「上」誤「土」。

206 明者木也　孫志祖云「明」上脱「方」。

207 按大戴禮云　閩、監、毛本「云」誤「文」。

208 謂執玉而前見於王也　大字本「前見」誤倒。釋文出「見王」二字，則「於」當爲衍文。

209 每等丈二尺與　宋本、監本「丈」誤「文」。

210 升成拜　大字本「成」誤「或」。

211 云既乃升堂授王玉者　閩、監、毛本「授」誤「受」。

212 王燕則諸侯毛　唐石經、諸本同。釋文曰：「諸侯毛，劉本作『耄』，音毛。」按，劉昌宗本知古文經借「耄」爲「毛」。

213 旅讀爲旅於太山之旅　大字本、岳本、嘉靖本皆作「大山」，閩、監、毛本改「泰山」，非，疏中並同。

214 按聘禮遣卿行勞禮　惠挍本同。閩、監、毛本「按」誤「彼」。

215 車迎拜辱者　閩、監、毛本同，誤也。大字本、宋本、嘉靖本「迎」作「逆」，當據正，此引經句當如經作「逆」。

216 車送迎之節　大字本作「迎送」，誤倒。

217 立當車軹也　大字本無「也」。

218 交賓三辭者　閩、監、毛本「賓」作「擯」。

219 主人坐奠爵于階前　閩、監、毛本「階」作「堦」。

220 大夫帥至館卿致之　閩、毛本同。監本「卿」誤「鄉」，下同。　×

221 此親致館　閩本同。監、毛本「此」誤「比」。　×

222 致飧如致積之禮　錢鈔本、嘉靖本、閩、監本同。釋文、唐石經、大字本、毛本「飧」作「飱」，下同。○按，作「飧」與説文合，作「飱」則易與唐人所作「餐」字混。

223 賓車進荅拜　唐石經、大字本、嘉靖本同。閩、監、毛本「荅」改「答」，非，注及下同。此本疏中亦作「荅」。

224 賓當爲儐　大字本「儐」作「擯」，下並同。按，疏中引注云「敵者曰擯」，釋文云「依注『賓』音擯」，皆從手作「擯」。漢讀考云：「以『賓』爲『儐』，古文假借也。聘禮、少牢饋食『儐』字亦多作『賓』。依説文『儐』、『擯』同字，皆訓導也。而鄭君説禮擯爲導，儐爲禮賓分別，與許不同。」

225 三還三辭主君一請者賓亦一還一辭　浦鏜云「者」字當在「三還三辭」下。按，釋文云「主君一請賓亦一還一辭者」，引注「請」下無「者」，當如浦説。

226 既入門迴面東　浦鏜云「而」誤「面」。

227 車送拜辱已是主人　浦鏜云「逆」誤「送」。

228 惟饗食速賓耳　大字本「惟」作「唯」。

229 公於賓一食再饗　閩、監、毛本「一」作「壹」，下同。

230 君使卿還玉于館　閩、監本「玉」誤「王」。

231 致聘郊送亦然可知也　惠挍本「聘」作「贈」，此誤。

232 所當拜者拜饔餼　監本「餼」誤「節」。

233 恐疑顛到　此古「倒」字。浦鏜云「倒」誤「到」，非。❹

234 儐主君也　大字本「儐」作「擯」，下同。

235 謂玉帛皮馬也　賈疏引注作「謂玉帛乘馬也」，諸本作「皮」，誤。

236 君遣卿勞　浦鏜云「遣」誤「遺」。

237 君使卿朝服用束帛勞　監本「用」誤「周」。

238 賓降受老幣　宋本同。閩、監、毛本「受」誤「授」。

239 是侯伯之卿聘使者　毛本同。閩、監本「卿」誤「鄉」。

240 賓當爲擯　諸本「擯」作「儐」，此與下同。

241 擯用束錦　大字本、閩、監、毛本同。岳本、嘉靖本「擯」作「儐」。

242 釋曰按諸禮　閩、監、毛本作「儀禮」。

243 約聘禮郊勞知之　毛本同。閩、監本「聘禮」誤倒。

244 惟君相入　大字本、嘉靖本「惟」作「唯」。

245 享及有言　大字本、岳本下有「也」。

246 鄭司農云説私面　錢鈔本、嘉靖本、閩、監、毛本同，誤也。大字本、岳本作「鄭司農説」，無「云」字，當據以删正。六經正誤所據本已衍。

247 **楚公子棄疾見鄭伯以其乘馬私面** 錢鈔本、閩、監、毛本同。大字本、宋本、嘉靖本「棄」作「弃」，「乘」作「良」，當據正。作「乘馬」者，當依今本左傳改。

248 **雖是異國之臣** 閩、監、毛本「是」作「見」。

249 **寡君命臣于庭** 大字本作「命使臣」，諸本皆脱「使」字，當補。○按，此無「使」字亦可。

250 **鄉以公禮將事** 惠校本同。閩、監、毛本「鄉」誤「卿」。 ×

251 **大夫升自西階** 閩、監、毛本誤「夫夫」。 ×

252 **客從拜辱于朝** 唐石經、諸本同。釋文作「客刅」，云「本又作『從』，同」。「刅」爲「从」之訛。

253 **君館至于朝** 閩本同。監、毛本「于」改「於」，非，下引經句準此。

254 **還依來者多少而報之** 宋本「依」誤「外」。 ×

行夫

255 **不正東鄉** 監本「鄉」誤「鄕」。 ×

256 **玄謂夷發聲** 漢讀考云：「故書作『夷』，今書作『焉』。司農從故書，鄭君從今書也。『夷發聲』當是『焉發聲』之誤。『焉』猶『於』也，於行人之使則爲之介，焉爲發聲，見禮記三年問、淮南時則訓、公羊傳宣六年、楚辭招魂。今俗本多誤。」

環人

257 **令令野廬氏也** 錢鈔本「廬」誤「盧」。

258 **事不畏門關苛留** 浦鏜云「事」疑「自」字誤。

象胥

259 **謂其君以世一見來朝** 釋文作「壹見」，非。

260 以不能行中國禮及其行朝聘　惠校本「以」作「雖」，「聘」作「覲」。此誤。

261 不是中國　此本「不」字實缺，今據惠校本補。閩、監、毛本作「亦」，非。

262 而言協其辭言傳之者　此本「而」字實缺，今據惠校本補，閩、監、毛本作「今言」。

263 謂若外之衆須譯語者也　閩本同。監、毛本「若」作「君」。

264 而口侑其禮儀　大字本、宋本、嘉靖本作「詔侑」。閩、監、毛本作「相侑」，非。

265 謂王有賜與之者也　此本「者」字實缺，今據惠校本補。閩、監、毛本作「禮」，非。

266 次事上士　監本「上」誤「土」。×

掌客

267 無一一相敵　惠校本同。閩、監、毛本「一一」誤并爲「二」。

268 王巡守殷國　唐石經、諸本同。沈彤云：當作「同」，字之誤也。❺

269 殷同則殷國也　按，當作「殷國則殷同也」，賈疏本是「殷國」。

270 云令者掌客令主國也者　閩、監、毛本「也者」誤倒。×

271 牲三十有六　唐石經「三十」作「卅」，下「米百有二十筥」，「二十」作「廿」，下並同。○按，開成石經之例書三十皆作卅，書二十皆作廿，而仍讀爲三十、二十。不比古文「卅」讀穌合切，「廿」讀人執切。

272 車乘有五籔　閩、監本同，誤也。唐石經、大字本、錢鈔本、嘉靖本、毛本「乘」皆作「秉」，當據正。葉鈔釋文作「五藪」。

273 乘禽日九十雙　唐石經、大字本、嘉靖本同。閩、監、毛本「雙」作「雙」，非。

274 **再問皆脩**　唐石經、大字本、閩本同。嘉靖本、監、毛本「脩」作「修」，下同。×

275 **三饗再食再燕**　唐石經、諸本同。浦鏜云：內宰、職金疏及覲禮注並作「再饗」，「三」字誤。

276 **致饗大牢**　唐石經、諸本同。閩、監本「饗」誤「饔」。石經考文提要云：宋本九經、宋纂圖互注本、附釋音余仁仲本皆作「致饗」。

277 **醯醢八十罋**　閩、監本「罋」誤「甕」。

278 **其米實于筐**　大字本作「其簋實于筐」，非也。

279 **簠稻粱器也**　浦鏜云「粱」誤「梁」。按，閩、監、毛本疏中引注作「粱」。

280 **宜爲二十八**　閩、監本同，誤也。大字本、錢鈔本、嘉靖本、毛本「二」作「三」，當據正。

281 **與陪鼎三**　大字本、錢鈔本、嘉靖本、毛本同。閩、監本「陪」作「倍」，疏中仍作「陪」。按，釋文作「倍鼎」。

282 **米橫陳于中庭**　嘉靖本、閩本同。大字本、監、毛本「于」作「於」。×

283 **皆陳於門內者**　諸本同。大字本「於」作「于」。

284 **禾稾實并刈者也**　大字本、嘉靖本同，誤也。錢鈔本、閩、監、毛本「稾」作「稾」，當據正，釋文亦作「稾」。葉鈔本從木，非。

285 **十筥曰稯**　釋文作「曰緫」，云「本又作『緵』」。○按，字从禾，㚇聲，不同「𡿺」字有四點。

286 **筥讀爲棟梠之梠**　漢讀考作「讀如」，云今本作「讀爲」誤。

287 **芻薪雖取數于禾**　大字本、嘉靖本、閩本同。監、毛本「于」作「於」。×

288 尊其君以及臣也　閩、監、毛本同。大字本、嘉靖本「及」下有「其」，當據補。

289 以其爵等爲之牢禮之數陳　浦鏜云「陳數」字誤倒。

290 籩豆陳于戶東壺陳于東序　大字本、嘉靖本、閩本同。監、毛本「于」作「於」，下「見于賓」同。×

291 卿見又膳　賈疏引注云「卿既見又膳」，諸本俱脱「既」字。

292 秅讀爲秅秭麻荅之秅　大字本、岳本、嘉靖本同。閩、監、毛本作「秅秭麻答」，非。○按，説文「荅，小尗也。尗者，豆也。字从艸」，借以爲問荅字，从竹大誤。

293 侯伯四積皆眂飧牽　惠校本「皆」上有「亦」，「飧」當从夕。

294 皆飪在俎　監本「俎」誤「短」。×

295 云饔陳于楹外者　閩本同。監、毛本「于」作「於」，下並同。×

296 侯伯子男積之簠豆米禾薪芻等　惠校本同。閩、監二本「米」誤「菜」。×

297 對文脩是鍛脩　惠校本、閩本同。監、毛本「鍛」誤「段」。○按，儀禮作「段脩」，段椎也。説文無「腶」字，後人加肉旁。

298 案聘賓大夫帥至館卿致館　惠校本同。閩、監、毛本「聘賓」倒，「卿」字毛本同，閩、監本誤「鄉」。

299 見公食大夫及特牲少牢豆　浦鏜云「豆」當「禮」字誤。

300 於上大夫八豆　監本「八」誤「人」。×

301 既約聘禮爲禮器　浦鏜云「與」誤

「爲」。

302 爲比公四十二侯十八　浦鏜云「挍」誤「侯」。

303 云其餘衰公又當三十　惠挍本「餘」作「於」，此誤。

304 故疑而生蓋也　浦鏜云「生」當「云」之誤。

305 云鼎牲器者謂亨牲體之器　惠挍本「器」下有「也」，此脫。監、毛本「亨」改「烹」，閩本誤「享」。

306 與腸胃鮮魚鮮腊　監本「胃」誤「胄」。

307 腥二牢鼎二七　閩、監、毛本「七」誤「十」。

308 案聘禮米禾皆二十車者　浦鏜云「三」誤「二」。

309 與侯伯俱用百罋　閩、監、毛本「用」誤「同」。

310 四有楝梠之言　「四」蓋「世」之訛。閩、監、毛本作「即」，蓋「時」之誤。

311 穧即鋪也　漢讀考「鋪」作「𥞒」，云今本誤。

312 有雉鴈雞鶩之等也　閩、監、毛本「雞」作「鷄」。

313 更致此爵　浦鏜云「爵」當「膳」字訛。

314 饗食在廟在寢　惠挍本「廟」下有「燕」，此脫。

315 云爵卿也則飱二牢　毛本同。閩、監本「牢」誤「宰」。

316 則若不依爵而用命　惠挍本「若」作

「君」，此誤。

317 彼子男夫人　惠校本「彼」作「於」，此誤。監本「男」誤「另」。

318 卿爲大夫同執鴈　浦鏜云「與」誤「爲」。

319 似朝君親自夾見卿　浦鏜云「來」誤「夾」。

320 言其特來爲問　閩、監本同，誤也。大字本、錢鈔本、嘉靖本、毛本作「聘問」，當據以訂正。

321 然則聘禮所以禮賓　閩、監本同，誤也。大字本、錢鈔本、嘉靖本、毛本「聘禮」下有「凡」字，當據以補正，賈疏引注亦作「凡所以禮賓」。❻

322 以其野外忽遽　毛本「忽」誤「怱」。 ×

323 知者時賓死　閩本同。監、毛本「時」誤「聘」。 ×

324 大斂時特豚三鼎　宋本無「時」，此衍。

325 惟芻稍之受　錢鈔本、閩、監、毛本同。唐石經、大字本、嘉靖本「惟」作「唯」，當據正。

326 其正禮殯饗餼　閩、監本同，誤也。大字本、錢鈔本、嘉靖本、毛本作「饔餼」，當據以訂正，此本及閩、監本疏中亦作「饔餼」。

327 卿行旅從　閩本同。監、毛本「卿」誤「鄉」，下「卿大夫」監本誤「鄉」。

328 並速賓於廟飲食之事　閩、監、毛本「廟」誤「朝」。 ×

329 聘君若薨于後　閩本同。監、毛本「于」改「於」，非，下「哭于館」同。 ×

330 正應母死而有父者　按，「正」當「止」之誤。

331 己受位於祖　惠校本同。閩、監、毛本「己」誤「以」。×

332 師從旅從須給稍　惠校本「須」上有「者」。

333 遭主國之喪　此本「主」誤「三」。閩、監本誤「王」，今據唐石經、諸本訂正。

334 有喪不忍煎烹　閩、監本同。大字本、錢鈔本、岳本、嘉靖本、毛本「烹」作「亨」，當訂正，釋文亦作「亨」。

335 正禮飧饔餼常熟者　閩、監本同，毛本作「常孰」，皆誤也。大字本、岳本、嘉靖本作「當孰者」，當據以訂正。

336 亦上文公與子男腥三十有六　盧文弨云「腥」當作「牲」。

掌訝

337 則戒官修委積　按，大字本「修」作「脩」。

338 告客以其位次也　閩、監、毛本同。大字本、宋本、嘉靖本「次」作「處」，當據正，儀禮經傳通解亦作「處」。

339 至于館也　嘉靖本、閩本同。大字本、監、毛本「于」作「於」。×

340 此文云于朝者　閩本同。監、毛本「于」改「於」，非。×

341 兼再理國事以該之　惠校本「再」作「有」，此誤。

342 王所使迎賓客于館之訝　大字本、嘉靖本、閩本同。錢鈔本、監、毛本「于」改「於」。

343 卿訝卿大夫訝大夫士訝士　浦鏜云「卿」下誤衍「訝卿」二字。

344 使已送待之命　閩、監、毛本「送」誤

「還」。按，「送」當作「迎」。

掌交

345 蓋是國有不和洽者　閩、監本同。毛本「和洽」作「知治」。

346 達者達之于王　大字本、嘉靖本、閩本同。錢鈔本、監、毛本「于」作「於」，疏同。

347 園圃蔬草木　浦鏜云「毓」誤「蔬」。

348 故言九稅耳　閩、監、毛本「故」作「總」，非。×

朝大夫

349 見軍旅不于朝大夫之事　監、毛本同，誤也。閩本「于」作「干」，當據正。

10—350 都則　自「都則」起至「家士闕」止。唐石經、大字本、錢鈔本、嘉靖本、毛本同。閩、監本缺。

闕 ×

都士

闕 ×

家士

闕 ×

校記

❶ 南昌本無「○」。

❷ 南昌本「各」作「冬」。

❸ 南昌本「小」作「六」。

❹ 南昌本「此」作「到」。

❺ 南昌本「當」上有「國」字。

❻ 南昌本無「賈疏引注亦作凡所以禮賓」。

周禮注疏校勘記卷十一

附釋音周禮注疏卷第三十九

11—001 冬官考工記第六　唐石經作「第十一」，非。

002 商周雖稍增改　監本「改」誤「政」。×

003 釋曰鄭義既然　「釋曰」上脱一「○」。

* 而工聚者者車爲多　補：案，「者」字誤重。

004 唐虞已上曰共工　釋文作「以上」。此作「已」，非。凡注用「以上」，凡疏用「已上」。

005 是營城郭郡城之制　惠挍本「郡」作「都」。

006 僉曰垂才　閩、監、毛本「才」作「哉」。○按，賈所據古文尚書如此，如張平子碑「往才女諧」之類也。淺人不知，乃改作「哉」字。唐初尚書古字多有存者，至衛包之改而盡矣。

007 及陰陽之面背是也　余本、嘉靖本、毛本同。閩、監本「背」誤「皆」，當訂正。疏中惟毛本不誤。

008 讀如冬資絺綌之資　余本、岳本、閩本同。嘉靖本、監、毛本無「綌」字。按，賈疏引注亦無「綌」字。

009 夾弓庾弓　毛本同。閩、監本作「臾弓」。

010 方面形勢之宜也　閩、監、毛本「勢」作「埶」，依經所改。

011 今王既棲會稽之上　監、毛本「棲」改「栖」，閩本誤「越」。

012 玄知有皮玉無水火者　惠挍本作「鄭知」，此誤。

013 謂之王公　按，注文云「天子諸侯」，以「天子」釋

「王」，以「諸侯」釋「公」也。近人或疑作「謂之三公」，誤。

014 唯篇百工一事而已　惠挍本「篇」作「據」，此誤。閩、監、毛本「篇」改「無」，非。

015 秦無廬　釋文：「廬，本或作『蘆』。」按，「蘆」乃「籚」之訛，説詳下。

016 待乃錢鎛　閩、監、毛本同，誤也。岳本、嘉靖本「待」作「偫」，釋文出「偫乃」二字，當據正。〇按，説文人部曰：「偫者，儲偫也。」

017 其鎛斯𢱢　嘉靖本「𢱢」誤「椆」。〇按，此皆用三家詩。

018 盧讀爲纑　漢讀考云：「纑，當作『籚』，若『纑』字則當云『讀如』矣。釋文『盧或作籚』，正用注説易正文也。」〇按，説文竹部「籚，積竹矛戟矜也」。

019 竹欑柲　嘉靖本、閩本同。釋文作「竹欑柲也」，此脱「也」字。閩、監本「欑」誤從手旁，疏中同。監本「柲」又誤「祕」。〇按，説文「欑，積竹杖也」，「柲，欑也」。

020 摩鐧之器　釋文亦作摩「鐧」，是也。賈疏作「磨鐧」，非。〇按，説文「鐧」作「鑢」。

021 故知爲戟柄也　惠挍本「爲」下有「矛」。

022 或有人解廬磨鐧之器者　惠挍本同。閩、監、毛本「磨」作「摩」。「廬」字閩、監本同，毛本作「盧」。

023 言人人皆能　此本「言」字實缺，今據惠挍本補，閩、監、毛本改「云」。

024 下効之　此本及閩本實缺此句，今據惠挍本補，監、毛本「効」作「效」。

025 運用謂之知　惠挍本、閩本同。監、毛本「用」作「物」。

026 無句作磬　惠挍本「無」作「无」。

027 **相理佐知所爲**　閩、監、毛本「相理」作「但聖」，誤。

028 **周當作舟**　余本同。嘉靖本、閩、監、毛本云「當爲舟」。按，古「周」、「舟」通。詩大東「舟人之子」，箋云「舟當作周」。盧文弨曰：堯廟碑「委曲舟市」，隸釋云以「舟」爲「周」。

029 **然後可以爲良**　監本「後」誤「以」。

030 **冬定體之屬**　閩、監、毛本同。浦鏜云「冬定」本又作「寒奠」。按，弓人「寒奠體」疏據注義爲「冬定」，非賈本經作「冬定」也。

031 **鸜鵒不踰濟**　唐石經、諸本同。釋文本作「鸛鵒」，云「徐、劉音權，公羊傳同。本又作『鸜』，左傳同」。賈疏本作「鸜鵒」，云左氏傳作「鸜鵒」，公羊傳作「鸛鵒」。此經注皆作「鸜」字，與左氏同。按，徐邈、劉昌宗作「鸛」，音權，是此經舊作「鸛鵒」矣。鄭注所引者爲左氏傳，則鄭所據左氏春秋亦作「鸛」。賈疏本、唐石經作「鸜」，爲失其舊。説文鳥部云「古者鴝鵒不踰泲」，「鵒」或作「鵙」，不稱周禮，或據他書作「鴝鵙」也。〇按，權、劬一語之轉，蓋攷工記、春秋皆有二本，不同，依説文別作「鴝」爲是也。

032 **有鴝鵒來巢**　余本、閩本同，誤也。嘉靖本、監、毛本「鴝」作「鸜」，當據正。〇按，作「鴝」與説文合，不當改。

033 **公羊以爲鸛鵒**　閩本同。監、毛本「鸛」誤「鸜」。

034 **先鄭依或讀爲貉**　按，「貉」當作「猨」。

035 **蚡胡之笴**　諸本同。釋文：「之笴，古老反。注作『稾』，同。」唐石經「笴」作「笱」。漢讀考云「可藉以正注中『笱』字之誤」。

036 **及箘簬楛**　嘉靖本同。閩、監、毛本「簬」改「簵」，非，疏同。此本疏中及葉鈔釋文皆作「簬」。釋文「楛」作「枯」，云音戶，尚書作「楛」，音同，葉鈔本及余本皆如是。通志堂本「枯」誤「桔」。然則今注作「楛」爲改同尚書，非也。

037 故書笴爲筍　漢讀考「筍」作「笱」，下同，云「『可』與『句』相亂，如尚書『盡執抲』或作『執拘』。許叔重云『俗謂苛之字，止句』。菏水，郡國志注作『苟水』，皆其類也。杜據儀禮『笴』字正『筍』爲字之誤」。

038 妢讀爲焚咸丘之焚　漢讀考作「讀如」。

039 笴讀爲稾謂箭稾　余本、嘉靖本、閩、毛本同，誤也。監本「稾」作「槀」。漢讀考云：「蓋禾稾字引伸爲矢幹字。」○按，釋文曰「笴，古老反。注作稾，同」，今通志堂本譌爲「作稾」，非也。槀从木，音苦浩反，不音古老反也。

040 注荆荆至箭槀　惠挍本、閩本同。監、毛本「槀」作「稾」，下並同。○按，此皆从禾者爲是。

041 此州中生聆風　監本「生」誤「坐」。聆風者，竹名也。

042 摶埴之工二　唐石經同。余本、嘉靖本、閩、監、毛本「摶」作「搏」，下同。釋文曰：「李音團，劉音搏。」按，注云「博之言拍也」，則當從劉昌宗音博。李軌音團，釋文、唐石經作「摶」，誤也。戴震攷工記圖言之詳矣。

043 刮作捖　經義雜記曰：「檀弓『華而睆』，注『說者以睆爲刮節目，字或作刮』。考說文無『捖』，『睆』即『盰』之重文，義皆不合。惟刀部有『刓』字，云『剸也，从刀，元聲，一曰齊也』，二禮當用此字，摩刮節目正『齊之』之意。古元、完同聲，因誤作『睆』，或作『捖』也。」

044 注攻猶至是也　毛本同。閩、監本「攻」誤「工」。×

045 函鮑韗韋裘　唐石經、諸本同。釋文：「韗，本或作『韓』，同。」按，說文革部云「韗，攻皮治鼓工也。从革，軍聲，讀若運，或从韋，作韓」，是從革者爲正字，讀若運，與鄭司農同。

046 畫繢鍾筐㡃　唐石經、余本、嘉靖本、閩本同。

監、毛本「鍾」改「鐘」，非。○按，依説文「㡃」當作「帪」，从巾，㐬聲。

047 **陶旊** 唐石經、諸本同，誤也。釋文、嘉靖本「旊」作「瓬」，注中同。案，説文瓦部云「瓬，周家摶埴之工也。从瓦，方聲，讀若抵破之抵」，當據此訂正。今本從㫃，非。石經考文提要云：從五經文字、宋纂圖互注本、余本作「瓬」，下「瓬人」、「凡陶瓬之事」並同。

048 **此識其五材三十工** 岳本、嘉靖本同。閩、監、毛本「識」誤「職」。✕

049 **侏儒扶廬** 閩、監、毛本同，誤也。余本、嘉靖本「廬」作「盧」，此本疏引國語皆作「盧」，當據正。説文竹部引作「籚」。此省作「盧」。

050 **鄭司農云** 嘉靖本脱「云」。✕

051 **攻木之工官别名也** 監本「官」誤「宮」。✕

052 **鮑讀爲鮑魚之鮑** 漢讀考云當作「讀如」。

053 **書或爲鞄** 説文：「鞄，柔革工也，从革，包聲，讀若朴。周禮曰『柔皮之工鮑氏』，鞄即鮑也。」按，「鞄」正字，「鮑」假借字，是許君所據周禮本亦作「鮑」，蓋周禮多古文假借字也。

054 **蒼頡篇有鞄甆** 釋文、閩、監、毛本皆作「瓷」。此舊作「甇」，譌，今訂正。余本作「瓷」，嘉靖本及漢制考作「甆」。此本疏中兩引作「鮑瓷」，非。蒼頡篇用正字作「鞄」，从革。

055 **韗讀爲歴運之運㡃讀爲芒芒禹迹之芒** 漢讀考云「讀爲」皆當作「讀如」。

056 **瓬讀爲甫始之甫** 漢讀考云當作「讀如」。

057 **上文其數** 閩、監、毛本「文」作「云」。

058 **方言戟三刃特** 閩、監、毛本「特」作「持」。浦鏜云此「枝」字之誤。○按，檢方言正作「枝」。

059 蘧除蒙璆　閩、監、毛本「除」作「蒢」。❶

060 謂羸氏曰　毛本作「蠃氏」，當據正。

061 禹降水儆予　毛本「降」改「洚」，非。

062 由所尚也　閩、監本同，誤也。余本、嘉靖本、毛本「由」作「周」，當據正。❷

063 法易之三材六畫　余本、嘉靖本同。閩、監、毛本「法」改「灋」，非，疏及下同。

064 崇於軫四尺　釋文：「崇，本亦作古『密』字。」　×

065 皆插車輢　葉鈔釋文作「皆捷」。　×

066 上林賦云從風倚移　惠挍本亦「倚移從風」，此誤倒。

067 酋矛二丈也　惠挍本「也」上有「者」。

068 蓋以操之爲已戚矣　余本、嘉靖本同。閩、監、毛本「戚」改「蹙」，非。按，釋文音經「戚速，徐、劉將六反，李音促，注同」，是陸本此亦作「戚」也。賈疏引公羊傳作「蹙」。○按，「戚」正「蹙」俗。

069 初衞侯游于郊子南僕　閩、監、毛本「南」誤「男」。

070 則於馬終古登阤也　唐石經、諸本同。釋文作「登陁」。

071 軹崇三尺有三寸也　戴震云：「軹」當作「軒」，音笄，下「去三以爲軹」同。詳攷工記圖。

072 軫與也　閩、監本同，誤也。余本、嘉靖本、毛本「與」作「輿」，當據正。　×

073 加輪與轐二者七寸　浦鏜云「軫」誤「輪」。

輪人

074 欲其幎爾而下迆也　唐石經、諸本同。此本疏中引經「迆」作「迤」。又按，段玉裁云：「疏云『不迆者，謂輻上至轂，兩兩相當，正直不旁迆，故云不迆也』，然則經文『下迆』本作『不迆』甚明，『下』乃譌字耳。今自唐石經已下經文皆誤，而疏中二『不迆』字亦經淺人改爲『下迆』，不可不正也。」

075 謂輻轂上轂至　按，當作「輻上至轂」，衍一「轂」字。「至轂」誤倒。

076 欲其掣爾而纖也　唐石經、諸本同。宋本脱「也」字。説文：「掣，人臂貌，从手，削聲。周禮曰『輻欲其掣尒』。」

077 掣讀爲紛容掣參之掣　困學紀聞云：「即上林賦『紛容箾蔘』。」

078 螳蜋蟫蛸　閩本同。監、毛本「蜋」作「螂」。

079 望其轂欲其眼也　唐石經、諸本同。説文「輥，轂齊等貌。从車，昆聲。周禮曰『望其轂欲其輥』」，所讀與先、後鄭異，「眼」與「輥」聲相轉，戴震從説文。

080 綆讀爲關東言餅之餅　漢讀考作「讀如」。

081 云爲萏　浦鏜云當作「亦爲萏」。

082 稹理而堅　唐石經、諸本同。釋文：「稹，本又作『槙』。」按，説文「稹，穜概也，从禾，真聲」，引周禮「稹理而堅」，是此經舊從禾，作「槙」非也。

083 則轂雖敝不藃　唐石經、諸本同。釋文「藃」作「歊」。按，説文艸部引周禮「轂雖獘不藃」。

084 稹讀爲奠祭之奠　漢讀考作「讀如」，云「漢時奠音如震」。

085 藃當作秏　余本同。釋文、嘉靖本「秏」作「秏」，从禾，是也。閩、監、毛本作「耗」，非。

086 大而短則摯　唐石經、諸本同。宋本「摯」作

「摯」。按，釋文「則摯，讀爲槷。劉魚列反，戚魚結反」，蓋皆據注讀爲「槷」也。唐石經此「摯」從執，下「則無摯而固」，「摯」從「熱」省，二字畫然，則宋本非。○按，唐石經非。

087 摯讀爲槷謂輻危槷也 此本及閩、監本「槷」誤「摯」，今據余本、嘉靖本、毛本訂正。

088 則轂末不堅 宋本、嘉靖本無「轂」。按，賈疏引注語無「轂」字，今本有者衍文。

089 二分揔得七寸三分寸之一 監本「三」字缺壞。×

090 故徑一尺三分寸之二也 監本「二」字缺上畫。×

091 以其圍之防捎其藪 釋文、唐石經「捎」字皆從手，諸本同。「匠人爲溝洫……梢溝三十里」，賈疏引此作「梢其藪」，字從木，當據正。唐宋人作書，木旁往往變從手。○案，从扌、从木二字說文皆有之，難以猝定。

092 捎讀爲桑蛸蛸之蛸 余本同，誤也。嘉靖本、閩、監、毛本作「桑螵蛸」，當據正。漢讀考作「讀如」。

093 藪讀爲蜂藪之藪謂轂空壺中也 九經古義云：「說文『橾，車轂中空也。从木，喿聲，讀若藪』，然則『藪』本作『橾』，讀爲『藪』也。」

094 蜂藪者猶言趨也藪者衆輻之所趨也 漢讀考云「『蜂藪者』作『藪者』，『藪者』作『蜂藪者』」，云今本互誤。

095 故以防爲三分之一釋之也 惠校本「釋」作「解」。

096 得二寸仍有一寸三分寸之三在 閩、監、毛本「二寸」作「三」。浦鏜云「之二」誤「之三」。

097 今大小穿金厚一寸 戴震云：「今」當作

「令」，賈疏已誤。

098 鄭司農云讀容上屬　盧文弨曰「云」疑衍。

099 玄謂容者　漢讀考作「容轂者」，補一「轂」字。

100 深三寸半　惠校本上有「鑿」。

101 輻居三寸半　惠校本同。閩、監、毛本「三」誤「二」。

102 則輻之廣深各有三寸厚　惠校本「厚」作「半」，此誤。

103 欲轂大故鑿得深　閩本同。監、毛本「欲」誤「謂」。

104 轂不折　唐石經、諸本同。惠校本「折」一作「拆」，非。

105 則雖有深泥　唐石經先作「其」，後改「有」。

106 謂殺輻之數也　余本「之」作「内」。○按，「内」字是。

107 羊脛細者亦爲骹　宋本、嘉靖本同。閩、監、毛本「爲」誤「謂」。按，賈疏引注亦作「爲」。

108 非謂揚雄以異方之語不同方言也　惠校本「同」下有「謂之」。

109 謂云喪禮綴足用燕凡骹在南之類　此當作「士喪禮綴足燕用凡校在南」，文在既夕記士喪禮之下篇也。

110 則無槷而固　閩、監本同，誤也。唐石經、余本、嘉靖本、毛本「槷」作「槷」，當據正，下及注疏同。葉鈔釋文亦作「槷」，魚列反，今通志堂誤作「槷」。

111 槷椴也　余本、嘉靖本與此本同，「椴」字從木，閩、監、毛本及漢制考從手，釋文徐本作「掇」，葉鈔本作「椴」，從手者訛。

112 從木熱省聲　嘉靖本、閩、監、毛本「熱」作「熱」，是也，謂「槷」字之「埶」乃「熱」字省火成「埶」耳，非從形埶字也。余本、岳本作「埶省聲」，誤。○按，不曰「从埶聲」者，取其音之相近也。說文無「槷」字，而有「槸」字，木相摩也。❸

113 孔向外侵三寸之二　按，「三」下當脫「分」。

114 則是搏以行石也　閩、監、毛本同，誤也。唐石經、余本、嘉靖本「搏」作「摶」，當據正。注及疏同。釋文：「摶，徒丸反。李又丈轉反，字皆從專。」石經考文提要云：宋纂圖互注本、宋附釋音本、余仁仲本皆作「摶」。

115 不甐於鑿　釋文：「甐，本又作『鄰』。」　×

116 凡揉牙外不廉而內不挫　唐石經、諸本同。按，說文「熑，火煣車輞絕也。从火，兼聲。周禮曰『煣牙外不熑』」，又文選長門賦「心熑移而不省故」，李善引鄭玄周禮注曰「熑，絕也」，據此則周禮經注「廉」本作「熑」。今此注作「廉，絕也」，釋文無音，所據本與許、李殊矣。「揉」字亦當從火作「煣」，故上「揉輻」注云「揉，謂以火槁之」。

117 釋曰凡屈木　監本「木」誤「大」。　×

118 是用火之善也是故規之以視其圜也　閩本同。監、毛本删下九字，蓋以爲下經誤衍於此耳。此當是疏引經語，以證用火之善。○按，謂之衍文而删之是也。

119 鄭司農云讀爲萬　按，「云」下當脫「禹」字。

120 見今車近萬蔞於輪一邊　按，「今」蓋「令」之誤。

121 輪輻三十　監本「十」誤「千」。　×

122 若平深均　浦鏜云「沈」誤「深」。

123 云稱兩輪鈞石同　監本「兩」誤「爾」。　×

124 百二十斤曰石之言也　浦鏜云「之

言」誤倒。

125 故可規可萬　唐石經、諸本同。惠挍本「故」上有「是」。

126 輪人爲蓋　唐石經、諸本皆提行。釋文不更出「輪人」字，蓋合上爲一節。

127 徑二寸也　余本、閩本同，誤也。嘉靖本、監、毛本作「一寸」，當據正。×

128 以此達常上入部中　監本「常」誤「當」，「入」誤「人」。×

129 枚一分　余本「一」誤「二」。×

130 合爲二十字　岳本、嘉靖本、閩、監、毛本同，余本「十」作「四」，皆誤。賈疏引注作「合爲廿字」，當據正。○按，説文省二十爲廿則讀如入，省三十爲卅則讀如颯，皆不讀爲兩字。此所以秦碑用以成四字句也。此經二字句絕，十字下屬，不可用廿字。而漢以前寫經者誤合之，藉子春之訂正，是故漢儒之功大矣。

131 云欲令蓋之尊　監本「令」誤「今」。×

132 謂覆斡也　余本、嘉靖本同。閩、監、毛本「斡」誤「斡」，疏同。毛本下作「斡」，不誤。釋文「斡」作「輨」，云「或作『斡』，俱音管」。○按，斡從斗，軓聲，音管，俗音烏八切，詳匡謬正俗，今時多用俗音矣。

133 近半倍之加部廣六寸　監本「倍」誤「部」，「加」誤「知」。×

134 參分弓長而揉其一　嘉靖本「揉」誤「楺」。○按，「揉」依説文當作「煣」。

135 持長橈短　余本、嘉靖本、閩本同。監、毛本「橈」誤「撓」，疏同。×

136 長爲宇曲鄭又覆言之　惠挍本「長」下有「者」，此脱。「又」字此本誤「文」，今據惠挍本訂正，閩、監、毛本改「反」，非。

137 此言弓近蓋計復㡀 當作「弓近蓋部頭㡀」。

138 丈六尺中除四尺 監本「丈」誤「文」。×

139 槀車載簑笠 閩本同。監、毛本「槀」作「槀」，下同。○按，从禾者是也。據釋文「槀古老反」，是必从禾，若从木則苦浩反矣。儀禮古文作「槀車」，今文作「潦車」。

140 良蓋弗冒弗紘 閩、監、毛本「冒」誤「冐」。

141 㲉畝而馳不隊 諸本同。唐石經作「㲉畒而馳不墜」，此本疏亦作「畒」。釋文「畞」作「畒」，「隊」仍作「隊」。○按，「畞」者，「畒」之誤也。「墜」者，「隊」之俗也。

輿人

142 三分六尺六寸 監本「三」誤「二」。×

143 云或深尺四寸三分寸之二者 浦鏜云「式」誤「或」。

144 故書較作㩁 余本、岳本、嘉靖本同。閩、監、毛本「㩁」作「榷」，非。今釋文作「榷」，余本載音亦作「榷」。○按，故書以同音叚借。說文从手、从木二字皆有，不能定孰是孰非。

145 使王黑以靈姑鉢率吉 閩、監、毛本「鉢」作「銔」，此蓋「鉟」之訛。

146 以前較謂四寸九分寸之八 浦鏜云：「圍」誤「謂」。

147 有方者中于矩 閩本同。監、毛本「于」改「於」。×

148 云直如生焉者 惠挍本「直」下有「者」。

149 材有大小相附著 惠挍本下有「者」。

150 不畏坼壞 監本「坼」誤「圻」。×

附釋音周禮注疏卷第四十

151 輈人　程瑤田云「輈人」恐「輿人」之誤。

152 五棃梁輈　嘉靖本「棃」作「𥞤」。釋文：「棃，本又作『犂』，同。」

153 目下事　余本、嘉靖本同。閩、監、毛本「事」誤「車」。

154 爲二尺二寸　惠校本同。閩、監、毛本「二」作「三」，誤。

155 并此輈深而七尺一寸半　諸本同，誤也。按，賈疏釋此注云「并此輈深四尺爲七尺一寸半」，則「而」乃「爲」字之譌，當據正。❹

156 則軫與轐五寸半則衡高七尺七寸　諸本同。賈疏兩偁此注皆云「加軫與轐五寸半」，此作「則」，誤，當據正。又按，賈疏釋此二句注下始曰「云『田馬七尺』者」云云，則賈疏本「今田馬七尺，衡頸之間亦七寸」十二字注在此下矣，今本失其次。

157 駑馬高七尺　浦鏜云「田」誤「駑」。

158 亦約㡀人馬七尺曰騋　閩、監、毛本「㡀」誤「庚」。

159 輪軹與軫轐大小之滅　釋文作「之咸」，云「本又作『滅』，同，洽斬反」。○按，古多叚咸爲減，如左傳「不爲末咸」，讀「末減」是也。❺

* 是以鄭解駑之車　補，各本「駑」下有「馬」字，此本脱。

160 云一者以爲美也者　閩、監、毛本「美」作「媺」，依經所改，非。

161 軓前十尺　閩、監本同，誤也。唐石經、余本、嘉靖本、毛本「軓」作「軌」。注疏及下「不至軓」同，當據正。釋文曰：「軓前，劉音犯，注同。」

162 合七爲弦　按，「合」當「令」字之訛。九章「盈不足有假令」。

163 四尺七寸爲鉤　諸本同。按，「鉤」當作「句」，輪人注云「二尺爲句」。

164 玄謂軌是軌法也　余本、嘉靖本、毛本「軌」皆作「軓」，賈疏本皆作「軓」。漢讀考作「軓是軓法也」，其說曰：「『玄謂軓是』句絕，謂作『軓』是也。下文『軓法也』以下十九字乃釋『軓』字之義，以見於此經無涉。書或作『軓』，非也。賈疏全誤。」

165 餘有三尺一寸　監本缺「一」字。×

166 則軓前惟有五尺三寸　監、毛本「惟」誤「推」。×

167 轂末亦爲軌　監本「末」誤「未」。

168 祭左右軌軌即轂末　惠校本「軌」皆作「軓」，是也。

169 輈軌前十尺　余本、閩、監本同。嘉靖本、毛本「軌」作「軓」，是也。

170 云兩厄之間　浦鏜云「軛」誤「厄」。

171 五分其軫間　毛本「間」誤「問」。

172 輿衡長俱六尺六寸　閩本同。監、毛本「輿」誤「與」。×

173 以其一爲之當兔之圍　唐石經、諸本同。余本「兔」作「兎」，俗字，下「伏兔」同。

174 麤細之圍　閩本同。監、毛本「麤」改「麄」。×

175 故云頸前持衡轅者也　浦鏜云「轅」衍字。

176 五分寸二　浦鏜云「寸」下脱「之」。

177 去四寸得八寸　監本誤「四十」。×

178 名爲踵　監本「踵」誤「鍾」。×

179 分得九分去一九得三十六分　宋本、閩本同。監、毛本作「四寸十五分寸之九在得三十六分」，誤甚。

180 弧讀爲淨而不汙之汙　閩、監、毛本同，此淺人臆改也。余本、宋本、嘉靖本「淨」作「盡」，當據正。釋文「汙」作「汚」。○按，盡而不汙，見左傳成十四年。汙，讀爲紆曲之紆。世有淺人以淨與汙反對，亦可哂也。

181 今夫大車之轅摯　唐石經、岳本、嘉靖本、閩本同。余本、監、毛本「摯」改「摯」，非，注及下同。釋文作「轅摯」，竹二反。

182 唯轅直　唐石經、嘉靖本同。閩、監、毛本「唯」改「惟」，下作「唯」，與唐石經、諸本合。

183 故書緧作緅　諸本同。釋文作「緅」，「音秋，與緧同」。漢讀考云：「集韻『緧』、『緅』同，字本此，則陸本注無『緅魚字』三字，與賈本異。」

184 按方言本紂　浦鏜云「車」誤「本」。

185 頎讀爲懇典讀爲殄　漢讀考云：「『讀爲』皆當作『讀如』，故下仍云『頎典』，不云『懇殄』也。」

186 輈注則利準利準則久　唐石經、諸本同。惠士奇云依注「則」、「準」二字衍。按，注云「『利水』重讀，似非也」，則司農於經文「利水」兩遍讀之耳，必不增經可知。注中「鄭司農云」下當有「利水重讀」四字，故後鄭辨之云「利水重讀似非」。淺人於經既增重文，因删司農重讀之言矣。

187 謂轅脊上雨注　閩、監、毛本同。余本、嘉靖本「雨」作「兩」，誤。

188 輈轅之上　監本「上」誤「二」。

189 輈之謂形勢　盧文弨曰疑當作「謂輈之形勢」。

*輈欲弧而折　補，各本「而」下有「無」字。此本脱本脱。

190 玄謂券今倦字也　九經古義云：「説文『券，勞也，从力』。漢涼州刺史魏君碑云『施舍不券』。」

191 將在中　惠校本下有「央」。

192 不敢曠在　當從閩本作「曠左」。

193 需讀爲畏需之需　釋文：「需音須，又乃亂反，注同。」漢讀考云：「乃亂反，當是『耎』字。説文大部『耎，稍前太也，讀若畏偄』，人部『偄，弱也』。『畏耎』即『畏偄』也。」

194 伏兔至軌　余本、閩、監本同。嘉靖本、毛本「軌」作「軓」，是也。

195 灂下至軓七寸　閩、監、毛本同，誤也。余本、岳本、嘉靖本「下」作「不」，當據正。○按，「不至軓七寸」，舉經文也。戴震攷工記圖亦同。俗本作「下」。

196 輈有筋膠之被　毛本「筋」誤「節」。 ×

197 灂讀爲灂酒之灂　漢讀考云當作「讀如」。

198 環謂漆沂鄂如環　余本、岳本同。嘉靖本、閩、監、毛本「謂」上有「灂」字。按，疏中亦無。❻

199 軓即輿下三面材是也　監本「輿」誤「與」。 ×

200 輈轅之深入式下半　監本「入」誤「人」。 ×

201 一尺四寸三分寸二有七寸三分寸一　閩本同。監、毛本「寸」下皆有「之」。

* 先鄭讀灂酒之灂者　補，各本上「灂」下有「爲」字，此本脱。

202 故因説旌旗之義也　惠校本、閩本同。監、毛本「旌」誤「旍」。

203 然此已下　閩、監、毛本「已」改「以」。

204 東方七宿畫爲龍　惠校本「宿」作「星」。監本「畫」誤「晝」。

205 次比言之　監本「比」誤「此」。

206 師都之所建　漢讀考「師」作「帥」。○按，説文引周禮「率都建旗」，故段玉裁知此「師」必「帥」之譌也。

207 孟夏日月會則日宿　浦鏜云「曰宿」誤「日」。

208 黿蛇四斿　閩、監、毛本同。唐石經、余本、嘉靖本作「黿虵」，注同。

209 與東璧連體　閩、監、毛本同，誤也。嘉靖本「璧」作「壁」。釋文「東辟，音壁」，此本疏中作「東辟」，又作「東壁」。○按，古書多作「辟宿」。

210 此亦謂天子自建也　監本「自」誤「是」。×

211 弧以張縿之幅　釋文作「張幓」，云「本又作『縿』，同」。×

212 蛇行有尾因　閩、監、毛本同，誤也。宋本、嘉靖本「尾因」作「毛目」，惠校本及此本疏中「尾因」皆作「毛目」，當據以訂正。

213 云旌旗之屬皆弧者　浦鏜云「皆」下脱「有」。×

214 以畫於縿上也　閩本同。監、毛本「以」改「故」。

215 長數尺　浦鏜云漢志作「望如有毛目然」。○按，疏必引此，以爲鄭注「毛目」之證也。自「毛目」誤爲「尾因」，乃妄改去此句矣。開元占經引春秋合誠圖曰「枉矢水流虵行含明，故有毛目，陰合於四，故長四丈」，觀此可爲「毛目」沾一證，知「長數尺」之爲妄語矣。

216 攻金之工　唐石經自此已下及「㮚氏爲削」皆跳

行，釋文諸本此節皆連上輈人爲節。

217 三分以下爲下齊　閩、監、毛本「已」改「以」。

* 注多錫之屬　補，「錫」下當有「至」字。

218 錢銚錢鎒是也　監本「鎒」誤「鎛」。按，下「錢」當作「鎛」。

219 謂之鑒燧之齊　諸本同。唐石經缺。葉鈔釋文作「鑒隧」。○按，作「燧」、作「隧」皆説文「㸂」字之誤耳。其實此於「𤈦燧」無涉，秋官「夫遂」祇作「遂」，是爲正字。

220 凡金多錫則忍白且明也　賈疏本、嘉靖本「忍」作「刃」。釋文：「則忍，音刃。」按，忍，古堅韌字，言金中多錫，則刃堅忍而色明白，作「刃」蓋非。○按，此蓋陸本作「忍」，孔本作「刃」，不同也。忍、刃皆有堅意，此作「忍」爲長。

築氏

221 鄭司農云　嘉靖本「云」誤「大」。　×

222 脊也　閩、監、毛本「脊」誤從目。　×

冶氏

223 重三垸　戴震考工記補注云：「鍰，讀如丸，十一銖二十五銖之十三。垸，其假借字也。」

224 足入稾中者也　余本、嘉靖本、閩、監本同。岳本、毛本「稾」作「槀」，所載釋文同。○按，从禾是也。箭莖曰「稾」，字不从木。

225 讀爲丸　漢讀考云疑當作「讀如」。

226 司弓矢職文　此本「職」字剜擠，閩、監、毛本排入。

227 或謂之雞鳴　余本、閩本同。監、毛本「雞」作「鷄」，疏及漢制考同。

228 内謂胡以内接柲者也　監本「柲」誤「秘」。　×

229 漢時見胡擴之句孑戟　此本「時」字

日旁缺壞，閩、監、毛本遂誤爲「特」，今據漢制考訂正。閩、監、毛本「撗」從木。

230 鋒本必横　余本、嘉靖本同。閩、監、毛本「鋒」誤「鋒」，疏及下同。

231 横則擁不削物　惠校本「削」作「割」。×

232 胡孑横捷　浦鏜云：「插」誤「捷」，從三禮圖校。○按，「捷」者古字，儀禮注多用之。

233 援曲之八寸　浦鏜云「四」誤「曲」。

234 云倨之外胡之裏也者句之外胡之表者　當作「云倨之外胡之裏也句之外胡之表也者」。

235 吴揚之間謂之伐　閩、監、毛本「揚」作「楊」，據方言九「伐」爲「戈」之誤。

236 讀爲刷　漢讀考作「讀如」。

237 十鈞爲環環重六兩大半兩　余本兩「環」字空缺。浦鏜云「鍰」誤「環」。按，釋文不出「環」字，「三鋝」下云「或音環」。賈疏兩引此注先作「環」，後作「鍰」。

238 鍰鋝似同矣　漢讀考云當作「環鍰似同」。

239 皆二分之二爲大　浦鏜云「三分」誤「二二」。

240 是銖有六兩大半兩也　此「銖」亦「鍰」之誤，上引注作「十鈞爲鍰」。段玉裁云「銖」當作「環」。

241 三鋝者　余本、閩、監本同，誤也。嘉靖本、毛本作「三鋒」，此本疏中引注亦作「三鋒者」，當據以訂正，閩、監本疏同。

桃氏

242 兩從半之　盧文弨曰：通考軍器門引「兩從半之」，并引疏云「劒面通廣二寸半，其兩從中分，各一半也，從自脊中而分兩邊也」，今諸本脱此文。

243 人所握鐔以上也　余本同。嘉靖本、閩、監、毛本「鐔」訛「鐔」，疏同。×

244 倍上臘二寸半　監本「倍」誤「偣」。×

245 鄭司農云謂穿之也　余本、嘉靖本同。閩、監、毛本「云」下有「中」。按，「中」字當有。

246 玄謂從中以郤　余本、嘉靖本「郤」作「卻」。○按，从卩是也。

247 故云一寸三分寸二也　閩本同。監、毛本「分寸」下有「之」。

248 中制長一尺五寸　閩、監本同，誤也。余本、嘉靖本、毛本作「二尺」，當據正。

249 此今之匕首也　余本、嘉靖本同。閩、監、毛本「匕」誤「七」，疏同。×

250 宜以據形長者爲上　宋本同。閩、監、毛本「宜」作「直」。

鳧氏

251 兩欒謂之銑　釋文：「欒，本又作『鸞』。」×

252 故有兩角也　監本「角」誤「用」。×

253 對下角衡非鍾體也　按，「角」乃「甬」之誤。

254 旋蟲謂之幹　唐石經、諸本同。程瑤田云「幹」當作「斡」。説文「斡，蠡柄也」，然則鍾柄亦得名斡矣。○按，凡旋者皆得云「斡」。

255 故引司垣氏夫隧　閩、監、毛本「垣」改「烜」。

256 此鍾口十者　閩本「十」誤「寸」，疏中此本、閩本同。

257 廣長與圜徑　諸本同。浦鏜云「圍」誤「圜」，疏同。

258 令衡居一分　閩、監、毛本同。岳本、嘉靖本「令」作「今」，誤。×

259 是其主　余本同。嘉靖本、閩、監、毛本「主」作「正」。按，賈疏作「正」。

* 云濁之所由出者　補，各本「云」下有「清」字，此本脱。

* 笮去疾　補，各本「笮」下有「出」字，此本脱。

260 鍾大至短聞　宋本此節疏在「鍾小而長」節下，則「短聞」當作「遠聞」。

261 於樂器中所繫縱聲　閩本同。監、毛本「繫」作「擊」。

262 舒而聞遠　閩、監、毛本作「遠聞」，下同。

263 爲遂　諸本同。唐石經「遂」字偏旁辶缺。盧文弨曰：通考「遂」作「隧」，與上合。戴震亦云「遂」當作「隧」。○按，「遂」是古字。説文無「隧」字，「隧」乃後世俗字耳。

264 槀氏　此本「槀」訛「稾」。閩、監、毛本作「稾」，亦非，今據唐石經、嘉靖本訂正。

265 則不秏　唐石經、嘉靖本、毛本同。余本、閩、監本「秏」作「耗」，俗字，下同。

266 消湅之精不復減也　閩、監本同。嘉靖本、毛本「湅」作「涷」。按，釋文「湅」音「練」，「減」作「咸」，云「本又作『減』」。○按，湅，瀧也，从水，柬聲。米曰湅，繒曰練，金曰鍊，其爲求精一也，故字相假借。

267 四豆曰區　毛本「豆」誤「丘」。×

268 此言大方耳　余本、嘉靖本同。閩、監、毛本「大」誤「内」，當據正。漢制考亦作「大方」。

269 圜其外者爲之脣　岳本、嘉靖本同，誤也。余本、閩、監、毛本「爲」作「謂」，當據正。○按，

「爲」字不誤。

270 向上謂之外　浦鏜云「上」當「下」字訛。

271 縱横皆十　宋本「十」作「平」。

272 仍有二十八寸在　監本「寸」誤「十」。×

273 十寸當五十分　監本「五十」誤「千」。

274 其底深一寸也　余本「底」誤「厎」。

275 其耳三寸　唐石經、諸本同。浦鏜云「一寸」訛「三寸」。○按，未聞其説。

276 此據律麻志　閩、監、毛本「麻」字下從日。

277 荅曰官量不稅　監本「荅」誤「答」。×

278 故書狀作壯　岳本「壯」誤「挫」。×

279 以知生孰之節　閩、監、毛本「孰」改「熟」。×

280 消湅金錫精麤之候　閩、監本「湅」作「鍊」，非，上注作「湅」。

281 叚氏　余本、閩本同。嘉靖本、監、毛本「叚」作「段」。唐石經作「段」，當據正。

函人

282 凡甲鍛不摯　唐石經、岳本、嘉靖本、閩本同。余本、監、毛本「摯」作「摰」，誤，注及疏同。釋文亦作「摰」，葉鈔本誤「摰」。

283 致謂孰之至極　閩本同。監、毛本下有「也」。❼

284 窓讀爲宛彼北林之宛　漢讀考作「讀如」。×

285 無敗蔿也　釋文：「蔿，本或作『穢』。」×

286 彼以衣裏著甲謂之橐　閩、監、毛本

「裹」作「衷」。

287 明有光燿　嘉靖本同。閩、監、毛本「燿」作「耀」。

鮑人

288 蒼頡篇有鞄究　余本同。嘉靖本、監本「究」作「兗」，閩、毛本作「甇」。○按，閩、毛本是。説文：「甇从北，从皮省，从敻省。」

289 韋目韋氏爲之　閩、監、毛本「目」誤「自」。

290 卷而搏之　閩、監、毛本同，誤也。唐石經、余本、嘉靖本「搏」作「摶」，當據正。釋文「摶之，直轉反」，注及疏同。

291 搏讀爲縛一如瑱之縛　余本、嘉靖本作「摶讀爲縳」。釋文「縳一，直轉反」，當據正。下同。釋文：「瑱，本或作『顛』。」○按，「顛」乃「䪴」之誤。

292 謂革不韠　余本、嘉靖本、毛本同。閩本「韠」作「鞸」，監本作「韡」，皆訛。

293 故書需作劃　釋文音經「則需，人兖反。注同」，音注「作劃，而髓反，又人兖反」。漢讀考據此作「故書耎作劃，經及下準此」。

294 謂以廣爲狹也　監本「謂」誤「讀」。

295 如俴淺之淺　閩、監、毛本同，誤也。余本、岳本、嘉靖本作「如俴淺之俴」，當據以訂正。

296 讀爲羊豬戔之戔　監本「豬」誤「猪」。漢讀考云：「『戔』當與『棧』同。通俗文『板閣曰棧』，公羊傳『亡國之社掩其上而柴其下』，周禮注作『棧其下』。羊豬之圈薦以柴木，不必均平，且多罅漏，革緩急不齊，急者先裂，猶棚棧之不平多隙也。」

297 後鄭轉帴爲淺者　閩本同，誤也，當從監、毛本「淺」作「俴」。

298 **從小戎詩小戎淺收之俴** 閩、監、毛本「俴」誤「淺」。按，「淺收」亦當作「俴」。

299 **則雖敝不甐** 唐石經、諸本同。釋文：「甐，或作『鄰』。」

300 **謂韋革縫縷** 監本「革」誤「黃」。 ×

韗人

301 **鞠則陶字從革** 賈疏述注云「『鞠』即『陶』字」，儀禮大射儀疏引此注同，當據正。

302 **後鄭爲鞠人爲皐陶** 浦鏜云上「爲」疑「謂」字譌。

303 **穹讀爲志無空邪之空** 九經古義云：「古『空』與『穹』同。毛詩白駒『在彼空谷』，文選注引韓詩作『在彼穹谷』，薛君曰『穹谷，深谷也』。」○按，段玉裁云：「『志無空邪』者，弟子職之『志無虛邪』也。

304 **乃鼓版之廣狹也** 浦鏜云「乃」當「及」字譌。

305 **摠爲六尺六寸三分寸之二也** 監本「二」誤「一」。 ×

306 **謂之鼖鼓** 唐石經、諸本同。釋文：「之賁，本或作『𢿋』，又作『鼖』，皆同。」

307 **加以三分一四尺** 浦鏜云「分」下脱「之」，疏同。

308 **今亦合二十版** 嘉靖本誤衍作「二十四版」。

309 **少校晉鼓一尺三寸三分寸之一也** 浦鏜云：「也」當「是」字譌，屬下句。

310 **今此版亦合二十版者** 閩本同。監、毛本「此」誤「一」。 ×

311 革調急也　各本同。段玉裁曰：「通典一百四十四曰『革鼓瑕如積環』，革謂急也，經傳革訓急者多矣。『調』字不可通，而疏曲爲之説，故知唐時善本之存者尚多。鞔鼓之法，以緊爲貴，至緊而後瑕如積環也。」

312 裘氏　唐石經、余本、嘉靖本、閩本同。監、毛本「裘」改「裘」，非。

畫繢之事

313 是以北方云玄武宿也　惠挍本「云」作「言」。

314 陽主輕浮　監本「主」誤「王」。×

315 當畫四時之色以象天地　浦鏜云「地」當「也」字訛。

316 增成之耳　此本「成」誤「城」，閩、監、毛本改爲「減」，惠挍本作「成」，今訂正。

317 鳥獸蛇　閩、監、毛本同。唐石經、余本、嘉靖本「蛇」作「虵」，此本疏同。

318 言華者象章華　惠挍本作「象草華」，此誤。

319 鄭司農説以論語曰　岳本、嘉靖本無「曰」，此衍。

鍾氏

320 凡染當及盛暑熱潤　浦鏜云「石」誤「凡」。

321 亦有羽旄　毛本「旄」誤「旌」。

322 以炊下湯沃其熾　諸本同。賈疏云「以炊下湯淋所炊丹秫」。按，上注云「熾，炊也」，此蓋謂「以湯沃所炊丹秫也」。漢讀考謂當云「沃其羽」。

323 三月末乃熾之　監本「末」字缺壞。×

324 七入爲緇　監、毛本「入」誤「八」。

325 鄭司農説以論語　余本、嘉靖本同。閩、監、毛本「説」作「云」，誤。

326 再染謂之竀　釋文「竀，本又作『赬』，亦作『䞓』」。按，今爾雅作「赬」。○按，古叚借字也。

327 而此五入爲緅是也　浦鏜云「而」當「則」字誤。

328 ⿰巾荒氏　閩、監、毛本同。唐石經、嘉靖本「⿰巾荒」作「㡛」，五經文字作「㡛」，云見周禮。按，説文巾部云：「㡛，設色之工，治絲練者。从巾，巟聲。」

329 以涚水漚其絲　唐石經、諸本同。按，釋文水部云「涚，財温水也。从水，兑聲。周禮曰『以涚漚其絲』」，引周禮無「水」字。故書「涚」作「湄」，鄭司農云「湄水，温水也」，與説文義同。疏又云諸家及先鄭皆以涚水爲温水，是賈、馬諸氏義亦與許、鄭同也。❽

330 故書涚作湄　釋文：「湄，劉音眉，一音奴短反。」漢讀考云：「湄，當作『渜』。士喪禮『渜濯棄於坎』，古文『渜』作『㳖』。㳖、涚同字，猶裧、税同字。」○按釋文當云「一作『渜』，音奴短反」，今本奪「作渜」二字，「湄」無反奴短之理也。

331 以灰所泲水也　葉鈔釋文、余本「泲」作「沛」。

332 晝暴諸日　閩、監本「晝」誤「畫」。

333 渥讀如繒人渥菅之渥　余本、岳本、嘉靖本、閩本同。毛本「繒」改「鄫」。監本「人」誤「入」。此本「菅」誤「管」，今據諸本訂正。釋文出「繒人渥菅」四字，今左傳作「鄫人漚菅」，賈疏本作「鄫」。

334 蜃謂炭也　余本、岳本、嘉靖本同。閩、監、毛本「炭」作「灰」。按，賈疏云「蜃灰」。

335 以魁柎之　釋文：「魁，又作『魋』。」

×

336 **清登也** 余本同，誤也。嘉靖本、閩、監、毛「登」作「澄」，當據正。❾

337 **湅白湅絲** 閩本同，誤也。當從監、毛本作「湅帛」。❿

11—338 **蓋有二法** 閩本同。惠校本「蓋」作「皆」，監、毛本誤「者」。

校記

❶ 南昌本「作」作「非」。

❷ 南昌本末有「今正」。

❸ 南昌本末有「今正」。

❹ 南昌本出文「并」作「井」。

❺ 南昌本「洽」作「合」。

❻ 南昌本「無」作「有」。

❼ 南昌本無「也」。

❽ 文選楼本、南昌本、學海堂本俱作「釋文」，疑「説文」誤。

❾ 南昌本末有「今从」。

❿ 南昌本末有「今从」。

周禮注疏校勘記卷十二

附釋音周禮注疏卷第四十一

冬官考工記下

玉人

12—001 當爲七寸 監本「寸」誤「寺」。

×

002 天子執冒 說文「瑁，諸侯執圭朝天子，天子執玉以冒之，似犂冠。周禮曰『天子執瑁四寸』，从玉、冒，冒亦聲。古文省作『珇』」，然則周禮「冒」字本從玉作「瑁」。

003 侯用瓚伯用將 釋文：「將，如字。劉音陽。」說文「瓚，三玉二石也。从玉，贊聲。禮『天子用全，純玉也。上公用駹，四玉一石。侯用瓚。伯用埒，玉石半相埒也』」，許氏讀「龍」爲「駹」，與司農同。疑今本「埒」作「將」有誤，埒亦有雜義，故鄭云皆襍名也。

004 瓚讀爲餰餍之脣龍瓚將 葉鈔釋文讀「餰」之然反。疏云「瓚讀餰餍之餍者」，皆無「爲」字。今本有者，衍文。「龍」當作「尨」，司農云「龍當爲尨，尨謂雜色」可證。

005 此經因天子以下執玉 監本「玉」誤「王」。

×

006 石方寸重六兩 監本「寸」誤「十」，「六」誤「大」。

007 不可强記也 浦鏜云「記」當「說」字訛。

008 杼上終葵首 說文玉部「珽」字下作「抒上終葵首」。○按，今說文从手，乃从木之誤耳。韻書「杼」从木，直呂切。抒从手，神與切。字有定音。釋文於此曰直呂反，則其字必從木也。

009 杼䎫也 釋文：「䎫也，色界反，『殺』字之異者，本或作『殺』，下『取殺』、『殺文』同。」按，周禮經作「網」，注當用「殺」字。下文注中「取殺」、「殺文」皆不作「網」也。今此諸本皆作「網」，蓋淺人援釋文本改之。○按，「網」字說見下弓人。

010 **於中漏半夏至日表北尺五寸景** 閩、監、毛本「北」誤「此」。浦鏜云「晝」誤「中」。

011 **二灌主爲降神** 閩本同。監、毛本「主」誤「圭」。×

012 **凡圭玉上寸半** 作「玉」誤。岳本「玉」作「剡」，是也。下「玉半以上」，及「大璋、中璋」節，「牙璋、中璋」節注同。

013 **肉好若一謂之環** 嘉靖本「環」誤「圜」。×

014 **鼻鼻寸衡四寸** 余本同。唐石經、諸本「鼻」作「鼻」。嘉靖本注中「鼻」、「鼻」錯見。監本「四」誤「西」。

015 **於大山川則用大璋** 毛本「大」誤「太」。×

016 **下有盤徑一尺** 浦鏜云「盤」下脱「口」。

017 **明所容亦少** 閩、監、毛本「少」誤「小」。×

018 **則大祝用事焉** 閩本同。監、毛本「祝」誤「祀」。

019 **如邊璋七寸** 監本「璋」誤「瑋」。×

020 **明知如邊璋七寸射四寸也** 惠校本、閩本同。監、毛本「如」誤「加」。×

021 **執以覜聘用圭璋** 浦鏜云當疊「聘」字。

022 **量自是升斛之名** 閩本同。監、毛本「升」作「斗」。

023 **邸謂之柢** 釋文：「柢，音帝。劉作『桓』，戶古反。」按，邸謂之柢，爾雅釋器文。劉本作「枑」，字形之訛。

024 若天地自用黄琮　浦鏜云「大」誤「天」。

025 尺相對爲僢也　惠挍本「尺」作「足」，此誤。

026 據上公二王後　監本「王」誤「玉」。✕

027 夫人使下大夫　余本、嘉靖本、閩本同。監、毛本「大夫」誤「夫人」。✕

028 謂玉案十有二枚　監本「玉」誤「王」。✕

029 云棗栗十有二列　閩、監、毛本依經改「棗㮚」，非。疏用「栗」字，下並同。

030 吴楚及越僭號稱王　監本「及」誤「反」。✕

031 彼聘禮諸侯夫人　閩本同。監、毛本「彼」誤「被」。✕

032 栁人　釋文：「栁人，本或作『橮』。」✕

磬氏

033 必先度一矩爲句　監本「句」誤「旬」。✕

034 按樂云磬前長三律　浦鏜云三禮圖作「樂經云黄鍾磬前長三律」。

035 鼓廣三寸　監本「三」誤「二」。✕

036 直取從此已下爲易計　閩本同。監、毛本「已」改「以」。

037 已下則摩其耑　唐石經、諸本同。釋文：「耑，本或作『端』。」按，經當用「耑」字。○按，依説文則「耑」爲肇耑字，「端」爲端正字。

038 短而厚則清　余本、嘉靖本同。閩、監、毛本「短」誤「矩」。✕

矢人

039 司弓矢職茀當爲殺 漢讀考云：「『當』字衍文，下『殺矢七分』注同。」

040 謂箭槀中鐵莖 余本、嘉靖本、閩、監本同，釋文亦作「槀中」，毛本作「稾」。○按，从禾者是。

041 明據稱量得訂而言之 惠挍本無「而」，此衍。

042 此上既言鍭矢 閩本同。監、毛本「鍭」誤「鏃」。

043 故破此茀爲殺也先鄭云 惠挍本同。此本「先」誤「矢」，閩、監、毛本遂作「矢」，移於「也」上，誤甚，今訂正。

044 數不當應 閩、監、毛本作「相應」。

045 頃若少疾 盧文弨曰「若」疑「苦」之訛，非也。

046 若然鄭君本意 毛本「若」誤「者」。 ×

047 此據鐵輕重 監本「此」誤「比」。 ×

048 殺矢七分 諸本同。唐石經缺。釋文「殺」作「繝」，云「依注爲茀」。按，經當作「繝」，此因注云「殺爲茀」，遂改「殺」也。○按，作「殺」自可，不必畫一。

049 參分其長而殺其一 唐石經、余本、嘉靖本同。閩、監、毛本「殺」作「繝」，蓋據釋文本所改。按，古經當皆用「繝」字，今本多易爲「殺」矣。釋文云「而繝，本又作『殺』，注下皆同」可證。石經考文提要云：矢人一官「殺矢」、「豐殺」、「鴻殺」俱不作「繝」。宋本九經、宋纂圖互注本、宋附釋音本皆作「殺」。

050 令趣鏃也 嘉靖本「令」誤「今」。 ×

051 按槀人注 惠挍本作「稾人」。○按，从禾是也。

052 以其笴厚爲之羽深 唐石經、諸本同，誤也。

漢讀考「笴」作「笴」，注及下「凡相笴」同。云「矢幹曰稾，曲竹捕魚曰笱。蕭豪、尤侯合音最近，故易字而云『笴』者，古文假借字。若如今經作『笴』，本訓矢幹，何必易爲『稾』，云古文假借乎」。

053 **故書憚或作但** 釋文音經「能憚」，音但，都達反，注同」。此本注中故書作「怛」也，今本「怛」皆作「但」，訛，當據釋文訂正。禮説作「古書憚或作怛」，云「莊子大宗師篇『子來將死，妻子環泣，子犁往問之曰，叱，避，無怛化』，言死猶化，勿驚怛之，音義引考工記注爲證。廣雅『怛』、『憚』皆訓驚」。按，莊子釋文「无怛，丁達反。怛，驚也。鄭衆注周禮考工記『不能驚怛』是也」，據此知司農從故書作「怛」。○按，通俗文「旁驚曰憚，或借憯怛字爲之，同音叚借耳」，惠棟禮説不誤。若欲因此而改釋文之「或作但」作「或作怛」，則大謬。釋文「但」字不誤，三爲反語，皆爲「憚」字作音。憚之音可去、可入、可平，故或云都達，或云直旦，或云直丹也。鄭司農所云「憚之以威」者，左傳昭十三年文，賈疏不詳，故補説之。

054 **翔迴顧也** 浦鏜云「迴顧」當從集注本作「迴旋」。按，集注妄改古注，而浦鏜反信之。迴顧謂矢行倒回，若云迴旋，則是矢行盤屈成圈，恐無是也。

055 **夾而搖之** 釋文：「搖，本又作『揺』。」 ×

056 **今人以指夾矢[扌舞]衛是也** 閩本同。余本、嘉靖本、監、毛本「[扌舞]」作「儛」。

057 **橈搦其幹** 余本、嘉靖本同。閩、監、毛本「搦」作木旁，誤。釋文：「搦其，女角反，亦從手。」○按，説文手部「搦，按也」。

058 **欲生而搏** 唐石經、余本、嘉靖本、閩本同。監、毛本「搏」誤「摶」，注疏及下同。

059 **生謂無瑕蠹也** 余本、嘉靖本同。閩、監、毛本「蠹」作「蠧」，非，疏同。

陶人

060 甗無底甑　監本「甗」誤「獻」。余本「底」誤「底」。

061 㲉讀爲斛㲉受三斗　漢讀考云：「『讀爲斛』，當本是『或爲斛』。司農因正之云『㲉受三豆』，旊人之文也。聘禮有『斛謂十斗曰斛也』，此分別㲉、斛之解，正經『㲉』或爲『斛』之誤，轉寫或誤讀『豆』字誤『斗』字。」

062 旊人　余本、嘉靖本、監本同。唐石經、閩、毛本「旊」誤「旒」，釋文作「旊」。○按，「旊」从瓦，方聲。

* 以天地之性　補，各本「以」下有「象」字，此脱。

063 髺墾薜暴不入市　余本、嘉靖本、閩本同。唐石經、監、毛本作「髺墾薜暴」。此本「薜」誤「薛」，今訂正。葉鈔釋文作「髺貇薜暴」，「暴」即「㬥」之訛。漢讀考云：「『集韻四『覺』引周禮『髺貇薜暴』，據釋文也。説文本無『墾』字，豕部曰『貇，齧也。凡齧物必用力頓傷』。」

064 薜讀爲藥黃蘗之蘗　監本作「黃蘗之蘗」，當據正。此及諸本皆誤，疏同。漢讀考作「讀如」。○按，當依説文作「檗」，黃木也，俗字加艸頭。

065 膞讀如車輇之輇　監本「膞」誤「膊」。

066 尌膞其側　釋文：「尌，本又作『樹』。」○按，説文「尌，立也」，與「樹」異義。

067 以儗度端其器也　余本、嘉靖本、閩本同。監、毛本「儗」改「擬」，閩本疏同。按，釋文作「儗度」。○按，依説文則擬度字从手，僭儗字从人。

068 按下文膞崇四尺　閩、監、毛本「文」誤「交」。　×

069 梓人爲筍虡　唐石經、諸本同。釋文：「爲簨，本又作『筍』。」

070 筍讀爲竹筍之筍　漢讀考作「讀如」。

071 謂虎豹貔螭　余本、嘉靖本同。閩、監、毛本「螭」改「𧳮」。按，釋文亦作「螭」。

072 鱗龍蛇之屬　余本、嘉靖本、閩本同。監、毛本「蛇」作「虵」，下同。此又誤「虵」。

073 卻行　唐石經、余本、嘉靖本同。閩、監、毛本「卻」誤「郤」，注及疏同。

074 以胷鳴者　唐石經、余本、嘉靖本同。閩、監、毛本「胷」誤「𦙄」。注中毛本作「胷」，閩、監本作「育」。釋文：「胷鳴，本亦作『骨』，又作『𦙶』。干本作『骨』，賈、馬作『胃』，劉本作『胷』，音鹵。」經義雜記曰：「說文『蠵，大龜也，以胃鳴者』，爾雅釋文引字林云『蠵，大龜，以胃鳴』，本說文也。許叔重學於賈景伯，故從賈說作『胃』。沈重云作『胷』爲得，賈疏云『不如作胷』，皆據鄭本也。」

075 內骨鼈屬　釋文：「鼈，本又作『鱉』。」×

076 蠙衍之屬　釋文：「蠙，劉云或作『蚓』。」×

077 榮原屬　釋文：「原，亦作『螈』。」×

078 或爲笥虡訖　惠挍本「訖」作「設」。此誤。

079 蠙衍入耳　閩、監本同。毛本依今本爾雅改「蠙衕」，非。釋文引爾雅亦作「衍」，從虫者俗字。

080 云仄行蟹屬者　閩、監、毛本「蟹」改「蠏」，非。○按，說文作「蠏」。

081 以其側行故也　惠挍本「側」作「仄」。

082 按爾雅蛂蟥蛢　監本「蛂」誤「蚑」。×

083 謂之羸屬　監本「羸」誤「蠃」。

084 燿讀爲哨　禮說云：「馬融廣成頌曰『鷙鳥毅蟲，倨牙黔口，大匈哨後』，康成讀從之，本其師說也。」

085 **頎小也** 余本、閩、監、毛本同。嘉靖本「頎」作「頃」。按，釋文作「頃小」，云「音傾，字一音懇」，則今本作「頎」非。釋曰「云燿讀爲哨，頎小也者。哨與頎皆是少小之義，故云『哨，頎小也』」，則「頃小也」上當叠一「哨」字，此脱。賈疏本蓋作「頎」。○按，「頃」是「頎」非也。頃，同傾，言傾側而小也，作「頎」則無義。李音懇，是李本作「頎」也，「頃」不得音懇。

086 **宏讀爲紘綖之紘** 此「讀爲」疑當作「讀如」，然禮記月令注亦云「閎讀爲紘」。詳漢讀攷。

087 **故書顅或作牼** 説文：「顅，頭鬢少髮也。从頁，肩聲。周禮『數目顅脰』。」按，許君所據經字與鄭君同，義則與司農合。

* **牼讀爲爲鬜頭** 補，各本「爲」字不重。

088 **云顅長脰貌者** 閩、監、毛本脱「云」，閩本後擠補。監本「顅」誤「顧」。

089 **先鄭云讀爲鬜頭無鬊之鬜者** 閩本「先」上衍「○」，監、毛本作「牼」。

090 **時俗有以無髮爲鬜** 惠校本作「時世」。○按，説文「鬜，鬢禿也」，賈何不引之。

091 **凡攫閷援簭之類** 唐石經、余本、嘉靖本同。余本載音義「攫」作「玃」。葉鈔釋文、閩、毛本「簭」作「筮」，監本作「筮」，皆訛。

092 **必深其爪** 監、毛本「爪」誤「瓜」，疏同。

093 **此説鍾虡云之獸** 浦鏜云「云」當衍字。

094 **劉玄以爲於義無所取** 惠校本「玄」作「炫」。

095 **當爲頍頯音壼讀之** 閩本同，「音壼」亦小字分注。監、毛本改大字，雜入疏語中，非。毛本「壼」作「壺」，誤。釋文：「頯，劉音古本反。」○按，釋文所引劉昌宗古本反，「古」當是「苦」之譌。

096 **以似爲發** 諸本同。按，以此注改字例言之，應云「似當爲發」，此因賈疏有「先鄭以似爲發」之言而據以易注，誤甚。「以」者，賈疏目先鄭言之也，若謂司農自言「以」，非辭矣。○按，此語自後鄭目先鄭言之也。

097 先鄭云以似爲發者　惠校本同，誤也。閩、監本「云」字空缺，知其誤衍而刊落之也，至毛本則直作「先鄭以似爲發」。

098 以似非直實　按，「直」爲「真」之誤。

099 則必穨爾如委矣苟穨爾如委　余本、閩、監本同。釋文「穨爾」，葉鈔本作「頽爾」。唐石經兩「穨」字皆先作「頽」，後改「穨」。嘉靖本、監本上作「穨」，下作「頽」。統言之則此經「穨」本作「頽」矣。○按，「穨」者正，「頽」者俗字。

100 且其匪色必似不鳴矣　唐石經、諸本同。漢讀考云：「云『似鳴』形容未盡，故改『發鳴』。此節本云『其匪色必不似鳴』，今本『似不鳴』誤。」❶

梓人爲飲器

101 勺尊升也　漢讀考作「尊斗」也，云「『斗』與『枓』同，說文『枓，勺也』，今本作『尊升』，誤。魏晉人書『斗』字多作『升』，故易訛」。

102 三升曰觚　監本「二」誤「三」。　×

103 觶字角旁友　經義雜記作「角旁支」，云「舊訛友，今改正。字林『觶音支』本此」。漢讀考作「角旁辰」，云「作『友』蓋誤，角旁辰字見說文」。

104 寡聞觚　閩、監本同。毛本「觚」作「觗」。經義雜記作「觗」，云「舊訛『觚』，依燕禮疏改正」。

105 豆當爲斗　經義雜記云：「儀禮燕禮疏引此經又曰『鄭引南郡太守馬季長云觚當爲觶，豆當爲斗』，此脫『觚當爲觶』四字。」○按，此不脫，各順其文理也。

梓人爲侯

106 鄉射記文鄉侯五十弓　浦鏜云「文」當「云」字譌。

107 亦與飾侯用皮同也　惠挍本、閩本同。監、毛本「飾」誤「作」。

108 賓射射之所掌是也　浦鏜云「人」誤「之」。

109 傅地故短也　閩本「地」誤「見」。

110 讀若齊人擠幹之幹　閩、監本「擠」誤「懠」。

111 上个七丈二尺　毛本「二」誤「三」，疏中監本亦誤。

112 是取象率焉　釋文：「象率，音類，本又作『類』。」

113 是幹爲擠骨　閩本同。監、毛本「擠」作「脅」，是也。

114 絹寸焉　唐石經、諸本同。釋文：「絹，于貧反，或尤紛反，劉侯犬反，一音古犬反。」經義雜記曰：「于貧、尤紛兩反皆員聲，字作『絹』。侯犬、古犬兩反皆肙聲，字作『絹』。儀禮鄉射禮『乃張侯，下綱不及地武』疏引此文作『絹寸焉』。然説文云『絹，持綱紐也，从糸，員聲』。周禮曰『絹寸』，則綱紐字員聲爲正。『絹』爲『繒』，如麥稍義別。劉昌宗音侯犬反，儀禮疏作『絹』，非也。」

115 綱所以繫侯於植者也上下皆出舌一尋者　監本「綱」誤「繩」，「尋」誤「事」。

116 植則在兩旁邪豎之也　毛本「豎」誤「竪」，俗字。

117 下个半上个　閩本同。監、毛本下「个」誤「箇」。

118 明知兩相皆邪向外豎之也　閩本同。監、毛本「相」改「傍」，非。

119 謂以五采畫正之侯也　監本「畫」誤「晝」。 ×

120 若與羣臣閒暇飲酒而射　余本、岳本、閩本同。嘉靖本、監、毛本無「閒暇」二字。按，賈疏引注亦無此二字，又云「若與羣臣飲酒者，君臣閒暇無事而飲酒」，則「閒暇」二字係疏語誤入，鄭注本無。嘉靖本是也。

121 毋或若不寧侯不屬于王所故抗而射女　説文矢部「矦」字下偁其祝曰「毋若不寧侯不朝于王所故伉而射汝」。按，此注云「或有也」，「屬猶朝會也」，許氏蓋以義引之，非經本文。大戴記投壺作「嗟爾不寧侯不朝於王所故亢而射女」。❷

122 詒女曾孫諸侯百福　唐石經、諸本同。釋文「詒女曾孫」，葉鈔本無「女」字，蓋誤脱也。注云「曾孫諸侯，謂女後世爲諸侯者」，是經本有「女」字。「毋或若女不寧侯故抗而射女」，此二「女」目「不寧侯」也。「惟若寧侯詒女曾孫諸侯」，此二「女」目「寧侯」也。注云若猶女也，經意雖各有屬，固無妨同言「女」矣。

廬人

123 皆約上文車有六等之數　監本「車」誤「章」。

124 人長八尺與尋齊　監本「八」誤「人」。 ×

125 句兵欲無彈　唐石經、諸本同。説文「僤，疾也，从人，單聲。周禮曰『句兵欲無僤』」，蓋故書作「但」，今書作「僤」，皆從人旁，因鄭司農讀「僤」爲彈丸之彈，淺人遂援以改經矣，當據説文正之。

126 句兵椑　監本「椑」誤「裨」。

127 悁謂橈也　監本「謂」誤「略」。 ×

128 椑讀爲鼓鼙之鼙　漢讀考云當作「讀如」。

129 謂若井中蟲蜎之蜎　漢讀考作「謂若井中蟲蜎蜎」，云各本衍一「之」字。按，賈疏云「井中有蟲蜎蜎擾擾然也」，蓋賈本注作「蟲蜎蜎」，今疏引注語亦有「之」字。

130 **齊人謂柯斧柄爲椑** 漢讀考作「齊人謂柯爲椑」，云「今本衍『斧柄』二字，蓋或箋於旁，因誤入也」。

131 **摶圜也** 監、毛本「摶」誤「搏」。 ×

132 **以戈有胡子** 「子」爲「孑」之訛。

133 **向外爲磬折人胡** 浦鏜云「人」當「入」字誤。

134 **校讀爲絞而婉之絞** 賈疏引先鄭注此下有「絞疾也」三字，云「讀從之，取切疾之義」。「疾也」蓋「切也」之誤。

135 **讀如王搢大圭之搢** 漢讀考「搢」皆作「晉」。

136 **云首圍謂在上頭** 監本「在」誤「仕」。 ×

137 **矛去刺圍者** 閩本同，誤也。當從監、毛本「去」作「云」。

138 **灸諸牆** 唐石經、余本、嘉靖本、毛本同。監本「灸」誤「炙」，注同。釋文：「灸諸，音救。」按，說文「久，从後灸之，象人兩脛後有距也。周禮曰『久諸牆以觀其橈』」，然則故書本作「久」字，今本作「灸」，蓋從漢儒傳讀之本耳。九經古義云：「既夕『木桁久之』注云『久當爲灸』，士喪禮『冪用疏布久之』注云『久讀爲灸』，是『久』爲古文『灸』也。」

139 **置猶樹也** 嘉靖本「樹」作「尌」。釋文：「尌也，音樹。」

140 **正於牆牆翌** 釋文「翌，本又作『濯』，又作『𦐂』，同」。 ×

141 **以眡其堅勁以否也** 監、毛本「堅」誤「豎」。 ×

匠人建國

142 置槷以縣　閩、監本同，誤也。唐石經、余本、嘉靖本、毛本「槷」皆作「槷」，當據正，注及疏同。釋文：「置槷，魚列反，注『臬』同。」

143 從木執聲之省者也　閩、監本同。毛本「執」誤「埶」。

144 其端則東西正也　岳本「則」作「在」。

145 規之交乃審也　此本及閩本疏中引注作「規交乃審也」，「之」字蓋涉上衍。

146 兩端一帀　監本「帀」誤「巾」。

147 於夏日至中漏半　浦鏜云「晝」訛「中」。

148 日中景最短者也者　當作「云日中之景最短者也者」，脱二字。

匠人營國

149 是謂轍廣　閩、監、毛本同，誤也。余本、嘉靖本「謂」作「爲」，當據正。○按，説文無「轍」，當作「徹」。

150 左明堂辟雍　閩、監、毛本「雍」改「廱」，非。

151 與天子二朝　浦鏜云「三」誤「二」。

152 堂脩二七　唐石經、余本、嘉靖本、閩本同。監、毛本「脩」改「修」，下及注疏同。

153 知用步無正文　此本「無」字實缺，閩、監、毛本作「非」，誤，今據惠挍宋本補正。

154 堂上爲五室　監本「堂」誤「堂」，不成字。

155 三四步室方也　浦鏜云集注本「方」作「深」，是也，下「方四步」亦作「深」。○按，集注誤也。下文云「其方皆三步」承此而言。

156 四角之室皆有堂　惠挍本、閩本同。監、毛本「堂」誤「室」。

157 夏后氏宮室　閩本同。監、毛本「后氏」

作「人卑」。

158 **四旁兩夾窻** 唐石經、余本、嘉靖本同。閩、監、毛本「窻」改「窗」，注及疏同。按，釋文亦作「窻」。

159 **堊之使壁白也** 監本「壁」誤「璧」。×

160 **若今四柱屋** 閩、監、毛本同，誤也。余本、宋本、嘉靖本「柱」作「注」，此本疏中亦作「四注」，當據正。按，漢制考載此作「注」，又引上林賦「高廊四注」證之。

161 **重屋複笮也** 余本、嘉靖本、毛本同，釋文亦作「複笮」。此本疏中作「復笮」，閩、監本及漢制考同。按，復，古「複」字，賈疏本蓋作「復」。

162 **云重屋復笮也者** 閩本同。監、毛本「復」改「複」，下「則此復笮」同。

163 **重檐重承壁材也** 閩本同。監、毛本「壁」誤「璧」，下同。

164 **故所合理廣也** 盧文弨曰「合」疑「含」之誤。

165 **則宗廟王寢** 毛本「王」誤「玉」。×

166 **廟門容大扃七个** 説文鼎部云「鼏，以木橫貫鼎耳而舉之，从鼎，冂聲。周禮『廟門容大鼏七箇』，即易『玉鉉大吉』也」，又金部云「鉉，舉鼎具也。易謂之『鉉』，禮謂之『鼏』」，與鼎部説同，禮謂周禮也。儀禮士冠禮、士昏禮「設扃鼏」注皆云「今文扃爲鉉」，是古文作「扃」，今文作「鉉」也。周禮當亦故書作「扃」，借用戶扃字。漢儒讀作「鼏」爲正字。鄭君於二禮皆用古文，故與許不同。

167 **廟中之門曰闈** 通考「闈」下有「門」，賈疏引注云「廟中之門曰闈門者」。今本脱下「門」字，當據補。○按，爾雅曰「宮中之門謂之闈」。

168 **云九分其國分國之職也其** 浦鏜云「者」誤「其」。×

169 **外與六鄉之教** 閩、監、毛本「鄉」誤

「鄉」。

170 謂角浮思也　釋文：「浮思，並如字。本或作『罘罳』，同。」

171 云阿棟也者　閩本同。監、毛本「云」誤「也」。

172 鄭以浮思解隅者　惠挍本、閩本同。監、毛本「解」改「釋」。

173 書傳云雉長三丈　監本「三」誤「二」。

174 言長一雉則三丈　惠挍本、閩本同。監、毛本「一」誤「三」。

175 直云王子其言略　浦鏜云「王子」下當脱「弟」。

176 上公之制　惠挍本、閩本同。監、毛本「制」誤「城」。

附釋音周禮注疏卷第四十二

匠人爲溝洫

177 耜廣五寸二耜爲耦　説文𡿨部引周禮作「枱廣五寸，二枱爲耦」。

178 廣尺深尺謂之甽　説文𡿨部引周禮作「廣尺深尺謂之𡿨，倍𡿨謂之遂」，又云「甽，古文𡿨，从田，从巛」。今周禮作「甽」，爲古文，許所引作「𡿨」，爲今書也。鄭從古文作「甽」，今本作「甽」，訛。「倍𡿨謂之遂」，亦以義言之，非本經。○按，段玉裁曰：今説文古文「𡿨」當作籀文「𡿨」，「𡿨」者古文也，「甽」者籀文也，「畎」者小篆也，「𡿨」、「巜」皆古文。

179 廣二尺深二尺謂之遂　唐石經、諸本同。釋文：「之隧，音遂，本又作『遂』。」○按，「隧」俗字，「遂」正字。

180 甽上曰伐　漢讀考「上」作「土」，云各本譌。

181 云二耜爲耦者　監、毛本「耦」誤「偶」。

182 以發上於上 毛本「土」誤「上」。×

183 今之猶然也 惠校本無「之」，漢制考同，此衍。

184 異於鄉遂及公邑 閩、監本「鄉」誤「卿」。

185 殷人七十而莇 余本、嘉靖本、毛本同。閩、監本「莇」改「助」，非，下並同。閩本「莇」、「助」錯見，釋文「莇，音助」。

186 莫不善於貢 疏云：「孟子本爲『莫不善於貢』，今注有無『不』字者，蓋轉寫脱耳。」

187 年饑用不足 余本「饑」作「飢」。

188 邦國用殷之莇法 監本「莇」改「助」，下同。困學紀聞引此句「莇」作「助」。

189 税民無藝 釋文作「蓺也」，音藝。今本「蓺」改「藝」，脱「也」，非。

190 此井田則一同唯一澮 惠校本、閩本同。監、毛本「此」誤「爲」。

191 子就夫税之十一而貢 浦鏜云「子」當「止」字誤。

192 爲溝洫貢子法與采地井田異 浦鏜云「子」當「之」字誤。

193 龍子所謂善於助者也 盧文弨曰孟子注「作莫善」，此脱「莫」。

194 士田故謂之圭田 盧文弨曰孟子注作「上田」。

195 田業多少有上中下 盧文弨曰孟子注作「田萊」，此誤。

196 徙謂變土易居 惠校本「變」作「爰」。盧文弨曰：元本孟子作「爰土」，孟康注漢書地理志「轅田」云「三年爰土易居，古制也」，

「爰」亦訓「易」，今本孟子作「受」，訛。

197 相友偶也　盧文弨曰孟子注「偶」作「耦」。○按，「耦」者本字，「偶」者假借字。

198 以爲廬宅園圃　盧文弨曰孟子注作「園圃」。

199 是周兼夏殷莇貢也　閩本「莇」改「助」，監、毛本作「貢助」。

200 通其事以什一爲正者　閩、監、毛本「事」作「率」，此誤。

201 趙岐孟子皆饒民　此句文有脱落。○按，當云「何休注公羊，趙岐注孟子，皆同饒民之説」。

202 什一而行頌聲作矣　浦鏜云「行而」字誤倒。×

203 凡爲田頃十畝半　閩本同，誤也。監、毛本作「一頃十二畝半」，是也。

204 率指言先王按典籍萬世可通什一供貢下富上尊　惠挍本作「章指言先王按典禮萬世可遵」，「遵」與「尊」韻。此誤。○按，此章指在「白圭欲二十取一」章，今本作「先王典禮萬世可遵」。

205 故云專至於川　閩本同。監、毛本「專」誤「直」。×

206 通其壅塞　釋文：「通雍，於勇反。」此衍「其」，「雍」改「壅」，非。

207 非謂廣深四尺其田間者　惠挍本「其」作「在」，此誤。

208 梢讀爲桑螵蛸之蛸　諸本同。釋文出「螵蛸」二字，疏云「上『梢其藪』亦讀從螵蛸之蛸」，蓋此處無「桑」字。漢讀考作「讀如」。

209 蛸謂水潄齧之溝　余本、嘉靖本、閩本同。

監、毛本「蛸」作「梢」。按，此本及閩本疏中引注亦作「蛸」，賈云：「上『梢其藪』亦讀從螵蛸之『蛸』，同是梢谿之義。」漢讀考作「梢溝」，謂「前云『梢除也』，此云『梢水漱谿』，義略同，有『溝』字於文理乃合」。

210 亦是非田間者也　監本「田」誤「山」。　×

211 奠讀爲停　余本「停」刊去「亻」旁，是也。説文有「亭」無「停」。

212 凡溝必因水埶　監本「埶」誤「勢」。

213 善防者水淫之　唐石經、諸本同。余本「淫」作「滛」，注同，非也。

214 注漱謂至之淫　閩本同。監、毛本「謂」作「猶」，是也。

215 里讀爲已聲之誤也　戴震考工記圖「里」作如字讀。

216 言版橈也　浦鏜云「言」疑「則」字誤，非也。

217 則三分南北之間尺數　毛本「間」誤「問」。　×

218 逆猶郤也　余本「郤」作「卻」，當據正，下同。

219 謂若今令甓裓也　余本、閩本同。監、毛本「裓」作「裓」，釋文作「甓裓」，嘉靖本作「辟裓」。按，漢制考引此注及釋文作「令甓裓」，引疏作「令辟裓」，是賈本作「辟」也。古「甓」字多作「辟」，今金石猶有存者，與嘉靖本正合。

220 裓則塼道者也　漢制考無「者」，此衍。

221 峻者取水兩向流去故也　毛本「水」誤「木」。　×

車人之事

222 半矩謂之宣　釋文：「謂之宣，如字，本或作『寡』。」　×

223 人長八尺而大節三　此本、監本「八」誤

「人」，今訂正。

224 **頭髮皓落曰宣** 葉鈔釋文作「皓落」，云「本或作『顥』，音同。劉作『皓』」。○按，「顥」是正字。說文曰：「顥，白皃。南山四顥，白首人也。」

225 **易巽爲寡髮** 此本「寡」字剜改，疏中標起訖及引注及兩引說卦四處「寡」字同，當皆本作「宣髮」。余本、嘉靖本、監、毛本作「宣髮」，是也。惟閩本承此剜改之誤作「寡髮」，疏中四處同。

226 **與人帶已下四尺半** 閩本、毛本「已」改「以」。

227 **欘斵木柄** 余本、閩、監本同，誤也。嘉靖本、毛本「木」作「斤」，當據正。賈疏引注作「斵斤」，惠校本「斵」作「斲」，疏同。○按，「木」字是。此物名「斲木」，亦名「斫木」。說文曰：「斤，斫木也。」此「斲木」爲句，「柄」字連下讀，不連上讀。

228 **一柯有半謂之磬折** 程瑤田通藝錄云：「磬氏爲磬，倨句一矩有半，故曰『一矩有半，謂之磬折，持此以度他物』。凡倨句之應乎一矩有半者，皆以磬折名之。故韗人『爲皐鼓』曰『倨句磬折』，車人『內末之庛』亦曰『倨句磬折』。而轉寫是記者乃順上文讀之，遂訛『矩』爲『柯』。」

229 **故因解之立磬折淺深也** 惠校本「解」作「人」。盧文弨曰疑當作「解人」。

230 **亦以磬折之故云之也** 「故」疑當作「度」。

車人爲耒

231 **庛讀爲其顡有庛之庛** 余本、嘉靖本、閩、監、毛本下二「庛」字皆作「疵」，疏中同，當據正。釋文：「顡疵，似斯反。」漢讀考作「讀如顡疵之疵」。按，作「讀如」爲是。○按，此用孟子之「其顡有泚」也，鄭所見孟子蓋作「玼」。「玼」或用爲「疵」字，故轉寫作「疵」。

232 **若今之曲枚柄也** 閩、監、毛本「枚」誤

「杴」。○按，「杴」字是。廣韻曰：「杴，鍫屬。古作『㰈』，或作『欣』，語韽切。」❸

233 據庛面至句下望直量之 監本「面」誤「而」。 ×

234 或大或小 閩、監、毛本「小」誤「少」。 ×

車人爲車

235 以其一爲之首 余本「之」誤「一」。

236 此車人謂造車之事 浦鏜云「謂」疑「爲」。

237 此論載輻牙 宋本「載」作「轂」。

238 故書博或爲搏 余本、閩、監本同。嘉靖本、毛本「搏」誤「搏」。釋文或作「摶，徒丸反」，則是从專聲也。

239 所謂牙 釋文：「牙，本或作『迓』。」

240 需者在外 釋文「耎者，人兖反」，漢讀考據釋文作「耎」。按，疏云「此經言車牙所宜外内堅濡之事」，是賈本作「需」，訓爲濡。○按，賈亦用「濡」爲「耎」字。

241 亦謂通轂空壺中并數而言也 毛本同，是也。閩、監本「壺」作「壼」，誤。

242 此柏車輪崇六尺三分減一 毛本同。閩、監本「三」誤「二」。 ×

弓人

243 鄭知取榦以冬者 閩、監、毛本「榦」作「幹」。

244 檍讀爲億万之億 諸本「万」作「萬」。漢讀考「讀爲」作「讀如」。

245 近根者奴 監本「奴」誤「妙」，疏中標起訖不誤。

246 謂若夾庚之類 毛本同。閩、監本「庚」誤「臾」。 ×

247 則弓不發　唐石經、諸本同。惠士奇云「發」當爲「撥」，戰國策「弓撥矢」句。

248 玄謂栗讀爲裂繻之裂　九經古義云：「毛詩東山『烝在栗薪』，箋云『栗，析也。古者聲栗、裂同也』。」

249 秋䋄者厚　○按，籀文「殺」字作「𣫞」。「𠬛」即「殳」字，轉寫譌舛乃成「閃」字。籀文「殺」字見説文殳部中，籀文「役」字作「伇」，亦其證也。

250 紾讀爲抮縛之抮　余本、岳本、監本同。嘉靖本、閩、毛本「縛」作「縳」。釋文：「縳，徒轉反。」

251 謂牛角捔理錯也　閩、監、毛本同，誤也。余本、嘉靖本「捔」作「㸰」，當據正。釋文：「㸰理，才苦反，又七奴反。」○按，説文無「㸰」字，而古書多用之。蓋説文角部作「䚡」，角長也，从角，爿聲，士角切。引申用爲粗糙字，而轉寫者譌其體从牛旁。

252 即此云瘠者惟瘦瘠　浦鏜云「即」疑「則」字誤。

253 蹙於刲而休於氣　唐石經、諸本同。葉鈔釋文「蹙」作「戚」，余本載音義同。釋文：「刲，乃老反，本又作『腦』。」○按，依説文當作「㛴」。

254 然可以爲弓　浦鏜云「然」下疑脱「後」。

255 則埶之徵驗也　監本「埶」誤「執」。×

256 故書畏作威　閩、監、毛本同。余本、嘉靖本「畏」下有「或」字。此脱，當據補。

257 玄謂畏讀如秦師入隈之隈　按，此「讀如」當作「讀爲」。儀禮大射儀「以袂順左右隈」，注云「隈，弓淵也」，鄭據此故讀爲「隈」。下文「凡居角長者以次需」，注云「當弓之隈也」，因於此易爲「隈」字，故下注竟作「隈」也。

258 秦晉伐鄀　閩、監、毛本「鄀」誤「郡」。×

259 謂膠善戾 漢讀考云：「『戾』當作『麗』，聲之誤也。凡附麗之物莫善於膠。」

260 故書昵或作樴杜子春云樴讀爲不義不昵之昵 此當經文作「凡樴之類」，注作「故書樴或作昵，杜子春云昵讀爲不義不昵之昵」。蓋鄭本經文，從今書作「樴」，杜則從故書作「昵」。今本經文作「昵」，杜、鄭兩家注又俱以「樴」爲正，轉改之失顯然。

261 簡讀爲撊然登陴之撊 葉鈔釋文「撊」作「橺」。○按，从木者非。

262 故云嚼之當孰也 毛本脱「也」。

263 測讀爲惻隱之惻 釋文：「隱，本或作『㥯』，同。」

264 還如在水凍之色 浦鏜云「凍」當「湅」字誤。○按，浦此語是也。

265 斲目必荼 唐石經「斲」作「斵」，下並同。

266 注重醳治之相稱 閩本同。監本「之」下剜擠「使」字，毛本排入。

267 薄其帤則需 唐石經、諸本同。釋文「則需，人究反，下注『罷需』同」，漢讀考據此「需」作「耎」。

268 帤讀爲襦有衣絮之絮 漢讀考作「衣絮之絮」，云此「讀爲」乃「讀如」之誤。

269 帤謂弓中裨 葉鈔釋文「裨」作「陴」。

270 需襦不進 浦鏜云「襦」疑「懦」字誤。

271 不皆約纏之繳不相次也皆約則弓帤侔猶均也 漢讀考云：「此注脱誤，疑當云『皆約，纏繳之不相次也。不皆約，則弓帤侔。侔，猶均也』。」○按，「不相次」是釋「皆」字，「侔」是釋「不皆」。皆者，有堆垛之迹。不皆者，無堆垛之迹也。

272 云摩其角謂幹不均而有高下則摩

其角　盧文弨曰：此疏釋下經，當在下節疏之首。

273 是謂逆橈　唐石經、諸本同。嘉靖本「橈」作「撓」，監、毛本注中亦作「撓」。古從木之字往往訛變作手旁。

274 玄謂恒讀爲揯揯竟也　釋文及諸本皆作「揯」，從手。漢讀考云：「桓，訓竟，見説文木部。詩『亘之秬秠』字作『亘』。方言『緪，竟也』，字作『緪』，古同音通用。」

275 竟其角而短于淵幹　按，「于」當作「於」，下注云「長於淵幹」作「於」可證。

276 譬如終紲　閩、監本同。唐石經、嘉靖本「譬」作「辟」，余本、毛本作「辟」。按，釋文作「辟如」，云「音譬，下注『變辟』同。或房赤反」，然則不當作「譬」矣。

277 紲弓韠　諸本同。釋文「韠，音祕」，監、毛本誤「䩛」，下仍作「韠」。

278 則送矢太疾　閩、監、毛本同，誤也。此本「太」字係剜改。宋本、嘉靖本「太」作「不」，當據正。經云「非弓之利也」，疏云「謂弓在韠中，然非弓之利」，皆不疾之謂。浦鏜云詩小戎正義引作「不疾」。○按，「不疾」是也。

279 竹韠緄縢　釋文：「縢，本又作『縢』。」 ×

280 此弓非直兩畔角滿　閩本同。監、毛本「此」誤「比」。 ×

281 又繩横繫之使相著　閩、監、毛本「著」改「着」，俗字。

282 茭讀爲激發之激　漢讀考云：「『讀爲』當作『讀如』，此擬其音，非易其字，故下文仍作『茭』。」

283 茭讀如齊人名手足擥爲骹之骹　釋文「足擥，鳴喚反」，漢讀考「擥」作「掔」。按，説文：「掔，手掔也。揚雄曰『掔，握也，从手，臤聲，烏貫切』。」隸書訛作「掔」，則不得其形聲矣。

284 變謂簫臂用力異　閩、監本「簫」誤从廾。嘉靖本「臂」作「辟」，下同。釋文：「蕭臂，如字。下文同。本或作『辟』，一音房赤反。」

285 楚公子圍設服離衛　毛本「衛」誤「行」。×

286 剽讀爲湖漂絮之漂　漢讀考云：「當作『讀如』，擬其音也。」

287 引如終紲非弓之利　唐石經下有「也」字。石經考文提要云：宋本九經、宋纂圖互注本、宋附釋音本、余仁仲本皆作「非弓之利也」。

288 撟角欲孰於火而無燂　閩、監、毛本同，誤也。唐石經、余本、嘉靖本「燂」作「燂」，當據正。釋文亦作「燂」。❹

289 鬻膠欲孰而水火相得　嘉靖本同，誤也。唐石經、余本、閩、監、毛本「鬻」作「鬻」，當據以訂正。釋文：「鬻膠，章呂反。」閩、監本「孰」誤「角」。

290 然則居旱亦不動　監本「旱」誤「早」。

291 字從燂　漢讀考云「字」宜作「當」。

292 若如上爲簫而發動　閩本同。監本「如」誤「若」。毛本「簫」誤「柎」。

293 弛之乃有五寸　閩、監、毛本「弛」改「弛」，下同。×

294 𣥺讀如牚距之牚重牚之牚　閩、監本同，誤也。余本、嘉靖本、毛本「重」作「車」，當據正。岳本「牚距」誤「裳」，又脫「車牚」二字。盧文弨曰：釋文出經「𣥺之」爲音，云注同，不爲「牚」別作音，知舊亦必本是「𣥺」字，「牚」字俗。漢讀考云：「四『牚』字皆『𣥺』之誤。說文『𣥺，歫也』，𣥺，古本音堂，『車𣥺』亦作『車樘』。說文『鏊，車樘結也』。」❺

295 幹不勝筋謂之參均　諸本同。唐石經「之」下有「不」字，此蓋據司農說誤加。賈疏云「先鄭從古書爲稱者，欲以不稱爲不參均，後鄭不從」，蓋經文本無「不」字也。

296 當言稱謂之不參均　漢讀考云：「此注有脫字，應云『謂之參均當言謂之不參均』，因兩『謂之』複而脫六字。」

297 後又按角勝二石　浦鏜云「按」疑「加」字譌，非也。此「按」猶今人言安也，安即「加」也。

298 筋三侔　釋文：「侔，本又作『杵』，亦作『桙』。」×

299 膠三鋝　戴震云「鋝」當作「鍰」，一弓之膠，三十四銖三十五分銖之十四。

300 漆三斞　唐石經、諸本同。漢讀考云：「說文斗部『斞，量也』，引周禮『桼三斞』。今說文各本『桼』譌作『求』，此可證今周禮『漆』字皆非古。」

301 材長則句少也　余本、閩本同。此本疏中標注亦作「材長」，誤也。嘉靖本、監、毛本「長」作「良」，當據正，疏舉注語亦作「良」。

302 無士用合三成規之弓者　惠挍本無「者」，此衍。

303 言損羸濟不足　閩、監本同。余本、嘉靖本、毛本「羸」作「贏」，疏中諸本皆作「贏」。

304 危奔猶疾也　監本「危」誤「者」。×

305 荼古文舒假借字鄭司農云荼讀爲舒　岳本脫「古文」至「云荼」十一字。

306 此三危亦無損弓　惠挍本作「損濟」，此誤。

307 夾庾之弓　岳本、毛本依經作「夾臾」，非，疏同。×

308 革謂干盾　監、毛本「干」誤「于」。×

309 揚觸梱復　余本、岳本、嘉靖本、閩本同。葉鈔釋文亦作「梱」，從木。監、毛本從手，疏同。

310 故不言可知也大射曰　閩本同。監、毛本「也」下有「云」。

311 離猶過也麗也　浦鏜云：「獵」訛「麗」，從大射注挍。

312 璋判白弓綉質　浦鏜云「繡」誤「綉」。

313 其次有濔而疏　唐石經「其次」下有「角」字。按，釋曰「其次有濔而疏者，以上參之。此謂兩邊亦有」，則疏意蒙上「筋角皆有濔」，是賈疏本無此「角」字，故經下始言角也。石經此「角」誤衍，浦鏜據增，非。

314 蕭與及背有之　閩本同，誤也。監、毛本「與」作「頭」。

315 麋筋斥蠖濔　釋文、唐石經「斥」作「厈」。　×

316 此說弓表及弓裏濔故也　閩本同。監、毛本「故」作「文」。

317 上限向右　宋本「右」作「君」。

318 乃授與君　宋本「君」作「右」。

319 至猶善也　釋文作「猶譱」，云「本又作『善』，下同」。岳本此亦作「善」，下「但角善」以下俱作古「譱」字，非。

320 若一善者爲敝　毛本同。監本「敝」誤「蔽」。閩本此疏以下缺。

12—321 則上夾庾利近射與弋　浦鏜云「射」下脫「侯」。按，經云「利射侯與弋」，此言「近射」，故不言「侯」省文，非脫也。浦按此類，今皆不用。

校記

❶南昌本出文無「且」。
❷南昌本出文「若」下有「女」字。
❸南昌本下有「今正」。
❹南昌本下有「今正」。
❺南昌本「當據正」上有「今正」。

周禮釋文校勘記卷上

音義上

天官冢宰第一

f01—001 太保 ○盧本及注疏本載釋文作「大保」，此作「太」，非。○按，既云音泰，則必「大」字也。凡經典釋文内「大」字妄改爲「太」者甚多，以此例之。

002 府藏 ○按注云「府治藏」，此當出「治藏」二字。

003 有和 胡臥反 ○盧本及監、毛本注疏同。葉本及十行本、閩本注疏「臥」作「卧」，下並同。

004 奄 徐於劍反 ○盧本及宋本注載釋文同。葉本及十行本、閩、監、毛本「劍」作「劒」。○按，小篆作「劒」，故古籒多从刃。今人則皆从刀作「劍」，與籒文合。

005 閽 音昏 ○盧本及注疏本「閽」、「昏」皆從氏，爲是。

006 斿 本亦作游 ○盧本、注疏本同，蓋誤。宋本注載釋文作「游本亦作斿」，當據正。

007 染人 ○葉本作「⿰氵朵人」，從水旁，與唐石經合，通書並同。○按，此等乃字體略有參差，非改字也，今說文篆體亦氵在左。

008 大宰 皐古罪反 ○盧本、注疏本「反」作「字」，是也，此誤。

009 殛 紀力反 ○諸本同，皆淺人所改。葉本「殛」作「極」，當據正。說詳段玉裁古文尚書撰異。

010 爲摯 本亦作贄 ○宋本以「贄」爲正。

011 篠 ○十行本載釋文同。閩、監、毛本改「⿱竹滌」，俗字也。

012 眂 ○葉本作「眡」，盧本同，說文之古文「視」也。○按，說文「眡」、「眂」畫然二字。凡氏此從氏，誤。

聲在古音十五部，凡氏聲在古音十六部，古音分別絶嚴。

013 神示音畿 ○盧本、閩、監、毛本同。葉本「畿」作「祈」，十行本誤作「機」。

014 璧琮 ○葉本「璧」作「辟」。

015 小宰 爭訟爭鬬之爭 ○宋本「鬬」作「鬭」。

016 斂弛杜作施 ○按，盧本「施」改「弛」，非也。「弛」乃「弛」之俗，俗本注疏經文作「弛」，不可從。音義則因注云「杜子春弛讀爲施」，故云「杜作施」。

017 簡閱 ○按，今注云「簡猶閱也」，陸本注無「猶」字。

018 貸予 ○按，當作「貸子」。今本注亦誤，説詳注疏校勘記。

019 使齎 ○葉本「齎」作「齎」，十行本同。

020 宰夫 賓賜之飧音孫牽一本作賓賜掌其飧牽干本同 ○宋本此下有「飱音孫」三字，無上「音孫」二字。○按，此非是。

021 宮正 呵其 ○葉本「呵」作「苛」，宋本、岳本、十行本載釋文同。閩、監、毛本作「呵」，非古也，盧本已改正。○按，此漢人用叚借字，俗本多改之。

022 膳夫 食飯扶萬反 ○宋本「萬」作「万」。○按，唐人千萬字多作「万」，廣韻可證。

023 膂了彫反 ○宋本同。注疏十行本、閩、監、毛本「了」並作「力」。

024 醫 ○盧文弨曰此「醫」之譌。

025 酏 ○宋本同。注疏本作「酏」。

026 大札夭死曰札 ○宋本及注疏本「夭」皆作「大」。○按，「大」字是也。左傳昭公十九年「札瘥夭昏」，杜注「大死曰札，小疫曰瘥，短折曰夭，未名曰昏」，是可知「札」非「夭」也。大司樂注云「札，疫癘也。大疫則死人多，故曰大死」，杜注必本古注也。札，字林作「殀」。

027 庖人　六畜許六反　○盧本、注疏本作「許又反」，此誤。○按，説文作「嘼」，故「許又」是也。

028 六獸熊作貆　○宋本「貆」作「貊」，誤。

029 不褻　○葉本、盧本「褻」作「褻」，此誤。

030 腥鄭干云雞膏也　○葉本「雞」作「鷄」。

031 暵熱　○葉本、盧本「熱」作「熱」。

032 内饔　犥又符表反　○葉本「符」作「苻」。

033 鉶羹　○葉本此條在「腜肉」下，誤倒。

034 甸師　焫　○十行本、閩、監本皆作「焫」，此及毛本從「芮」，訛，盧本已改正。

035 沸酒　○葉本「沸」作「沸」。

036 獸人　搏所音博　○宋本「博」作「愽」。

037 鼈人　蒲莫千反　○盧本同，誤也。葉本「千」作「干」，當據正。

038 簎劉倉伯反　○宋本「倉」作「蒼」，又「下義與此同」，「與」作「与」。

039 蜃市軫反　○葉本「市」作「上」，注疏本並同。

040 杈　○宋本注及釋文皆作「扠」。○按，从木是也。杈本樹枝之名，以爲岐頭刺物之器之名，亦有作叉者，如西征賦「垂餌出入，挺叉來往」也。

天官下

041 醫師　不瘳　○盧本、注疏本同。葉本作「無瘳」，余本注及釋文同。

042 疕戚匹婢反　宋本無「戚」。

043 則稽後皆放此　○宋本「稽」作「稽」，「放」作「倣」。

044 食醫　荁音丸　○宋本同。注疏本「丸」作「桓」。

盧文弨曰此疑避宋諱改。

045 稉本亦作秔　○宋本「亦」作「又」。

046 疾醫　欬也　○宋本作「咳」，非。

047 其羸　○注疏本「羸」作「嬴」。○按，古書多用「嬴」爲「羸」，叚借之法也。

048 九竅苦弔反　○宋本「苦」作「古」，誤。

049 歧伯　○宋本、十行本「歧」作「岐」。岐者，岐之俗也。

050 瘍醫　黄嫯本又作嫯徐音毋　○按，「嫯」當作「嫯」，説詳注疏挍勘記。「毋」字十行本、閩、監本同，葉本及毛本皆誤作「母」，盧本已改正。

051 酒正　泛齊　○葉本無「齊」字。

052 猶翁嗚動反　○盧本同，誤也。宋本「嗚」作「烏」，注疏本作「嗚」，當據正。

053 鄭白在何反　○宋本「何」作「河」。

054 截胙再反　○葉本「胙」作「咋」，盧本據改。

055 與醷本又作䤎　○宋本注作「醷」，因改釋文云「醷，本又作䤎」，非也。

056 鷩必列反　○宋本「列」作「例」。

057 醍本亦作緹　○宋本無「本」字。

058 凌人　治鑑本或作監　○葉本「監」作「濫」，誤。盧本同。

059 深三尺尺鳩反　○此誤也。注疏本「尺」作「尸」，

060 籩人　麷或郎第反　○葉本「麷」作「䴪」。宋本「第」作「弟」。○按，芳弓、芳勇反，則字从豐聲也。郎第、郎弟反，則字从豊聲也。陸氏於此等皆不能分析言之。

061 楅本又作偪同　○葉本、宋本作「楅，本又作煏」，盧

本據以改正，此誤。

062 糗幹音乾又作乾析幹同 ○葉本「析」作「折」，誤。宋本作「糗乾，又作幹，音乾，『析幹』同」，當是順注所改，非也。

063 菱芰 ○葉本「菱」作「蔆」。此誤，盧本已改正。

064 醯人 齏徐蒲雞反 ○葉本作「薄鷄反」，盧本亦改作「薄」。

065 箈當徒來反 ○宋本「當」作「音」。

066 宮人 絜清本亦作清 ○盧本改「本亦作清」。

067 掌舍 爲柜 ○葉本「柜」作「拒」。

068 櫜當洛反 ○葉本、宋本「洛」作「路」。按，賈疏云「行止之處未即有蟲可涑，先鄭輒依故書拒而爲溜水涑蠹」，然則陸、賈本「櫜」皆作「蠹」也。今疏文亦改「櫜」，當據有「蟲」之文正之。岳本「櫜」音妒。○按，陸本作「櫜音當洛反，讀若上火不落下火滴沰之沰也」，「溜水涑櫜」即「霤水漱沰」也。孔本作「蠹」，非是。

069 遊觀工喚反 ○宋本「工」作「官」。

070 大府 厈幣徐蚩祐反 ○葉本「祐」作「柘」，注疏本同。此誤，盧本已改正。

071 飯唅 ○按上標經「含玉」作「含」，此標注「飯唅」作「唅」，爲經注異文之明證。今注作「飯含」，非。○按，含既从口矣，又加口旁，恐鄭未必然也。

072 外府 足技 ○葉本「技」作「枝」。此誤，盧本已據改。

073 幣齎又祖係反 ○葉本、注疏本「又」作「一音」二字，盧本據改。

074 司會 之治注同 ○注疏本、盧本同，誤也。宋本作「下同」，目下文「以逆羣吏之治也」，此注無「治」字。

075 司書 朽蠹 ○葉本「蠹」作「蠧」。此非。

076 **職歲** ○葉本「歲」作「嵗」，下並同。

077 **司裘** **干五** 五旦反 ○宋本作「午旦反」。

078 **內宰** **縫線** 字亦作綫 ○葉本「綫」誤「錢」，十行本誤「踐」。

079 **酳** 七斬反劉侯吝反 ○葉本、注疏本「七」作「士」。按，作「士」與集韻二十四「焮」合，盧本已改正。侯吝反，諸本並同，亦誤也。宋本「侯」作「俟」。○按，「侯」字不誤，「侯吝」即集韻之「羊進」也。

080 **稑** 本又作穋同 ○宋本「又」作「或」。

081 **番** ○十行本載釋文同。閩、監、毛本「番」改「蕃」。

082 **而徧云** 音遍絶句 ○宋本作「而徧云絶句，徧音遍」，似得之。

083 **閽人** ○葉本作「閽」。**尨** 亡江反 ○盧本同，誤也。宋本「亡」作「土」，注疏本作「士」。○按，「亡」是也，唐宋人「亡」讀如「茫」。

084 **寺人** **道** 後同 ○宋本作「下同」。

085 **女史** **治之** 直吏反注同 ○宋本無「注同」，非。

086 **典婦功** **事齎** 本亦又粢 ○宋本、十行本、閩本云「本亦作粢」，監本、毛本云「本又作粢」。此誤，盧本改作「亦」。○按，當云「本亦作資」，「粢」者，字之誤也。

087 **典絲** **纊** ○葉本「纊」在「線」下，誤倒。

088 **內司服** **揄狄** 音遙 ○注疏本、盧本同，誤也。宋本作「音搖」，正本鄭注爲音，當據以訂正。

089 **玼** 與下瑳字同 ○盧本、閩、監、毛本同。葉本「瑳」誤「飵如」，宋本、十行本同，閩本始剜改「如」爲「瑳」。

090 **白縳** 鮮色也 ○段玉裁云：「色」爲「巵」之誤，絹有鮮支之名，「支」或作「巵」也。

091 **縫人** 衣翣於既反 ○注疏本同。宋本「既」作「寄」，誤。

092 **染人** 夏不復重也 ○葉本作「重出」，注疏本同，盧本已據改。

093 **羽甽** ○宋本注及釋文皆作「甽」，「甽」字與説文合。

094 **曰蹲** ○注及爾雅皆「希」在「蹲」上，此誤倒，盧本移正。

095 **追師** 鬄皮寄反 ○宋本「寄」作「記」，誤。

096 **以縣** ○按，注作「以紘縣瑱」，則此當出「紘縣」二字。

097 **屨人** 著服一知畧反 ○盧本「一」下補「音」字，非。

098 **之救**戚如字劉音拘 ○今本注疏作「之拘」，非。

地官司徒第二

099 **自辟**徐方歷反 ○葉本「方」作「力」。

100 **丱人**徐音礦 ○注疏本同。葉本「礦」作「横」，宋本作「穬」，皆誤。

101 **奄二**於檢反 ○宋本「檢」作「撿」。

102 **槀人**注音稿 ○葉本作「槁人，注音犒」，宋本、十行本同。閩本改「槀，注音槁」，盧本從之。監、毛本又改「槀，注音稿」，爲最誤。○按，大字「槀人」从木，小字「注音犒」从牛，漢讀考言之詳矣。

103 **主冗** ○葉本、盧本「冗」作「宂」，此誤。○按，説文从宀，从儿。

104 **大司徒** 原本又作邍 ○盧本同。葉本、宋本「又」作「亦」。

105 **鱗物**劉本作麯 ○盧本「麯」改「熬」，説詳考證。此從「麥」，誤。

106 **臞**又作燿音稍 ○葉本「燿」作「臞」，宋本、十行本同，閩、毛本誤作「臞」，監本刪此，盧本已改正。按，廛人亦云「臞，又作𦢊，音稍」。

107 䐓 ○葉本作「䐣」，十行本同，盧本已改正。○按，「螭」之俗也。

108 不愉又音揄 ○盧本同。宋本、十行本、閩、監、毛本「揄」皆作「愉」，此誤。

109 榛栗側人反 ○注疏本同。盧本「人」改「巾」。

110 字之一音滋 ○盧本同。宋本、十行本、閩、監、毛本「滋」作「兹」。

111 百畝本亦作古畮字 ○注疏本、盧本同。宋本作「畮，古字，本亦作畝」。

112 眚禮注同 ○盧本同。葉本、宋本作「注省同」。此無「省」，非。注疏自十行本以上皆刪此條。按，注云『省禮』謂殺吉禮也，『殺哀』謂省凶禮」，明「眚」爲「省殺」之意。故經作「眚」，注作「省」。陸所見鄭注是「省禮」，今本注皆改作「眚禮」，非。

113 蕃樂方袁反注同徐文注皆音煩 ○盧本同，誤也。葉本、宋本「徐」作「餘」，當據正。注疏自十行本以下皆刪「注同」以下八字。按，謂此蕃樂之蕃，經注皆方袁反，從杜子春讀爲藩閉義也。其餘經文及注「蕃」字皆音煩，不作方袁反，謂文如下「四曰皋蕃」，注如下「安之使蕃息」等。

114 今癃 ○葉本「癃」作「[illegible]」。

115 算卒 ○葉本「算」作「筭」，盧本已據改。

116 睦婣 ○監、毛本注疏「婣」改「姻」。十行本、閩本缺一頁。

117 大招本亦作韶 ○宋本「招」、「韶」互易，當是據注倒轉。

118 計簿後同 ○葉本、宋本、閩本作「注同」，誤也。監、毛本刪此二字。

119 小司徒 爲羨淺面反 ○盧本同。宋本、十行本、閩、監、毛本「淺」皆作「錢」。

120 巡行 ○葉本作「倄行」，蓋「循行」之誤。

121 鄉師 爲藉慈夜反下皆同此如字下皆慈夜反 ○盧本同，下補「或云」二字。宋本無「慈夜反」等七字，十行本、閩、監、毛本同。

122 執纛 ○葉本、宋本「纛」作「纛」，是也。此誤，盧本未及改正。

123 幢也 ○盧本同。葉本「幢」作「橦」，字从木，是也，十行本同。閩、監、毛本亦改作「幢」，俗字。

124 而堋 ○盧本同。葉本、宋本「堋」作「傰」，注疏本皆作「堋」。

125 鄉大夫 寧復 ○自此至「樂與，音餘」，宋本皆失載。

126 閭胥 政役 ○注疏本同。宋本無「役」字。按，唐石經以下本皆作「役政」，注亦先釋「役」後釋「政」，此蓋誤倒。

127 比長 則呵 ○諸本同，非也。葉本「呵」作「荷」，當據以訂正。

128 封人 水稾 ○盧本、閩、監、毛本同，从禾是也。葉本、宋本、十行本「稾」作「槀」，从木誤。

129 以豸直氏反 ○葉本、宋本、十行本「氏」作「氐」，是也。此誤，盧本已據正。閩、監、毛本改「扺」，非。

130 爓似鹽反 ○宋本「鹽」作「塩」。

131 肥腯徒忍反 ○閩、監、毛本同，此後人臆改也。葉本、宋本、十行本「忍」皆作「忽」，盧本已據改正。

132 鼓人 鼛長丈二尺 ○宋本「丈」上有「一」。

133 編鍾 ○葉本「鍾」作「鐘」。

134 帗音拂 ○葉本、宋本、十行本、盧本同。閩、監、毛本「拂」改「佛」，非。

135 發眴本又作胊或況冢反　○宋本、十行本「冢」作「家」。「胊」字葉本、宋本、十行本同，閩、監、毛本作「呴」，蓋誤，盧本改從之。

136 牧人　副　○注疏舊本、十行本、閩、監、毛本注皆作「副」，與釋文同。盧文弨考證曰「今注疏本作『䮤』者」，乃指今新改本言之耳。

137 憚其待旦反　○十行本、閩、監、毛本「待」作「特」，盧本改作「徒」。○按，「待」、「特」、「徒」皆是也。

138 牛人　饗食下文同　○葉本「饗食」作「食也」，誤。宋本無「下文同」三字。

139 犒牛　○葉本、余本、十行本「犒」作「槁」，與唐石經同，盧本已據改。此及宋本、閩、監、毛本作「犒」，非。○按，「槁」字非也，唐石經作「犒」不誤。

140 之互徐音亐　○葉本、注疏本皆作「徐音牙」，盧本已據改。

141 血簝音老劉魯討反　○宋本、十行本同。閩、監、毛本「老」作「尞」。○按，注疏本作「音尞」者是也，若如今本釋文作「音老」，則與「劉魯討反」不別。

地官下

142 載師　桼林本又作漆音七劉本作𣏩字之變也　○葉本「桼林」作「桼」，十行本作「𣏩」。盧本以「劉本作𣏩」之「𣏩」改爲「桼」，所謂字之變也，是矣。宋本删「桼林本又作」五字。

143 壘場　○葉本、宋本「場」作「塲」，非也。

144 閭師　不衰七回反　○宋本「回」作「雷」。

145 遺人　施惠式豉反　○注疏本同。宋本「豉」作「氏」。

146 作㨷　○宋本「㨷」作「僅」。

147 均人　四鬴房甫反　○注疏本同。葉本「房」作「戾」，誤。

148 畓畓又音旬　○盧本、閩、監、毛本同。葉本作「畓𤲞」，誤。「𤲞」字從熒，省聲也。葉本、宋本、十行本「旬」作「甸」。

149 師氏　以皦　○葉本「嬓」作「皦」，盧本已改正。

150 保氏　闞　○盧本作「闞闞」。

151 濟濟皇皇上子禮反又音齊下于況反　○宋本上作「濟」，下作「皇」。葉本、宋本皆作「又音濟」，則正文「濟濟」當作「齊齊」。今注本皆作「齊齊皇皇」。

152 司市　賈民注賈民同　○注疏本並同。葉本、宋本、余本「賈民」皆作「賈氏」，此係淺人依唐石經今本所改，盧本已據正。

153 斂賒　○閩、監、毛本同。賒，俗字也。葉本、宋本、余本、十行本皆作「賖」，盧本已據正，下同。

154 賖貰一時夜反　○宋本「一」作「又」，當據正。盧文弨曰「一」下脱「音」字。蓋非。

155 𡱈本又作昃　○宋本「昃」作「𣅱」，十行本同。

156 物行遐孟反　○宋本「遐」作「下」，同母字。

157 廣夾　○十行本、閩、監、毛本載釋文「夾」皆作「狹」。

158 爲祔　○閩、監本同。十行本、毛本「祔」作「柎」，盧本同。余本又作「拊」。

159 一幕劉音莫　○宋本無「劉」字。

160 質人　其淳音準　○葉本「準」作「准」，注疏本並同。此改從正字，失其舊矣。

161 國基本或作朞同　○宋本載釋文同。注疏本「基」、「朞」字互改。

162 廛人　皆説音説　○葉本作「音悦」，盧本據改。

163 司虣　則搏音博　○葉本「博」作「愽」，非也。

164 泉府　爲癉丁左反　○注疏本同。宋本「左」作「佐」。

165 司門　管鍵司農音蹇　○宋本作「又音蹇」。

166 監門古銜反　○宋本「古」作「占」。按，宋本非是。

167 遂人　以疆　○諸本同，誤也。此彊盛之「彊」，不當作「疆」，注云「謂民有餘力者」。唐石經作「彊」，當據以訂正。

168 懵懵本又作懜　○宋本「懜」作「儚」。

169 之堋　○注疏本、盧本同。葉本、宋本「堋」作「傰」，當據正。

170 遂師　庇其又作庀匹爾反具也　○宋本作「匹爾反，又作庀」，無「具也」。

171 抱磨　○葉本「磨」作「磿」，盧本已據改。

172 丘籠力董反　○葉本「董」作「重」，非。

173 稍人　丘乘注丘乘曰乘丘甸　○宋本無「曰乘」。

174 委人　賦斂力豔反　○宋本「豔」作「艷」。按，當作「艷」，俗作「艷」。

175 稍聚下文同　○宋本無「文」字。

176 草人　凡𡊅粉運反本亦作糞　○宋本「粉」作「方」，同母字，「𡊅」、「糞」二字互易。注疏本二字皆誤作「糞」。

177 疆　○宋本作「彊」，當據正。十行本改「强」，閩、監、毛本、盧本皆作「疆」，誤也。

178 縓色七絹反　○宋本「七」作「士」。○按，宋本非也。

179 稻人　荑之音夷　○葉本「音夷」二字空缺。宋本經注皆作「夷」，無此條。

180 土訓　宜麻幽并不應倫獸　○葉本「倫」作「論」，盧本據以改正。

181 丱人革猛反　○葉本「革」作「華」。○按，葉本非也。

182 角人　漆浣　○葉本「漆」作「㯃」。○按，葉本非也。

183 掌染草　槖又音妒　○宋本「妒」作「婼」，誤。

184 掌蜃　御濕魚呂反本亦作禦　○宋本作「禦，本亦作御，魚呂反」，蓋依今本注轉改。

185 燕樂　○今本注作「宴樂」，此用古字。

186 場人　枇或房迷反　○宋本「或」作「又」。

187 廩人　一扱劉初輒反　○葉本「輒」作「輙」，盧本同。

188 舍人　蚍鼻夷反　○葉本「鼻」作「鼻」。

189 舂人　饗食注燕與食及饎人職同　○宋本「與」作「与」，「饎」作「饎」。

190 槁人　戔餘音淺本亦作殘　○宋本作「音殘」，當據正，盧文弨考證說同。十行本、閩本缺一頁，監、毛本自「掌豢」以下釋文皆失載。

春官宗伯第三

191 之瞍先久反　○閩、監、毛本、盧本同。葉本「久」作「元」，余本作「么」，皆誤。十行本「先久」二字缺。

192 猶繹字書作釋　○余本「釋」作「釋」。此誤，盧本已改正。

193 緹許慎云屨也　○余本、監、毛本同。葉本、十行本、閩本「屨」作「履」，盧本據以改正，與今說文正合，下引呂忱說同。○按，徐堅、玄應書引並作「履」。

194 問蓍　○盧文弨曰：「占人注云『占蓍龜之卦兆吉凶』，簭人注云『問蓍曰筮』，陸氏不當反音其在後者，因知占人視占龜不兼蓍也。今本注皆衍『蓍』字，當據此刪之。」

195 眡祲　○葉本、盧本「眡」作「眂」。

196 大宗伯　爲禖音祀又作祀　○盧文弨曰：鄭司農云「禖當爲祀」，書亦或作「祀」，然則「又作祀」自指故書而下，此下「又作祀」三字當爲衍文。

197 含本亦作唅　○今本注亦作「含」，鄭當本用「唅襚」字。

198 不別　○按，當作「之別」，注云「嘉禮之別有六」。

199 淫泆　○閩、監、毛本同。葉本、余本、十行本皆作「淫失」，盧本據以改正。

200 溉祭本或作概　○閩、監、毛本、盧本同，誤也。葉本、余本、十行本「概」皆作「溉」，當據以訂正。

201 純衣側其反　○葉本「側」作「測」，非。

202 小宗伯　之昭　○葉本「昭」作「卲」。

203 之齎本又作賷　○注疏本「賷」作「賫」，盧本同，此俗字。

204 腐肥之肥按如沈解義則可通聲恐未協脺已下皆非鄭義　○臧琳曰「按如沈解」以下十九字非陸氏語，是後人竄入，段玉裁説亦同，詳見經義雜記及周禮漢讀考。

205 肆師　及其祈或旦依反　○葉本、余本「旦」作「巨」，盧本據以改正，此誤。注疏本作「區」。○按，葉本是也，「旦」、「區」並非。

206 夾室　○閩、監、毛本同。葉本、余本、十行本「夾」作「俠」，盧本同。

207 爲剽或祊遙反　○閩、監、毛本、盧本同，誤也。葉本、余本、十行本「祊」皆作「方」。○按，「祊」字是。

208 鬱人　士併薄冷反　○葉本「冷」作「令」，誤。

209 襢　○余本、岳本作「襢」，盧本同。

210 鬯人　壇壝　○今注作「壝壇」，誤倒。

211 用概　○諸本同。葉本「概」作「溉」，當據正。

212 雞人　○葉本作「鷄人」。

213 司尊彝　爲齍　○葉本「齍」作「賫」。

214 捝飾本或作拭　○葉本云「飾，或作拭」，十行本、閩、監、毛本並同，拭或從木，誤。盧仍作「本」，「本」上又增「下」字。

215 摩莎　○葉本「莎」作「沙」。

216 司几筵　柔嚅　○注疏本、盧本同，誤也。葉本、余本、岳本「嚅」皆作「礝」，當據以訂正。段玉裁云：「礝」當本作「碝」，故音如兗反。

217 天府　世傳　○葉本作「傳世」。按，注當云「其寶物傳世守之」，今注亦作「世傳」，蓋誤倒。

218 典命　樊纓畔干反　○十行本、閩、監、毛本「畔」作「步」，盧本改同。○按，「步干」即「畔干」，亦即集韻之「蒲官」也。

219 司服　滑易　○葉本「滑」作「骨」，誤。

220 侈之　○葉本作「移之」。

221 冢人　亦併薄令反　○盧本同，誤也。葉本、閩、監、毛本「令」作「冷」。余本、十行本作「泠」，當據正。

宗伯下

222 大司樂　能殫　○葉本、余本、岳本「殫」皆作「襌」，故陸音時戰反。作「殫」是淺人據今國語所改，盧本已訂正。

223 以間間厠之間　○葉本「厠」作「廁」。

224 大蜡七嫁反　○葉本、注疏本「七」皆作「士」，此誤，盧本已改正。

225 九磬依字九音大　○盧本改作「依注云」，此涉下文誤，下云「依字則仍作九，不音大也」。

226 輿鬼音餘本亦作與　○葉本作「與鬼」，余本及十行本、閩、監、毛本皆作「與鬼，本亦作輿」，此誤倒，盧本已改正。

227 三侑 ○葉本、余本、岳本、十行本「侑」皆作「宥」，與唐石經合。閩、監、毛本及此皆作「侑」，當係淺人所改，盧本同。

228 樂師 作跢倉注反 ○閩、監、毛本、盧本同，誤也。葉本、余本、岳本、十行本皆作「倉付反」，當據正。

229 大胥 不紕劉博雞反 ○葉本作「愽鷄反」。

230 比樂劉如字 ○余本、十行本、閩、監、毛本皆作「鄭如字」，盧本據以改正，此誤。

231 爲庇 ○余本、岳本、十行本、閩、監、毛本「庇」皆作「庀」。此誤，當訂正。

232 小胥 鱑 ○葉本作「觵」，盧本同。此從魚旁，訛。

233 簴 ○葉本作「⿱竹虛」。

234 小師 搖之本亦作搖 ○段玉裁云：正文當是「繇之」，追師注「步繇，本或作搖」可證。盧本改此「搖」作「遙」，非。

235 併兩 ○盧本改「併而」，説詳考證。按，余本注作「併而吹之」，今本皆作「併兩而吹之」。

236 典同 短罷謂人短爲矲矮矮音古買反 ○盧本同，誤也。葉本、余本、十行本皆作「謂人短爲矲雉，雉音苦買反」，當據以訂正。閩、監、毛本「雉」改「矮」，「苦」字未誤。集韻十三「駭」「雉」字注云「桂林謂人短爲矲雉」，所據釋文未誤也。漢讀考云：「雉當從矢，佳聲，非從矢，隹聲之字。矲、雉疊韻，音蒲買、苦買二反。」

237 飛鉆説文云鐵鋷也 ○葉本、余本、十行本、閩本「鐵」皆作「鍾」，非也。監、毛本改「鏗」，亦非。盧本「鋷」作「銸」，是也。

238 涅 ○葉本作「涅」，下從土。此訛。

239 鍾師　鷔夏　○十行本、閩、監、毛本皆作「鶩夏」。此從鳥，誤，盧本已改正。

240 笙師　髤師香牛反或七利反　○段玉裁云七利反則字作「桼」。

241 籥章　桴音孚　○注疏本同。葉本作「音浮」，蓋誤。

242 伊耆又作帆阢　○葉本、十行本「帆」作「帆」。此誤，盧本已改正。按，「阢」亦當作「阾」，皆從几聲。

243 鞮鞻氏　曰任音壬　○葉本作「音任」，則正文當作「曰壬」。

244 大卜　之豐沈一依聶氏音問云依字一作豐　○盧本同。余本及注疏本無二「一」字，此誤衍。

245 鎛　○葉本、余本作「呼」。

246 曰蝨劉莫溝反　○余本「溝」作「溝」，葉本誤作「遙」。

247 揲　○葉本作「抴」。

248 謂菑音災　○葉本、余本「災」作「灾」。

249 視高　○注疏本載釋文同。按，「視」當作「眡」。

250 爇也　○葉本「爇」作「爇」。

251 卜師　左倪又五未切　○段玉裁云：廣韻「五稽切」，此當是「五禾切」，説文「禾，古兮切」。

252 龜人　靁力冑反　○閩、監、毛本、盧本同。葉本、余本、十行本「冑」作「胄」，誤也。

253 菙氏　○葉本、余本作「埀氏」。○按，集韻四「紙」：「菙、埀，是棰切。周禮有『菙氏』，或作『埀』。」按，下垂之字説文作「埀」，周禮借以爲荊箠之字也。序官内作「箠氏」，而今本誤從艸作「菙」。此作假借「埀」字。周禮内有前後字不同者，鄭君云「燋焌用荊箠之類」。此釋官名箠氏之故也。説文竹部「箠，馬也」，疏云「箠所以捶笞人馬，用荊竹爲之此亦用荆，故鄭云『筆之類』」也，然則賈公彦本作從竹之筆，轉寫誤從艸。釋文序官「華」是誤字，而集韻因分從竹、從艸爲兩字。

254 占夢　噩注愕同　○閩、監、毛本、盧本同。葉本、十行本「愕」作「咢」。

255 始難儺字亦同　○閩、監、毛本、盧本同。葉本、余本、十行本作「難字亦同」，誤也。

256 大祝　裨　○閩、監、毛本、盧本同，誤也。葉本、余本作「卑」，與羣經音辨同，是賈氏所據。北宋本釋文作「卑也」，當據正。十行本誤作「婢」。

257 擩祭　○段玉裁云：以音正之，當作「㨎」，是耎聲，非需聲。

258 振動今俀人拜以兩手相擊　○諸本同。段玉裁云「俀」當「倭」字之訛。盧文弨曰「俀」當與「倭」同。

259 哀慟　○盧本同。葉本、余本、十行本、閩、監、毛本「慟」皆作「動」。心旁蓋係淺人所加，當訂正。

260 撎於立反　○盧本同，誤也。葉本、余本、十行本、閩、監、毛本「立」皆作「至」，當據正。段玉裁云：集韻「乙異切」本此，俗人妄謂同「揖」，因改「於立切」，此大誤也。

261 相尸　○注疏本、盧本同。葉本作「相屍」，當據正。○按，在牀謂之「屍」，與祭祝之尸別爲一字。

262 復祶　○監本同，毛本「祶」作「稊」，皆誤也。葉本、余本、十行本、閩本皆作「梯」，盧本已據改正。

263 小祝　縜末　○葉本、余本、十行本同。閩、監、毛本、盧本「縜」改「䋤」，非。

264 喪祝　四翣本亦作翣　○葉本、毛本、盧本同。余本、十行本、閩、監本「翣」作「篓」。

265 男巫　彌兵及敉皆亡氏反　○盧本同。葉本、余本、注疏本皆云「及下敉」。此脱「下」字，當補正。

266 大史　舍算　○盧本同。葉本「算」作「筭」。

○按，葉本是也。此筭籌字當作「筭」，與算數字有別。

267 馮相氏　南譌　○十行本、閩、監、毛本同。葉本、余本及羣經音辨皆作「南僞」，盧本已據改。

268 保章氏　側匿朒女六反　○盧本「朒」下補「音」字。

269 內史　王慝　○葉本「慝」作「匿」。

270 巾車　爲縿　○注疏本、盧本同。葉本「縿」作「幓」。按，大行人「幓音衫」，輈人「張幓，本又作縿，同」，是陸氏固以「幓」爲正也。

271 以寘如字劉沈方刃反　○余本作「劉如字，沈方刃反」。

272 婁頷尺感反　○監本同，誤也。葉本、余本、十行本、閩、毛本「尺」皆作「戶」，盧本已據改正。

273 坐乘下坐乘皆同　○葉本作「下皆坐乘同」。此誤，當移正。

274 幢容　○盧本同，誤也。葉本、余本作「湩容」，與集韻一「東」合，當據以訂正。十行本、閩、監、毛本誤作「潼」，與注複，然猶不從巾也。

275 有握下馬皆作幄　○「下」蓋「干」之誤。

276 藿　○葉本作「萑」。

277 有約又於貌反　○葉本「貌」作「皃」。

278 司常　題別丁相別同　○盧本同，誤也。注疏本「丁」作「下」，當據正。

f01—279 家宗人　曰覡李胡隔反　○盧本同。葉本「李」下有「音」字，注疏本同，當補正。

周禮釋文校勘記卷下

音義下

夏官司馬第四

f02—001 挈壺 ○葉本作「挈壺」，本職同。

002 事褻 ○葉本作「褻」，盧本同。

003 弁師皮彥反 ○注疏本同。余本「皮」作「支」，誤。

004 弋盾常允反 ○葉抄本「允」作「九」，非。

005 校人是比校之字耳 ○十行本、毛本同，誤也。葉本、余本作「比挍」，盧本據以改正，閩、監本又誤作「此校」。

006 大司馬 九伐劉扶發反 ○段玉裁云：「發」當作「廢」，此與輈人劉音同，集韻二十「廢」「伐，房廢切，擊也」。

007 憚之以本或無之字。 ○注疏本、盧本同。葉本「字」作「者」。此本「字」字剜改，當本作「者」。

008 放弑本又作殺同音試 ○按，公羊、穀梁凡弑君字多作「殺」，音試。

009 治象直吏反 ○十行本、閩、監、毛本同。盧本刪此五字，考證曰「夏官所縣者政象，上下文又無他『治』字，明是衍文，刪之」。

010 將軍如字本或作軍將 ○盧文弨曰：今本作「軍將」，此下少「音工匠反」四字。

011 攝提爾雅云 ○葉本「爾」作「尒」，前後並同。

012 萊沛步未反 ○注疏本、盧本同。余本「未」作「末」，當據正。

013 攡音鹿李扶表反 ○盧文弨曰：李音必所見本從

麃，然二字皆不見釋文。

014 㠯和　○按，當作「以和」。鄭注不用古㠯字，釋文出注亦皆不作「㠯」。

015 爲豝　○葉本作「曰豝」，蓋涉下引爾雅「豕牝曰豝」誤。

016 麎又音腎止尸反　○盧本音腎，下增「又」字，又曰「腎」字疑當衍，直作「又音止尸反」，說詳考證。

017 曰貜　○葉本「貜」作「玃」，此誤，盧本改三「貜」，云據宋本。

018 作庀　○閩、監、毛本、盧本同，誤也。葉本、余本、十行本「庀」作「庇」，當據以訂正。

019 楨也　○閩、監、毛本同，誤也。葉本、余本、十行本皆作「楨」，盧本亦改正。

020 量人　州涂　○此條當在「國分也」下，盧本已移正。

021 奠竈昌銳反　○盧本同。葉本「銳」作「絹」，十行本、閩、監、毛本同。後人以爲誤，故改作「銳」也。

022 琖劉本作湔　○葉本「湔」作「湔」，古字。

023 小子　爲刉　○余本「刉」作「刏」。

024 掌固　塹築　○葉本、注疏本「塹」皆作「壍」，此誤，盧本未及訂正。

025 射人　治達　○葉本作「治逆」，盧本從之。考證曰：「舊作『治達』，與今本經文同。案，注云『受而達之王，王有命又受而下之』，則與掌復逆者無以異。今從宋本。」按，鄭注「受而達之，受而下之」，一「達」、一「下」正釋經「逆」字。今本經作「掌其治達」，蓋涉注中「達」字誤。

026 豻侯五日反　○葉本「日」字空缺。注疏本、盧本作「五旦反」，是也。

027 射鳥氏　鴈鴟　○余本、閩、監、毛本「鴟」作

「鴾」。

028 羅氏　衣絮女居反字又作袽　○葉本、余本作「衣絮」，與「女居反」音合。今本作「絮」，非。盧本同。十行本、閩、監、毛本「絮」、「袽」字又互改，誤甚。

029 掌畜　阜蕃音燔　○注疏本同。余本「燔」作「煩」，盧本從之。

030 鶩　○葉本在「夘鳥」下，誤倒。

夏官司馬下

031 司士　王食如字劉音嗣　○葉本作「主食」。按，經云「掌擯士者膳其摯」，鄭司農云「膳其摯者，王食其所執羔鴈之摯」，當從葉本作「主食」，從劉昌宗音「嗣」，謂司士主受其摯以食王也。鄭君謂「膳者，入於王之膳人」，此增成先鄭義，亦謂「司士主掌其所摯也」。今諸本注皆誤作「王食」。

032 旅賁氏　弋盾常準反　○葉本「準」作「准」。

033 大僕　遽令力呈反　○葉本與此同，誤也。此條當在「肺石」之上，「遽」字亦誤衍。余本無「遽」字，盧本改作「令聞」，移於「肺石」之一。

034 而堋　○葉本「堋」作「傰」。

035 汜祭芳劍反　○葉本作「汜祭，芳劍反」，此誤，盧本「汜」字已據改。

036 髽　○葉本作「鬔」，凡髟部舊式皆如是，有玉篇、唐石經、宋槧本等可證。

037 祭僕　臂臑又音羊吴反　○葉本「音」作「云」。

038 隸僕　洒所買反　○葉本、注疏本「買」作「賣」，此誤，盧本已改正。

039 曰拚本又作扮同　○盧本、注疏本同，誤也。葉本「扮」作「坋」，當據正。

040 弁師　邃延劉許遂反　○盧本同。葉本、注疏本「許」作「詩」。○按，「許」字非也。「詩遂反」即集韻之「式類切」。

041 會五采并髓檜二字亦同　○葉本「檜」作「擔」，岳本同。

042 反紛　○葉本作「反紷」，此誤，盧本已據改。

043 司弓矢　散射素旦反　○十行本、閩、監、毛本並同。盧本「旦」改「但」，非。

044 軒輖一音定周反　○閩、監、毛本同，誤也。葉本、余本、岳本、十行本皆作「丁二反」，盧本已改正。

045 倫比毗志反　○閩、監、毛本同。葉本、余本、十行本皆作「方二反」，盧本已改正。

046 繕人　韝苦侯反　○盧本同。葉本、余本、注疏本「苦」皆作「古」。○按，作「古」是也。

047 大馭　祭軓注軓同　○按，「軓」當作「軋」。

048 爲軒劉音雞　○葉本「雞」作「鷄」。

049 校人　四圉　○葉本此條在「三乘」下。盧文弨考證引孔云上「養乘」、「乘馬」亦當音繩證反，然則「三乘」當爲「養乘」，其次則當如葉本「圉」音在「乘」音之下。

050 趣馬　○注疏本、盧本同，葉本、余本作「趨馬」。

051 牝劉扶忍反　○段玉裁云當作「扶死反」。

052 相士　○盧本同。葉本、余本作「相士」。

053 庾人　駒褭　○葉本、十行本、閩本「褭」作「褭」。監、毛本、盧本作「褭」，非。

054 圉師　鈇椹方符反　○葉本「符」作「苻」，余本作「扶」。

055 職方氏　會稽　○葉本「稽」作「稽」。

056 波溠故今從高貴公　○盧本據左氏音，「高貴」下補「公」字。

057 縈播　○葉本「縈」作「曰」，誤。

058 虖又香刑反　○段玉裁云：集韻十五「青」本此，然則恐「邢」之誤。

059 在鄗　○此當在「虖池」上，失其次。

060 鹵城　○此當在「嘔夷」上。

061 土方氏　稺　○余本作「穉」。

062 邍師　墳衍扶云反　○注疏本、盧本同。葉本「扶」作「房」。○按，葉本誤也，扶云反即集韻之符分切也。

063 撢人　和悦　○葉本作「和説」，盧本同。此誤。

064 都司馬　其正音下同　○十行本、閩、監本同。盧本删「下」字，毛本「下同」二字缺。

065 鬷　○葉本作「鬷」，盧本同。

秋官司寇第五

066 朝士卷内同　○錢抄本作「卷内並同」。

067 爲蛢蛂蟥蛢　○葉本「蟥」作「黄」。○按，爾雅釋文云「蟥，本或作黄」，郭注亦作「黄」，玄應書引郭注作「江南呼爲黄瓶」，皆陸德明所謂「或作」之本也。

068 冥氏如字又莫歷反　○漢書蕭該音義云「劉昌宗音莫歷反」。

069 柞氏注喈屋笮皆同　○盧文弨曰「喈」字當重文。

070 薙氏字或作雉　○葉本「字」作「李」。

071 薀崇紆粉反　○注疏本、盧本同。葉本「粉」作「枌」。

072 硩他歷反　○段玉裁云「他」當作「它」。盧本亦從孔挍改「它」。

073 壺涿氏　○葉本「壺」作「壷」。

074 絜清　○葉本「絜」作「絜」。

075 爲纁　○今本注作「爲之纁」，「之」衍文。大字本注作「爲纁」，與此合。

076 大司寇　爲民　○今本注作「爲其民」，「其」亦衍字。

077 將命　○葉本「命」作「令」。

078 尌之　○注疏本同。葉本「尌」作「封」，盧本同。

079 小司寇　擯以　○葉本「擯」作「賔」。

080 嚴子案漢書明帝名莊　○盧本「書」改「諱」。

081 眸子　○葉本、岳本「眸」作「牟」，盧本據改。十行本、閩、監、毛本與此同。按，宋本注作「牟子」。

082 不偷　○注疏本、盧本同，誤也。葉本、岳本「偷」作「愉」，當據正。

083 而辟概亦反　○十行本、閩、監、毛本皆作「婢亦反」，此誤，盧本已改正。

084 士師　反間間厠之間　○葉本「厠」作「廁」，下司刑、掌戮等「間」字並注同。

085 洎或音冀　○葉本「冀」作「异」。

086 朝士　俘而而乎　○葉本、盧本作「音乎」。

087 凡屬　○葉本此條誤倒在「地傅」下。

088 司刺　老耄　○諸本同。葉本作「老秏」，此古假借字，尚書「王耄荒」，鄭亦引「秏」。淺人不識，盡改之矣。此賴葉本僅存者。

089 職金　璽之　○葉本作「壐之」。

090 掌戮　髡　○葉本、盧本作「髨」。

091 司隸　涅廁　○葉本「涅」作「湼」。

秋官司寇下

092 禁暴氏　好爲呼報反下于僞反下則爲注皆爲

同　○葉本作「下文則爲下注皆爲同」，無「于僞反」三字。

093 蜡氏　所薉今本多作穢　○葉本從歲字皆作「歲」。此五字係後人挍語，今本注正作「穢」。

094 雍氏　謂陂披宜反　○注疏本並同。盧本「披」改「彼」。○按，作「彼」是也。

095 條狼氏　今卒下羡卒同　○盧本同。葉本、注疏本「羡」作「衍」。按，今本注下作「羡卒」。

096 柞氏　刊陽苦于反　○葉本、盧本「于」作「干」，此誤。

097 壺涿氏　牡橭劉音沽　○注疏本、盧本同。葉本「沽」作「怙」。

098 爲梓音子本或作橭　○按，疑當作「本或作杍」。「梓」與「杍」一字也，此作「橭」，誤。注云「故書橭爲梓」，若依此則故書「橭」爲「橭」矣。

099 庭氏　嗚呼下文叫呼同　○葉本「嗚」作「鳴」，誤也。又「叫」作「嘂」爲是，盧本已改正。

100 銜枚氏　嗚吟　○葉本作「鳴吟」，此誤，盧本已據改。

101 伊耆氏　別吏彼列反　○盧本同，蓋誤。葉本、十行本、閩、監、毛本「列」皆作「烈」。

102 大行人　九伐劉扶發反　○段玉裁云「發」當作「廢」。

103 屬其　○盧文弨曰：案，注云「斿其屬幓垂者也」，此「屬其」二字當誤倒。

104 齎其　○葉本「齎」作「齎」。

105 槁檜　○葉抄本作「犒檜」。

106 司儀　此與　○葉本作「爲與」，誤。

107 賔拜送　○按，岳珂云「賔」亦如之音擯，非「賔拜送」也。

108 象胥 壹見 ○按，「壹」當作「一」，注作「一見」，此不應用古字。

109 掌客 五籔 ○葉本「籔」作「藪」。十行本、閩、監、毛本同。○按，「籔」是「藪」非。

110 倍鼎 ○今本注作「陪鼎」，毛本載釋文亦作「陪」。

111 稾實 ○葉本「稾」作「槀」，誤。

112 手杷 ○葉本「杷」作「把」，此誤，盧本已改正。

113 秅秭 ○葉本「秭」作「秭」。

冬官考工記第六

114 販甫萬反 ○葉本「萬」作「万」。

115 柲也音秘 ○盧本同。葉本、余本、十行本、閩、監、毛本「秘」皆作「祕」。按，「祕」、「秘」正俗字。

116 創物依字作刱 ○葉本「刱」作「剏」，此誤，盧本已改正。

117 貉户各反 ○葉本「户」作「尸」，誤。

118 篘 ○葉本、十行本作「篘」。余本、閩、監、毛本、盧本改「篘」，非。

119 栝音户 ○葉本、余本「栝」作「枯」，此誤，盧本已改正。十行本作「枯」，音「楛」，「枯」字不誤，「楛」字誤也。閩、監、毛本作「楛，音枯」，又從十行本轉改，則下文「尚書作楛音同」六字可删矣。

120 皆插 ○注疏本、盧本同。葉本「插」作「捷」。盧文弨考證云：「宋本作『皆接』，當由誤記。」

121 輪人 其綆玉篇云鄭衆音補管反 ○按，此九字亦後人附著，非陸氏語。

122 輪箄李又方匹反 ○閩、監、毛本、盧本同，誤也。葉本、余本、岳本、十行本「匹」皆作「四」，與集韻同，當據以訂正。

123 不齵五構反 ○閩、監、毛本、盧本同。葉本、余本、岳本、十行本「構」皆作「溝」，是也。

124 **積理** 本又作積　○余本作「本又作稹」，與集韻合，當據正。盧本改作「縝」。

125 **則摯** 讀爲槷　○余本「槷」作「槷」，盧本同。閩、監本删「讀爲槷」三字，毛本删「摯讀爲」三字。此類削改注疏本甚多，今專以經典釋文本書爲主，旁及注疏本，偶一言之，不暇縷指也。

126 **爲賢** 劉李胡眄反　○注疏本、盧本同。葉本「眄」作「田」。○按，胡眄反即集韻之形甸切也。

127 **火槁** 劉苦老反沈居趙反　○按，居趙反則字當作「撟」。惠士奇禮説云：「長笛賦『撟揉筋牙』，李善引鄭此注云『揉謂以火撟之』，是一本作『撟』之證。」

128 **無槷** 　○葉本、盧本「槷」作「槷」。

129 **掇也** 　○閩、監、毛本、盧本同。葉本「掇」作「棳」。余本、十行本注及釋文皆從木，當據以訂正。

130 **是摶** 徒丸反　○注疏本、盧本「徒」作「徙」，此誤。

131 **部廣** 劉音徑　○葉本「徑」作「經」。

132 **輨** 或作幹　○閩、監本、盧本同。余本、十行本、毛本「幹」作「斡」，當據正。

133 **不隊** 直類反　○葉本下有「落也」二字，盧本據補。

134 **輿人　中規** 下皆同　○葉本「皆」作「音」。

135 **輈人　必易** 下注之易喻易同　○閩、監、毛本、盧本同。葉本、余本、十行本「喻」皆作「諭」。今注下文則作「喻易進」，陸所據本當從言旁作「諭」。

136 **作鰒** 　○葉本、十行本「鰒」作「緮」。集韻「緧」、「緮」同字，本此。閩、監、毛本載釋文「緮」作「鰒」，當是依今注本所改，非，盧本同。

137 **典** 又敕殄反　○葉本「殄」作「珍」。

138 **鑒燧** 　○閩、監、毛本、盧本同。葉本、十行本「燧」作「隧」。

139 桃氏　劍夾　○葉本「劍」作「劒」，字從刃，下「説劒」同。此皆從刀，非，盧本未及改正。

140 㮚氏　之攠音靡　○閩、監、毛本、盧本同，誤也。葉本、余本、十行本皆作「音摩」，當據以訂正。

141 函人　不摯　○葉本「摯」作「摰」。

142 櫜之　○葉本「櫜」作「櫜」。

143 鮑人　如瑱本或作顛　○注疏本、盧本同。段玉裁云「顛」當作「瑱」。

144 韗人況方反　○閩、監、毛本同，誤也。葉本「方」作「万」，盧本據以改正。余本、十行本作「萬」。

145 㡛氏　漚絲　○唐石經、今本皆作「漚其絲」。

146 所沛　○盧本同。葉本「沛」作「沛」，宋本注同。

147 以魁　○盧本同。葉本、余本、十行本「魁」皆作「魁」，下「魁蛤」同。

冬官考工記下

148 玉人　爲飧　○葉本作「讀飧」，與賈疏本合。今本注衍「爲」字，淺人遂據此以改釋文也，盧本未及訂正。

149 祈沈如字劉居綺反　○按，秋官犬人爲「衼，九委反，劉居綺反」，疑當以「衼」爲正。此作「祈」，或後人所改。

150 以勞　○葉本無「以」。

151 矢人　鏃也或比木反　○閩、監、毛本「比」作「七」，盧本同，此誤。十行本「比」誤「之」。段玉裁云「比」蓋「此」之訛。

152 而搖本又作搯羊昭反　○盧本同。葉本、十行本、閩、監、毛本皆作「本又作搖，羊招反」，疑正文「搖」字當本作「繇」。

153 瑕蠱　○葉本「蠱」作「蠧」。

154 陶人　爲甗又音唁　○注疏本、盧本同。葉本「唁」作「言」，又下「沈魯偃反」，葉本、十行本、閩、監、毛本「魯」皆作「魚」。此誤，盧本已改正。

155 旊人　墾　○注疏本、盧本同。葉本作「豤」，從土者俗字，當據正。

156 堅致直吏反　○閩、監、毛本同，誤也。葉本、余本、十行本皆作「直致反」，盧本據以改正。

157 儗度下徒洛反　○注疏本、盧本同。葉本「洛」作「浴」。○按，「浴」非「洛」是。

梓人

158 胷鳴㗂屈屬也　○段玉裁云：「㗂屈」乃「鼈」字之誤分也，下作「胷」爲得。余本、十行本作「䏣」，劉本作「胷」，葉本、余本、十行本作「胷」，盧本與此合。

159 螾衍羊忍反　○葉本、余本、十行本、閩、監、毛本皆作「上羊忍反」，此脱「上」字，盧文弨考證而未補字。

160 鼃戶媧反　○注疏本、盧本同。葉本「媧」作「蝸」。

161 蚣息容反　○葉本、余本、注疏本「息」皆作「思」，此誤，盧本已改正。

162 燿後所教反劉李羊肖反　○注疏本、盧本同。葉本「劉」下先有「羊」字。段玉裁云：「羣經音辨曰『色教反，又羊胄、羊消二反』，集韻『哨，余救切』即『羊胄反』也，惟『余救』一切失收『燿』字。按，此當作『劉羊胄、羊肖二反』，上『羊』字當有。『李』蓋『胄』之誤。」

163 凡攫　○余本「攫」作「玃」，誤。

164 頰頜　○葉本「頜」作「領」，誤。

165 撥爾　○葉本「爾」作「爾」。

166 積爾　○注疏本、盧本同。葉本作「頹爾」。作「積」者，後人所改。

167 兩个大鄭依字　○按，「大鄭」蓋「先鄭」之誤。

168 詒女曾孫　○葉本無「女」字。

169 廬人　輓而音挽　○注疏本、盧本同。葉本作「音晚」。

170 匠人　闈門　○葉本作「闈門」。

171 梢溝劉音蕭　○注疏本、盧本同。葉本「蕭」作「簫」。

172 水潄　○葉本此條在「爲廞」下，誤倒。

173 車人　謂之宣如字本或作寡亦作宣　○諸本同，誤也。不當於「本或作寡」之下更云「亦作宣」，致與上「謂之宣如字」複沓，疑當分爲二條：一「謂之宣如字，本或作寡，非」，一爲「宣髮，亦作寡」，在「皓落」之下。蓋下注引易爲「宣髮」，今作「寡髮」，本當具列異本也。

174 皓落劉作皓音灰　○注疏本同，誤也。葉本作「皓落」，盧本據以改正。段玉裁云：「灰」當作「夰」，自集韻時已誤矣。○按，「灰」或作「昦」。

175 疵　○葉本誤「庛」。

176 弓人　則遠于万反　○注疏本、盧本同。余本「万」作「萬」。

177 秋鬫戚色界反　○閩、監、毛本、盧本同。葉本、余本、十行本「界」作「黖」，當據以訂正。作「界」者，蓋後人所改。

178 牗理才若反　○監、毛本同，誤也。葉本、余本、十行本、閩本「若」皆作「苦」，盧本已據改正。

179 錯然鄭且若反　○葉本、余本、十行本、盧本同。閩、監、毛本「若」作「苦」。按，周易音義「履錯，馬七路反」，「且苦反」蓋與「七路反」同。鄭本馬義讀爲「措」。李氏集解引荀爽云「火性炎上，故初欲履錯於二」，義與此同，作「若」蓋誤。

180 蹙於　○閩、監、毛本、盧本同，誤也。葉本、余本、十行本「蹙」皆作「戚」，當據以訂正。

181 撊然　○諸本同。葉本「撊」作「橺」，誤。

182 惻隱本或作⿰忄隱同　○盧本同。余本、十行本「⿰忄隱」作「㥯」，從心，當省阝也。閩、監、毛本仍作「隱」，可證爲「㥯」字之誤，當訂正。

183 襦有沈音儒　○葉本「儒」作「僞」，當「儁」字之誤。

184 衣絮　○段玉裁云「絮」當作「絜」，説詳漢讀考。

185 中禈　○注疏本、盧本同。葉本「禈」作「陴」。

186 足擥烏喚反　○注疏本、盧本同。葉本「烏」作「嗚」。○按，「擥」當作「擘」。

187 蕭臂　○盧本「蕭」改「簫」。

188 有柎方輔反　○葉本「方」作「万」，誤。

189 無燂音僭　○葉本「僭」作「朁」，此誤，盧本已據改。注疏本作「潛」。

190 其㪟劉又博埍反　○葉本「埍」作「婿」。

191 三侔本又作桙　○葉本、余本、十行本「桙」作「枓」，盧本據以改正。閩、監、毛本作「牟」，非。盧文弨曰集韻、類篇皆有「枓」字、「桙」字。

192 捆復　○監、毛本、盧本同，誤也。葉本、余本、閩本「捆」皆從木作「梱」，當據以訂正。[1]

193 猶譱音善本又作善　○葉本、盧本同。余本、十行本、閩、監、毛本作「善」，本或作「譱」。

附　次第及三禮注解傳述人

194 先後可見　○葉本「先」字空缺。

195 今亦闕焉　○葉本「今」字空缺。

196 得古禮獻之鄭六藝論公古文記二百四篇　○案，「公」乃「云」字之誤。依隋、唐經籍志則「二百」下當有「十」字。

197 曲臺記因以爲名　○葉本「名」誤「焉」。

198 孔倫東晉　○葉本「晉」字空缺。

199 射慈齊王傅　○此本「王」誤「三」，依葉本改正。

200 徐爰禮記音三卷　○葉本「音」字空缺。

201 王曉　○葉本此二字空缺。

f02—202 沈重撰問禮禮記音　○段玉裁校本「問」作「周」，是也。

校　記

❶ 學海堂本「當」字不重。